Freiräume – Lebensträume
Arabische Filmemacherinnen

Freiräume – Lebensträume
Arabische Filmemacherinnen

Rebecca Hillauer

HORLEMANN

Deutsche Originalausgabe

© 2001 Horlemann
Alle Rechte vorbehalten

Erschienen in Zusammenarbeit
mit ARTE Deutschland TV GmbH

Abbildung auf dem Umschlag:
Die tunesische Regisseurin Nadia El Fani
bei den Dreharbeiten zu „Tanitez-moi"
(Foto: Khédija Mhedhbi)

Wir danken den Verleihen, Institutionen
und Privatpersonen, die uns Bildmaterial
zur Verfügung gestellt haben.

Für diese Publikation ist ein Titeldatensatz bei
Der Deutschen Bibliothek erhältlich.

Bitte fordern Sie unser aktuelles Gesamtverzeichnis an:
Horlemann Verlag
Postfach 1307
53583 Bad Honnef
Telefax (0 22 24) 54 29
E-mail: info@horlemann-verlag.de
www.horlemann-verlag.de

Gedruckt in Deutschland

1 2 3 4 5 | 05 04 03 02 01

ISBN 3-89502–128-8

INHALT

DANK

Mein Dank gilt all jenen, ohne deren Unterstützung es dieses Buch nicht gäbe:
Eine soziologische Forschungsarbeit im Rahmen des Förderprogramms zur Frauenforschung der Berliner Senatsverwaltung für Arbeit, Berufliche Bildung und Frauen legte den Grundstock dafür. Die Arbeitsgruppe Frauen der „Stiftung Umverteilen" in Berlin unterstützte den Druck und die Übersetzung des Buches ins Englische. Ich danke allen Mitarbeiterinnen. Mein besonderer Dank gilt Annette C. Eckert, die sich für mein Buchprojekt bei der Stiftung Umverteilen einsetzte. Ebenso Torsten Krüger, der mit seiner anregenden Kritik und seinem Lektorat wesentlich zum Gelingen dieses Buches beigetragen hat.
Ein großes Danke Schön allen Filmemacherinnen für ihr Vertrauen, das sie mir in unseren Gesprächen entgegenbrachten, sowie für die Fotos, Unterlagen und Informationen, die sie mir für dieses Buch zur Verfügung stellten.
Ich danke Viola Shafik für ihre Hilfsbereitschaft und fachlichen Beiträge. Herzlichen Dank an Gudula Meinzolt vom Freiburger Film Forum – mit ihr zusammen zu arbeiten hat großen Spaß gemacht. Mein Dank geht ebenso an die FilmkritikerInnen Ibrahim Al Aris, Samir Farid, Faiz Ghali und Magda Maurice. Des weiteren an die EMMA-Redaktion, Andreas Furler, Martin Girod, Kassem Hawal, Bruno Jaeggi, Jamni Mattes, Balz Rigendinger, Martina Sabra, Claudia Spirelli, Bettina Thiel, Christian Vaterlaus vom Xenix-Filmclub in Zürich und Magda Wassef vom L'Institut du Monde Arabe für Text- und Bildmaterial. Für weitere Hilfe danke ich Marie-Claude Behna, Daniela Elstner von Les films du Losange, Ahmed Ezzeldin, Doris Hegener vom Haus der Kulturen der Welt, Mahmoud Jemni, Iman Kamel, Norbert Mattes von INAMO, Monika Maurer, Yasser Mokhtar, Cecilia Muriel vom Goethe-Institut in Tunis sowie Wilhelm Roth und Rudolf Worschech von epd-Film, sowie Kais Al Zubaidi.
Dank allen Autorinnen und Autoren für ihre Artikel, aus denen ich Auszüge wiedergeben durfte – ohne die das Buch weniger reich wäre.

ZU DIESEM BUCH

Arabische Filmemacherinnen – gibt es die überhaupt? Am Anfang dieses Buches stand eine naive Frage. Dazwischen liegt das Stöbern in Archiven, das Lesen von Quellenmaterial, das Sichten von Filmen. Vor allem aber die Begegnungen mit den Filmemacherinnen. Wer sind sie? Was treibt sie an? Wie sind ihre Erfahrungen in einem Beruf, der in den arabischen Gesellschaften immer noch stark von Männern dominiert wird? Die Antworten waren vielschichtig und haben mich manchmal ebenso überrascht wie die Vielzahl und Vielfalt der Filme, auf die ich im Verlauf der Recherchen gestoßen bin.

Das Buch wuchs schnell über ein reines Nachschlagewerk zu einem eng begrenzten, exotischen Thema hinaus. Besonders durch die narrativen Interviews mit den Regisseurinnen verschiedenster beruflicher, religiöser und gesellschaftlicher Herkunft gewährt es sehr lebendige und facettenreiche Einblicke in das künstlerische und journalistische Schaffen im modernen Arabien. Aus den Inhalten der Filme, der Geschichte ihres Entstehens, aus den Biografien der Regisseurinnen und ihren oftmals bis in die Kindheit zurückreichenden Selbstzeugnissen eröffnet sich eine Welt, die weit über das rein Kinematographische hinausreicht.

Mitunter provokant, des öfteren verblüffend unterschiedlich, ja gegensätzlich sind Selbstverständnisse, Motivationen und Ansichten der Regisseurinnen. „Gleichberechtigung ist ein Luxus für die, die noch am Leben sind." So spitzte die Libanesin Heiny Srour einmal die Lage der Frauen im Nahen Osten zu. Die ägyptisch-schweizerische Filmemacherin Nadia Fares glaubt dagegen, in Europa würde man sich das Drama der Unterdrückung oft schwärzer vorstellen, als die arabischen Frauen selbst es empfinden. Ihrer Ansicht nach vernachlässigt der europäische Blick das orientalische Lebensgefühl, bei dem man „viel mehr mit dem Fluss des Lebens" geht und „Hochs und Tiefs viel extremer auslebt", dafür aber auch „leichter vergisst".

Repräsentativ sind beide Aussagen nicht – weder für die Mehrheit der arabischen Frauen noch für die übrigen Filmemacherinnen, von denen hier die Rede sein wird. Jede ist geprägt vom Leben in unterschiedlichen Traditionen und gesellschaftlichen Realitäten. Denn natürlich gibt es sie nicht, „die arabische Filmemacherin" – genauso wenig wie „die arabische Frau".

Das Buch will daher auch Beitrag sein zu einem differenzierten Blick auf eine ferne, oft fremde Welt. Eine Welt mit starken Traditionen, aber auch ebenso starken Brüchen: eine Welt im Umbruch, in der die Frauen hinter der Kamera nicht nur Auge sind, sondern auch Hebel – und gerade deswegen immer wieder auf gesellschaftliche Widerstände stoßen. Selbstverständlich kann ein Film nicht losgelöst betrachtet werden von der Welt, die er abbildet und in der er entstanden ist. Betrachtet man den arabischen Raum in seiner Gesamtheit, ist allerdings die gesellschaftliche Situation in den einzelnen Ländern alles andere als einheitlich. Eine regionale Gliederung schien mir daher unumgänglich, genauso wie eine kurze Einführung, die die Eckwerte der historischen und gesellschaftlichen Situation in den Heimatländern der Regisseurinnen nachzeichnet und die allgemeine Situation des Filmsschaffens abbildet.

Es soll freilich nicht der Eindruck erweckt werden, als seien die Biografien der Frauen hinter den Kameras in irgend einer Weise repräsentativ für die Biografien arabischer Frauen im Allgemeinen. Die Lebensgeschichten der Regisseurinnen sind immer noch gesellschaftliche Ausnahmefälle, ihr Blick auf die arabische Gesellschaft ist nur selten ein ungebrochener Blick von innen, sondern oft geprägt durch eine akademische Ausbildung oder die Erfahrungen eines längeren Lebens im Ausland, nicht selten auch durch die Herkunft aus privilegierten sozialen Schichten. Trotzdem spiegelt sich in ihnen und ihren Filmen das Spektrum der Lebenswelten und Lebensträume arabischer Frauen; und die Widerstände, auf die die Regisseurinnen während ihrer Arbeit stoßen, sind die Widerstände, die vielen modernen arabischen Frauen begegnen.

Die algerische Schriftstellerin und Filmemacherin Assia Djebar räumte einmal ein, gelegentlich selbst in das Schweigen einer arabischen Frau zurückzufallen. In der „Ouvertüre" zu ihrem Roman „Die Frauen von Algier" schreibt sie: „Der Zwang, über Körper und Geräusche einen Schleier zu breiten, lässt sogar fiktive Personen unter Sauerstoffmangel leiden. Kaum nähern sie sich dem Licht ihrer Wahrheit, da werden ihnen auch schon wieder Fußschellen angelegt, durch die sexuellen Verbote der Realität."

Aber Frau sein ist auch in einer patriarchalisch geprägten Gesellschaft nicht immer gleichbedeutend mit dem steinigeren Weg. Gerade weil sie eine Frau ist, öffnete sich Jocelyne Saab so manche Tür. Viele – männliche – Prominente und Staatsoberhäupter ließen sich aus schierer Neugier auf ein Interview mit der libanesischen Filmemacherin ein. „Sie fragten sich, wer und wie ich wohl sei. Und plötzlich sahen sie sich einer Intellektuellen gegenüber, die ein gänzlich anderes Frauenbild verkörperte, als sie sich in ihren Köpfen ausmalten. So wurde ich tatsächlich ‚wie ein Mann' empfangen."

Die Ägypterin Asma Al Bakri gab ihr Spielfilmdebüt ganz bewusst mit einer Geschichte, in der alle Protagonisten Männer sind. Als „Frauenfilmemacherin" vermarktet zu werden, wäre für Al Bakri unerträglich. Sie will in erster Linie wegen ihrer künstlerischen Leistungen anerkannt werden und nicht, weil sie als Frau „wagt", Filme zu machen. Der selben Ansicht sind auch die anderen Regisseurinnen – unabhängig von Alter, Nationalität und Filmgenre. Kein Wunder also, dass nur wenige sich als Feministin bezeichnen. Dennoch leben sie ein emanzipiertes Leben und gehören zur Avantgarde ihrer Generation.

Zweifellos ist auch an sie der Appell Assia Djebars gerichtet, nicht „*für* oder – noch schlimmer – *über* Frauen zu sprechen, bestenfalls *neben* und, wenn irgend möglich, *dicht neben* ihnen". Assia Djebar nennt dies den bedeutendsten Akt von Solidarität, die jene wenigen arabischen Frauen üben müssten, die Bewegungsfreiheit, Freiheit des Körpers und des Geistes genießen oder sich dafür einsetzen. „Sie dürfen nicht vergessen, dass jene, die eingekerkert werden, zwar körperlich Gefangene sind, dass ihre Seelen aber freier sind denn je."

Das vorliegende Buch versucht genau das: dicht neben den Frauen zu sein. Es will nicht kommentieren, sondern abbilden. Über weite Strecken überlässt es immer wieder den Frauen das Wort. Es porträtiert die Gefühle, Ängste und Hoffnungen – sowohl vor als auch hinter der Kamera.

Grundlage des Buches ist eine Forschungsarbeit, die sich mit den Biographien arabischer Regisseurinnen befasste. Die Gespräche dafür wurden in Form von narrativen Interviews geführt, einer Methode der sozialwissenschaftlichen Biographieforschung. Es wurden dabei keine gezielten Fragen gestellt, wie es etwa im Journalismus üblich ist. Am Anfang jeden Gesprächs stand vielmehr eine offene Eingangsfrage,[2] die es den Regisseurinnen ermöglichte, frei zu erzählen und ihre Schwerpunkte selbst zu wählen. Nachgefragt wurde nur, um inhaltliche Lücken zu schließen. Durch diese Vorgehensweise ergaben sich auch Antworten auf Fragen, die nie gestellt worden wären. Jedes Interview bekam einen individuellen Charakter, einen „unverwechselbaren Kern", der sich aus der Persönlichkeit der Befragten ergibt.

Faszination für die Buntheit des Lebens waren die Triebfedern für dieses

Buch. Cineastische, soziologische und politische Interessen fließen dabei ineinander. Nach Art orientalischer Erzähltradition sind die einzelnen Kapitel deshalb wie Mosaiken zusammengesetzt. Jeder Eintrag ist ein einzigartiges Steinchen.

Die inhaltlichen Schwerpunkte liegen auf Kino-, Dokumentar- sowie Videofilmproduktionen. Obwohl Nachschlagewerk erhebt das Buch keinen Anspruch auf Vollständigkeit. Für die Recherchen brauchte es einen langen Atem. Zu unbegangen ist dieses Terrain der Filmgeschichte. Trotz sorgfältigen Suchens waren oft nur spärlichste Informationen aufspürbar. Manche Artikel und Aufsätze ließen sich keiner Quelle zuordnen. Wohlsortierte Filmarchive gibt es in arabischen Ländern nicht. Das „L'Institut du Monde Arab" (Institut der arabischen Welt) in Paris und das „British Film Institute" in London waren stattdessen wertvolle Hilfen. Das Bildmaterial ist mir von Regisseurinnen, Produktions- und Vertriebsfirmen und UrheberInnen zur Verfügung gestellt worden.

Fremdsprachliche Quellen sind, soweit nicht anders angegeben, von der Autorin übersetzt.

Zur Umschrift des Arabischen

Die Umschrift des Arabischen ist stark vereinfacht, ihr liegt im wesentlichen die in der „Encyclopaedia of Islam" (London, 1960) übliche Transkription zugrunde. Mit der Ausnahme eines Buchstabens (q = qaf), der aus dem Transkriptionsverfahren der Deutschen Morgenländischen Gesellschaft übernommen ist. Bei dem bestimmten Artikel „al" ist zu beachten: Der Buchstabe „l" fällt beim Lesen und Sprechen weg, falls ihm bestimmte Konsonanten (d, g, n, t, r, s) nachfolgen. Sie werden dann wie verdoppelt gelesen beziehungsweise gesprochen. Die transkribierten arabischen Laute th, kh, dh, gh, sh und g sind im Deutschen wie folgt auszusprechen: th = ß; kh = ch (wie Schach); dh = s (wie Sommer); gh = r (wie Raum); sh = sch; g = dsch (wie engl.: journey) bzw. g (in der ägyptischen Umgangssprache), z = s; aw = au.

Eigennamen

Die Umschrift der arabischen Eigennamen kann von den oben angeführten Transkriptionsregeln abweichen. Sie richtet sich dann nach der Schreibweise, die die jeweilige Filmemacherin verwendet, kann also von Land zu Land verschieden sein. In Frankreich wird zum Beispiel das „sch" mit „ch" statt wie im Englischen mit „sh" umschrieben. Manche Regisseurinnen haben im Lauf der Jahre die Schreibweise ihres Namens an neue Wohnorte oder Sprachentwicklungen angepasst. In diesen Fällen wird die gebräuchlichste beziehungsweise jüngste Schreibweise durchgehend benutzt und die übrigen Varianten in Klammern gesetzt. Im Arabischen ist der bestimmte Artikel häufig Teil des Eigennamens. Dabei ist sowohl die Schreibweise „al" als auch „el" üblich.

Anmerkungen zu Filmtiteln und Stabangaben

Filmtitel: Da nur wenige der hier vorgestellten Filme einen deutschen Verleih haben, gibt es für die Filmtitel in der Regel keine anerkannte deutsche Übersetzung. Bei den deutschen Titeln handelt es sich dann um direkte Übertragungen der arabischen Originaltitel. Existieren deutsche Verleihtitel, sind sie oft eine Übersetzung des französischen oder englischen Verleihtitels, der sich vom arabischen Originaltitel unterscheiden kann. In diesen Fällen sind bei den Filmographien neben dem arabischen Originaltitel auch die fremdsprachigen Verleihtitel angegeben. Ebenso wenn ein Film zweisprachig vertrieben wird.

Titelregister: Das Titelregister im Anhang (ab S. 334) ist in fremdsprachige Originaltitel und deutsche Verleihtitel unterteilt.

Stabangaben: Bei den Stabangaben sind aufgeführt: deutscher (Verleih-) Zitel, Origi-naltitel, Produktionsland und -jahr, Regie (R), Drehbuch (B), Kamera (K), Musik (M), Ton (T), Schnitt (S), DarstellerInnen (D), Produktion (P) und Verleih (V). Die Angaben zu Produktionsjahr und Filmlänge entsprechen in der Regel den von Produktionsfirma oder Filmemacherin gemachten Angaben. An jede Stabangabe schließt sich eine kurze Inhaltsangabe an.

Filme: Ein detailliertes Eingehen auf jeden einzelnen Film hätte den Rahmen dieses Buches gesprengt, deswegen wurde bewusst eine Auswahl getroffen: Inhaltsangaben finden sich zu Filmen, die für das Filmschaffen der jeweiligen Regisseurin bedeutend sind (zum Beispiel Regie- und Spielfilmdebüts) und/oder inhaltlich für dieses Buch von Relevanz sind und/oder künstlerisch oder thematisch besonders interessant sind.

DIE GESCHICHTE
VON KAMERA UND SCHLEIER

„Wer aufs Meer hinausfährt, darf keine Angst haben zu ertrinken", zitiert die junge Fatima Amaria einen arabischen Dichter. Sie hat dabei ihren eigenen Lebenstraum vor Augen, eine berühmte Sängerin zu werden. Fatima Amaria ist Mitglied einer religiösen Gemeinschaft im Süden Algeriens. Das hindert sie aber nicht daran, in verschiedenen Musikgruppen zu singen: religiöse Lieder in ihrem Heimatdorf, Rai und Reggae von Bob Marley in der Stadt. Die algerische Dokumentarfilmerin Nadia Cherabi war von ihr so beeindruckt, dass sie ihr ein Filmporträt gewidmet hat.

Mag Fatima Amaria in diesem Film auch für sich selbst sprechen: Ihre Worte treffen ebenso für die Filmemacherin zu. Ob Sängerin oder Filmemacherin – beide Frauen übertreten mit ihrer Berufswahl die ihnen noch immer eng gesteckten Grenzen von Tradition und Moral. Parallelen gibt es auch auf der Leinwand. Denn die Regisseurinnen machen meist Autorinnenfilme in dem Sinne, dass sie ihre eigenen Drehbuchschreiberinnen sind und ihren Protagonistinnen häufig autobiografische Züge geben. Sie sind Musliminnen, Christinnen, Jüdinnen, Atheistinnen. Unverschleierte. In ihren Filmen geht es fast ausnahmslos darum, Frauen zu Wort kommen zu lassen, sie aufzuwerten, unbekannte Facetten ihrer Lebenswelten zu zeigen und hinter den Schleier zu schauen – den Schleier gesellschaftlicher Traditionen, aber auch den Schleier verallgemeinernder Klischees.

Für das Verhältnis zwischen EuropäerInnen und arabischen Frauen gibt es ein schönes Bild: Darin steht jemand in einem traditionellen orientalischen Haus am Fenster hinter einer Mashrabeya[3]. Wer dort steht, kann durch das enge Geflecht des Holzgitters das Treiben auf der Straße gut beobachten. Von außen kann jedoch niemand in das Zimmer sehen. So verschlossen bleibt den meisten Europäern die Welt arabischer Frauen. Als Folge davon verhüllt ein dichter Vorhang von Klischees das Bild von „der arabischen Frau". Mit ungewöhnlichen Einblicken in Alltag und Geschichte der Frauen zerreißen die Regisseurinnen diesen Vorhang und bringen Licht an das Bild. Statt passiver und willenloser „Opfer" zeigen sie starke und doch verletzliche Persönlichkeiten, die ihr eigenes Schicksal und die Geschichte ihres Heimatlands mitgestalten und – oft unter Einsatz ihres Lebens – den Einflussbereich von Haus und Familie verlassen.

Die Sache mit dem Schleier

Spätestens seit 1922, als Hoda Sha'rawi, die Begründerin der ägyptischen Frauenbewegung, ihren Schleier demonstrativ ins Meer warf, ist dieser für eine zunehmende Zahl arabischer Frauen zum Symbol der Unterdrückung geworden. Die ägyptische Ärztin und Feministin Nawal El Saadawi nannte ihn „ein Symbol für Sklaverei, für verhindertes Wissen, für Ausschluss von wirtschaftlicher und politischer Macht". Heute entdecken viele Filmemacherinnen im Schleier auch Chancen: Er bietet Schutz vor unerwünschten Blicken, schafft Distanz und ermöglicht Frauen, sich in verbotenen Räumen zu bewegen oder einfach „nur" berufstätig zu sein.

Der Schleier sieht heute freilich anders aus als der weiße oder schwarze, in Wüstenregionen zuweilen auch farbige oder geblümte Schleier der Tradition. „Der ‚Hijab', ein schlichtes Mantel-ähnliches Gewand mit einem Kopftuch, ist praktischer als der alte ‚Haik', den man mit den Händen oder Zähnen festhalten musste", schreibt die Journalistin Sabine Kebir.[4] Der moderne Schleier ist aber allzu oft ein Kleidungsstück, das Frauen nicht aus Überzeugung anlegen, sondern auf Druck der Familie oder, wie in Algerien, aus Todesangst vor islamistischen Terroristen. Mit seiner ursprünglichen Funktion hat das nicht mehr viel zu tun. In den Anfangszeit des Islam war der Schleier einmal dafür gedacht, die Frauen des Propheten Mohammed von den gemeinen Frauen und Sklavinnen zu unterscheiden.[5]

Für eines steht der Schleier allerdings auch heute noch: für eine Aufspaltung des Lebensraums, in dem die Geschlechtertrennung sich als Funktionsweise islamischer Gesellschaften widerspiegelt. Der häusliche Bereich ist die weibliche Sphäre, der öffentliche Raum ist die männliche Welt. Durch diese Aufteilung bleibt auch den arabischen Männern das Universum der Frauen, ihrer Mütter, Schwestern, Ehefrauen und Töchter, verborgen. Eine geheime Welt. Viele Filmemacherinnen setzen das Spiel mit diesen Hemisphären als filmisches Stilmittel ein, als Metapher für Unterdrückung, aber auch für das Gegenteil: Emanzipation.

Freiräume und Lebensträume

Sehnsucht nach einem selbstbestimmten Leben ist in allen Filmen der Regisseurinnen die treibende Kraft. Dies gilt für die Frauen vor wie hinter der
Kamera. Es geht um reale und fiktive Freiräume, um die Klugheit, die eigenen Grenzen zu erkennen, und den Mut, tradierte Grenzen zu überschreiten. Für viele Filmemacherinnen bedeutete dies allerdings, dass sie ihre Heimat verlassen mussten. Sei es um im Ausland Film zu studieren oder um
politischen und persönlichen Zwängen zu entgehen. Die einen empfinden
ihr Leben im Ausland deshalb als Emigration, die anderen als Exil. Sie pendeln zwischen den Kulturen: In der alten Heimat wird gefilmt, in der neuen
gelebt. Das Exil wird zu einem schöpferischen Freiraum. Viele Filmemacherinnen wohnen daher weiter im Ausland, auch wenn die Gründe, weswegen
sie ihre Heimat verließen, längst nicht mehr existieren.

Mangel an kultureller Infrastruktur, an Ausbildungs- und Fördermöglich-
keiten haben arabische Filmemacherinnen und Filmemacher seit jeher ins
Ausland getrieben. Daran hat sich bis heute kaum etwas verändert. Staatliche
Filmförderung fließt, wenn überhaupt, nur sehr spärlich. Die meisten Spielfilme entstehen daher in Kooperation von privaten und europäischen Geldgebern. Unverändert auch die Zensur: Sie regiert im modernen Arabien überall
mit und hat Religion, Sex und Politik im Visier. Und nicht selten wird die
staatliche Zensur zur Schere im Kopf, mit der die FilmemacherInnen sich
selbst zensieren. Die Koproduktionen mit dem Ausland eröffnen da künstlerische und thematische Spielräume, bergen aber auch die Gefahr, sich den
fremden Sehgewohnheiten zu beugen oder die eigene Kultur als „Exotismus"
zu verkaufen.

Dieser Spagat zwischen zwei Kulturen und zwei Identitäten findet seine
thematische und stilistische Entsprechung in den Filmen. Orientalische und
okzidentale Elemente fließen ineinander, verweben sich zu einer neuen Be-
trachtungsweise und Darstellung der Welt. Die Filme der Frauen sind nicht
notwendigerweise besser, meist aber radikaler als die „Frauenfilme" ihrer
männlichen Kollegen. Die Libanesin Heiny Srour, die deren Darstellung der
Frauen oft mit Sarkasmen überhäufte, meint dennoch versöhnlich:[6] „Die
arabischen Filmemacher haben wahrhaftig Probleme mit ihren Müttern', habe
ich voller Spott geschrieben. Und als ich den Mut aufbrachte, selbst in den
Spiegel zu schauen, da erblickte ich eine Filmemacherin, die nicht weniger
Probleme mit ihrem Vater hat."

Zwischen allen Stühlen – Exilantinnen und andere Gratwanderinnen

Die in London lebende palästinensische Videokünstlerin Mona Hatoum ist die Avantgardistin unter den Filmemacherinnen. Mit ihren Live-Performances und Installationen zählt sie zu den prägnantesten Bildnerinnen Europas. In ihrem Videofilm MASSSTÄBE FÜR ENTFERNUNG (1988) blendet sie Briefe der Mutter aus dem bürgerkriegsgeschüttelten Beirut und Fotos von der Mutter – nackt – unter der Dusche übereinander. Ein zartes Gittergeflecht aus arabischen Schriftzeichen entsteht, das sich wie ein Vorhang oder Schleier über die Fotos legt. Hatoum liest dazu aus den Briefen der Mutter vor. Sie gesteht, dass der feministische Slogan „das Persönliche ist das Politische" sie beeinflusst hat. Im Film geht es deshalb zwar vordergründig um die Beziehung zwischen Mutter und Tochter, aber laut Hatoum auch „gegen das festgelegte Stereotyp der arabischen Frau als passive Mutter, als asexuelles Wesen".

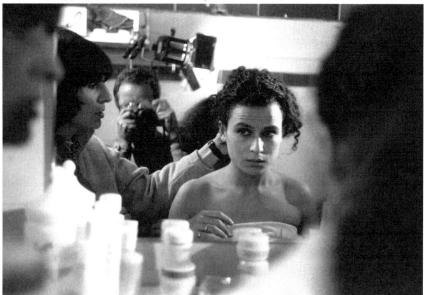

Dreharbeiten zu FIFTY-FIFTY MON AMOUR (Nadia El Fani, 1992) ©Z'Yeux Noirs Movies

„Wenn doch Paris am Meer läge und der Louvre in Tunis", wünscht sich dagegen die Protagonistin in Nadia El Fanis Kurzfilm FIFTY-FIFTY, MON AMOUR (1992). Meriem, eine moderne junge Tunesierin, weiß nicht so recht, wohin sie gehört und was und wen sie will. Hin- und hergerissen zwischen Tunis und Paris, zwischen Mourad und Jacques, pendelt sie – wie die Regisseurin selbst – von einem Ufer des Mittelmeers an das andere.

Gibt es nur die Wahl zwischen Entweder-Oder? Fatima Amaria, die junge algerische Sängerin, bewegt sich leichten Herzens zwischen Tradition und den Pop-Rhythmen des Rai. Als sie sich für Plattenaufnahmen in der Stadt frisieren lässt, sagt eine Frau im Friseurladen zu ihr, der Islam verbiete das Singen. Fatima Amaria will das nicht glauben und antwortet spontan: „Gerade jetzt, wo ich mich entschlossen habe zu singen, kommt ihr mir mit solchen Geschichten! Das kann nicht sein."

Auch Heiny Srour sieht sich trotz ihrer internationalen Erfolge als Filmemacherin immer noch den alten Ordnungen unterworfen. In mehrfacher Hinsicht sogar: als Jüdin in einer arabisch-islamischen Gesellschaft und als Frau in einer jüdisch-patriarchalen Familie. Manchmal, gesteht sie, fehle ihr die Atemluft unter dem engen Horizont ihrer religiösen Gemeinschaft. Sie stellt sich die grundsätzliche Frage, ob dieses Gefühl des Erstickens daher rührt, dass sie Frau oder dass sie Künstlerin ist.

Zeitensprung – von Autodidaktinnen und Karrierefrauen

Zurück in das Ägypten der 1920er Jahre: Zu dieser Zeit, im Goldenen Zeitalter des Stummfilms, beginnt die Geschichte der arabischen Filmemacherinnen (siehe Seite 26 ff) Künstlerisch unterschieden die Filmpionierinnen sich wenig von ihren männlichen Kollegen. Sie huldigten wie diese dem Melodrama und präsentierten Frauen in der Opferrolle.[7] Ihre Ära war kurz. Bereits ein Jahrzehnt später setzte der aufkommende Tonfilm dem spielerischen Experimentieren ein Ende. Mit ihm wurde das Abenteuer Film professionalisiert. Schnell entstand ein System mit Syndikaten, Studios, Kinosälen, Stars und Star-Allüren. Dieses patriarchale System bedeutete für die Frauen die letzte Klappe: Sie fanden als Filmemacherinnen und Produzentinnen in der neuen Filmindustrie keinen Platz. In der Chronik arabischer Filmemacherinnen klafft danach eine Lücke von mehr als 30 Jahren.

Die ersten verbürgten Angaben darüber, dass Frauen selbständig Regie führten, stammen aus den siebziger Jahren. Waren die Regisseurinnen der ersten Stunde noch Autodidaktinnen, so mauserte sich die neue Generation von Filmemacherinnen zu einem modernen Frauentyp, der seither das Profil der arabischen Regisseurinnen prägt: Frauen mit fundierter Ausbildung an einer Filmhochschule oder mit einem vergleichbaren akademischen Hintergrund. Für diese Frauen bedeutet Filmemachen nicht mehr nur Berufung, sondern Beruf im Sinne von Karriere und Lebensunterhalt. Anders als die Stummfilmpionierinnen schrecken sie nicht davor zurück, sich als Profis in der Filmbranche durchzuboxen.

Der realistische Blick – die siebziger Jahre

Die Filmemacherinnen in den siebziger Jahren wurden zu Pionierinnen eines neuen arabischen Kinos, das bis Ende des Jahrzehnts in der gesamten Region Aufmerksamkeit fand. Viele dieser Regisseurinnen kamen über das Schreiben zum Film. Einerseits, weil die beruflichen und moralischen Grenzen für Frauen damals noch enger gesteckt waren als heute. Andererseits, weil „die Beispiele von filmemachenden Frauen fehlten", wie die Tunesierin Néjia Ben Mabrouk in einem Interview berichtet. „Alle Regisseure waren Männer; für mich als junge Frau lag es darum näher Geschichten schreibend zu erzählen."[8]

Die VorreiterInnen des neuen arabischen Films ließen sich vom europäischen Autorenfilm und vom Konzept des „Dritten Kino"[9] inspirieren. Mit dokumentarischen, semi-fiktionalen und experimentellen Filmen setzten sie dem traditionellen und kommerziellen Kino ein Abbild der realen Verhältnisse entgegen. Trotz dieses politischen Impetus, der sich vor allem aus der Enttäuschung über die arabische Niederlage im Sechstage-Krieg nährte, wollten sie mit ihrem „Anderen Kino"[10] auch künstlerisch-ästhetische Ansprüche erfüllen.

Die Frauen unter den Filmemachern gingen noch einen Schritt weiter. Sie zeigten in ihren Filmen erstmals, dass Emanzipation auch Selbstzweck sein kann. Bei vielen männlichen Regisseuren diente sie lediglich als Behelfskonstruktion für übergeordnete Ziele. Immer wieder zeigten ihre Filme die Figur der Frau, die an der Seite der Männer tapfer für die nationale Unabhängigkeit kämpft, nach Erlangen des gemeinsamen Ziels aber wieder an ihren angestammten Platz hinter dem Herd zurückkehrt. Was auf der Leinwand meist als glücklicher Umstand gepriesen wurde, war im wirklichen Leben häufig eine notgedrungene Entscheidung. Darin ging es den arabischen Aktivistinnen nicht anders als den Guerilleras in Lateinamerika.

Bereits 1971 kreierte die ägyptische Dokumentarfilmemacherin Ateyyat El Abnoudy einen eigenen Stil, den sie poetischen Realismus nannte. Selbst ein Kind aus der Arbeiterklasse, dokumentierte sie deren Gesichter, Geschichten und Schicksale: von Bauern, Tagelöhnern und „Saidis" aus dem Süden des Landes, den Ostfriesen Ägyptens. Sie wurde dafür als „die Filmemacherin der einfachen Leute" verehrt. 1983 gelang ihr mit TRÄUME IN REICHWEITE ein erfrischend humorvolles Porträt von Um Said (Mutter des Said, Anm. d. Autorin), einer Bäuerin, die weder schreiben noch lesen kann und trotzdem alle wichtigen Entscheidungen der Familie in ihren Händen hält, einschließlich der Buchhaltung. „Träumst du?", fragt die Regisseurin Um Said am Ende des Films. Die Antwort: „Ja, aber nur soweit meine Arme reichen."

Ateyyat El Abnoudy gehört zu den ersten Filmemacherinnen, die sich eine eigene Produktionsbasis aufbauen konnten. Ihr Beispiel machte Schule. Denn, so schreibt Viola Shafik, Filmwissenschaftlerin und selbst Filmemacherin: „Trotz seiner künstlerischen Qualitäten und der Abkehr von rein industriellen Produktionsformen ist das Neue Arabische Kino zu keiner Zeit und nirgends unabhängig gewesen."" Eine alternative Filmförderung, wie sie zum Beispiel in der Bundesrepublik existiert, gibt es in arabischen Ländern nicht und Koproduktionen mit Fernsehanstalten nur in Ansätzen. Mit einer eigenen Produktionsfirma haben die Filmemacherinnen bessere Chancen, Fördermittel und Koproduzenten in Europa zu finden.

Eine der raren Koproduktionen mit einer staatlichen arabischen Fernsehanstalt sind die beiden semi-fiktionalen Filmexperimente von Assia Djebar. Während Ateyyat El Abnoudy die Gegenwart um sich herum abbildete, warf die algerische Filmemacherin und Schriftstellerin einen kritischen Blick auf die Vergangenheit. Wie in ihren Romanen verwob Assia Djebar in ihren Filmen die Kolonialzeit Nordafrikas mit ihrer persönlichen Biographie und der anderer arabischer Frauen. Darunter berühmte Frauengestalten aus der islamischen Geschichte, die in der offiziellen Geschichtsschreibung höchstens am Rande erwähnt werden. Ähnlich marginalisiert werden auch die normalen Frauen in der modernen arabischen Gesellschaft. Assia Djebar nannte diesen Zustand „das Hauptproblem der arabischen Frauen, das Recht auf den Raum".

Sie wurde sich dieses Problems bei den Recherchen zu ihrem zweiten Film DIE NOUBA DER FRAUEN VOM BERG CHENOUA (1982) bewusst und thematisierte es im Film: Darin kehrt die junge Architektin Laila mit ihrem Ehemann, der im Rollstuhl sitzt, und ihrer Tochter in ihr Heimatdorf zurück.

Laila ist dort die einzige Frau, die sich außerhalb des Hauses frei bewegen darf. Ihrem Mann im Rollstuhl bleibt nichts übrig, als ihr hinterher zu schauen, wenn sie das Haus verlässt, und auf ihre Rückkehr zu warten. Die traditionellen Sphären von Frau und Mann – von passiv/aktiv, von drinnen/draußen – haben sich verkehrt. In Lailas Gesprächen mit den alten Bäuerinnen des Dorfes über deren Erfahrungen im algerischen Befreiungskrieg wird rasch deutlich, dass die Frauen an zwei Fronten gekämpft haben: gegen die französischen Kolonialherren ebenso wie gegen die Unterdrückung durch ihre Ehemänner.

Stilistische Spielereien – die achtziger Jahre

Die ersten Spielfilme arabischer Regisseurinnen, die Anfang der achtziger Jahre entstanden[12], haben mit Assia Djebars Filmexperimenten einiges gemeinsam : einen Hang zur künstlerischen Subversion und stilistischen Originalität. Darin lösten sich die Filmemacherinnen dieser Generation von den Vorgaben dramaturgisch-linearer Erzählweise nach klassischer westlicher Manier. Die arabischen Gesellschaften „sind zu tief verletzt und zerrissen durch die Kolonialherrschaft, als dass sie in diese ordentlichen Szenarien passen würden", verkündete Heiny Srour.[13] Die Filmemacherinnen fügten stattdessen, sich auf die orientalischen Erzähltradition besinnend, die einzelnen Stränge ihrer Filmgeschichte wie ein Mosaik zusammen. Das Ergebnis sind einige der interessantesten Spielfilme des neuen arabischen Kinos.

DIE SPUR (1982–88) der Tunesierin Néjia Ben Mabrouk – ein narrativer Teppich aus Gegenwart und Erinnerung, Allegorien, Symbolen und Traumsequenzen – ist zu einem Klassiker des arabischen Autoren- und Emanzipationsfilms geworden. Er zeigt, wie die junge Sabra sich vom Elternhaus löst, ihre Versuche, sich in der Stadt und der Universität sowie gegenüber Männern zurechtzufinden. Sabra wählt, wie die Regisseurin, letztendlich die Emigration. Der Film, vom ZDF koproduziert, fand in Tunesien keinen Verleih. Auch Jocelyne Saab und Heiny Srour, beide als Dokumentarfilmerinnen und Journalistinnen bekannt, konzipierten ihre Spielfilmdebüts nach orientalischem Muster.

LAILA UND DIE WÖLFE (1984) von Heiny Srour ist ein Konglomerat aus Geschichte, Mythen und Volkskunst, aus gespielten Szenen und Archivmaterial. Im Mittelpunkt des Films steht Laila, eine junge Libanesin, die der Rolle

der Frauen in der modernen palästinensischen Geschichte nachspürt. Im
Verlauf der Handlung wird Laila als
Figur in die fiktive Rahmenhandlung
einbezogen. Darin treten Frauen als
militante Kämpferinnen auf, aber
auch als gewitzte Helferinnen hinter
den Kulissen. In einer lakonisch-amü-
santen Sequenz ersinnen die Frauen
eines Dorfes gemeinsam einen Trick,
um Waffen und Munition an den britischen Wachposten vorbei zu
schmuggeln: bei einer Hochzeitsfeier
verstecken sie in den Felafeln Patro-
nen und in den Körben voller grüner
Bohnen Pistolen. Während der Film
sich entrollt, wird en passant das Bild
der arabischen Frau als wehr- und wil-
lenlosem „Opferlamm" ad absurdum
geführt.

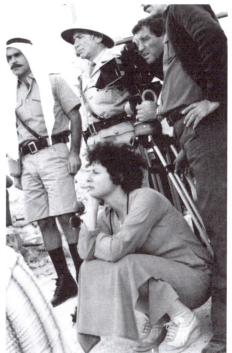

Heiny Srour bei Dreharbeiten zu
LAILA UND DIE WÖLFE © privat

Vielfalt des Ausdrucks – die neunziger Jahre

Seit diesen ersten Ausflügen in den Spielfilm haben sich rund ein Dutzend
arabischer Regisseurinnen mit Langfilmen profiliert. Freilich dringen Frau-
en auch in anderen Ländern nur äußerst schwer und selten in diesen Olymp
des Filmschaffens vor. Das Gros der Filmemacherinnen arbeitet weiterhin
im Dokumentarfilmbereich, mit Video oder den neuen elektronischen Medien, bei denen die Kosten für Rohmaterial und Produktion geringer sind.
Oft halten aber hartnäckige Vorurteile einen Produzenten davon ab, einer
Regisseurin Geld für ein Spielfilmprojekt zu geben – etwa weil er einer Frau
nicht zutraut, das relativ hohe Budget zu verwalten.

Aufgrund der steigenden ökonomischen Zwänge ist vom innovativen
Schwung der achtziger Jahren wenig geblieben. Die meisten Filmprojekte
der Regisseurinnen scheitern an der hohen Latte der Vorbedingungen: an

Zuschauerzahlen, Einspielsummen, Fernsehkompatibilität und Einschaltquoten. Nur wenigen Filmemacherinnen – fast ausschließlich den kommerziell orientierten – ist es gelungen, mehr als einen Kinofilm zu realisieren.

In Ägypten produzieren Ines El Deghedi und Nadia Hamza seit Jahren fast wie am Fließband Filme für das Mainstream-Publikum. Die Kinokassen klingeln. DAS LÄCHELN DES EFFENDI (1991), das anspruchsvollere Spielfilmdebüt von Asma Al Bakri, fand dagegen nur wenige Zuschauer. Und Safaa Fathy konnte ihr Filmporträt zweier ägyptischer Bauchtänzerinnen, GHAZEIA, TÄNZERINNEN IN ÄGYPTEN (1993), in ihrer Heimat bislang nur in Filmclubs zeigen.

Arabische FilmkritikerInnen sehen dennoch Licht am Horizont. In Ägypten, Tunesien und im Libanon haben sie Nachwuchstalente ausgemacht, die vielversprechende Kurzfilme oder experimentelle Videofilme gemacht haben. In Kairo haben Filmemacherinnen sich 1990 zu einem Interessensverband, der „Egyptian Women in Film Association", zusammengeschlossen. Er bietet unter anderem Workshops, Mentoring und Coaching für Nachwuchsfilmerinnen an. Ein ähnliches Projekt algerischer Filmemacherinnen konnte bislang nicht umgesetzt werden.

Zu Beginn des 21. Jahrhunderts lassen arabische Filmemacherinnen sich auf keinen gemeinsamen Nenner mehr bringen. Zu vielfältig sind Stile, Sujets und Genres. Vor dem Hintergrund des ungelösten Nahostkonflikts haben die Arbeiten palästinensischer und libanesischer Filmemacherinnen jedoch weiterhin einen dezidiert politischen Charakter: Widerstandskampf, Bürgerkrieg, Vertreibung, Flucht, Exil sind ihre Themen. Indem die Regisseurinnen in ihren Filmen große Kapitel der Weltgeschichte mit persönlichen Schicksalen verknüpfen, verleihen sie den politischen Ereignissen ein menschliches Gesicht.

Immer wiederkehrendes Motiv in dieser Auseinandersetzung mit den eigenen Wurzeln ist die Rolle, die Frauen in der Geschichte ihres Volkes und Landes spiel(t)en. In ihrem Spielfilmdebüt PALAST DES SCHWEIGENS (1994) zieht die Tunesierin Moufida Tlatli einen deutlichen Trennungsstrich zwischen nationaler Unabhängigkeit und der Gleichberechtigung der Frauen. Sie zeigt, dass erstere nicht notwendigerweise in die zweite mündet. Viola Shafik: „Sexuelle Ausbeutung funktioniert bei Moufida Tlatli nicht länger als Metapher für Klassenungleichheit oder koloniale Vorherrschaft, sondern steht für sich, als Symbol für die Ungleichheit der Geschlechter, die sich von der kolonialen bis zur post-kolonialen Gesellschaft zieht."[14]

Fundamentalismus

Mit dem Gespenst des Fundamentalismus erstand Ende der 80er Jahre eine neue Bedrohung für die Frauenrechte und die künstlerische Freiheit. Fundamentalismus, Islam, Religion und Spiritualität wurden von den FilmemacherInnen im Exil als wichtige Themen aufgegriffen. In Algerien hat der islamistische Terror nicht nur die Lebens- und Arbeitsbedingungen von Intellektuellen und KünstlerInnen erschwert und die Zensur verschärft, für manche wurde er gar zu einer tödlichen Gefahr.

Nach Tunesien, der „Schweiz Nordafrikas", flüchtete sich 1994 die algerische Filmemacherin und Journalistin Hafsa Zinai-Koudil. Anlass war ihr Spielfilm DIE TEUFELIN. Der Film hätte in seiner durch und durch konventionellen Machart wohl kaum Aufmerksamkeit erregt. Doch sein Inhalt war so brisant, dass Zinai-Koudil bereits während der Dreharbeiten Morddrohungen erhielt. Die Geschichte beruht auf einer wahren Begebenheit: Auf Wunsch ihres Ehemannes wurde die Lehrerin Latifa von islamischen Fanatikern sechs Stunden lang gefoltert. Ihr sollte der Teufel ausgetrieben werden. Nach den Todesdrohungen schlief die Regisseurin aus Angst monatelang jede Nacht an einem anderen Ort. Als Unbekannte in einem abgedunkelten Lieferwagen ihr vor der Haustür auflauerten, floh sie Hals über Kopf nach Tunis. Ihr Ehemann zeigte sich solidarisch und zog samt Töchtern hinterher.

Die Situation in Algerien war dermaßen gespannt, dass Außenaufnahmen nur unter Lebensgefahr möglich waren. „Wo der Staat seine Macht an die Fundamentalisten abgegeben hat, hat jeder das Recht, seinen Nachbarn zu fragen, warum seine Tochter keinen Schleier trägt", so beschrieb die algerische Filmemacherin und Journalistin Florida Sadki[15] die damaligen Verhältnisse. Im September 1994 wurde der 26-jährige Popsänger und „Prinz des Rai" Cheb Hosni von Fundamentalisten ermordet. Im Juni 1998 der kabylische Sänger Lounes Maatoub. Die Filmemacherin Assia Djebar nahm schließlich die Morddrohungen, die sie selbst an ihrem Wohnort Paris erhielt, so ernst, dass sie einen Lehrauftrag in den USA annahm.

1991 wurde Randa Chahal-Sabbag von Filmkritikern attackiert, als sie ihren Spielfilm LEINWÄNDE AUS SAND auf den Filmfestspielen in Venedig vorstellte. Zwar hatten auch französische Kritiker einiges an dem Film der Libanesin auszusetzen, etwa einen Manierismus bei den Dialogen. Auch die Französin Maria Schneider in der Rolle der reichen, von ihrem Ehemann verstoßenen Sarah überzeugte nur wenige. Stein des Anstoßes auf der arabischen

Seite war jedoch die offenherzige Kritik, die die Regisseurin mit ihrem Film übte. Wie sie selbst sagte, prangerte sie dabei nicht den Islam an, „wohl aber die Zivilisation der Petrodollars, der Prinzen und Mullahs, deren Dekadenz und Obskurantismus". Der Film wurde in mehreren arabischen Ländern mit einem Aufführungsverbot belegt.

Ähnliche Kontroversen entzündete der Spielfilm DAS HIMMELSTOR IST OF-FEN der Marokkanerin Farida Ben Lyazid. Dieses Mal allerdings lagen die Irritationen beim westlichen Publikum: Erzählt wird die Geschichte der jungen Nadia, die aus Paris an das Sterbebett ihres Vaters nach Marokko zurückkehrt. Dort findet sie einen neuen Lebensweg für sich in den noch immer lebendigen volkstümlichen Bräuchen des Islam. Sie bleibt in Marokko, legt einen Schleier an und gründet eine Zawiya, eine traditionelle Zufluchtstätte für Frauen.

Vor dem Hintergrund der islamistischen Tendenzen, die sich im Produktionsjahr 1988 bereits abzeichneten, ist der Film häufig als Provokation empfunden worden. Er kann jedoch auch als Plädoyer für die tolerante Seite des Islam verstanden werden. Die Regisseurin selbst bezeichnete ihn als Ergebnis einer persönlichen Inspiration. Sie hat den Film Fatima Al Fihriya, der Begründerin der ältesten marokkanischen Universität aus dem 10. Jahrhundert, gewidmet. Damit bedeutet sie ihren Landsleuten, welche herausragende Funktionen Frauen in den frühen Zeiten des Islam erfüllten. Dem westlichen Feminismus führt sie vor, dass Einrichtungen wie Frauenhäuser in der islamischen Kultur eine lange Tradition besitzen.

Ausblick

Beinahe achtzig Jahre sind vergangen, seitdem die Pionierinnen des Stummfilms das Kapitel Filmemacherinnen in der arabischen Filmgeschichte eröffneten. Im ersten Jahr des neuen 3. Jahrtausends, bei den Internationalen Filmfestspielen in Cannes 2000, war mit der Tunesierin Moudida Tlatli zum zweiten Mal eine arabische Regisseurin mit ihrem Film vertreten. Das erste Mal gelang dies Heiny Srour – vor einem Vierteljahrhundert. Noch sind arabische Regisseurinnen in in der Filmbranche eine Ausnahmeerscheinung – sogar in Ägypten, wo die Geschichte der arabischen Filmemacherinnen ihren Anfang nahm.

Durch die Zugeständnisse an die Sehgewohnheiten eines westlichen Publikums erhöhen sich zwar die Erfolgsaussichten eines Films im Ausland, der Kassenerfolg im eigenen Land wird dadurch jedoch geschmälert. Auch vergrößert die anhaltende Tendenz zu Koproduktionen mit dem Ausland für die etablierten Filmemacherinnen die Chance, ihre Projekte zu realisieren Auf diese Weise sei aber die westliche Hegemonie im finanziellen und ideologischen Bereich noch verstärkt worden, schreibt Viola Shafik.[16] „Heute sind vor allem die westlichen Zuschauer, Kuratoren und Produzenten in einer Position, den internationalen Status des arabischen Films (…) zu definieren." Im nicht-arabischen Ausland werden die koproduzierten Filme längst als *die* Repräsentanten des „arabischen Kinos" wahrgenommen.

Auf deutschen Leinwänden waren arabische Filme bis vor wenigen Jahren nur bei Filmfestivals zu sehen, in Programmkinos tauchten sie so gut wie nie auf. In Frankreich, der ehemaligen Kolonialmacht, wo eine große arabische Gemeinde ansässig ist, hat dagegen das „Cinéma Beur"[17] – Filme nordafrikanischer Einwanderer – sich längst als eigenes Filmgenre etabliert. In der Bundesrepublik feierten 1997 gleich zwei Filme arabischer Regisseurinnen ihr Kinodebüt: HONIG UND ASCHE der Ägyptisch-Schweizerin Nadia Fares und PALAST DES SCHWEIGENS der Tunesierin Moufida Tlatli. Ihr Film hatte es bereits 1994 nach einer Prämierung in Cannes bis in die Top Ten des Time-Magazins geschafft.

Im selben Jahr widmete die Feminale, das Frauenfilmfestival in Köln, ihr Länderprogramm dem Maghreb. Im Jahr darauf folgten die „Frauen(t)räume", eine mehrwöchige Filmreihe in Berlin, in der ausschließlich Filme arabischer Regisseurinnen gezeigt wurden. Der Fernsehsender 3Sat zeigte im Frühjahr 1997 eine kleine Programmreihe mit ihren Filmen. Immer häufiger sind Filme arabischer Regisseurinnen auf Festivals in ganz Europa zu sehen. In Wien waren ihnen 1999 noch einmal eine ganze Filmwoche gewidmet, sie hieß „Unsterbliche Scheherezade".

PIONIERINNEN DES ARABISCHEN STUMMFILMS

„Ein Künstler, der sich für sein Publikum verbrennt, erleuchtet den Menschen wie das Kerzenlicht." In den zwanziger und dreißiger Jahren war das in ägyptischen Künstlerkreisen eine stehende Redewendung. Das breite Publikum allerdings bot für solcherlei heroischen Idealismus einen schlechten Nährboden: TänzerInnen, SängerInnen und SchauspielerInnen waren wenig geachtet in der arabischen Gesellschaft jener Zeit. Mit der Erfindung des Films sahen viele Künstler und Künstlerinnen ihre Chance gekommen, sich den ersehnten Respekt zu verschaffen. Viele von ihnen begannen bald mit dem neuen Medium zu experimentieren.

Chance der Epoche

Die PionierInnen des arabischen Kinos waren allesamt AutodidaktInnen. Kurz nach der offiziellen Unabhängigkeit Ägyptens 1922 begannen sie die ersten Stummfilme in Ägypten zu machen. Sie betätigten sich dabei zugleich als ProduzentInnen und SchauspielerInnen, schrieben Drehbücher und führten Regie. Unter ihnen waren auch eine Handvoll Frauen. Als jedoch nach der Gründung des Studios Misr 1935 aus dem Spiel mit dem neuen künstlerischen Medium eine professionelle, leistungs- und exportorientierte Filmindustrie erwuchs, verschwanden die Frauen daraus.

Welche Pionierinnen des Stummfilms tatsächlich selbständig Regie geführt haben, ist bis heute umstritten. „Es gibt nur wenige Filme aus dieser Zeit, bei denen tatsächlich gesichert ist, dass sie von einer Frau realisiert wurden. Die Stabangaben waren nicht sehr verlässlich", resümiert der ägyptische Filmkritiker Samir Farid.[18] Oft habe es im Abspann lediglich geheißen: „… presents" oder „Künstlerische Leitung…". Ziemlich glaubhaft seien dagegen die Angaben, die sich auf die Produktion der Filme beziehen.

„Damals war das Kino noch keine richtige Industrie, sondern sehr sanft und offen für alle: Juden, Christen, Frauen, Schwarze und Weiße, Ägypter und Libanesen", erzählt Farid weiter. Die ersten Schauspielerinnen waren entweder Christinnen aus dem Libanon und Syrien oder Jüdinnen aus Ägypten gewesen; 1915 folgte dann als erste moslemisch-ägyptische Schauspielerin Munira Al-Madiya. Es hatte sich noch nicht eingebürgert, zwischen den Kategorien Regie, Drehbuch und Fotografie zu unterscheiden. Die meisten taten alles gleichzeitig: Sie schrieben das Drehbuch, führten Regie und spielten auch noch die Hauptrolle in dem selben Film. Oft arbeitete eine Gruppe befreundeter Cineasten für einen Film zusammen. So ist schwer zu sagen, wer genau für welche Kategorie verantwortlich war. Farid ist deshalb überzeugt, dass die Pionierinnen des ägyptischen Kinos bei ihren Filmen höchstens Koregie führten.

Die ägyptische Filmkritikerin Magda Maurice ist anderer Ansicht: „Die Männer sind damals lediglich auf einen fahrenden Wagen aufgesprungen. Sie assistierten den Frauen beim Drehen und als die Ergebnisse positiv ausfielen, reklamierten sie den Erfolg für sich. Sie behaupteten, dass die Frauen zwar gute Schauspielerinnen seien, aber nie solche guten Filme selbst machen könnten."[19]

Aziza Amir

Aziza Amir (1901–1952) war ursprünglich Theaterschauspielerin. Noch heute gilt ihr Film LAILA von 1927, bei dem sie auch eine Rolle übernahm, als der erste Langspielfilm des ägyptischen Kinos.[20] Ob Aziza Amir tatsächlich die Regisseurin des Films war, ist zweifelhaft. Manche Quellen weisen den Türken Wedad Orfi als Regisseur aus und Aziza Amir lediglich als Produzentin.

Unterschiedliche Ansichten gibt es auch zu dem zweiten Film, den Azmir gedreht haben soll: KAFFARI ʻAN KHATIʻATIK (BÜSSE DEINE MISSETAT) von 1933. Wie auch immer: 1929 produzierte sie den Film LAILA BINT AL-NIL (Leila, Mädchen vom Nil).

Aziza Amir ist zu einer wahren Legende in Ägypten geworden. So kurz nach der Revolution von 1919[21] waren die Menschen im ganzen Land von einer „ägyptischen Seele" beherrscht: Selbst Libanesen und Syrer, deren Familien seit Hunderten von Jahren in Ägypten lebten, wurden als Fremde, sprich Ausländer betrachtet.

Aziza Amir wurde deshalb als eine „echte" Ägypterin gefeiert – im Gegensatz zu Assia Dagher und Mary Queeny, deren Namen bereits ihre nichtägyptische Herkunft verrieten. Aziza Amir hat überdies ihre Produktionsfirma „Isis Film" genannt, ein wahrlich ägyptischer Name.

Bahiga Hafiz

Bahiga Hafiz (1908–1983) war laut Samir Farid als einzige der Pionierinnen eine „wahre" Intellektuelle und kam aus der Oberschicht.[22]

Sie besuchte das Konservatorium in Paris, spielte Klavier und komponierte. Später schrieb sie für alle ihre Filme die Musik und begleitete manche Aufführungen am Klavier. In Kairo führte sie einen literarischen Salon nach französischer Manier, in dem bekannte Künstler und Schriftsteller verkehrten. Sie machte nur sehr wenige Filme. 1932 führte sie Koregie bei dem Film AL-TADDHEYAT (Die Opfer), den sie mit ihrer Firma „Fanar Film" produzierte und in dem sie selbst eine Rolle übernahm. Drei Jahre später machte sie ein Remake mit Ton. Das stumme Original wurde erst 1995 wieder entdeckt und in dem selben Jahr auf dem Nationalen Filmfestival in Kairo vorgeführt. In ihrem zweiten Film LAILA, BINT AL-SAHRA (Leila, Mädchen der Wüste) thematisiert sie einem historischen Konflikt: die Zwistigkeiten zwischen Persern und Arabern, die der Hochzeit des Schahs von Persien mit Prinzessin Fawzeya, einer Schwester des ägyptischen Königs Faruq, vorausging.

Der Film hatte 1936 Premiere bei den Filmfestspielen in Venedig, noch bevor er im Jahr darauf in Ägypten gezeigt wurde – zeitgleich mit der königlichen Hochzeit. In den vierziger Jahren kam der Film unter dem Titel LAILA, BINT AL-BADAUWEYA (Leila, das Beduinenmädchen) nochmals in die Kinos. Da Bahiga Hafiz keine Hinterbliebenen hatte, wurde ihr gesamter Nachlass – ihre Fotos, ihre Bibliothek und ihr Piano – nach ihrem Tod achtlos verscherbelt.

Amina Mohamed

Amina Mohamed (1908–1985) war ursprünglich Bauchtänzerin und Schauspielerin. Ihr wird die Regie des Films TITA WONG zugeschrieben, der 1937 erschien. In Wirklichkeit war er die Arbeit eines Kollektivs: Amina Mohamed drehte den Film zusammen mit einer Gruppe befreundeter Intellektueller, unter ihnen der bekannte Regisseur Salah Abu Seif sowie die Maler Salah Taher und Abdel Salam Al-Sherif.

Amina Mohamed hatte keinerlei Schwierigkeiten, sich als einzige Frau in der Gruppe durchzusetzen. Die Männer respektierten sie. Sie galt als starke Persönlichkeit, weil sie selbstbewusst und natürlich auftrat, ohne schamhaftes Körpergefühl. Von ihr hieß es, sie sei ein „richtiger Mann".

Fatima Rushdi

Fatima Rushdi (1908–1996) war ebenfalls Schauspielerin und Produzentin. 1933 drehte sie den Film AL-ZAWAG (Die Hochzeit). In ihren Memoiren, die 1970 erschienen, behauptete sie, sie habe den fertigen Film verbrannt. Falls dies der Wahrheit entspricht, haben wir keine Hoffnung mehr, diesen Film jemals wieder zu entdecken.

Außer diesen Regisseurinnen-Produzentinnen-Schauspielerinnen spielten noch zwei andere Frauen eine herausragende Rolle als Pionierinnen in der Produktion. Ihnen wurde jedoch öfter fälschlicherweise zugeschrieben, in ihren Filmen auch Regie geführt zu haben.

Assia Dagher

Assia Dagher (1904–1986) war die wohl bedeutendste Figur jener Zeit. Die gebürtige Libanesin begann in den zwanziger Jahren in Ägypten ihre Filmkarriere als Schauspielerin und Produzentin. 1927 debütierte sie als Statistin in dem Film LAILA von Aziza Amir. Insgesamt produzierte Assia Dagher über einhundert Filme, in zwanzig davon spielte sie auch eine Hauptrolle.

Ihre Filme wurden sowohl in Kairo als auch Beirut vorgeführt. Mit ihrer Produktionsfirma „Lotus Film" produzierte sie den ersten Film, der mit Mitteln des nach der Revolution von 1952 aus der Taufe gehobenen staatlichen Filmfonds finanziert wurde: *Al-Nasir Salah Al-Din* (Saladin 1963, Regie: Youssef Chahine). Der Film gehört heute zu den Klassikern des arabischen Kinos. Assia Dagher arbeitete sehr professionell und genoss eine lange Karriere. Im übrigen war sie die Tante einer anderen berühmten Filmpionierin: Mary Queeny.

Mary Queeny

Mary Queeny (geboren 1916), die Nichte von Assia Dagher, war wie ihre Tante als Schauspielerin und Produzentin tätig. Mit zwölf Jahren war die kleine Marie zu „Mary Queeny" geworden. 1929 spielte sie an der Seite Assia Daghers in dem Film *Ghadat al-sahra (Die junge Dame aus der Wüste)*, den Dagher auch produzierte. Fortan übernahm Mary Queeny in allen Filmen ihrer Tante eine Hauptrolle.

In den vierziger Jahren gründete Mary Queeny mit ihrem Ehemann Ahmed Galal eine eigene Filmproduktionsfirma. Zusammen errichteten sie das „Studio Galal", eines der fünf großen Filmstudios in der goldenen Ära des ägyptischen Kinos. Nach dem Tod ihres Ehemanns führte Mary Queeny das Filmstudio allein weiter. Sie gründete auch noch eine zweite Produktionsfirma: „Mary Queeny Films".

FILMEMACHERINNEN DES
NEUEN ARABISCHEN KINOS[*]

→ Def. für HA!

*Besonders in französischen Veröffentlichungen ist man davon abgegangen, von „einem arabischen Kino" zu sprechen. Stattdessen hat die Mehrzahl ("Les cinémas arabes") sich eingebürgert, die unter anderem die Filmkritiker Claude Michel Cluny und Guy Hennebelle in Umlauf brachten. Der Plural sollte der Vielfalt der Strömungen und nationalen Charakteren gerecht werden, die sich in den verschiedenen arabischen Ländern entwickelt haben.

Der Filmwissenschaftler Pierre Haffner hält dagegen den Singular für durchaus gerechtfertigt angesichts der Entwicklung, die das arabische Kino genommen hat. „Grob skiziziert: von einem Film, der stark durch den antikolonialen Kampf geprägt war, über Produktionen, die die nationalen Projekte der jungen arabischen Staaten unterstützten, hin zu Filmen, die eine individualistische Position einnehmen. Mehr und mehr wenden die Filmemacher sich in den letzten Jahren den Problemen, Wünschen, Hoffnungen der Einzelnen, der sozialen und nationalen Minderheiten, dem Lebensgefühl der Jugend und der Frauen zu. Aus dieser Entwicklung heraus ist auch zu begründen, dass man es – bei allen kulturellen, wirtschaftlichen, politischen Unterschieden zwischen den Staaten und Regionen, bei allen Unterschieden in künstlerischen Auffassungen und in den Produktionsbedingungen – wagen darf, von „einem neuen arabischen Film zu sprechen." (Pierre Haffner im Programmheft zu einer Retrospektive des Festivals von Karthago in Berlin, Mai/Juni 1996)

ÄGYPTEN

Hollywood am Nil – so ist Kairo, die Hauptstadt Ägyptens, oft genannt worden. Ägypten ist der Filmriese Afrikas, es hat die älteste und größte Filmindustrie im arabischen Raum. Bis dato sind im Land über 2.500 Kinospielfilme
produziert worden. Die Machart der Filme und die Produktionsstrukturen
haben den Vergleich mit Hollywood eingebracht: kommerzielle Massenwa-
re, ein austauschbarer Stil der Filme mit wiederkehrenden Motiven, gepaart
mit Starkult. Kairo hat sich mit ihnen ein wahres Imperium geschaffen: Sie
werden in alle arabischen Länder und Araber-Zentren Europas exportiert.
Nicht nur die Filmstars und -starlets, sondern auch der arabische Dialekt aus
der Hauptstadt Kairo sind auf diese Weise berühmt geworden. Ägyptische
Reisende können sich seither überall in der arabischen Welt verständlich
machen.
   Ägypten ist das einzige arabische Land, dem es vor Erlangen der nationalen Unabhängigkeit gelang, eine einheimische Filmindustrie aufzubauen. Den
Grundstein legte 1935 Talaat Harb, der Leiter der Misr Bank, mit der Gründung des Studio Misr. Das Studio war ein wohl kalkuliertes, wirtschaftliches
Unternehmen, auf den aufkommenden Tonfilm ausgelegt und mit moderner
Technologie ausgerüstet. Mehrere europäische Fachleute wurden angestellt,
unter anderem der deutsche Regisseur Fritz Kramp und Bühnenbildner Robert Scharfenberg. Gleichzeitig wurden junge Ägypter mit Stipendien anch
Europa geschickt. Unter Ausnutzung der Popularität ägyptischer Sängerinnen
und Sänger kreierte das Studio das überaus erfolgreiche Muster des Tanz-
und Gesangsfilms. Diese, wie der Filmkritiker Werner Kobe anmerkt, „für
ein westliches Publikum fast unerträgliche Mischung aus Musical, Komödie,
Melodram"[24] blieb bis in die heutige Zeit der Inbegriff des erfolgreichen, populären ägyptischen Films.
   Nach dem Zweiten Weltkrieg setzte ein wirtschaftlicher Aufschwung ein,
bedingt durch die Zerstörungen in Europa. Er bescherte der Kinoindustrie
einen Boom. Film mauserte sich zu einem Investitionsbereich, in dem durch
Exporte hohe Profite möglich waren. In den ersten Nachkriegsjahren bis zur

Machtübernahme Gamal Abdel Nassers im Jahre 1952 wurden fast 400 Filme produziert und vermarktet: beinahe 100 Millionen Besucher allein im Jahre 1952 zeugen von der Popularität des Kinos.[25] Die Unterhaltungsstandards des kommerziellen ägyptische Kinos wurden zum Modell in fast allen arabischen Ländern. Private Unternehmer versuchten nach der Unabhängigkeit, den Ägyptern nachzueifern. Nicht selten bedienten sie sich dabei ägyptischen Know Hows.[26]

Doch nicht nur der Filme wegen richteten die Blicke sich auf Ägypten. Das Land war auch die Wiege der arabische Frauenbewegung. Während die Pionierinnen des Films bald wieder von der Bildfläche verschwanden, wurde der Name Hoda Sha'rawi in ganzen Vorderen Orient zur Legende. Die algerische Schriftstellerin und Filmemacherin Assia Djebar nennt sie „erste Feministin der arabischen Welt, für die Ägypterinnen ein größeres Vorbild als später Simone de Beauvoir für die Französinnen".[27]

Hoda Sha'rawi stammte aus dem Großbürgertum und verbrachte ihre Kindheit in einem Harem. Aber sie erhielt zusammen mit ihrem jüngeren Bruder auch eine ausgezeichnete Bildung. Außer Arabisch lernte sie Türkisch, die Sprache ihrer Mutter, und Französisch. Sie spielte auch Klavier. Um ihr beträchtliches Erbe in der Familie zu halten, wurde sie jedoch als 13-Jährige mit ihrem viel älteren Cousin ersten Grades verheiratet. Zehn Monate später verließ sie ihren Gatten. 1922 – sie hatte den Schleier in der Öffentlichkeit bereits abgelegt – gründete sie die erste Frauenunion Ägyptens und die erste Frauenzeitschrift. Bis zu ihrem Tod 1947 scharte sie die Frauenbewegung bei politischen und kulturellen Demonstrationen um sich.

„Im Maghreb träumte damals meine Mutter mit ihren Freundinnen von diesem Aufbruch der Ägypterinnen, der Syrerinnen, der Türkinnen und Iranerinnen", erzählte Assia Djebar weiter. Heute sind auch in den Straßen Kairos wieder mehr und mehr Frauen mit Kopftuch und Schleier zu sehen. Seit der Pioniertat Ägyptens, als es als erstes arabisches Land ein Friedensabkommen mit Israel schloss, hat Kairo im Nahostkonflikt eine besondere Funktion als Vermittler. Kulturell und gesellschaftlich hat es seine Vorreiterrolle aber eingebüßt.

Ein erster Umschwung im ägyptischen Film setzte nach dem Umsturz der Offiziere 1952 und der Machtübernahme Gamal Abdel Nassers ein. Im Gefolge seiner sozialistischen und panarabischen Politik hielt ein sozialer Realismus Einzug in das Kino. Auch hier war Ägypten den übrigen arabischen Ländern eine Nasenlänge voraus. Nasser erzwang das Ende der Monarchie und den endgültigen Abzug der Besatzungsmächte. Dieser Ausdruck eines gestärkten nationalen Bewusstseins beeinflusste auch die Filmemacher. Hinzu kamen die Agrarreform und die Aufwertung der ägyptischen Bauern, der Fellachen. Die Belange der Kleinbauern, kleinen Angestellten und Arbeiter rückten in den Mittelpunkt der filmischen Handlungen.

Bis dahin hatte dies ein strenges Zensurgesetz, der sogenannte „Faruq[28]-Code" von 1949 unterbunden, das unter anderem „Bilder von offensichtlich verschmutzten Gassen, Hand- und Eselskarren, von armen Bauernhäusern und Frauen mit Umhang" verbot. Stattdessen ging in Filmen dieser Zeit „die Verachtung für die einheimische Kultur in Gestalt der unterprivilegierten Schichten Hand in Hand mit einer positiven Repräsentation (…) moderner westlicher Lebensart."[29]

Die Filmhochschule Kairo öffnete 1959 ihre Pforten. Vier Jahre später wurde die Filmwirtschaft verstaatlicht, darunter auch das Studio Misr, und die Nationale Filmorganisation gegründet. Die Filmhochschule entwickelte sich zum akademischen Mekka für CineastInnen aus dem gesamten arabischen Raum und ist bis heute in der Region das einzige Ausbildungsinstitut dieser Art. Viele berühmte ägyptische Regisseure haben an der Filmhochschule gelehrt: Youssef Chahine, Salah Abu Seif, Taufik Saleh und Shadi Abdel Salam.

Die aus dem Libanon stammende Filmemacherin Nabiha Lotfi gehörte zu den StudentInnen des ersten Jahrgangs. Seither hat es den Ausbildungsgängen für Regie, Produktion, Schnitt und Drehbuch nie an weiblichen Interessenten gemangelt. Kamerafrauen gab es in der gesamten Geschichte der Hochschule nur zwei: die Palästinenserin Sulafa Jadallah und die Ägyptern Abbeya Farid, die nach dem Ende ihres Studiums 1973 auch mit ihrem Ehemann, dem Kameramann Said Al Shimi, zusammenarbeitete.

1967 erschütterte das Debakel im Sechstage-Krieg gegen Israel die arabische Welt. Die Niederlage löste bei den ernüchterten Filmschaffenden eine Abkehr von der nasseristischen Euphorie und eine inhaltliche Neuorientierung aus. Einige von ihnen gründeten die „Vereinigung des Jungen Films". Aus ihrer Unzufriedenheit mit dem konventionellen Film heraus prägten sie den Begriff des „Anderen Kino" (al-sinema al-badila). Nach Art des Oberhausener Manifests wollten sie ein alternatives, politisch und sozial engagiertes Kino mit künstlerischem Anspruch abseits des Mainstreams machen. Mit ihrer Forderung stießen sie eine Debatte an, die auch in den Ländern des Maghreb Nachhall fand.

1970 starb Nasser. Sein Nachfolger Anwar El Sadat reprivatisierte die ägyptische Filmindustrie, die in die alte Kommerzialität zurückfiel. Studios, Kopierwerke und etliche Kinos blieben allerdings in staatlicher Hand. Sicherheits- und wirtschaftspolitisch wandte Sadat sich mehr und mehr den USA zu. Nach Ägyptens militärischen Erfolgen im Oktober-Krieg liberalisierte er die Wirtschaft und ließ zunächst mehr Presse- und Parteienvielfalt zu. 1979 unterzeichnete er den Friedensvertrag mit Israel. Ägyptische Oppositionelle landeten im Gefängnis.

Die Politik der offenen Tür gegenüber dem Westen hatte aber auch einen regen Kulturaustausch zur Folge, von dem vor allem die junge Generation der FilmemacherInnen profitierte. Die ersten Filme dieser „Neuen Realisten" tauchten Anfang der achtziger Jahre, nach Sadats Ermordung durch islamische Fundamentalisten, in ägyptischen Kinos auf. Gedreht wurde vorzugsweise an Originalschauplätzen und im Milieu des städtischen Kleinbürgers. Das unterschied sie sowohl vom Mainstream als auch vom Realismus der Nasser-Zeit. Da in Ägypten ohne große Schauspielernamen kein Erfolg zu verbuchen ist, arbeiteten die Regisseure weiterhin mit Stars. Trotz ihrer Kampfansage gegen Materialismus, Egoismus und Korruption waren ihre Filme auf Unterhaltung angelegt. „Damit stand der Neue Realismus unverkennbar auf dem Boden nationaler, cineastischer Traditionen", schreibt Viola Shafik, „zeigte jedoch in seiner Wahl aktueller und gleichermaßen brisanter gesellschaftspolitischer Themen erheblichen Mut."[30]

In diese Zeit fallen auch die ersten Langspielfilme ägyptischer Regisseurinnen. Inas El Degheidi und Nadia Hamzi sind seitdem zu den erfolgreichsten Filmemacherinnen des Landes avanciert. Künstlerisch zwar wenig anspruchsvoll, ziehen ihre Filme aber ein Massenpublikum in die Kinosäle, das den Neuen Realisten stets unerreichbar blieb. Die meisten von ihnen beugten sich letztendlich dem Druck des Markts. Nur Youssef Chahine fand einen Ausweg aus dieser Zwangsjacke, auch wenn die Filme, die seine „Misr Film Production" verlassen, durchaus Züge des Mainstream-Films tragen. Da die meisten dieser Filme, wie Asma Al Bakris DAS LÄCHELN DES EFFENDI (1991), jedoch auf die gewohnten Stars verzichten, verschwinden sie schon nach ein bis zwei Wochen von den Spielplänen der ägyptischen Kinos.[31]

Die meisten Länder der arabischen Welt haben mittlerweile ein eigenes nationales TV-Satellitenprogramm in Betrieb genommen. Gefüllt werden die vielen Sendestunden unter anderem mit ägyptischen Talk-Shows, Seifenopern, Fernsehserien und Filmen. Die Filmproduzenten haben allerdings von diesem Boom bislang nicht profitiert: Denn es gibt in Ägypten weder eine Tradition der Koproduktion zwischen Film und Fernsehen wie in Europa, noch sind die Produzenten finanziell an den Ausstrahlungen ihrer Filme beteiligt. Die Verleihfirmen in den Golfstaaten zahlen für die Auslandsrechte überdies lediglich Dumpingpreise. Mehr und mehr FilmemacherInnen arbeiten daher mit dem finanzkräftigen Fernsehen zusammen, das seit drei Jahren auch Filme für das Kino produziert.

Eingesetzt hat diese Entwicklung mit dem Aufkommen des Satellitenfernsehens. „Viele ägyptische Produzenten wussten am Anfang noch nicht einmal, was Pay-TV ist", berichtet der Filmkritiker Samir Farid. „Sie haben ihren großen Vorrat an Filmen zu Spottpreisen an libanesische und saudische Verleiher verkauft."[32] Durch diese Inflation ägyptischer Filme auf dem Markt sind auch die Verkaufspreise neuer ägyptischer Produktionen in den Keller gefallen.

Während die kleinen Filmproduzenten kaum noch einen Fuß auf die Erde bekamen, kaufte im Jahr 2000 eine große arabische Produktions- und Verleihgesellschaft allein in Kairo 100 Kinos und 1000 Filme auf. Wie sich dies auf die Filmindustrie des Landes auswirken wird, weiß noch niemand zu sagen.

Die Filmstudios sind darüber hinaus mit den vielen Fernsehproduktionen und der beständig wachsenden Zahl von Werbefilmen ausgebucht. Die Dreharbeiten für einen Kinofilm können sich dadurch erheblich verzögern. Hier rächt sich die Verstaatlichung während der Nasserzeit, die vormals glanzvolle Studios dem Verfall preisgab. Von einer effektiven Führung oder gar von Modernisierung ist, bis auf wenige Ausnahmen, keine Spur zu finden. Auch nach 1971 investierte der Staat lieber in prestigeträchtigere Projekte. In der Stadt des 10. Oktober, unweit von Kairo, hat das staatliche Fernsehen riesige Fernsehstudios gebaut. Ob sie die technischen Löcher bei den Filmproduktionen stopfen und die Filmstudios entlasten können, wird sich zeigen wenn sie vollständig in Betrieb sind.

Ein Filmarchiv, das diesen Namen verdient, existiert in Ägypten bis heute nicht. Zwar beansprucht das Magazin der Nationalen Filmorganisation diesen Titel für sich, kann aber Archivierungen aufgrund des knappen Budgets nur äußerst lückenhaft vornehmen. Viele alte Filme sind zudem verschwunden oder existieren nicht mehr. Um so mehr Aufmerksamkeit erregte eine rekonstruierte Kopie eines Films der Stummfilmpionierin Mary Queeny, die 1999 bei den Kairoer Filmfestspielen aufgeführt wurde.

In Ägypten werden heute im Vergleich zu den achtziger Jahren nur noch halb so viele Filme produziert. Aber es sind nicht nur die knappen finanziellen Mittel, mit denen die Filmemacherinnen und Filmemacher zu kämpfen haben, es ist auch die restriktive Zensur der konservativen Golfstaaten. Sie sichern der Filmwirtschaft am Nil einerseits das Überleben. Aber wenn ein Film über die heimischen Kinos hinaus auch auf dem lukrativen arabischen Fernseh- und Videomarkt verkauft werden soll, muss er auch die Hürde des strengen Sittenkodex dieser Länder passieren.

Gabriel Khoury, Produzent von Youssef Chahine, hat dies einmal beschrieben: „Man zäumt das Pferd von hinten auf. Um Geld für ein Produkt zu bekommen, das noch nicht existiert, sagt man sich zum Beispiel: Mit dieser Schauspielerin bekomme ich aus Saudi-Arabien 50.000 Dollar, 30.000 von Kuwait, 10.000 aus dem Libanon… und der Verkauf der Videorechte in Ägypten bringt mir 250.000 Dollar – also mache ich einen Film in dieser Größenordnung. Man kalkuliert den Film also nicht nach einer Idee, einem Drehbuch, sondern einzig nach dem, was so in die Kasse kommt. Die Drehbücher werden an die Wünsche der Zensoren der Kaufländer angepasst. Und weil diese Bedingungen von Land zu Land verschieden sind, bleiben die Filme Stückwerk. Da man diese Erwartungen kennt, hat man niemals – oder zumindest selten – Probleme.“[33]

So kommt es, dass das kommerziell orientierte Genrekino wieder dominiert. Der ägyptische Film wird wieder prüder. Ersichtlich ist dies insbesondere an der Kleidung von Frauen und bei Liebesszenen. Während das Publikum sich 1969 damit amüsierte, die angeblich 100 Küsse in dem Film „Mein Vater ist auf dem Baum“ (abi fauq al-shagara) laut mitzuzählen, muss es heute meist vergebens auf einen einzigen Kuss auf der Leinwand warten.[34]

EL ABNOUDY Ateyyat

Ateyyat El Abnoudy (auch Attiat oder Attiyat El Abnoudi) ist als Ateyyat Awad Mahmoud Khalil am 26. Oktober 1939 in einem Dorf im Nildelta geboren. Sie studierte zunächst Rechtswissenschaften an der Universität von Kairo, arbeitete dann als Schauspielerin und Regieassistentin am Theater. Bis 1972 studierte sie Regie an der Filmhochschule Kairo und bis 1976 an der International Film and TV School in London. Ateyyat El Abnoudy ist heute neben Nabiha Lotfi die bekannteste Dokumentarfilmerin Ägyptens. Sie war die erste Filmemacherin, die sich mit ihrer Firma „Abnoud Film" eine eigene Produktionsbasis aufbauen konnte.

Ateyyat El Abnoudy erzählt

Der Dokumentarfilm ist eines der beispielhaftesten Mittel, um Geschichte zu schreiben. Er besitzt jene unerlässliche Kombination aus Ton, Bild, Farbe und Zeugnissen von Menschen über die Zeit, in der sie leben. Eine solche Art der Dokumentation ist in Ländern wie Ägypten, sogenannte Dritte-Welt-Länder oder Entwicklungsländer, unbedingt nötig: Denn hier haben viele Menschen keinen Zugang zu Wissen durch das geschriebene Wort. Sie scheinen wie absichtlich verurteilt, in einem Zustand ständigen Analphabetentums zu verharren. Das Bild – wie in Dokumentarfilmen – erhält in diesen Ländern eine besondere Bedeutung. Es wird zum einzig verlässlichen Lehrmittel, weil es direkt zu den Menschen spricht und sie so erreichen kann.
Ich selbst mache Filme über Menschen, die ich kenne und zu denen ich hinsichtlich der sozialen Herkunft eine Beziehung habe: über die einfachen und armen Leute. Ich behandle sie mit großem Respekt. Bei jedem Film lerne ich etwas von ihnen und ihrer Lebensweisheit. Meine Filme zeigen ihren Überlebenskampf, ihre Freuden und ihre Träume. Ich gebe ihnen die Lein-

wand, damit sie sich äußern. Deshalb bin ich die „Filmemacherin der einfachen Leute" genannt worden. Ich will nicht als feministische Filmemacherin etikettiert werden, denn Frauen sind nur ein Teil des Lebens. Und ich mache Filme über das ganze Leben.

Aus einem Gespräch mit Ateyyat El Abnoudy

Welches Anliegen verfolgen Sie mit Ihren Filmen?
Ich habe ein soziales Bewusstsein, mache aber keine politischen Filme. Die Menschen müssen selbst denken… Ich mache provokative Filme: Wenn jemand den Film sieht, fängt er an nachzudenken. Aber ich sage nicht, was zu tun ist. Ich bin der Ansicht, dass Künstlerinnen und Künstler sehr privilegiert sind in der Gesellschaft und ihr deshalb etwas zurückgeben sollten. Ich habe mir selbst eine Aufgabe gestellt: Ägypten zu beschreiben. In jedem meiner Dokumentarfilme befasse ich mich mit einem sozialen Aspekt.

Sie filmen vor allem Menschen aus der einfachen Bevölkerungsschicht. Warum?
Ich betrachte das Leben auf eine poetische Art und Weise… Ich lebe gerne und versuche in meinen Filmen, diese Lebensfreude zu vermitteln. Die sich übrigens die Menschen in Ägypten auch in ärmlichen Verhältnissen bewahren. Ich sehe ihre Gesichter sehr gerne auf der Leinwand. Ich komme aus der Arbeiterklasse, doch Film ist ein Medium der Mittelschicht. Als Filmemacherin muss man sich sehr bemühen, die Verbindung mit den eigenen Wurzeln zu bewahren. Sonst ist man verloren.

Wie sieht Ihr familiärer Hintergrund aus?
Ich war das jüngste Mädchen nach vier Schwestern und drei Brüdern. Als einziges Mädchen schloss ich die Schule ab. Ich war auch immer eine gute Schülerin. Als Gamal Abdel Nasser an die Macht kam, öffnete er Türen zu allen möglichen Träumen. Die armen Bevölkerungsschichten wurden ermutigt, die Universität zu besuchen und sich zu bilden. Ich hätte sonst nicht studieren können. Und davon hatte ich immer geträumt. Mein Traum wurde wahr. Ich war erst 16 und die Jüngste dort. Ich begann, Rechtswissenschaften zu studieren, konnte mir aber die teuren Bücher nicht leisten. So arbeitete ich neben dem Studium in einigen Büros am Bahnhof. Ich las viel, sogar

politische Literatur. Meine Mutter war eine sehr aufrichtige und ehrgeizige Frau. Sie sprach immer von mir als der Hoffnung ihres Lebens.

Sie waren mit einem Dichter verheiratet?
Zwanzig Jahre lang. Ich arbeitete in einem Theater als Schauspielerin, Inspizientin und Regieassistentin. Ich war auf der Suche danach, was ich wirklich machen wollte im Leben. Also ging ich für zwei Jahre an die Filmhochschule Kairo. Gleich mein erster Film PFERD AUS LEHM gewann 28 Preise weltweit, obwohl ich noch blutige Anfängerin war. So ist auch der Film.

Welche Erinnerungen verbinden Sie mit diesem Film?
Der Film dauert zehn Minuten, und ich habe zwei Jahre lang daran gearbeitet. Nicht nur weil ich nicht genügend Geld hatte: Die Ziegelsteine mussten erst in der Sonne trocknen. Ich drehte den ersten Teil des Films am Ende des Sommers und musste dann bis zum nächsten Sommer warten. Unsere Kameras waren Uralt-Modelle; wir mussten den Ton getrennt aufnehmen. Trotzdem war ich voller Tatendrang. Wie sollte ich bloß bis zum nächsten Jahr warten, um das was ich machen wollte zu vollenden? Mich drängte es danach, meine Sichtweise auf das Leben um mich herum in Dokumentarfilmen auszudrücken. Ich hatte mein Ausdrucksmittel gefunden.

Inwieweit hat Sie dieser Erfolg beflügelt?
Er hat mir gezeigt, wer ich bin und dass ich noch mehr über das Filmemachen lernen musste. Schließlich wurde uns in der Filmhochschule vor allem Filmtheorie vermittelt. Ich drehte meinen Abschlussfilm SAD SONG OF TOUHA. Er war der erste Dokumentarfilm am Institut. Normalerweise wurden Kurzfilme gedreht, wofür sie den Studentinnen und Studenten einen Platz auf dem Dachboden der Schule zur Verfügung stellten: hier ist das Esszimmer, hier das Schlafzimmer; schreibe ein Drehbuch und filme dort. Ich bestand aber darauf, einen Dokumentarfilm zu machen. Nach einigen heftigen Auseinandersetzungen setzte ich meinen Kopf durch.

Dann sind Sie nach London gegangen?
Ja. Ich wollte noch mehr lernen. Filme zu machen ist ein Handwerk, Talent allein genügt nicht. Damals wäre es einfach gewesen, in der Sowjetunion oder in Polen zu studieren, aber ich wollte meine Zeit nicht damit vergeuden, eine neue Sprache zu lernen. Und Englisch konnte ich gut. Deshalb zog ich

es vor, an die International Film School in London zu gehen. Ich blieb drei Jahre und machte drei Filme dort.

Und was passiert mit einer jungen Frau aus der Dritten Welt, die internationale Preise gewinnt und dann nach London kommt?
Ich fühlte mich sehr allein und sehr fremd. Alles erschien mir kalt, nicht nur das Wetter. Ich spreche vom Umfeld. Wir Ägypter sind sehr warme Menschen, wir berühren einander gern, reden gern, küssen gern. In England wurde mein Verhalten völlig missverstanden. Wenn ich etwa einen Bekannten umarmte, hieß es gleich „Ateyyat hat einen neuen Freund".

Ich wunderte mich sehr darüber, dass ich aus Ägypten den Unterschied zwischen Sex und Freundschaft verstand, Leute aus der sogenannten Ersten Welt anscheinend aber nicht. Eine Beziehung zwischen Mann und Frau scheint hier stets ein sexuelle Affäre zu bedeuten. Das beunruhigte mich sehr. Ich lernte eine andere Kultur kennen – und war enttäuscht von ihr. Ich hatte erwartet, in eine freie Gesellschaft zu kommen, nicht dass alles in Bezug auf Sex gesehen wird. Ich beschloss, mir alles anzueignen, was für mein Leben und meinen Beruf nützlich sein konnte, nach dem Studium aber wieder nach Ägypten zurückzukehren. Obwohl ich eine Arbeitserlaubnis hatte, ging ich von England fort.

Für wen machen Sie Ihre Filme?
(lachend): Für meine Freunde, die Kritiker! Das ägyptische Fernsehen glaubt leider nicht an Kulturfilme, vor allem wenn sie dazu noch Dokumentarfilme sind. Meine Filme sind weder zu Propaganda- noch zu Tourismuszwecken zu gebrauchen. Deshalb sind sie im europäischen Fernsehen öfter zu sehen gewesen als in Ägypten. Manchmal weiß ich nicht, was ich auf den Vorwurf antworten soll, ich würde mit meinen Filme das Ansehen Ägyptens in Europa beschmutzen. „Warum muss ich arme Leute filmen?" Wer so etwas fragt, dem mangelt es an Intellekt. Dem geht es nur um Propaganda, nicht um den menschlichen Aspekt. Ich zeige meine Filme in Ägypten in Filmclubs, aber mein Ziel ist es, das große Fernsehpublikum zu erreichen. Da meine Filme im 16 mm-Format gedreht sind, können sie nicht in kommerziellen Kinos gezeigt werden.

Ihr Filmstil ist als poetischer Realismus bezeichnet worden. Wie würden Sie Poesie definieren?

Poesie kann mit wenigen Worten tiefe Bedeutungsinhalte vermitteln. In meinen Filmen drücke ich in einer einzigen Aufnahme vieles zugleich aus. Ich glaube, dass man meine Filme mehrmals sehen muss, und jedes Mal entdeckt man etwas Neues. Viele Menschen haben mir das gesagt. Ich zeige nie zwei Mal die selbe Einstellung und ich betrüge die Zuschauer nicht. Ehrlich zu sein, ist sehr wichtig. Ich mache niemals gestellte Aufnahmen.

Aber ist Film nicht immer Manipulation?
Manipulation ist etwas anderes. Ich manipuliere die Menschen nicht zu meinem eigenen Nutzen. Ich bitte sie nie, etwas für mich zu tun – ich folge ihnen mit der Kamera. Das habe ich gleich zu Beginn gelernt, während der Dreharbeiten von PFERD AUS LEHM: Die Mädchen trugen schwere Ziegelsteine auf dem Kopf, 25 Kilo auf dem Kopf eines kleinen Mädchens. Ich war eine Anfängerin und wollte schöne Aufnahmen machen. Also bat ich die Mädchen, einen Augenblick stehen zu bleiben. Und den Kameramann bat ich, irgendwo hinaufzuklettern, damit er eine gute Einstellung habe. Nach einer Minute begannen die Mädchen, mich zu beschimpfen. Ich hatte überhaupt nicht daran gedacht, welche schwere Lasten sie die ganze Zeit auf ihren Köpfen balancierten."
(*Festival News, Tampere, Finnland* 1991).

Filmographie
(16 mm, wenn nicht anders angegeben):

1971   **Hosan al-tin** (Pferd aus Lehm), s/w, 12 Min
        (mehr als 30 internationale Preise, unter anderem Großer Preis bei
        der Mannheimer Filmwoche 1973)
1972   **Sad Song of Touha**, 12 Min
        (Kritikerpreis in Grenoble)
1973   **Jumble Sale** (Flohmarkt), 12 Min
1974   **Two Festivals in Grenoble**, 30 Min
1975   **Al-sandwich** (Sandwich), 16 mm, 13 Min
1976   **London Views** (Ausblicke auf London), 45 Min
1979   **To Move into Depth** (In die Tiefe), 45 Min
1981   **Bahar al-atash** (Meere des Dursts), 45 Min
        (Großer Preis des Dokumentarfilms ACCT in Frankreich)
1983   **Al-ahlam al-mumkina** (Träume in Reichweite), 30 Min
1985   **Rolla Tree**, 30 Min

1988   Iqa' al-haya (Lebensrhythmus), 60 Min
(Großer Preis beim 12. Nationalen Ägyptischen Filmfestival,
beste Koproduktion bei den Filmfestspielen in Valencia)
1989   **Year of Maya**, 60 Min
1990   **Interview in Room No. 8**, 30 Min
1992   **Illi baa willi ishtara** (Verkäufer und Käufer), 30 Min
(Ägyptischer Kritikerpreis)

Video:
1993   **Diary in Exile** (Tagebuch im Exil), 54 Min
1994   **Nisa' al-mass'ulat/Responsible Women** (Frauen mit Verantwortung), 28 Min
1995   **Rawya**, 16 Min
1995   **Girls still Dream** (Mädchen haben noch Träume), Video
1996   **Days of Democracy** (Tage der Demokratie), Video, 90 Min

Fernsehen:
1996   **Egyptian Heroines** (Ägyptische Heldinnen), 10 Werbespots à 2 Min
(Interviews mit ehemaligen Analphabetinnen, um Frauen zum
Schulbesuch zu ermutigen)
2000   **Cairo 1000, Cairo 2000**, TV, 40 Min

Der Überraschungserfolg ihres Erstlingsfilms PFERD AUS LEHM ermöglichte
Ateyyat El Abnoudy mehrere Koproduktionen mit dem Ausland, unter anderem mit der Bundesrepublik. Die dadurch gesicherte finanzielle Unabhängigkeit von den staatlichen Institutionen ihres Heimatlandes bildete eine der
wichtigsten Grundlagen für ihre künstlerische Eigenständigkeit.[35] Diese frühen Werke El Abnoudys verströmen den Charme und den Geist ethnologi-
scher Filmkunst. Ihre neueren Filme sind dagegen überwiegend konventio-
nelle Auftragsarbeiten für internationale Organisationen oder das staatliche
Fernsehen. Damit verbunden war eine Umstellung auf moderne Videotech-
nik

Pferd aus Lehm

Hosan al-tin
Ägypten 1971

R/B: Ateyyat El Abnoudy
K: Ahmed El Hadari,
Mahmoud Abdel Samie
T: Magdi El Etribi
S: Mohamed El Sayed
P: Film Association Cairo,
Ateyyat El Abnoudy
V: First Run Icarus, New York

Entlang des Nilufers gibt es Hunderte von kleinen Ziegelmanufakturen, die traditionelle Ar-
beitsmethoden anwenden: Alte Pferde, Männer
und Frauen, Jungen und Mädchen teilen sich
die beschwerliche Arbeit. Am Ende des Tages
waschen Menschen und Tiere sich gemeinsam
die Müdigkeit im Nil ab.

Sandwich

Al-sandwich
Ägypten 1975

R/B: Ateyyat El Abnoudy
K: Maher Rady
S: Ateyyat El Abnoudy
P: National Cinema Center, Kairo
V: Metro Company, London

Abnoud[36] ist ein Dorf in Oberägypten, 600 km
südlich von Kairo, „wo die Züge nie halten".
Anhand der Entstehungsgeschichte eines Sandwichs beschreibt der Film das Alltags- und Ar-
beitsleben von Kindern in diesem Dorf: Ein
Junge überlistet die Kargheit seiner Lebensumstände, indem er ein trockenes Stück Brot mittels Ziegenmilch in ein Sandwich verwandelt.

Träume in Reichweite

Al-ahlam al-mumkina
Ägypten/BRD 1983

R/B: Ateyyat El Abnoudy
K: Emad Farid
S: Ateyyat El Abnoudy
D: Umm Said u.a.
P: Abnoud Film, Faust Film
V: Evangelische Zentralstelle für
Entwicklungsbezogene Filme
(EZEF), Stuttgart

Der Film ist ein Teil der Serie „As Women See
It" des Fernsehsenders Channel Four in London. Er erzählt die Geschichte der Bäuerin
Umm Said (Mutter des Said[37]), die mit sech-
zehn Jahren verheiratet wurde und seither in
einen Dorf in der Nähe von Suez lebt. Um Said
kann weder lesen noch schreiben und ist dennoch sehr wortgewandt. Sie arbeitet nicht nur
auf dem Feld, kocht, bäckt, wäscht die Wäsche,
melkt die Kuh und kauft Kleidung für die Kinder. Sie verwaltet auch das Geld, ist zuständig
für die Viehzucht und für die Erziehung der
acht Kinder. Alle wichtigen Entscheidungen der
Familie liegen in ihrer Hand. Manchmal hängt
Um Said ihren Lebensträumen nach, aber sie
träumt „nicht weiter als ihre Hände reichen".

◼ Rawya

Ägypten 1995
R/B: Ateyyat El Abnoudy
K: Mohamed Shafiq
S: Tamer Ezzat
P/V: British Council, Kairo

Rawya ist eine junge Frau vom Land, die in einer Töpferschule gelernt hat, ihren Lebensunterhalt selbst zu verdienen. Sie erzählt von ihrer Kindheit und Jugend: Als sie sich weigert, dem Vater ihren Brautschmuck zum Verkauf zu überlassen, schleudert er den Kerosinbrenner nach ihr. Ein Wendepunkt in Rawyas Leben: Sie geht von zuhause fort, beginnt ihren Weg in die Selbständigkeit. Heute ist sie selbstbewusst genug, um ehrgeizige Zukunftspläne zu schmieden.

Szenenfotos aus *Rawya*
© Abnoud Films

Pressestimmen

Die Dokumentarfilm-Regisseurin Ateyyat El Abnoudy ist eine der wenigen ägyptischen Frauen, die sich im Filmbereich durchsetzen konnten. Mit Fernando Solanas und Octavio Getinos Grundsätzen des „Dritten Kino" vor Augen, griff Ateyyat 1970 zum ersten Mal zur Kamera. Seit diesen Aufnahmen – und auch nach El Abnoudys Ausbildung in Großbritannien – ist die Filmemacherin der Vorstellung eines „befreiten Kinos" treu geblieben. Ein Kino, das sich der Kolonisierung durch Bilder nur entziehen kann, indem es, wie ein Filmhistoriker sich ausdrückte, der „Ideologie erzeugenden Industrie" des Ersten Kinos die Wiedergabe der realen Verhältnisse entgegensetzt *(Peter B. Schumann, Handbuch des lateinamerikanischen Films).*

In der Praxis fußt das Vorgehen der Regisseurin auf den Methoden des „Direct Cinema". Die Annäherung an den Menschen ist auch eine Annäherung der Kamera. Zu diesem Zweck erschien es der Dokumentaristin unerlässlich, sich mit einer handlichen Ausrüstung zu versehen – das heisst mit dem 16-mm-Format, das ihr die notwendige Beweglichkeit garantiert. Die entsprechenden Voraussetzungen sind in Ägypten allerdings, trotz der Filmindustrie, keineswegs gegeben. Nach wie vor ist das „Direct Cinema" für den durch staatliche Zensur und bürokratische Hindernisläufe gegängelten Dokumentarfilm ein Fremdwort geblieben. Die finanzielle Abhängigkeit gerade der Dokumentarfilmemacher vom Fernsehen und von anderen staatlichen Organisationen ist immens, das öffentliche Interesse am Dokumentarfilm nahezu gleich null. Die Folge sind mangelhafte Dienstleistungen, speziell für das 16-mm-Format, veraltete Ausrüstungen und chronischer Materialmangel. *(Viola Shafik, in: Die Siebten Tage des Unabhängigen Films, Augsburg, 1991)*

Man kann das Werk von Ateyyat El Abnoudy nicht in eine bestimmte Kategorie einordnen. Sie selbst nennt es poetischer Realismus. Kritiker bezeichnen die Filme, die so prägnant und eindringlich das zeitgenössische Leben in Ägypten dokumentieren, als soziale Kommentare. Was immer ihr spezifisches Genre sein mag: Sie werden von der ägyptischen Regierung mit Argwohn betrachtet, von internationalen Filmjurys mit kritischem Beifall bedacht und von den Subjekten ihrer Arbeit mit Liebe gesehen. *(Arab Film Festival, Los Angeles 1993)*

ABU SEIF Dr., Laila

Dr. Laila Abu Seif ist am 19. November 1941 geboren. Bis 1961 studierte sie Literaturwissenschaften an der Amerikanischen Universität in Kairo. Danach ging sie in die USA, wo sie 1962 ihren Magister machte und 1969 an der Loyola Universität Chicago promovierte. Sie führte bei mehreren Theaterstücken Regie. Nachdem sie 1971 aus den USA zurückgekehrt war, arbeitete sie als Dozentin an der Hochschule für Darstellende Künste in Kairo. Sie machte einen Dokumentarfilm.

Filmographie:

■ Ain hayati?
Wo ist meine Freiheit?
Ägypten 1978, 16 mm, 80 Min
R: Dr. Laila Abu Seif
D: Dr. Laila Abu Seif, Saad Metri
K: Ramsis Marzuk
S: Adel Munir
P: Laila Abu Seif Films
V: First Run Icarus, New York

Ein Dokumentarfilm über den Kampf der Ägypterinnen gegen ein veraltetes Familiengesetz und die bedeutendesten ägyptischen Frauenrechtlerinnen mehrerer Generationen: Siza Nabrawi, Aziza Hussein, Moufida Abdel Rahman, die Malerin Indschi Aflaton und Hoda Sharawi.

AL ASFOURI Taghreed

Taghreed Al Asfouri ist am 11. September 1965 in Kairo geboren. Bis 1977 studierte sie Kunst, wechselte dann an die Filmhochschule Kairo, wo sie 1992 ihr Studium abschloss. Seither arbeitet sie als Regisseurin bei „Nile TV".

Filmographie:

1988   **Eleykum halat el-taqs** (Nun der Wetterbericht)
1992   **Qabl al-awan** (Vor der Zeit), 35 mm, 8 Min
1994   **Min al-dhakira** (Aus dem Gedächtnis), 35 mm, 10 Min
1996   **Ashaq al-sinema** (Der Kinoliebhaber), Video
1997   **Ashaq al-riada** (Der Sportliebhaber), Video

■ Vor der Zeit
Qabl al-awan
Ägypten 1992
R/B: Taghreed Al Asfouri
K: Mohamed Shafik
M: Gamil Aziz
T: Mohamed Kamal
M: Mona Rabie
P/V: National Cinema Center, Kairo

Mehr als zwei Millionen Kinder arbeiten in Ägypten, illegal und ohne Arbeitsschutz. Sie helfen ihren Familien, das kärgliche Einkommen aufzubessern. Der Dokumentarfilm ist eine ebenso lebhafte wie kritische Reportage über Kinderarbeit.

AL BAKRI Asma

Asma Al Bakri ist am 28. Oktober 1947 in Kairo geboren. Gerüchte besagen, ihr Großvater sei Sakakini Pasha[38], das Oberhaupt der jüdischen Gemeinde in Ägypten.

Asma Al Bakri studierte Französische Literatur in Alexandria und Geschichte in Paris. Danach arbeitete sie als Regieassistentin bei mehr als dreißig Filmen, unter anderem mit Youssef Chahine. Als freie Autorin schreibt sie für arabische Zeitschriften über soziale, politische und historische Themen. Sie illustrierte außerdem das Buch „Khul-Khal" von Nayra Atiya (Syracuse University Press). Nach mehreren Kurz- und Dokumentarfilmen hatte sie mit ihrem Spielfilmdebüt DAS LÄCHELN DES EFFENDI internationalen Erfolg.

Filmographie:

1979   Qatrat ma' (Ein Tropfen Wasser), 35 mm, 5 Min
1981   Bortereh (Porträt), 35 mm, 24 Min
1981   Dahsha (Erstaunen), 35 mm, 23 Min
1982   Hay el-Thaher (Eigenname; ein Kairener Stadtviertel), 35 mm, 11 Min
1982   Al-rokham (Der Marmor), 35 mm, 10 Min
1991   Shahatin wa nubala' (Das Lächeln des Effendi), 35 mm, 90 Min
        (Preis der Kritik, Preis der C.I.C.A.E. und Großer Preis des Publikums
        Montpellier; Preis des Publikums Freiburg, 1992; Großer Preis der
        Internationalen Jury in Rennes, 1992)
1995   Matthaf al-askandriya (Das Museum von Alexandria)
1998   Concerto fi darb saada (Konzert in der Glücksgasse), 105 Min

■ Das Lächeln des Effendi

Shahatin wa nubala'
Ägypten/Frankreich 1991
R/B: Asma Al Bakri
K: Ramses Marzouk
M: Moustafa Nagui
T: Moustafa Ezzat
S: Rahma Montasser
D: Salahel Saadani (Gohar),
     Mahmoud El Guindi (Kordi) u. a.
P: Misr International Films, Kairo;
     Palmyre Productions, Paris
V: trigon-film (CH)

„Ich besitze nichts, ich möchte nichts, ich bin frei." So lautet die Lebensphilosophie der Figuren dieses Films. Allen voran der Universitätsprofessor Gohar, der seine Stelle aufgibt, als ihm klar wird, dass alles, was er seinen Studenten lehrt, vor Lügen strotzt. Er verbringt seine Zeit fortan mit Philosophieren und Haschisch-Rauchen. Um an Geld für neuen Stoff zu kommen, will er den Schmuck einer Prostituierten stehlen. Sie wehrt sich... Er erwürgt sie. Der Polizist, der mit der Aufklärung des Falles beauftragt wird, gerät mehr und mehr in Gohars Bann... Filmschauplatz ist Kairo während der letzten Tage des Zweiten Weltkriegs.

In dem Film, nach einem Roman des ägyptischstämmigen Schriftstellers Albert Cossery, verzichtet Asma Al Bakri auf die in Ägypten übliche Besetzung mit Stars. Deshalb war der Film aus der Produktionsfirma Youssef Chahines an den einheimischen Kinokassen ein Flop. Die internationale Kritik fand jedoch viel Lob für den Film (mit der Einschränkung, dass Al Bakri Frauen nur klischeehaft als kreischende Matronen oder Prostituierte zeige).

Szenen aus *Das Lächeln des Effendi* © Trigon Film

Aus Gesprächen mit Asma Al Bakri

Der Film spielt zu einem bestimmten Zeitpunkt der Weltgeschichte, als die Explosion der ersten Atombombe einen weltweiten Schock auslöste. Hättest du die gleiche Geschichte heute erzählen können?
Durchaus! Was 1945 geschah, wiederholt sich immer wieder. Man muss sich nur an den Golfkrieg 1991 erinnern. Ich glaube, dass sich an den Machenschaften der Menschen, an der universellen Grausamkeit nicht viel geändert hat. Ich habe meine Dreharbeiten lange vor dem Beginn des Golfkrieges beendet. Zufällig kam der Film dann gerade heraus, als der Krieg zu Ende ging.

Kannst du die Entscheidung des Professors, mit dem Unterrichten aufzuhören, erklären?
Er ist nach zwanzig Jahren zum Schluss gekommen, dass er nichts als Lügen gelehrt hat und dass die Betrügerei universell ist. Das hält er nicht mehr aus. Viele Leute kommen an den Punkt, wo sie die Betrügerei und ständigen Lügen nicht mehr ertragen können. Und die politische Lüge wird durch die Politiker zur Wahrheit, weil niemand ihnen sagt, dass sie Lügner sind. Was kann man gegen die Betrügerei ausrichten? Man kann auf die Straße gehen und Transparente schwingen mit Slogans wie „Nieder mit der Diktatur", wie sie das in allen Ländern tun. Was nützt das? Der Professor steigt einfach aus, geht auf die Straße und sagt: „Ich habe nichts." Und es ist wahr. Er will nichts und ist somit ein freier Mann. Wie seine Anhänger. Wenn das nun alle tun würden? In einem Land, wo die ganze Bevölkerung von der Regierung die Nase voll hätte? Die Regierung würde anderntags zusammenbrechen. Man kann dies mit dem Pazifismus Gandhis vergleichen. Natürlich ist das sehr utopisch, denn niemand würde so etwas tun. Jeder hängt doch an seinem kleinen Büro, an seinem Posten…

Es gibt drei Dinge, die das Handeln des Menschen grundlegend bestimmen: der Hunger, die Liebe und der Tod. Handelt es sich bei Gohar um eine Befreiung von diesen drei Elementen, um eine Befreiung von sich selbst?
Gohar sucht nicht auf der metaphysischen Ebene. Ganz im Gegenteil. Ihn beängstigen die, die die Welt regieren. Seine Sorgen betreffen den Alltag. Er weiß, dass es mit den Menschen bergab gehen wird. Auch er spricht von der Bombe. Es gibt eine Szene, in der er in seinem Zimmer sitzt und einem Jungen Geographie erteilt. Dieser fragt ihn, ob Berlin die Hauptstadt Deutsch-

lands sei. Der Professor antwortet ihm: „Ja, aber was wird sich dort bald ereignen?" Er sieht das alles voraus, wie alle Visionäre. Das erinnert mich an eine Aussage von Guy de Maupassant, der 1880 in der Zeitung „Le Gaulois" schrieb: „Wir leben unter dem Regime des Betrugs, im Reich des ruhigen Gewissens und verehren das goldene Kalb. Was tun? Nichts. Die amerikanischen Sitten sind bis zu uns gekommen." Er dachte schon damals an die Amerikaner. Erstaunlich, nicht?

Glaubst du, dass Gohar vom Sufismus beeinflusst ist?
Ich denke schon. Er verzichtet auf alles Materielle. Er ist nur noch ein wenig abhängig von der Droge. Hinter diesem Entschluss, so einfach zu leben, sich mit so wenig zufrieden zu geben, steht eine sufische Haltung. Er hat auf alles verzichtet, was er seine Studenten gelehrt hatte. Nur das kleine Zimmer ist ihm geblieben. Aber sein Geist hat nicht aufgehört zu arbeiten. Ja, er ist zweifellos durch die sufische Idee beeinflusst.

Am Schluss sieht man ihn auf dem Dach seines Hauses. Und die Musik unterstreicht die Harmonie, die er erreicht hat…
Genau. Er rezitiert ein Gedicht eines sufischen Syrers. Dieser war in Damaskus angekommen, nachdem Tamarlan die Gegend heimgesucht und nichts als Tod und Zerstörung zurückgelassen hatte. Angesichts dieser Verwüstung schrieb er: „Ich habe die Ruinen der Stadt gefragt, wo sind deine Bewohner geblieben, die uns so teuer waren? – Hier weilten sie ein wenig, dann flohen sie, ich weiß nicht wohin." In der folgenden Szene sieht man die Bombe über Hiroshima explodieren, zu Musik von Alban Berg.

Du sagtest vorher, dass die Menschen ihren kleinen Komfort nicht lassen können. Im Film gilt es jedoch jemanden, der es tut – der Polizist…
Ja, der Polizist lässt schließlich alles. Am Anfang der Geschichte gehen alle Personen ihren kleinen Geschäften nach, nur er ist am Rande einer Krise. Als er im Zimmer von Gohar ist, sagt er zu ihm: „Ich suche den inneren Frieden." Gleichzeitig geht für die anderen in der Stadt, im Café das Leben weiter. Sogar im Bordell. Dort ist die Tote durch eine andere Prostituierte ersetzt worden. Nur das Leben des Polizisten hält inne, um eine ganz andere Richtung zu nehmen.
Das hat eine entfernte Ähnlichkeit mit einer klassischen Tragödie. Zu Beginn fühlen die Personen sich sicher, und plötzlich befinden sie sich am Rand

einer Krise. Für den Polizisten genügte ein Hauch, um ihn zum Kippen zu bringen. Auf die gute Seite, denke ich.

In seinem letzten Verhör versucht er noch, Widerstand zu leisten, aber es ist ein total lächerlicher und verzweifelter Versuch.
Ja, hier steht die Gewalt gegen das Gelächter. Und letzteres siegt. Als der Polizist Gohars Zimmer betritt, wird ihm bewusst, dass dieser wirklich nichts besitzt, und er sagt sich: „Es stimmt, in diesem völlig kahlen Zimmer kann ich den Frieden finden." Und zum ersten Mal lächelt er. Nicht ironisch, wie im Café, sondern voller Frieden. Das gleiche Lächeln, mit dem er am Schluss zu Gohar sagt: „Hier bin ich."

Kommen wir zurück zu deinem Vergleich mit Gandhi: Steht nicht hinter dessen Verweigerung die Hoffnung, während in deinem Film eher Verzweiflung und Lächerlichkeit dominieren?
Da ist etwas Wahres dran, aber ich würde nicht soweit gehen. Sie wollen nicht, dass alles stillsteht. Die Anekdote über die Wahlen in einem Dorf ist ein Beispiel dafür. Als die Urnen geöffnet werden, steht nur ein Name auf den Wahlzetteln: Balrut. Und wer ist dieser Balrut? Ein Esel! Ihn haben die Dorfbewohner als ihren Vertreter gewählt. Natürlich hatten sie damit keinen Erfolg, denn die Regierung wollte einen zweibeinigen, nicht einen vierbeinigen Esel. Die ganze Bevölkerung macht sich lustig über die Obrigkeit. Vielleicht ist doch nicht alles verloren.

(Das Gespräch führten Bruno Jaeggi und Martial Knaebel anlässlich des 6. Fribourger Filmfestivals, Januar 1992)

Das Bild, das Sie uns von Ägypten, insbesondere von der Hauptstadt geben, ist weit entfernt von dem, was wir aus den westlichen Medien kennen.
Ägypten hat sich, allgemein gesehen, in den letzten fünfzig Jahren eindeutig verändert. Zum Guten oder zum Schlechten? Sagen wir, es ist anders geworden. Aber die Personen, die ich in meinem Film beschreibe, existieren immer noch. Die einfache Bevölkerung von Kairo oder von Alexandria bleibt sich immer gleich. Diese Leute lieben es, sich zu einem Glas Tee zu treffen und sich Geschichten zu erzählen, wie im Roman von Cossery. Wenn Ihr Fernsehen oder Ihre Zeitungen vom Nahen Osten berichten, ha-

ben sie tendenziell die ärgerliche Gewohnheit, die Realität zu verdrehen und
alles aufzubauschen. Die verrückten Barbaren, die verschleierten Frauen…
Das ist alles viel weniger tragisch als unsere wirtschaftliche Lage. Einige behaupten zudem, die Regierung bediene sich da und dort der Terroristen, um
die Aufmerksamkeit der Ägypter und der Weltöffentlichkeit von den wahren
Problemen abzulenken.

In Ihrem Film ist keinerlei Anspielung auf die Religion und den Fundamenta-
lismus zu finden. Warum?
DAS LÄCHELN DES EFFENDI ist eine Fabel. Ungeachtet der Zeiterscheinungen
spricht sie von der ägyptischen Seele, von dem, was sie sich über die Jahrhunderte hinweg bewahrt hat. Ich drehe momentan einen Film über das Alexan-
drinische Museum. Ich musste verschiedene Male nach Assiut fahren, einem
wichtigen Ort für die Fundamentalisten. Es ist mir nichts passiert. Ich habe
dort nur Elend angetroffen. Überall. Menschen ohne Ideale und Perspektiven, der Gnade einiger religiöser Fanatiker ausgeliefert. Das findet man auch
in den USA. Sehen Sie, die religiöse Schwärmerei ist nichts Neues und beschränkt sich nicht auf den Nahen Osten.

Ihr Film ist in Kairo herausgekommen… und hatte keinen großen Erfolg…
Kairo ist wie Paris, Rom oder Tokio. Hier wie dort sehen die Leute lieber
Rambo. Das ist bedauernswert, aber es ist nun mal so. Doch das ist noch
lange kein Grund zur Resignation und bedeutet nicht, dass unsere Filme –
andere Filme – keine Daseinsberechtigung haben.

Sie sind wie Albert Cossery in Kairo geboren. Wenn Sie nach Paris kommen,
fühlen Sie sich diesem Landsmann verwandt, der in den 1940er Jahren das Exil
gewählt hat?
Ich fühle mich ihm und vielen anderen Freunden, Historikern und Forschern
verwandt. Unter anderem auch Gilles Kepel, der ein bemerkenswertes Buch
über den Fundamentalismus[39] geschrieben hat. Oder Maxime Rodinson[40],
der Albert Cosserys Generation angehört. Aber auch wenn mich viel mit Albert Cossery verbindet, würde ich im Gegensatz zu ihm nie resignieren und
das Exil wählen.

(Interview mit Serge Henry, in: Impact Médecin Quotidien, 4. Mai 1993)

Pressestimmen

Sie mutet an wie ein Kairoer Straßenjunge, nimmt kein Blatt vor den Mund, lacht ihr donnerndes Lachen… Mit Recht wurde ihr Film in Montpellier, Rennes und Mailand ausgezeichnet. Denn diese Adaption des berühmten Romans von Albert Cossery ist ein Bijou der alten, lyrischen und delikaten ägyptischen Filmkunst, von der man dachte, Youssef Chahine sei ihr letzter Repräsentant. „Ich werde weiterhin 35 mm-Filme drehen, ich verabscheue das Video. Es hat unsere Filmkunst völlig zerstört.“ Die eigensinnige, energische und begabte Filmemacherin hat es ausgezeichnet verstanden, die Atmosphäre und das Leben der Gässchen des alten Kairo wiederzugeben, die den Hauptdekor für diese Geschichte bilden: resolute Matronen, bettelnde Philosophen. Beamte, die ihr Büro lieber von außen als von innen sehen. Müßiggänger und wilde Kerle mit einer besonderen Begabung für Witze, die im Viertel die Runden machen sollen. Fühlt sie sich in diesem eher auf Männer zugeschnittenen Land nicht isoliert? „Nicht im geringsten. Man kann den Ägyptern alles vorwerfen, nur nicht Frauenverachtung. Hier sind die Leute vom Volk von größter Liebenswürdigkeit. Was ich vom Bürgertum nicht behaupten könnte“, fügt sie bissig hinzu.
(Philippe Royer, in: La Croix, 6. Mai 1993)

Scharfsinn und Sarkasmus waren schon immer die letzten Waffen, die den Schwachen und Armen noch blieben: Sie helfen ihnen, ihre Würde und ihren Humor nicht zu verlieren. DAS LÄCHELN DES EFFENDI ist weder ein Kriminalfilm noch ein Film über die Unterwelt, wenn er auch von beiden etwas hat. Man braucht nur etwas daran zu kratzen, und schon stößt man auf die grundlegende Hinterfragung einer Welt, die ins Wanken geraten ist. Ein Film von außerordentlicher Aktualität.
(Dokumentation Festival des Films de Fribourg)

Das geschickt aufgebaute Drehbuch regt den Zuschauer an, die Ereignisse auf verschiedenen Ebenen zu betrachten und von der Geschichte zur Philosophie zu gelangen. Es sollte kein „intellektueller“ Film werden. Die Dialoge nehmen ihren natürlichen Lauf. Nichts ist gekünstelt. Ein Film mit universellen Themen, der, auch wenn er unleugbare Vorkommnisse schildert, nicht als historischer Film verstanden sein will. Er löst Gefühle aus und regt zum Nachdenken an. *(Cinéma)*

■ Konzert in der Glücksgasse
Concerto fi darb saada
Ägypten 1998
R: Asma Al Bakri
B: Hossam Zakareya, Rafik El Sabban,
     Asma Al Bakri
K: Mohsen Nasr
M: Symphony Orchestra Cairo
D: Nagla Fathi,Salah El Saadani,
     Salwa Khatab

Die einfache Welt von Azouz, eines kleinen Angestellten der Oper, wurde nie durch
den kleinsten Traum durcheinander gebracht. Bis zu jenem Tag, an dem er die
schöne Violinistin Sonia sieht, die nach
Kairo gekommen ist, um ein Konzert in der
Oper zu geben. Azouz entdeckt nun die
Macht der Liebe und der klassischen westlichen Musik.

EL DEGHEDI Inas

Inas El Deghedi ist am 10. März 1953
in Kairo geboren. Sie studierte an der
Filmhochschule Kairo und assistierte in
mehr als vierzig Filmen namhafter
ägyptischer Regisseure. In ihren Filmen
thematisiert sie aktuelle soziale und gesellschaftliche Probleme wie Drogen-
missbrauch, Sex vor der Ehe, Jugend-
kriminalität, Aids, Homosexualität und
sexuellen Missbrauch.

Trotz der sozialkritischen Themen
bedient Inas El Deghedi filmästhetisch den Geschmack des ägyptischen
Massenpublikums. Sie ist heute neben Nadia Hamza die kommerziell erfolg-
reichste Spielfilmregisseurin Ägyptens. Seit einigen Jahren produziert sie ihre
Filme auch selbst.

Inas El Deghedi erzählt

*Ich war gerade 17 und überlegte, was ich studieren wollte. Eine
Freundin von mir studierte Theaterwissenschaften an der Akade-
mie der Künste[41]. Sie ermunterte mich, auch dorthin zu gehen.
Da ich aus einer Familie komme, die mit Kunst überhaupt nichts*

zu tun hat, wählte ich einen Bereich, der weit weg war von Schauspiel oder Musik: die Filmproduktion. Damals gab es noch keine
Frauen in dieser Studienrichtung. Die Akademie behandelte
deshalb Frauen bei der Zulassung für das Studium bevorzugt.
In der Filmhochschule beschloss ich, erst einmal alle Sektionen
auszuprobieren: Regie, Drehbuch und Kamera. Einer meiner
Professoren war der bekannte ägyptische Regisseur Salah Abu
Seif. Er hielt mich für talentiert und ermutigte mich, Regie zu
studieren. So wechselte ich von der Produktion zur Regie. Noch
während meines Studiums assistierte ich Abu Seif in einem Film.
Nach Abschluss des Studiums arbeitete ich als Scriptgirl und
zehn Jahre lang als Regieassistentin bei ungefähr 45 Filmen mit
vielen bekannten Regisseuren.
Meinen ersten eigenen Spielfilm realisierte ich 1985. Zunächst
hatte ich allerdings Schwierigkeiten, einen Produzenten zu finden. Die Filmproduktion liegt in Ägypten in den Händen von
Privatleuten, die auf ihren Profit schauen. Sie waren verständlicherweise sehr zurückhaltend, meinen Erstlingsfilm zu produzieren. Da ich aber so viele Jahre Berufserfahrung gesammelt
hatte und in der Filmbranche bekannt war, gaben sie mir dann
doch eine Chance. Ich bewies ihnen, dass ich die Verantwortung
tragen konnte, die Regieführen bedeutet. Danach hatte ich nie
wieder Probleme, einen Produzenten zu finden. Das widerspricht
zwar den gängigen Vorstellungen. Aber ich habe immer mit einem guten Thema und namhaften Schauspielerinnen und Schauspielern gearbeitet. Ich glaube, das ist entscheidend.
Natürlich hatte ich anfangs als Regieassistentin Schwierigkeiten, mit Männern im Team zu arbeiten. Das hat sich dann aber
geändert. Meiner Ansicht nach kommt es vor allem auf die Persönlichkeit der Frau an, die Regie führt: Sie muss sehr willens-
stark sein. Als ich meinen ersten Film drehte, hatte ich den Vorteil, dass mich die Filmleute kannten und als ihresgleichen betrachteten. Sie wussten auch, dass ich ohne Protektion soweit
gekommen war.
Meiner Erfahrung nach liegt das Hauptproblem in der allgemeinen Krise, in der sich die ägyptische Filmindustrie gegenwär-
tig befindet. Es werden sehr viel weniger Filme produziert. Aus
diesem Grund habe ich jetzt begonnen, meine Filme selbst zu
produzieren. Ich wollte das zu Beginn meiner Karriere noch nicht
tun. Mir sollte niemand nachsagen können, dass ich es nur zur
Regisseurin gebracht hätte, weil ich mich selbst finanziere. Jetzt,
nach acht Filmen, ist das anders. Als Produzentin profitiere ich
nicht nur finanziell vom Erfolg meines Films: Ich kann auch
bestimmen, auf welchem Festival er läuft.

Noch etwas habe ich im Filmgeschäft von Anfang an beachtet:
Ich habe nie mein Privatleben mit dem Beruf vermischt. Das hat
mich vor dem Gerede der Leute bewahrt. Denn jede Frau, die
neu ins Team kommt, wird erst einmal „getestet". Ich habe all
dem einen Riegel vorgeschoben und seitdem keine Schwierigkeiten mehr. Sicherlich hat auch mein familiärer Hintergrund etwas mit meiner Berufswahl zu tun. Mein Vater war Arabischleh-
rer und sehr streng. Trotzdem war er später der einzige in der
Familie, der mich unterstützte, als ich an der Filmhochschule
studieren wollte. Sonst haben alle in unserer Familie die Jungen
den Mädchen vorgezogen. Auch meine Mutter tat das. Und meine
Großmutter war immer traurig, wenn wieder ein Mädchen geboren worden war. So fühlten meine Schwestern und ich uns stets
als Kinder zweiter Klasse.

Das ist wahrscheinlich der Grund, warum ich diese Problematik
auch in meinen Filmen thematisiere. Freilich hat sich inzwischen
einiges zum Besseren gewandelt – bis zu einem gewissen Grad.
Aber ich empfinde es immer als Niederlage, wenn Männern mehr
Macht zugestanden wird. Ich bin für eine gleichberechtigte Beziehung zwischen Frauen und Männern. Nicht etwa weil ich als
erwachsene Frau schlechte Erfahrungen gemacht hätte: Ich bin
solchen Männern, wie ich sie als Filmfiguren kreiere, selbst nie
begegnet. Ich wusste mich zu schützen. Die Wurzeln für meine
Filmmotive liegen in meiner Kindheit.

(Das Gespräch führte Rebecca Hillauer; Kairo, April 1995)

Filmographie

(35 mm, falls nicht anders angegeben):

1985 **Afuan ayuhal-qanun** (Entschuldigen Sie, Herr Gesetz)
1988 **Al-tahhadi** (Die Herausforderung)
1988 **Zaman al-mamnuha** (Verbotene Zeiten)
1990 **Amra'a wahida la takfi** (Eine Frau ist nicht genug)
1990 **Qadiat Samiha Badran** (Prozess gegen Samiha Badran)
1992 **Al-qatela** (Die Mörderin)
1993 **Disco disco** (Der Film erhielt 1994 fünf nationale Preise)
1994 **Lahm rakhiz** (Billiges Fleisch), 120 Min
1996 **Isstakoza** (Hummer)
1997 **Dantilla** (Spitze)
1999 **Kallam al-leil** (Gespräche in der Nacht)
2000 **Al-warda al-hamra** (Rote Rose)
2001 **Musakarat murahaka** (Jugenderinnerungen)

In ihren Filmen übt Inas El Deghedi indirekt harsche Kritik am Staat. Dabei weiß sie stets genau, wie weit sie gehen kann. In den folgenden Filmen stehen aktuelle gesellschaftliche Probleme im Mittelpunkt, die nicht nur Frauen in Ägypten betreffen:

■ Entschuldigen Sie, Herr Gesetz

Afwan ayuhal-qanun
Ägypten 1985

R:	Inas El Deghedi
B:	Ibrahim El Mougy
K:	Samir Farag
M:	Omar Khayrat
S:	Salwa Bakir
D:	Farid Shauqi, Naglaa Fathi, Mahmoud Abd El Aziz, Laila Taher
P/V:	Egypt Arab Films, Kairo

Inas El Deghedis erster Spielfilm: Mahmoud und seine Frau Hoda lehren an der Universität. Statt mit seiner Frau schläft Mahmoud lieber mit diversen Geliebten. Als Hoda ihn in flagranti mit ihrer besten Freundin ertappt, erschießt sie die beiden. Im Prozess wird offenbar, wie unterschiedlich die Justiz in solchen Fällen weibliche und männliche Täter behandelt: Bei Frauen gehen die Richter von einem ganz normalen Mord aus, bei Männern von einer Affekthandlung. Diese Ungerechtigkeit wird von der Bevölkerung stillschweigend akzeptiert. „Wenn ein Mann seine Frau umbringt, tut er das, um seine Ehre zu verteidigen", erklärt ein Bauer im Film. „Frauen haben keine Ehre."

■ Die Mörderin

Al-qatela
Ägypten 1992

R:	Inas El Deghedi
B:	Magda Kheir Allah
K:	Adel Abdel Aziz
M:	Rageh Daoud
D:	Faruq Al Fishawi, Fifi Abdou, Iman, Hassan Hosni, Hisham Abdallah u.a.
P:	Al-Ahram lil-cinema wal-video, Kairo

Für diesen Spielfilm gewann Inas El Deghedi die beliebteste Bauchtänzerin Ägyptens, Fifi Abdou, als Hauptdarstellerin. Sie spielt und tanzt eine Frau, die als Kind vergewaltigt wurde und als Erwachsene einen sadistischen Mann heiratet, der sie verprügelt, mit Feuer traktiert und an den Rand des Wahnsinns treibt. Als sie endlich zurückschlägt, trifft ihr Hass völlig Unbeteiligte – Männer die sie wahllos von der Straße lockt, um ihnen hinter geschlossener Tür ein Messer in den Rücken zu jagen.

Szene aus *Billiges Fleisch* © Hollywood Al Arab

■ Billiges Fleisch

Lahm rakhiz

Ägypten 1994
R: Inas El Deghedi
B: Salah Fouad
K: Kamal Abdel Aziz
M: Mustafa Nagui
S: Salwa Bakir
D: Ilham Shaheen, Wafaa Maki,
      Jehan Salama, Kamal Al Shenawi
P/V: Hollywood Al Arab, Kairo

Drei Freundinnen aus einem Dorf im Nildelta träumen den Mädchentraum von einem wohlhabenden Ehemann und einer gutbezahlten Arbeitsstelle. Ihre Träume scheinen wahr zu werden, als ein professioneller Arbeitsvermittler sie mit nach Kairo nimmt. Doch sie werden nur auf dem Markt des „billigen Fleisches" verkauft: zwei als Dienstmädchen, die Dritte als Braut an einen Mann aus einem arabischen Ölstaat, dem der Brautpreis für ein Mädchen dort zu hoch ist.

Pressestimmen

DIE MÖRDERIN ist nicht anspruchsvolles Drama. Und obwohl Kritiker hier erwarten, dass der temporeiche Film ein Kassenschlager wird, ist er nicht einmal gut. Er ist jedoch einer der gewalttätigsten Filme, die jemals gedreht wurden über die Rache einer arabischen Frau gegen Männer. (…) „Die meisten Männer, mögen sie noch so reich oder gebildet sein, lassen sich, was Sex betrifft, über einen Kamm scheren", sagt die Regisseurin und Drehbuch-Koautorin. Die Idee zu der Geschichte sei ihr vor zwei Jahren gekommen, sagt sie, als kurz hintereinander mehrere Morde und Misshandlungen an Ehemännern Schlagzeilen in Kairo machten. „Diese Frauen müssen Furchtbares erlebt haben, um so etwas zu tun", meint sie.
(Peter Waldman, in: Wall Street Journal, 1992)

El Deghedi lehnt es ab, als feministische Filmemacherin bezeichnet zu werden. Sie realisiert Filme mit sozialen und realistischen Inhalten. Für sie gibt es kein „Kino von Männern" und kein „Kino von Frauen". Kunst ist ihrer Meinung nach ein offenes Feld für Kreativität. „Wüsste das Publikum denn, dass dieser Film von einer Frau gemacht ist, wenn ich meinen Namen von der Leinwand nähme?", fragt sie. „Frauenfilm" wird ihrer Ansicht nach von Frauen gemacht, muss aber nicht notwendigerweise frauenspezifische Themen oder Probleme haben. El Deghedi versucht, ihren Finger auf gesellschaftliche Wunden zu legen und das Problem auf künstlerische Weise zu analysieren – komisch oder sozialkritisch.
(Egyptian Gazette, Kairo, 13. September 1993)

El Deghedi versucht, mehrere brisante Themen in ihrem Film aufzunehmen. Sie geht die verschiedenen Themen filmästhetisch genreartig an und spult sie in einem schnellen Rhythmus regelrecht ab. Erfreulich ist, dass sie eine starke kämpferische Frau in den Mittelpunkt des Films stellt, deren Figur sie authentisch und nachvollziehbar in die Handlung einsetzt. Auch diese Protagonistin nimmt ihr Leben selbst in die Hand, wird gar zur Mörderin, als sie zur Selbstjustiz greift. (…) In bestimmten Produzentenkreisen ist sie mit diesen Filmen zur persona non grata geworden.
(Andrea Wenzek, in: Journal film, Nr. 29, Sommer 1995)

FARES Nadia

Nadia Anliker-Fares, Tochter eines Ägypters und einer Schweizerin, ist am 18.
September 1962 in Bern geboren. Erst während eines Studienjahres in Kairo
lernte sie Arabisch. Von 1987 bis 1995 studierte sie Film an der Universität von
New York City. Dort erhielt sie für ihren Kurzfilm SUGARBLUES (1991) den
Stanley Thomas Johnson Preis. Bereits seit Mitte der 80er Jahre hatte sie jedoch eine ganze Reihe von Kurzfilmen gedreht, vorwiegend für das West-
schweizer Fernsehen. Sie war außerdem Regieassistentin, zum Beispiel bei
Krystof Kieslowski. Als Schauspielerin spielte Nadia Fares, die in Paris lebt,
unter anderem in dem Kinofilm *Les rivières pourpres (Die purpurnen Flüsse,
2000)*. Sie arbeitet an neuen Drehbüchern und einem Spielfilm für ARTE.

Aus einem Gespräch mit Nadia Fares

*Sie sind als Tochter eines Ägypters und einer Schweizerin bei Bern aufgewach-
sen, haben vorübergehend in Kairo gelebt und in New York Film studiert.* HO-
NIG UND ASCE *nun ist in Tunesien entstanden. Wie weit fühlen Sie sich in der
arabischen Kultur verwurzelt?*
Ich war eigentlich immer mit beiden Kulturkreisen verbunden. Erst 1985 habe
ich allerdings in Kairo eine Weile mit dem arabischen Teil meiner Familie
gelebt und richtig Arabisch gelernt. Dort hatte ich auch die Kernidee zu einem Film über Liebesgeschichten im arabischen Raum, die mir den Antrieb
zum Filmstudium gab.

Was hat sie an diesen Liebesgeschichten gereizt?
Das Thema ist allgemein zugänglich und eignet sich deshalb sehr gut, um
Vorurteile der westlichen Welt gegenüber der arabischen abzubauen.

Meinen Sie Vorurteile über die patriarchalischen Verhältnisse?
Das ist eine delikate Frage. Gewiss, es geht um Vorurteile über die Unterdrückung der Frauen. Nicht, dass ich diese Unterdrückung negieren wollte. Aber
ich wollte auch den Mut und die Stärke arabischer Frauen zeigen.

*Das eine schließt das andere ja nicht aus. Ihre drei Frauenfiguren entwickeln
ihre Stärke doch gerade im Umgang mit einem repressiven Milieu.*
Das kann man so sehen. Ich versuche aber, nicht einfach in weibliche Opfer

Balz Rigendinger

und männliche Täter zu unterteilen, sondern komplexere Beziehungen zu zeigen, in denen beide Geschlechter Stärken und Schwächen haben. Aus diesem Grund versuchte ich auch, möglichst individuelle, vielschichtige Charaktere zu schaffen. Mir ist es wichtig, dass dies nicht ein Film über Frauen, sondern über Beziehungen ist.

Ihren Formulierungen spürt man eine gewisse Zerrissenheit zwischen Nähe und Distanz zur arabischen Kultur an.

Das Dilemma besteht darin, dass ich Verständnis für die arabische Kultur und ihre Geschlechterbeziehungen wecken möchte. Andrerseits will ich die Verhältnisse auch kritisieren, ohne faule Kompromisse zu schließen.

Was den Spielraum der Frauen angeht, wirken diese Verhältnisse in HONIG UND ASCHE *bedeutend restriktiver als im Ägypten der 50er Jahre, das uns die Filme von Youssef Chahine in Locarno gerade vor Augen geführt haben.*

Gerade in Ägypten ist heute eine Regression im Gange, die bedrückend ist und die Frauen sehr hart trifft. Dabei ist klar, dass es im arabischen Raum keinen Fortschritt geben kann, solange die Emanzipationsfrage nicht gelöst ist. Grundsätzlich finde ich übrigens, dass man nicht alle arabischen Gleichberechtigungsbestrebungen automatisch dem westlichen Einfluss zuschreiben sollte. Da stehen Frauen dahinter, die selbst stark und intelligent genug sind, um ihre Bedürfnisse zu formulieren. Ich habe mitunter auch den Eindruck, dass wir uns das Drama der Unterdrückung noch schwärzer vorstellen, als es von ihnen empfunden wird, weil wir das orientalische Lebensgefühl nicht kennen. Man geht da viel mehr mit dem Fluss des Lebens, lebt Hochs und Tiefs viel extremer aus, vergisst dafür leichter. Das versuche ich mit dem Filmtitel HONIG UND ASCHE auszudrücken, der die süße und dunkle Seite des Lebens symbolisiert.

Nach wie vor sind Regisseurinnen im arabischen Raum eine Seltenheit. Wie sind ihr tunesischer Koproduzent und ihr vorwiegend tunesisches Team mit dieser Situation umgegangen?

Ich habe sehr gute Erfahrungen gemacht, sowohl mit der Koproduktionsfirma wie auch mit der Equipe. Da wie dort spürte ich, dass meine tunesischen

Partnerinnen und Partner meine Art von Geschichten als die ihren empfan-
den, auch wenn sie kritisch waren. Ich versuchte, die Equipe auch so stark
wie möglich zu involvieren. Ohne dieses Gruppengefühl wäre es undenkbar
gewesen, den Film bei einem Budget von 750.000 Franken in sechs Wochen
abzudrehen. Für den arabischen Raum habe ich einen ungewöhnlichen Stil
gewählt: Simple Stories, sehr direkt erzählt, oft mit der Handkamera; schnell
im Rhythmus. Dahinter steckt sicher meine amerikanische Schulung. In New
York ist es sehr hart, einen unabhängigen Film auf die Beine zu stellen. Es
braucht Ideenreichtum und eine gewisse Unerschrockenheit. Diese Qualitäten kamen mir nun zugute.
(Das Gespräch führte Andreas Furler: Tages-Anzeiger, 17. August 1996)

Filmographie:

1986 **Magic Binoculars** (Magisches Fernglas), s/w, 10 Min
1986 **Letters from New York** (Briefe aus New York), s/w, 10 Min
1987 **Projections on Sundays** (Sonntagsvorstellungen), 12 Min
1987 **Semi-Sweet** (Halbsüß), s/w, 10 Min
1988 **Charlotte's Empire** (Charlottes Reich), s/w, 8 Min
1988 **1001 American Nights**, s/w, 14 Min
1990 **Sugarblues**, 30 Min
1992 **D'amour et d'eau fraiche** (Liebe und frisches Wasser), 30 Min
1993 **Made in Love**, 5 Min
1995 **Portrait d'une femme seropositive** (Porträt einer HIV-Infizierten),7 Min
1995 **Lorsque mon heure viendra** (Weil meine Stunde kommen wird), 55 Min
1996 **Miel et cendres** (Honig und Asche), 35 mm, 80 Min (u. a. Preis der
     ökumenischen Jury in Locarno; Max-Ophüls-Preis, Saarbrücken 1997)
1999 **Mixed Up** (Verwirrt)

■ Honig und Asche
Miel et Cendres

Schweiz/Tunesien 1996
R/B: Nadia Fares
K: Ismael Ramirez
M: Jean-Francois Bovard, Mami Azairez,
      Slim Larnaout
S: Kahena Attia-Riveille
D: Nozha Khouadra, Amel Ledhili,
      Samia Mzali
P: Dschoint Ventschr Filmproduktion
      (CH), C.T.V. Services (Tun.),
      SF DRS, ZDF/arte
V: Filmcooperative Zürich (CH)

HONIG UND ASCHE ist der erste und bislang
einzige Langfilm von Nadia Fares. Er handelt von drei Frauen im heutigen Nordafrika: Die Ärztin Naima, die Akademikerin
Amina und die junge Studentin Laila versuchen, ihr Leben und ihre Beziehungen
mit Männern zu meistern. Obwohl sie aus
verschiedenen sozialen Schichten stammen
und verschiedenen Alters sind, kreuzen sich
ihre Wege und zeigen subtile Formen des
Patriarchats auf.

Szenen aus *Honig und Asche*

Pressestimme

Es ist hierzulande en vogue, in das große Gejammer mit einzustimmen, wenn es um die miese Lage der Frauen in arabischen Ländern geht. Um so erstaunlicher, dass die Regisseurin Nadia Fares in ihrem ersten Spielfilm nicht in den offenen Wunden dieser Frauen herumstochert. Im Gegenteil, drei Frauen und ihr tunesischer Alltag offenbaren die Erbärmlichkeit einer verklemmten, verängstigten Männergesellschaft. Dabei macht Nadia Fares ihre drei Protagonistinnen in „Honig und Asche" nicht zu Heroinen. Die drei versuchen, die Grenzen der nordafrikanischen Realität, das Reglement des patriarchalischen Islams aufzubrechen.

Bei Laila ist es der Vater, der die junge Frau brutal in ihre Grenzen weist. Er prügelt sie nach einer Verabredung mit einem jungen Mann, der eine andere Frau heiraten soll. Während Laila ihre Wunden pflegt, ihre Schwestern das Radio anschalten, offeriert die Regisseurin, die sowohl am Nil als auch in den Alpen groß geworden ist, eine Erklärung dafür, was die nordafrikanischen Männer so außer sich geraten lässt. Mit unverstellten Bildern, in fast semidokumentarischer Manier, fängt sie Lailas Tanz mit ihrer jüngeren Schwester ein – ein sinnliches Zusammenspiel von Körper und Musik, eine spielerisch verlockende Hingabe ohne ein bestimmtes männliches Objekt der Begierde.

Auch Amina, die Ehefrau eines Professors, bekommt dies zu spüren. Nämlich dann, wenn sie bei einer Feier mit Freunden ein Lied zum besten gibt oder einfach nur tanzt. Mit Hilfe von Rückblenden seziert Nadia Fares die Widersprüchlichkeit männlichen Verlangens. Was Aminas Mann zu Beginn ihrer Beziehung faszinierte, ist heute der Grund, ihre Hände mit Füßen zu treten. Vielleicht ist das der süße Honig: die zärtliche Erfahrung von körperlicher Hingabe an Musik, von einer Zuneigung, die der Mann in diesem Moment nicht teilen kann. Der prügelt in Momenten der sprachlosen Bewunderung, der glühenden Eifersucht und in ungewollter Hilflosigkeit die Frau einfach nieder – das vielleicht die Asche der glühenden, jedoch vernichtenden Bewunderung.

Während Laila und Amina einen zugewiesenen Platz in der Gesellschaft haben, ist die alleinstehende Ärztin Naima ständig unterwegs. Im Krankenhaus versorgt sie die kaputten Hände von Amina, während einer Autofahrt rettet sie Laila bei der Flucht vor drei Männern, ein anderes Mal stellt sie bei einem Hausbesuch für eine junge, unbekannte Frau einen Totenschein aus und gibt dem Hausherrn zu verstehen, dass sie weiß, dass er die Tote auf dem Gewissen hat. Dieser Moment lässt keinen Zweifel mehr daran aufkommen, dass männliche Dominanz eine tödliche Umgangsform ist.
(Eva-Maria Hilker, in: Tip 21/97)

FATHY Safaa

Safaa Fathy ist am 7. Juli 1958 in Minia, Oberägypten, geboren. In Kairo studierte sie englische Literatur. Sie verließ ihre Heimat, weil sie in der linken Studentenbewegung aktiv war. Seit 1981 lebt sie in Paris, wo sie Theaterwissenschaften studierte, unterbrochen von einem einjährigen Studienaufenthalt 1987 in Ostberlin als Regieassistentin am Deutschen Theater. 1990, nach der Wende, hospitierte sie bei dem bekannten Dramatiker Heiner Müller in „Hamlet Machine". Nachdem sie 1993 ihr Studium mit einer Arbeit über

Bertolt Brecht abgeschlossen hatte, arbeitete sie
als Theaterregisseurin und wandte sich schließlich
dem Film zu.

Safaa Fathy erzählt

*Meine beiden ersten Filme bedeute-
ten für mich eine Konfrontation mit
meiner Vergangenheit. In meinem
ersten Film* VERBORGENE GESICH-
TER *(in dem Safaa Fathy Frauen aus
ihrer Familie interviewt, Anm. d. Au-
torin) war es eine Rückkehr zu schmerzhaften Erlebnissen, mein
zweiter Film* GHAZEIA *(das Porträt zweier Bauchtänzerinnen,
Anm. d. Autorin) ist dagegen eine Begegnung mit glücklichen
Momenten, denn als Kind habe ich zum ersten Mal eine Bauchtänzerin gesehen. Deshalb bedeutet dieser Film für mich, über
positive Kindheitserinnerungen zu sprechen. Bauchtanz ist die
einzige körperliche Ausdrucksform für Frauen und für Männer,
die in Ägypten gesellschaftlich und sozial erlaubt ist. Schon Kinder können so tanzen. Dennoch sind viele Tabus damit verbunden. Ein Paradox: Einerseits tanzen alle gern, wenn jedoch eine
Frau professionelle Bauchtänzerin ist, scheint ihr Körper für die
anderen Menschen verseucht zu sein. Der selbe Körper darf aber
öffentlich vor Frauen und Männern gezeigt werden. Er wird also
zugleich glorifiziert und verachtet. Es wird nicht anerkannt, dass
er, wie jeder menschliche Körper, beides sein kann. Mit meinem
Film bin ich zurückgegangen in die Zeit, als ich als Kind noch
unbekümmert bauchtanzte. Gleichzeitig identifizierte ich mich
mit den Tänzerinnen, die am Rand der Gesellschaft stehen und
in einer schwierigen Lage gefangen sind: Sie sollen Menschen
unterhalten und erfreuen – und werden gerade deshalb nicht
respektiert. Darunter leiden sie sehr.
Ich habe noch einen Film über eine ähnliche Problematik gedreht, und zwar in Japan über Männer im Kabuki-Theater. Sie
mimen immer Frauen. Dieses Spiel mit der Identität interessierte mich sehr. Was ist das: „männliche Identität“? Was „weibliche Identität“? Manchmal ist die Frage auch: Was bedeutet es,
eine Frau und was ein Mann zu sein? Was heißt es, eine Frau
oder ein Mann hinsichtlich einer bestimmten Position in der
Gesellschaft zu sein? Wenn man über solche Dinge redet, meint
man offensichtlich „Identität“. Man spricht über soziale Fragen. Auch über den Körper. Was heißt es, ein männlicher Körper*

zu sein und was, ein weiblicher Körper? Was bedeutet es, Männern einen weiblichen Körper zu zeigen? Es ist ein Spiel mit der Identität, mit sich selbst und mit anderen Menschen als Spiegel seiner selbst.
Mich hat es nie interessiert, einen Film nur aus feministischen Motiven zu machen. Ich wollte auch nie etwas tun, das nur soziales Engagement bedeutet hätte. Meine Filme sind zwiespältiger angelegt. Damit gewinne ich zwar nicht die Anerkennung, die man bekommt, wenn man ein aktuelles oder klar umrissenes Problem thematisiert. Ich suche diese Art der Anerkennung aber auch nicht. Mir geht es um den Kern eines Problems. Ich stelle auch gern ein bekanntes Thema in einem neuen Kontext dar. Im Film kann man sehr gut gegensätzliche Aspekte eines Charakters vermitteln. Wie in meinem Film GHAZEIA: Sabah, die Tänzerin vom Land, sagt mehrmals, dass sie überhaupt nicht tanzen wolle, sondern lieber nur Hausfrau und Mutter wäre. Dann filme ich sie beim Tanzen – und es ist nur allzu deutlich, dass sie es einfach liebt zu tanzen. Sie sagt das andere, um den gesellschaftlichen Vorstellungen zu entsprechen. Doch die Wirklichkeit sieht anders aus: Sabah kann ohne Tanzen nicht leben.
Ich glaube, dass Identität nicht für sich allein existiert, sondern nur in Bezug auf andere Menschen. Mein Identitätsgefühl in Frankreich unterscheidet sich zum Beispiel wesentlich von dem, das ich habe, wenn ich in Ägypten bin. Natürlich ist da der Kern, die Grundsubstanz der Persönlichkeit, aber die Einzelaspekte sind verschieden: Die Sprache, die man spricht, die Dinge, die man unternimmt, die Menschen, denen man begegnet. In meinen Filmen habe ich versucht, diese Elemente zu integrieren. Ich wollte den Menschen in Ägypten die Seite von mir zeigen, die nicht ägyptisch ist, und den Franzosen die Anteile, die nicht europäisch sind. Es war, als sammelte ich Bruchstücke meiner Persönlichkeit, um eine ganze Person zu werden. Das ist sehr schwierig. Schließlich entspricht das Bild, das mir Menschen von mir selbst spiegeln, nie meinem wahren Gesicht. Das Bild reflektiert bereits, wie mein Gegenüber mich sieht.
Das Filmemachen sollte mich in gewisser Weise mit diesem Hintergrund versöhnen. Denn ob in Ägypten oder später in Frankreich: Ich war eine Außenseiterin. Etwas exotisch. Weder hier noch dort passte ich in das übliche Bild, wie eine arabische Frau zu sein hat. Manchmal begegne ich den orientalischen Vorstellungen von einer Frau auch in Europa. Schon als Kind beneidete ich die Männer, weil sie mir große Freiheit zu besitzen schienen. Sie konnten tun, was sie wollten, und alle positiven und starken Eigenschaften galten als männliche Charakteristika. Ich wollte

auch ein Mann sein. Auf keinen Fall wollte ich so werden, wie die Frauen in meinem Heimatdorf. Ich hasste, was sie waren. Einge-schlossen in den Häusern. Ich fürchtete, so zu werden wie sie. Oft sind gerade die Frauen die Hüterinnen von längst überhol-ten, schädlichen Traditionen. Wie zum Beispiel der Genitalver-stümmelung von Mädchen. Die Mütter sind sehr darauf bedacht, dass ihre Töchter sich gemäß den Sitten und Normen verhalten, da sie selbst gänzlich bestimmt und abhängig sind von ihrem sozialen und familiären Umfeld. Hier zeigt sich die Vielschich-tigkeit eines Problems: Man sollte von Müttern erwarten, dass sie sich solidarisch verhalten gegenüber ihren Töchtern – und natürlich gibt es Solidarität zwischen Frauen. Doch auch Frau-en können andere Frauen unterdrücken und die Mechanismen ihrer Unterdrückung aufrecht erhalten.

Schon als Kind wurde mir oft gesagt, ich sei wie ein Junge. Kör-perlich war ich sehr schmächtig. Und ich trug Hosen. Auch hier war ein doppelter Spiegel wirksam: Ich wünschte mir, selbst ein Junge zu sein, und die Menschen betrachteten mich als solchen. Auch in Frankreich ist mir mehrmals gesagt worden, ich ähnele mehr einem Mann. Ich nehme an, damit war gemeint, dass mein Benehmen nicht sehr feminin sei.

Ich komme vom Theater. Ich inszenierte Stücke anderer Auto-ren. Vielleicht war ich deshalb nie so direkt und persönlich betei-ligt wie beim Drehen meiner Filme. Ich beobachte zum Beispiel gern Leute im Café oder auf der Straße. Ich sehe gern den Din-gen zu, die da spontan vor mir auftauchen. Der Dokumentar-film erlaubt mir, diese Neugier auszuleben. Theater dagegen bedeutet für mich vor allem Umgang mit Fiktion, mit Vorstel-lungskraft, mit Lyrik – einer unabhängigen Form von Wirklich-keit. Eine abgehobene Art der Auseinandersetzung mit der rea-len Gesellschaft, der Geschichte, der Welt. Das entspricht mei-ner Neigung zum Abstrahieren, dafür liebe ich das Theater.

Da ich meine intellektuelle Entwicklung vor allem in Frankreich erlebt habe, lese ich zum Beispiel Bücher über Philosophie auf französisch. Da kenne ich alle Fachausdrücke, nicht aber auf arabisch. Schließlich studierte ich bereits in Ägypten englische Literatur und habe mich immer schon viel mit westlicher Kultur beschäftigt. Wenn ich heute ein Theaterstück schreiben wollte, müsste und würde ich dies auf französisch tun, da ich mit dem europäischen Theater sehr verbunden bin. Dagegen könnte ich ein Gedicht nur auf arabisch schreiben. Denn dabei geht es vor allem um meine Gefühle.

(Das Gespräch führte Rebecca Hillauer: Paris, Dezember 1994/ Berlin, Januar 1995).

Filmographie:

1991   **Al-wuguh al-khafeya/Hidden Faces** (Verborgene Gesichter), 16 mm, 52 Min
1993   **Ghazeia, danseuses d'Égypte** (Ghazeia, Tänzerinnen in Ägypten),Video, 51 Min
1996   **Silence** (Stille), 35 mm, 10 Min
          Maxime Rodinson, L'athée des dieux (Maxime Rodinson,
          Atheist der Götter), Video, 90 Min
2000   **D'ailleurs, Derrida** (Derrida, anderswo), Beta SP, 68 Min

■ Verborgene Gesichter
Al-wuguh al-khafeya
Großbritannien 1991

R/B:	Safaa Fathy, Kim Longivotto, Claire Hunt
M:	Anne Dudley, Jaz Coleman
S:	John Mister
D:	Nawal Al Saadawi, Frauen aus Safaa Fathys Familie
P/V:	Twentieth Century Vixen (London)

Der Film war ursprünglich konzipiert als Porträt der bekannten ägyptischen Ärztin, Schriftstellerin und Frauenrechtlerin Dr. Nawal Al Saadawi. Doch die Regisseurin war von der Begegnung mit ihrem einstigen großen Vorbild enttäuscht. Stattdessen machte sie sich daran zu entdecken, was für ägyptische Frauen Leben heißt, und besuchte ihre weiblichen Verwandten. Ihre Mutter, Tanten, Nachbarinnen sprechen über das Leben als verheiratete Frau, die traditionelle Klitorisbeschneidung der Mädchen, über Liebe und Sexualität. Daraus ist ein sehr eindringlicher und äußerst persönlicher Film entstanden.

■ Ghazeia, Tänzerinnen in Ägypten
Ghazeia, danseuses d'Égypte
Frankreich 1993

R/B:	Safaa Fathy
K:	Pascale Granel
S:	Carole Equer, Jean-Luc Darmon
D:	Lucy, Sabah Al Ganzie
P:	Gloria Films Production, Docstar, Selena Audiovisuel
V:	Gloria Films Production (Paris)

Ein filmisches Porträt zweier sehr unterschiedlicher Bauchtänzerinnen: der berühmten Lucy aus Kairo und Sabah aus einem Dorf im Nildelta. Sie leben in verschiedenen sozialen Milieus und müssen sich doch gleichermaßen behaupten gegen die widersprüchlichen Rollen, die ihnen die Gesellschaft auf den Leib schreibt. Bauchtänzerinnen sind eine Projektionsfläche für die Phantasien der Menschen und müssen dennoch am Rand der Gesellschaft leben. Der Film vermittelt auf einfühlsame Weise die Intensität und Liebe, mit der sich Lucy und Sabah ihrer Kunst verschrieben haben.

◼ Stille

Silence
Frankreich 1996

R/B: Safaa Fathy
K: Pascale Granel
S: Ariane Doublet
T: Regis Muller, Dominique Lacour
D: Wafaa Ouachekradi,
    Mahmoud Benyacoub,
    Saida Bekkouche
P: Gloria Films, CNC
V: Gloria Films Production, Paris

Samira lebt mit ihren Eltern, die aus Nordafrika eingewandert sind, in einem Vorort von Paris. Obwohl sie ein sehr inniges Verhältnis zueinander haben, finden sie keine gemeinsame Sprache. Als Pflaster auf die Wunden des Exils und als Geschenk an die stille Nostalgie des Vaters entschließt Samira sich, den Schleier anzulegen.

◼ Maxime Rodinson, der Atheist der Götter

Maxime Rodinson, L'athée des dieux
Frankreich 1996

R/B: Safaa Fathy
K: Pascale Granel
T: Regis Muller
S: Francoise Bernard
P/V: Yenta Production (Paris)

Maxime Rodinson ist einer der führenden Orientalisten des 20. Jahrhunderts. Als Atheist und ohne jede akademische Ausbildung hat er es zum weltweit anerkannten Fachmann für Religionsgeschichte gebracht – berühmt vor allem durch seine Biografie des Propheten Mohammed. 1916 wurde er als Sohn russisch-jüdischer Einwanderer geboren. Seine Eltern, die die Französische Kommunistische Partei mitbegründeten, sind in deutschen Konzentrationslagern verschollen, als unfreiwillige Märtyrer einer Religion, die sie nicht praktizierten Mit viel Humor erzählt Rodinson in diesem Film die Geschichte seines Lebens und offenbart dabei eine sehr humanistische Weltanschauung über das Verhältnis von Glauben, Überzeugung und Handeln.

Szene aus *Ghazeia* © Gloria Films

GALAL AL SAID Hala

Hala Al Said Galal ist am 22. September 1966 in Kairo geboren. 1988 schloss sie ein Studium der Massenmedien an der Universität von Kairo ab, 1994 ein Zweitstudium an der Filmhochschule Kairo. Sie hat für den lokalen Fernsehsender Kanal 3 Videoclips, Programme und Reportagen realisiert und als Regieassistentin bei mehreren Spielfilmproduktionen gearbeitet.

Hala Galal erzählt

Ich komme nicht gerade aus einer ägyptischen Durchschnittsfamilie. Meine Eltern sind beide Journalisten und haben mich und meine beiden Schwestern verhältnismäßig frei erzogen. Sie hatten nichts dagegen, dass ich Filmemacherin werde. Bei meinen Freundinnen war das anders: Sie mussten abends um 7 Uhr zuhause sein, durften nicht studieren und keinen Freund haben. Meine Eltern erlaubten sogar, dass ich in Begleitung von zwei Freundinnen nach Europa reiste. Als Kind durfte ich mit Mädchen genauso spielen wie mit Jungen. Nur die Eltern der Jungen hatten etwas dagegen. Als wir in die Pubertät kamen, verboten sie ihren Söhnen, mit mir zu spielen. Ich verstand zuerst nicht, was los war. Ich dachte, ich hätte etwas falsch gemacht oder etwas sei nicht in Ordnung mit mir. Erst später habe ich die Zusammenhänge begriffen.
Meine Eltern waren beide sehr an Politik interessiert, meine Mutter war sogar aus politischen Gründen einige Jahre im Gefängnis. Sie besaßen eine Unmenge von Büchern. In unserem Haus gingen viele Leute ein und aus. Sie lasen dort und diskutierten miteinander. Von Kindesbeinen an bekam ich ihre Geschichten zu hören: über ihr eigenes Leben, über Politik und Gesellschaft. Ich konnte mir so über die verschiedensten Themen meine Meinung bilden. Die wollte ich dann auch kundtun – eben mit Filmemachen.
Zuerst habe ich Massenmedien studiert. Ich wollte Videoclips machen und als Journalistin arbeiten. Nebenbei habe ich mir Geld mit Gelegenheitsjobs verdient. Für eine Weile war ich bei der französischsprachigen Tageszeitung Progrès Egyptien, denn ich sprach ja fließend französisch, da ich eine französische Schule besucht hatte. Leider wurden bei der Progrès nur Texte der arabischsprachigen Presse übersetzt und gar nicht richtig journalistisch gearbeitet. Ich versuchte es noch bei einem anderen Blatt und begann dann ein Praktikum beim lokalen Fernsehsender

Kanal 3, ich drehte Kurzfilme und Reportagen. Danach kam
die Filmhochschule…
In meinem Leben haben sich schon immer Dinge vermischt.
Zuerst die vielen unterschiedlichen Leute, Geschichten und
Nachrichten. Später besuchte ich als Muslimin eine christliche
Schule, was sehr ungewöhnlich war. Sie hieß „Zum guten Hir-
ten". Dann all die Jobs und Studiengänge. Unsere Familie wohnte
auch in einem ärmlichen Stadtteil von Kairo, obwohl wir nicht
arm waren. In dem Viertel lebten viele Christen, so dass es nor-
mal für mich war, andersgläubige Freundinnen zu haben. Ich
habe wie sie die Bibel gelesen. Seither fällt es mir leicht, über
meinen eigenen Tellerrand zu schauen. Ich überschreite gern
Grenzen, ob religiöse, politische oder ganz alltägliche Grenzen
wie die zwischen den Geschlechtern.
Die soziale Kontrolle ist in Ägypten noch sehr groß. Die Bezie-
hungen zwischen den Menschen sind normiert. Älteren Men-
schen wird automatisch mehr Respekt und Autorität gezollt als
jüngeren, Männern mehr als Frauen. Die Folge ist, dass die Men-
schen sich verschließen und nicht miteinander über ihre Proble-
me reden. Das ist ein großes Hindernis für den gesellschaftli-
chen Fortschritt. Denn Probleme, über die man nicht spricht,
lassen sich nur schwer oder vielleicht auch nie lösen.
(Das Gespräch führte Rebecca Hillauer; Kairo, Mai 1995)

Filmographie:

1993   **Waqt mustaqtaa** (Auszeit), Video, 10 min
1994   **Al-mudun takhtar mautaha** (Die Städte bestimmen ihre Toten), 35 mm, 10 Min
1998   **Auraq rassmiya** (Official papers), Beta, 20 Min
1998   **Rihlah** (Journey), digital, 30 Min
1998   **Hadiqa gheir adeya** (Extraordinary garden) digital, 30 Min
1999   **Al-shauk** (The Thornes), Beta, 30 Min (= über Gewalt gegen Frauen)
2000   **Mashrue al-tauthiq al-tanmawi** (Documentation of Development),
       Beta, 30 Min
2001   **Oufa and Sausan** (= Eigennamen), 35 mm, 15 Min, für das Fernsehen

■ Auszeit

Waqt mustaqtaa

Die Liebesgeschichte zwischen einer unglücklich verheirateten Frau und einem
Mann, der „niemanden hat". Die beiden treffen sich und lieben einander. Zum
Schluss kehren sie zurück in ihre jeweilige Einsamkeit, erfüllt von romantischen
Erinnerungen.

◼ Die Städte bestimmen ihre Toten
Al-mudun takhtar mautaha

Eine Journalistin erhält den Auftrag, einen Artikel über einen ägyptischen Philosophen zu schreiben, der völlig vereinsamt gestorben ist. Im Laufe ihrer Recherche entdeckt die junge Frau nicht nur ihre Heimatstadt Kairo neu, sondern auch sich selbst.

GAMAL AL DIN Mona

Mona Gamal Al Din ist am 25. Dezember 1950 geboren. 1971 graduierte sie an der Filmhochschule Kairo. Sie drehte zahlreiche Dokumentarfilme.

Filmographie (Auswahl):

1984 **Mulid al-saida Nafisa** (Das Fest der Heiligen Nafisa), 35 mm, 10 Min
1984 **Zukharef huwa** (Ornamente), 35 mm, 20 Min
1988 **Al-alat al-musiqeya** (Die Musikinstrumente), 35 mm, 25 Min
1990 **Al-fannan Nagy** (Der Künstler Nagy), 35 mm

GHALI Nahed

Nahed Ghali ist am 28. Mai 1963 in Kairo geboren. Sie besuchte ein Gymnasium in Paris, wo sie auch Sozialwissenschaften und Film studierte. Seit 1989 arbeitet sie als Regieassistentin bei ägyptischen Spielfilmproduktionen.

Filmographie:

1990 **Aid** (Fest)
1992 **Fantasia**, 35 mm
       (Goldener Preis beim Dokumentarfilmfestival in Ismailiya, Ägypten)
1993 **Al-nas wal-ful** (Leute und Pferdebohnen), 35 mm, 10 Min
       (Goldener Preis beim Dokumentarfilmfestival in Ismailiya, Ägypten)
1995 **Agrass al-rabaa** (Glocken des Frühlings)

■ Leute und Pferdebohnen

Al-nas wal-ful

Ägypten 1993
R/B: Nahed Ghali
K: Mohamed Shafik
T: Hasan Amin
S: Ahmed Daoud
P/V: National Cinema Center, Kairo

Pferdebohnen sind billig und ein Nationalgericht in Ägypten. Der Dokumentarfilm zeigt, wie die Speise entsteht. Vom Anfertigen spezieller Kochtöpfe und dem Anliefern von Brot bis zum Verkauf von Sandwichs an einem Straßenstand im alten Stadtzentrum von Kairo. Ein Stück typischer ägyptischer Alltagskultur.

HAMZA Nadia

Nadia Hamza ist am 1. Juni 1939 in Port Said geboren. Sie lernte Drehbuchschreiben und arbeitete als Regie- und Produktionsassistentin bei namhaften Regisseuren. Danach produzierte sie zwei Filme, bevor sie selbst zum ersten Mal Regie führte. Sie ist heute neben Inas El Deghedi die bekannteste Spielfilmregisseurin Ägyptens. Im Gegensatz zu Inas El Deghedi versteht Nadia Hamza sich aber als feministische Filmemacherin. In ihren durchwegs konventionell gemachten Filmen sind deshalb stets Frauen die Hauptfiguren. Seit 1994 besitzt sie eine eigene Produktions- und Vertriebsfirma: „Seven Stars Studio Service".

Filmographie (Auswahl)

(35 mm, soweit nicht anders angegeben):

1984 **Bahr el-auham** (Meer der Phantasie)
1985 **Al-nisa'** (Die Frauen)
1986 **Nisa' khalf al-qoddban** (Frauen hinter Gittern)
1987 **Heqd al-mar'a** (Neid der Frau)
1988 **Al-mar'a wal-qanun** (Die Frau und das Gesetz)
1988 **Amr'a lel-assaf** (Bedauernswerte Frauen)
1990 **Maarakat al-naqib Nadia** (Leutenant Nadia's Struggle)
1991 **Nisa' saaliq** (Vagabundinnen), 90 Min
1991 **Nisa' did al-qanun** (Frauen gegen das Gesetz)
1992 **Hams el-gawari** (Geflüster der Sklavinnen)
1993 **Nisa' wa nisa'** (Frauen und Frauen)
2000 **Wahyat albi we afraho** (Ich schwöre beim Glück meines Herzens), 100 Min.

■ Vagabundinnen

Nisa' saaliq
Ägypten 1991
R: Nadia Hamza
B: Yusri El Ibiari
K: Esam Farid
M: Omar Khairat
S: Enayat El Sayes
D: Soheir Ramzi, Fifi Abdou, Tahani Rashid
P/V: Sphinx Film, Kairo

Die ägyptische Version des George Cukor-Klassikers „The Women" (Die Frauen, 1939): Eine schräge bis skurrile Komödie über die weibliche Psyche und deren Untiefen, wenn es um das Wichtigste geht im Leben von Frauen: um die Männer. Im Film kommen sie jedoch überhaupt nicht vor, es spielen nur Frauen. Die spinnen Intrigen, prügeln sich, nehmen Zuflucht zu Aberglauben und Zaubersprüchen – alles, um sich gegenseitig den selben Mann auszuspannen.

Szenen aus *Vagabundinnen* © Sphinx Films

„Die Abwesenheit des männlichen Faktors in diesem Film ist nicht als eine Anti-Haltung gegenüber Männern zu verstehen. Es ist nur ein Einfall, den ich erfolgversprechend fand. Die dramaturgische Hauptlinie in diesem Film sind die unterschiedlichen Charaktere. Die Figuren sind Frauen, die die moderne Zeit mit all ihren Widersprüchen repräsentieren: Die eine ist glücklich verheiratet, eine andere erlebt das Scheitern ihrer Ehe, die nächste ist eifersüchtig auf ihre Freundin, wieder eine andere versucht, ihrer Freundin den Mann auszuspannen, und die letzte hat zahllose gescheiterte Ehen hinter sich. Sie alle kämpfen um ein und die selbe Person, die einen weiteren Charakter unserer Zeit repräsentiert: den wohlhabenden und einflussreichen Mann. Um ihn zu bekommen, ignorieren die Frauen alle menschlichen Prinzipien, Verhaltensformen und Werte." (Nadia Hamza)

Pressestimme

Hamza hat jedermann überrascht mit Filmen, die nach Meinung vieler dem Image von Frauen mehr schaden als nutzen. Die meisten ihrer Filme enthalten Elemente von Verbrechen und Geisteskrankheiten. Das Ergebnis ist, dass ihre weiblichen Charaktere häufig als kriminelle und/oder geistig gestörte Individuen erscheinen. Hamza glaubt jedoch nicht, dass sie ihre Filmfiguren rechtfertigen muss: „Wenn Frauen Filme machen, sollten sie sich ihrer Vorurteile entledigen, die sie gegenüber ihrem eigenen Geschlecht haben", sagt sie. Ihrer Ansicht nach sollten Charaktere von Frauen so dargestellt werden, wie sie sind, und nicht wie die Gesellschaft sie haben möchte. Hamza findet, dass Filmemacherinnen, wenn sie Frauenfiguren negativ porträtieren, nur eine einzige Konzession machen sollten: Die Charaktere einfühlsam darstellen – oder den Film in eine Komödie verwandeln.
(Ahmed Masud in: Al Ahram, 18.–24. Mai 1995)

KAMEL Ferial

Ferial Kamel ist am 26. April 1940 in Kairo geboren. Nach Abschluss des Studiums an der Filmhochschule Kairo 1967 erhielt sie mehrere Preise bei nationalen und internationalen Filmfestivals. Sie spezialisierte sich auf Kinderfilme und leitete bis zu ihrer Pensionierung die Abteilung für Kinderfilm am Nationalen Filmzentrum Kairo. Ferial Kamel hat mehrere Drehbücher sowie Bücher und Kinderbücher über Film verfasst. Sie schreibt Filmkritiken und arbeitet an einem Drehbuch für einen Dokumentarfilm für Kinder über die Intifada.

Filmographie
Auswahl (35 mm, falls nicht anders angegeben):

1975 **Alf aem beyn aidihum** (Tausend Jahre in ihren Händen), 11 Min
1979 **Aasif bil-aluan** (Rhythmus in Farben) = ein Dokumentarfilm über den Künstler Houcine Bikar, 18 Min
1982 **Kamel Kilani** (= Porträt des ägyptischen Kindbuchautors), 11 Min
1982 **Al-hams aala al-nohas** (Flüstern an Kupfer; = Porträt des Malers Mohammed Rizq), 20 Min
1998 **Helm al-fokhary** (Der Traum vom Töpfern), 10 Min, Animation
1998 **Al-khayam al-saghrir** (Der junge Zeltmacher), 10 Min, Animation
1999 **Al-mar'a al-masriya wal-tanmiya** (Ägypterinnen und Entwicklung), 20 Min

KHALIL Hala

Hala Khalil ist am 23. Juli 1967 in Kairo geboren. Sie graduierte 1992 an der Filmhochschule Kairo, schreibt Filmkritiken und arbeitet als Regisseurin beim staatlichen Fernsehen.

Filmographie:

1992   **Marionettes** (Marionetten), 15 Min
1994   **Hedi al-leil** (Stille der Nacht), 10 Min
1997   **Tiri ya tayara** (Flieg, Drache, flieg), 35 mm, 37 Min
1998   **Gamal el-thawra** (Gamal Revolution), 10 Min
2000   **Hababak ashra** („Willkommen" = Titel eines sudanesischen Lieds), 30 Min

■ Flieg, Drache, flieg

Tiri ya tayara
Ägypten 1997
R: Hala Khalil
B: Shahir Salam
K: Samir Bahzan
M: Mona Ghoneim
S: Ahmed Daoud
P: National Film Center, Kairo

Einige bedeutsame Tage im Leben von Salma, einem 12-jährigen Mädchen. Sie hat gerade als Zeichen der ersten Menstruation einige Blutstropfen entdeckt. Herausgerissen aus ihrer kindlichen Welt beginnt Salma, sich der autoritären Erziehung ihres Vaters zu entziehen, indem sie in eine imaginäre Traumwelt flieht. Hala Khalils erster Kurzfilm brachte ihr viel Lob von der Kritik.

LOTFI Arab

Arab Lotfi ist am 26. Juni 1953 in Sidon (auch Saida) im Süden des Libanon geboren. Sie ist die jüngere Schwester der Filmemacherin Nabiha Lotfi. Seit 1981 lebt sie in Kairo. Dort studierte sie zunächst Rechtswissenschaften, wechselte dann an die Filmhochschule Kairo, Fachrichtung Schnitt. Arab Lotfi arbeitete als Regieassistentin und Cutterin und ist heute als freie Journalistin, Filmemacherin und Drehbuchautorin tätig. Sie ist Leiterin eines Frauenforschungszentrums, das sie 1992 mitbegründete.

Arab Lotfi erzählt

Ich komme aus einer Stadt im südlichen Libanon, in der ein sehr dynamisches politisches Leben herrschte. Dafür gab es vor allem zwei Gründe: Zum einen ist der Süden die ärmste Region Libanons, zum anderen liegt Sidon in einer Gegend, in die viele Palästinenser nach dem Krieg von 1948 geflüchtet waren. Politik war Bestandteil unseres täglichen Lebens. Ich wuchs auf mit dem Gefühl, Politik und Leben seien ein und das selbe. 1967, als ich 13 Jahre alt war, fand der Sechstage-Krieg statt. Im selben Jahr starb Che Guevara. Das war die Atmosphäre, in der ich groß wurde: Alles hatte einen gesellschaftlichen Bezug, mir war es kaum möglich, mich als Individuum zu begreifen. Ich definierte mich über das, was ich tat – nicht über das, was oder wer ich war. Ich war Beobachterin des sozialen Wandels und zugleich ein Teil davon.

Unsere Familie gehörte der Mittelschicht an. Mein Vater war ein Intellektueller. Im Gegensatz zu meiner Mutter, die aber trotzdem eine starke Persönlichkeit und sehr intelligent war. Beide waren sehr liberal. Da meine Mutter selbstbestimmt auftrat, fühlten meine Schwestern und ich uns als Frauen niemals unterdrückt, weder in unserer Persönlichkeit noch in unserer Sexualität. Als Mädchen spielte ich mit Jungen Räuber und Gendarm. Bis ich 10 Jahre alt war, trug ich zum Schwimmen wie die Jungen eine Badehose. Da ich so frei erzogen wurde, war ich sehr selbstsicher und zufrieden mit mir selbst. Erst als Teenager entdeckte ich, dass es tatsächlich Unterdrückung und Diskriminierung von Frauen gibt. Diese Erkenntnis war ein richtiger Schock für mich.

Meine Mutter hatte einen sehr scharfen Verstand und war sich dessen auch bewusst. Sie bedauerte sehr, als Frau nicht die Gelegenheit gehabt zu haben, ihre Schulausbildung zu beenden. Sie sah sich dennoch nie als Mensch zweiter Klasse und nahm sich stets das Recht, in allen Angelegenheiten mitzuentscheiden. Diese Stärke wollte sie auch an uns Mädchen weitergeben. Wir sollten uns durchsetzen können. Das ging soweit, dass meine Mutter mich in meinen Heiratsplänen unterstützte, obwohl sie über den Bräutigam, den ich mir ausgesucht hatte, nicht sehr glücklich war: Ich, eine Muslimin und Libanesin, wollte einen Christen aus Ägypten heiraten! Meine Mutter zahlte trotzdem das Flugticket nach England, wo ich standesamtlich heiratete.[42]
Da ich selbst nie das Gefühl hatte, als Frau unterdrückt zu sein,

konnte ich mir in diesem Zusammenhang eine gewisse Toleranz bewahren. Das Verhalten mancher Feministinnen kommt mir deshalb vor wie eine aggressive Reaktion auf frühere Frustrationen. Das stört mich. Ich halte es für hysterisch. Es wirft ein negatives Bild auf die ganze Bewegung.

Ich habe niemals darüber nachgedacht, was ich einmal werden wollte: ob Filmemacherin, Rechtsanwältin, Journalistin oder politische Aktivistin. Ich bin einfach meinen Talenten und Interessen gefolgt. In meiner Heimatstadt, die sehr klein war, gab es nicht viele Möglichkeiten der Freizeitgestaltung. In eines der sechs Kinos zu gehen gehörte zu unseren Lieblingsbeschäftigungen. Ich war schon als Kind geradezu besessen vom Film. Später kam der Moment, in dem ich mich fragte, warum ich nicht selbst Filme machen sollte. Wie andere Dinge, die ich in meinem Leben tat, bedeutet das Filmemachen für mich nicht nur einen Beruf, sondern eine Form, mich auszudrücken und mit der Welt zu kommunizieren.

Mein erster Film TOR ZUM SÜDEN war eine Art Selbsttherapie. Nach der israelischen Invasion im Libanon 1982 hatte mich die Angst gepackt, wir als Volk könnten unser Gedächtnis und ich mich selbst im Chaos verlieren. Tatsächlich waren viele meiner Freunde getötet, Städte und Dokumente zerstört worden. Bei meinem Film ging es mir darum, mich an einen Ausschnitt der Geschichte zu erinnern, zu dem ich eine enge Beziehung hatte. Ich tat dies damals auch in meiner journalistischen Arbeit. Viele dieser Artikel besitze ich noch heute. Wie viele andere Dinge. Ich bin eine leidenschaftliche Sammlerin. Ich habe so manches Paar Schuhe Jahre lang aufgehoben, nur weil sie mich an eine bestimmte Zeit meines Lebens erinnerten.

Während des Bürgerkriegs pendelte ich zwischen Beirut und Kairo hin und her. Ich hatte das Bedürfnis, vor Ort zu sein und mich am Kampf zu beteiligen. Also schloss ich mich der nationalen Befreiungsbewegung an, die für einen sozialistischen und säkularen Libanon kämpfte. Leider hatten wir gar keine Chance zu gewinnen. Unsere Gegner waren nicht die reaktionären Kräfte im Libanon, sondern die reaktionären arabischen Regime, Amerikaner und Israelis. Der Bürgerkrieg war kein Duell zwischen Muslimen und Christen, wie es die Medien weltweit dargestellt haben. Auf unserer Seite kämpften verschiedene ideologische Gruppierungen. Zu den ersten Märtyrern des Widerstands gehörte zum Beispiel eine Kommunistin christlichen Glaubens. In unserer Familie sind alle überzeugte Sozialisten. Ich lernte schon früh, solidarisch mit den Armen zu sein, und hatte als kleines Mädchen Freunde in Bauerndörfern und palästinensi-

schen Flüchtlingslagern. Dort waren die Menschen in den sechziger und siebziger Jahren noch voller Hoffnung. Heute sind die Menschen verzweifelt, weil sie wissen, dass sie nicht nach Palästina zurück können. Diese Hoffnungslosigkeit macht sich nicht nur ökonomisch bemerkbar, sondern zerstört auch das soziale Leben. In den Lagern nimmt der Drogenkonsum zu, die Prostitution, die Selbstmordrate.
(Das Gespräch führte Rebecca Hillauer; Kairo, Juni 1995)

Filmographie:

1991	**Bawabat al-fauqu/Upper Gate** (Tor zum Süden), 16 mm, 90 Min
1993	**Jamila's Mirror** (Jamilas Spiegel), Video, 25 Min
1997	**Saba'e layaly wa sobhia** (Sieben Nächte und ein Morgen), Video, Min
1999	**Rango**, Video, 40 min
2000	**Al-farah masri (Ägyptische Hochzeit)**, Video, 36 Min
2000	**Ziara qassira** (Kurzer Besuch), 80 Min

◼ **Tor zum Süden**
Bawabat al-fauqu / Upper Gate
Libanon/Großbritannien 1991
Bab Al Fauqa ist Saidas (Sidons) südlichstes Stadttor. 1948 gewährte es den palästinensischen Flüchtlingen aus Haifa Einlass. 1984 wurde es zum stummen Zeugen israelischer Angriffe, die sich unaufhaltsam nach Norden schoben. Das Tor ist ein Zeichen der Solidarität zwischen Libanesen und Palästinensern, zwischen Muslimen, Christen und Drusen. Arab Lotfi erinnert sich an die Tage ihrer Kindheit, geliebte Orte und Menschen.

◼ **Jamilas Spiegel**
Jamila's Mirror
Großbritannien 1993
R/B: Arab Lotfi
K: Nabil Hasan
M: Yasser Ali Mokhtar
S: Mona Sabban
D: Aisha Ouda, Laila Khaled, Rashida Obeida, Rasmeya Ouda
P/V: South Productions, London

Die Algerierin Jamila Buhreid (als Mitglied der algerischen Befreiungsarmee wurde sie von französischen Besatzern inhaftiert und gefoltert, verriet aber dennoch nicht ihre Mitkämpfer; Anm. d. Autorin) war das Vorbild für viele Frauen, die in den 60er und frühen 70er Jahren in den arabischen Widerstandsbewegungen aktiv waren. Stellvertretend für diese Frauen setzen vier Palästinenserinnen sich mit ihrer Vergangenheit auseinander: Ihre Lesart der eigenen Erfahrungen sind subjektive Zeugnisse von persönlichen und politischen Auswirkungen des Nahostkonflikts. Dazwischen montiert ist Archivmaterial aus den 60er Jahren.

„Die Frauen diskutieren, wie und warum sie sich dem bewaffneten Widerstand verschrieben, ihre Erfahrungen im Gefängnis, die Auswirkung politischer Veränderung – Che Guevaras Tod, Nassers Rücktritt, die Proteste gegen den Vietnamkrieg. Sie sprechen auch über die widersprüchlichen Zwänge eines oft konventionellen Elternhauses. Es wurde zerstört durch das Leben als Flüchtlinge, vertrieben aus Städten, die von der israelischen Armee eingenommen wurden. Insbesondere Laila Khaled spricht darüber, wie der Traum von der Rückkehr in das Heimatland dazu führte, in einer gewaltsamen Konfrontation mit dem Status Quo alles zu riskieren."
(Produktion)

■ Rango

Ägypten 1998

Ein Dokumentarfilm, ohne Dialoge, über Perkussion, Tanz und Katharsis in Kairo. Rango ist populäre ägyptische Musik, die eine wichtige Rolle in den Tanzhallen der Hauptstadt und auf Privatparties spielt. Ein Rhythmus, der ins Blut geht. Ein kultureller Synkretismus: Ihr ekstatisches Moment rührt von Elementen traditioneller sudanesischer „Zar"[43]-Ritualmusik her, die sudanesische Einwanderer in das Ägypten des 19. Jahrhunderts brachten. Bis heute hält der Strom sudanesischer Einwanderer an, die in Ägypten eine – musikalische – Heimat finden. Ein lebendiges Stück Alltagskultur.

LOTFI Nabiha

Nabiha Lotfi ist am 28. Januar 1937 in Sidon (auch Saida) im Süden des Libanon geboren. Sie ist die ältere Schwester der Filmemacherin Arab Lotfi. Seit den 50er Jahren lebt sie in Kairo, wo sie zunächst arabische Literatur studierte. Nach einem Intermezzo als Journalistin wechselte sie an die Filmhochschule Kairo. Sie arbeitete als Regieassistentin bei Fernsehfilmen und mit dem bekannten ägyptischen Regisseur Shadi Abdel Salam[44] im Rahmen der Abteilung für experimentellen Film am Nationalen Filmzentrum.

Nabiha Lotfi ist neben Ateyyat El Abnoudy die bekannteste Dokumentarfilmerin Ägyptens. 1990 gründete sie mit anderen Filmfrauen die „Egyptian Women in Film Association", einen Interessenverband der Filmemacherinnen. Beim Nationalen Filmfest Kairo 2001 wurde Nabiha Lotfi mit einer Retrospektive geehrt.

Nabiha Lotfi erzählt

Die vier Jahre, die ich an der Filmhochschule studierte, habe ich immer noch in bester Erinnerung. Wir hatten einige hervorragende Dozenten, darunter auch namhafte Regisseure. Sie brachten uns ein Verständnis von Film nahe, das sich von unseren eigenen Vorstellungen gründlich unterschied: beinahe so, als sei Filmemachen etwas Heiliges. Youssef Chahine war einer meiner Professoren. Bei ihm vergingen die Unterrichtsstunden wie im Flug. Wie immer man zu Chahine als Regisseur stehen mag: Niemand, der ihn als Dozent erlebt hat, wird jemals vergessen, wie er uns seine ureigenste Liebe zum Kino einpflanzte. Oft waren auch Stummfilmstars zu Gast und diskutierten mit uns, etwa Dawlat Abyad und Mary Queeny. Dieser Geist der Gründerjahre hat uns sehr beeindruckt.

Damals in den sechziger Jahren hatte das Kino noch den Ruf, frivol und nicht ganz gesellschaftsfähig zu sein. Als meine Familie im Libanon erfuhr, dass ich an der Filmhochschule studierte, war sie zunächst schockiert. Ich versuchte, ihnen zu erklären, was ich selbst erst allmählich erkannt hatte: dass Film eine ernstzunehmende Kunstform ist. Da ich die beste Absolventin meines Jahrgangs war, hätte ich die Chance gehabt, am Filminstitut zu lehren oder vom staatlichen Fernsehen angestellt zu werden. Zu dieser Zeit hatte ich jedoch die ägyptische Staatsangehörigkeit noch nicht. Ich arbeitete stattdessen einige Jahre lang als Regieassistentin bei Fernsehfilmen. Beinahe hätte ich einen Vertrag für einen Kinofilm abgeschlossen, doch der Geist, der in der Filmindustrie herrschte, gefiel mir nicht: nur an Kommerz orientiert und seichte Unterhaltung. Ich begann, mit Shadi Abdel Salam zu arbeiten. Er hatte eine Abteilung für experimentellen Film innerhalb des Nationalen Filmzentrums gegründet. So kam ich zum Dokumentarfilm. Nebenher schrieb ich Drehbücher und Artikel. Dann ging ich für kurze Zeit in den Libanon zurück und drehte meinen Film über Tell Al Zater.[45] Wieder in Ägypten fing ich an, Dokumentarfilme für das Nationale Filmzentrum zu drehen. Damals habe ich sehr laienhaft gearbeitet. Ich wollte Filmemacherin werden und habe nicht erkannt, dass ich zugleich und vielleicht vor allem Geschäftsfrau sein muss. Es widerstrebte mir, meine Ellenbogen zu benutzen, um einen Auftrag zu bekommen. Ob ich wenig oder viel verdiente, war nie das Wesentliche für mich. Ausschlaggebend war, dass ich Interesse an meiner Arbeit hatte. Ich habe alle meine Filme gern gemacht.

Kino bedeutet für mich vor allem Ausdruck einer Atmosphäre und Lebensart. Viele Leute meinen, dass Dokumentarfilme die Wirklichkeit wahrheitsgetreuer abbilden als Spielfilme. Ich bin anderer Ansicht. Spielfilme sind für mich sehr realistisch: die Gefühle sind real, die Empfindungen, die Gedanken. Schließlich geht es auch um psychologische und soziologische Realitäten. Man kann sie in einem Spielfilm sehr gut darstellen. Deshalb verletzen schlechte und banale Filme mehr meine Gefühle als meinen Kunstsinn. Es gibt zum Beispiel viele mittelmäßige Kopien von Filmen der Nouvelle Vague. Man mag noch ertragen, wenn filmische Stilmittel imitiert werden. Aber wenn mittelmäßige Regisseure versuchen, das Selbstverständnis eines Films zu imitieren…

Ich sage immer, das Schicksal hat mich zum Dokumentarfilm verschlagen. Denn anfangs wollte ich Spielfilme machen. Mit meinem Literaturstudium als Basis hatte ich die Vorstellung, Literatur mit filmischen Mitteln zu schreiben. Mit der Zeit erkannte ich, dass Dokumentarfilm durchaus kein steifes Medium ist und viel Spielraum für Kreativität lässt. Mit jedem Dokumentarfilm lerne ich etwas Neues dazu. Ich arbeite ohne Storyboard und Drehbuch, denn ich bin überzeugt, dass jeder, der einen Dokumentarfilm nach einem Drehbuch macht, die Wirklichkeit manipulieren wird. Natürlich gehe ich mit gewissen Vorstellungen zu den Dreharbeiten, ich passe meine Ideen aber den Gegebenheiten vor Ort an. Meine Filme sind nicht so sehr Produkt meines Verstandes, sondern eher meiner Intuition. Deshalb kann ich meine Filme selbst nicht beurteilen, ich sehe sie später auch nie mehr an. Selbst wenn ich einen Film, aus welchen Gründen auch immer, nicht zuende drehe, ist er für mich in sich abgeschlossen: die Atmosphäre des Films ist präsent, ich habe den Film gelebt.

Als ich noch im Libanon lebte, studierte ich an der Amerikanischen Universität von Beirut. Ich war gerade in meinem ersten Jahr, als gegen die Verträge von Bagdad demonstriert wurde.[46] Einige der teilnehmenden Studenten wurden exmatrikuliert und wir alle vom Unterricht suspendiert. Gamal Abdel Nasser, der zu dieser Zeit Präsident Ägyptens war, bot den Studenten an, in

sein Land zu kommen, um ihr Studium dort zu beenden. So
kam ich nach Ägypten. Vorher wäre das undenkbar gewesen, da
die beiden Länder wegen der früheren Besatzungsmächte unterschiedliche Schulsysteme hatten: Libanon ein französisches und
Ägypten ein britisches. Das war eine dieser schicksalhaften Wen-
dungen, durch die das Leben von einem Augenblick auf den
anderen einen anderen Verlauf bekommt. So auch bei mir: In
Beirut hatte ich politische Wissenschaften studiert. Kaum in Kairo
angekommen, schrieb ich mich für arabische Literatur ein.

Die Familie, aus der ich stamme, war zwar konservativ, mein
Vater aber ziemlich liberal. Wir hatten immer ein offenes Haus.
Leute gingen ein und aus und diskutierten über Politik. Da ich
so frei aufgewachsen war, fehlte mir der persönliche Bezug zu
sogenannten Frauenfragen. Auch als ich heiratete, fühlte ich mich
nicht unterdrückt. Ich habe mich immer als unabhängige Person erlebt. Deshalb habe ich mich auch nie mit der Frauenbewegung, sondern mit Fragen des Klassenkampfes befasst. Ich sah
Frauen stets als einen Teil davon. Erst in den letzten Jahren habe
ich angefangen zu begreifen, dass Frauen tatsächlich eine sehr
schwere Bürde tragen.
Nach meiner Heirat mit einem Ägypter hätte ich die ägyptische
Staatsbürgerschaft annehmen können. Als Preis dafür hätte ich
die libanesische aufgeben müssen, das konnte ich nicht, mit ihr
war ich geboren. Ich bin erst Ägypterin geworden, als die doppel-
te Staatsbürgerschaft erlaubt wurde. Heute fühle ich mich beiden Ländern zugehörig: Libanon scheint mir meine Kindheit
und Jugendzeit zu besitzen, und Ägypten mein Frausein und
den Rest meines Lebens, meine Kinder und Enkel. Wenn ich in
die Zukunft blicke, sehe ich, dass ich in Ägypten bleibe. Dieses
Land ist inzwischen meine Heimat geworden. Vielleicht verste-
he ich es jetzt auch einfach nur besser – und dazu haben meine
Dokumentarfilme ganz bestimmt beigetragen."
(Die Geräche führte Rebecca Hillauer: Berlin, Februar 1995 /
Kairo, Juni 1995)

Filmographie:

1972   **Salah min wahi misr al-attiqa** (Gebet aus Alt-Kairo), 35 mm, 10 Min
1975   **Li'ann al-guzur lan tamut** (Weil die Wurzeln nie sterben)
1981   **Monastry St. Katherine** (Das Kloster St. Katherine), 30 Min
1983   **Arusti** (Meine Braut), 35 mm, 20 Min
1987   **Hosan wal asfur** (Pferd und Vogel), 20 Min

1990   **Laab eyal** (Kinderspiele), 35 mm, 20 Min
1991   **Ila ain?/Where to?** (Wohin?), Video, 20 Min
1994   **Message from Hegaza** (Nachricht von Hegaza), Video, 20 Min
1996   **Arab Women Speak Out** (Arabische Frauen sprechen)
1996   **Samia** (= Porträt einer Frau in Kairo)
1997   **Attiyat** (= Porträt einer Frau auf dem Land)
1998   **Dialogue** (Dialog)
1999   **She Cultivates, She Irrigates** (Sie kultiviert, sie bewässert), Video, 20 Min
2000   **Women** (Frauen), 4x 20 – 30 Min, Frauenporträts für das Fernsehen

■ Gebet aus Alt-Kairo

Salah min wahi misr al-attiqa
Ägypten 1972
R: Nabiha Lotfi
K: Rifaat Ragheb
M: Gamal Balama

Eine religiöse Exkursion in einen altertümlichen Stadtteil von Ägypten. Ein Gebiet mit vielen Kirchen, im Vordergrund steht die Kirche „Saint Georges" während des Gottesdienstes. Außer einem kleinen Mädchen mit unschuldigem Gesicht, das die Bedeutung des Gebets und der Reinheit ausdrückt, ist das menschliche Element gänzlich ausgespart.

■ Weil die Wurzeln nie sterben

Li'ann al-guzur lan tamut
Libanon 1975
Ein Dokumentarfilm über das palästinensische Flüchtlingslager Tell Al Zater, in dem 1976 libanesische Falangisten[47] ein Massaker unter den Bewohnern anrichteten. Die meisten Opfer waren Frauen, Kinder und Alte.

■ Kinderspiele

Laab eyal
Ägypten 1990
R/B: Nabiha Lotfi
K: Samir Bahzam
M: Hany Shenouda
S: Youssef El Malach
T: Magdi Kamil
P:/V: National Cinema Center, Kairo

Ein stiller, atmosphärisch dichter Film über Kinder in einem Dorf in Oberägypten. Fast ohne Worte. Mit viel Einfallsreichtum basteln die Kinder sich ihr Spielzeug aus alltäglichen Gebrauchsgegenständen.

▮ Frauen

Women
Ägypten 2000
Eine Serie von Porträts bedeutender zeitgenössischer Ägypterinnen: 1. Suad Rida, Generaldirektorin des Instituts Rose El Youssef, das unter anderem das gleichnamige Wochenmagazin herausgibt. 2. Najwa Muslafa, Ingenieurin und Generaldirektorin der Straßen- und Brücken im Governorat Ismaileya, 3. Aida Motassem, Ingenieurin, ist Besitzerin und Geschäftsführerin einer Granitfabrik. 4. Aida Guindy war 35 Jahre lang Ägyptens Repräsentantin bei den Vereinten Nationen, zuständig für Frauenförderung und die Region Asien und Westafrika.

MAGDA

Magda, mit bürgerlichem Namen Afaf Al Sabahi, ist am 6. Mai 1931 geboren. Seit ihrem ersten Auftreten im ägyptischen Kino 1951 hat sie in rund 60 Filmen eine Hauptrolle gespielt. Sie zählt zu den bekanntesten Schauspielerinnen Ägyptens. 1956 gründete sie eine eigene Produktionsfirma. In den von ihr produzierten Filmen übernahm sie – nach dem Muster der ägyptischen Filmpionierinnen – häufig selbst eine Hauptrolle. Etwa 1958 in „Jamila aljazariya" (Jamila, die Algerierin; Regie: Youssef Chahine) nach der Biografie der algerischen Freiheitskämpferin Jamila Buhreid.[48] 1995 wurde Magda zur Vorsitzenden der „Egyptian Women in Film Association" gewählt.

Filmographie:

▮ Wen liebe ich?

Man oheb?
Ägypten 1967, 35 mm, s/w, 120 Min
R: Magda
B: Sabri El Askar, Weguih Naguib
K: Tillio, Bruno Salvi
M: verschiedene Musikstücke
S: Fikri Rustom
D: Magda, Ahmed Mazhar, Ehab Nafi
P: Magda Films, Kairo

Die Geschichte einer Frau aus aristokratischem Haus und ihrer Beziehungen zu unterschiedlichen Männern. Geschichtlicher Hintergrund sind die Ereignisse in Palästina 1948 und der Suezkonflikt 1956. Ob Magda bei diesem Film tatsächlich Regie geführt hat, ist nach Ansicht des Filmkritikers Samir Farid äußerst zweifelhaft.

Pressestimme

Wenn jemand schon einen Film plagiiert, ohne ihn als Remake auszuweisen – muss es dann ausgerechnet „Vom Winde verweht" sein! Nicht nur das Drehbuch ist eine Imitation, sondern das ganze Setting, die Regie, der Schnitt… Ich war schockiert. Haben wir etwa seit 1939 gewartet, um jetzt eine Filmemacherin mit einer ägyptischen Version von „Vom dem Winde verweht" zu erleben!? Zwar steht auf dem Abspann Magda als Regiseurin, doch jeder weiß, dass ihr Assistent den Film realisierte: Omar Al Shenaoui.[49] Er war sehr bekannt und lebt heute noch. Alle Leute wissen das, nur offiziell war es anders. Eine sehr böse Erfahrung.
(Samir Farid, in einem Interview mit der Autorin; Kairo, April 1995)

MEGAHED Mona

Mona Megahed ist am 2. August 1937 geboren. 1960 schloss sie ihr Studium der Publizistik und Politologie an der Amerikanischen Universität Kairo ab, 1964 ihr Studium an der Filmhochschule. Als Regisseurin für das Nationale Filmzentrum realisierte sie seit 1967 mehr als 20 Dokumentarfilme, bis sie sich 1979 aus dem Filmgeschäft zurückzog.

Filmographie (Auswahl):

■ Zeinabs Hoffnung
Amal Zeinab
Ägypten 1974, 35 mm, s/w, 17 Min
Ein Kurzfilm in Schwarz-Weiß, der an die frühen Filme feministischer Regisseurinnen in Europa erinnert: Zeinab, eine junge Frau im Minirock, arbeitet in einer Telefonzentrale der Hauptstadt. Wie viele erwerbstätige Frauen muss sie Beruf, Familie und Haushalt bewältigen. In ihren Alltag und ihre Träume schieben sich immer wieder Erinnerungen an ihre Kindheit und den jähzornigen, gewalttätigen Vater…

NACHAAT Sandra

Sandra Nachaat ist am 2. Februar 1970 in Kairo geboren. Ihre Mutter stammt aus dem Libanon, ihr Vater aus Syrien. 1992 graduierte sie an der Filmhochschule, gleichzeitig studierte sie französische Literatur an der Universität von Kairo. 1994 vertrat sie Ägypten als Stipendiatin bei einem mehrmonatigen Studienaufenthalt in den USA. Sandra Nachaat war Regieassistentin bei mehreren ägyptischen Spielfilmen sowie einer amerikanischen Produktion. Nach ihren ersten beiden Kurzfilmen hat sie zwei Langfilme gedreht.

Sandra Nachaat erzählt

Ich bin Christin und habe eine katholische Mädchenschule besucht. Jeder männliche Besucher, und war er nur der kleine Bruder einer Schülerin, erschien uns wie eine Lichtgestalt von einem anderen Planeten. Durch diese Geschlechtertrennung fiel es uns später in der Universität schwer, ungezwungen mit Männern umzugehen. Zwischen uns schien eine unsichtbare, fünf Meter dicke Mauer zu sein.
Als ich die Schwesternschule verließ, musste ich mich erst als Christin in einer islamischen Gesellschaft einleben. Bis dahin war ich sehr behütet aufgewachsen, zunächst im Elternhaus, dann in der Schule. Ich bin erst spät der Welt draußen gegenüber getreten. Meine erste Reaktion auf die reale Welt war Enttäuschung: Sie war ganz anders als ich in der Schule unter dem Postulat von Christentum und Bibel gelernt hatte. Ich war völlig naiv und musste erst lernen, dass Menschen nicht immer gut und ehrlich sind. In diesem Sinn verließ ich die Schule mit vielen Komplexen und dem Gefühl, ein Grünschnabel im Leben zu sein. Es ist diese Perspektive einer Außenseiterin, die ich auch in meinen Filmen zeigen will.
Als ich mich entschloss, Filmemacherin zu werden, faszinierte mich der Gedanke, als Frau in dieser Branche Karriere zu machen. Meinem Vater behagte die Idee überhaupt nicht. Er wollte, dass ich französische Literatur studierte, „wie es sich für ein Mädchen geziemt". Ich besuchte eine Zeit lang zwei Universitäten: die Klasse für französische Literatur, die wieder nur von Mädchen besucht wurde, und das Filminstitut. Dort trafen sich angehende Künstler, Frauen und Männer. Welch ein himmelweiter Unterschied zur katholischen Mädchenschule!
Im Filminstitut wurde ich langsam freier. Ich lernte, mich und meine Bedürfnisse auszudrücken. Gegen meinen Vater setzte ich

meinen Willen durch, in der Filmbranche zu arbeiten. Nach einer Weile fragte ich mich allerdings, wofür ich eigentlich kämpfte. Feministin war ich nie gewesen. Ich will am allgemeinen Maßstab gemessen werden und anerkannt werden als Künstlerin, weil ich gute Filme mache, nicht aufgrund meines Geschlechts.

In meinen Filmen vermeide ich Action, Lärm und technische Effekte. Das unterscheidet sie von den meisten Filmen, die in unseren Kinos laufen. Ich versuche als Regisseurin, in die Eingeweide der Menschen zu dringen, ihre Gefühle und Gedanken zu ergründen. Die Oberfläche genügt mir nicht. Es geht mir um die Frage nach dem Warum. Im Grunde erschaffe ich meine eigene Welt. Mit verschiedenen Charakteren und Menschen, die ich sprechen und sich ankleiden lasse. Ich töte und schenke Leben – ganz wie ich will. Für die Länge der Dreharbeiten spiele ich Gott. Im religiösen Sinn begehe ich damit eine Sünde.

Ich habe zwei Brüder, die heute in Kalifornien leben. Sie sahen in Ägypten keine Zukunft für sich. Ich sehe das anders. Mit meinen Filmen möchte ich ausdrücken, dass es in diesem Land Hoffnung gibt. Als meine Brüder meinen ersten Film DER LETZTE WINTER sahen, ermutigten sie mich weiterzumachen und in Ägypten zu bleiben. Ihre Reaktion hat mir Selbstvertrauen gegeben. Beide Brüder sind älter als ich. Ich war das Nesthäkchen in der Familie und wurde von allen verwöhnt. Mein jüngerer Bruder, ein Architekt, lehrte mich Filme und Kunst zu verstehen. Schon bei den Theateraufführungen in der Schule machte es mir am meisten Spaß, anderen Leuten ihre Plätze zuzuweisen. Ich führte Regie. Nur wusste ich das damals noch nicht.

(Das Gespräch führte Rebecca Hillauer: Kairo, November 1994)

Filmographie:

1992 **Akher shita/The Last Winter** (Der letzte Winter), 35 mm, s/w, 16 Min (Goldener Preis beim Filmfestival in Ismailiya, Ägypten)
1994 **Al-mufiola** (Der Schneidetisch), 35 mm, 8 Min
1998 **Mabrouk wa Bulbul** (Mabrouk und Bulbul; = über einen Mann mit Down-Syndrom), 35 mm, Spielfilm
2000 **Leh khalletni ahebbak?** [50] (Warum hast du mich dich lieben gelehrt?), 35 mm, Spielfilm

◼ Der letzte Winter
Akher shita / The Last Winter
Ägypten 1992

R/B: Sandra Nachaat
T: Gasser Khorshid
M: Rageh Daoud
S: Ghada El Said
P/V: Academy of Arts, Higher Institute
     of Film, Kairo

*„Ein kleiner Film, gewidmet der
Zeit des Schwarzweiß- und
Stummfilms"
(Sandra Nachaat)*

Faiza ist ein Teenager aus einer wohlhabenden, konservativen christlichen Familie. Mit
ihren Eltern verbringt sie die Sommerferi-
en auf dem Land. Sie schließt Freundschaft
mit einem gleichaltrigen Mädchen, das aber
in vielen Dingen fast das Gegenteil von ihr
selbst ist. Zum ersehnten Wiedersehen im
nächsten Sommer kommt es nicht mehr...
Sandra Nachaats Erstlingsfilm wurde von
der Kritik hoch gelobt.

RACHED Tahani

Tahani Rached ist am 16. Mai 1947 in Kairo
geboren als Kind französisch-ägyptischer Eltern. Sie wuchs einige Jahre im Libanon auf,
studierte Malerei an der Hochschule für
Künste in Montreal, Kanada, wo sie 1973
ihre Karriere als Filmemacherin begann
und heute noch lebt. Als Mitarbeiterin der
Nationalen Filmkommission hat sie bislang
fast zwanzig Dokumentarfilme realisiert.

Filmographie:

1973 **Pour faire changement**
     (Für einen Wandel), Video, 50 Min
1974 **Augustine Neto**, Video, 30 Min (Koregie)
1975 **C'est pas un cadeau** (Das ist kein Geschenk), Video, 30 Min
1976 **Leur crise, on la paye pas** (Ihre Krise, nicht auf unsere Rechnung),
     16 mm, 30 Min
     Les Mesures de controle et une nouvelle société (Kontrollmaßnahmen
     und eine neue Gesellschaft), 16 mm, 30 Min
1979 **Les Frères ennemis** (Die verfeindeten Brüder), 16 mm, 16 Min
1980 **Les voleurs de jobs** (Die Jobdiebe), 16 mm, 67 Min
1980 Eine Serie aus sechs Filmen à 30 Min für den Fernsehsender „Planète"

1981   Le Confort et l'indifférence (Komfort und Gleichgültigkeit),
       Doku-Drama, 16 mm, 108 Min
1981   La Maison d'Aleya (Aleyas Haus)
1982   La Phonie furieuse (Sprache der Wut), 35 mm, 10 Min
1983   Beyrouth! „À défaut d'être mort" (Beirut! „Beinahe tot"), 16 mm, 57 Min
1985   Haiti. Québec, 16 mm, 57 Min
1986   Bam Pay A! Rends-moi mon pays! (Bam Pay A! Gib mir mein Land
       zurück), 16 mm, 51 Min
1987   Haiti, nous là! nou la! (Haiti, wir dort!), Video 28 Min
1990   Au Chic Resto Pop, 16 mm, 110 Min
1993   Médecins de cœur (Ärzte von ganzem Herzen), 16 mm, 110 Min
1997   Quatre femmes d'Égypte (Vier Frauen aus Ägypten), 35 mm, 90 Min
1999   Urgence! Deuxième souffle (Notfall! Eine Wiederbelebung),
       Video 83 Min

■ Vier Frauen aus Ägypten

Quatre femmes d'Égypte

Kanada 1997
R/B: Tahani Rached
K: Jacques Leduc
T: Serge Beauchemin
S: Fernand Bélanger
M: Jean Derome
D: Amina Rachid, Safynaz Kazem,
      Shahenda Maklad, Wedasd Mitry
P/V: National Film Board of Canada

Ein Dokumentarfilm über die Freundschaft:
Vier ägyptische Frauen wagen es, den Begriff
Toleranz neu zu definieren. Alle vier sind Freundinnen, die das gleiche Ziel vor Augen haben:
die menschliche Würde. Sie haben alle noch
Erinnerungen an die Herrschaft von König Fa-
ruk, hofften auf tiefgreifende Änderungen nach
der Revolution von Nasser und kämpfen seitdem für soziale Gerechtigkeit. Doch ihre jeweilige Identität hat sich im Lauf der Geschichte
entwickelt, und jede von ihnen beschreitet heute einen anderen Weg. Mit ihren unterschiedlichen Überzeugungen – islamischen, christlichen
oder frei jedes Glaubens – stehen sie sich wie
Antipoden gegenüber. Doch die vier Frauen
weigern sich, einander zu verteufeln. Stattdessen sagen sie sich ihre Meinung. Und sie können sogar über sich lachen.

Tahani Rached erzählt

*Wie ist der Film entstanden? Ich kannte Amina bereits seit 1980,
als ich für eine Filmrecherche in Ägypten war. Seitdem pflegten
wir unsere Freundschaft. Aber ich dachte nicht von Anfang an
daran, einen Film mit ihr zu drehen. Ich wollte wissen, wie die*

*Leute innerhalb der Familie mit ihren religiösen und politischen
Meinungsverschiedenheiten umgehen. Amina meinte dann, es
wäre auch interessant, diese Frage in Bezug auf Freundschaften
zu stellen, also wie Freundschaften sich trotz der Differenzen
halten können.*

*Ich traf eine Gruppe von befreundeten Männern, die sich aus
Studentenzeiten kennen; zwanzig Jahre später haben sie sich
verändert, einer leitete die wichtigste islamistische Zeitung, ein
anderer ist Dichter, ein anderer Verleger, einer ist überzeugter
Neoliberalist. Sie führten heftige Auseinandersetzungen, aber
ausschließlich auf ideologischer Ebene. Das fand ich nicht sehr
interessant. Dann telefonierte ich wie jeden Tag wieder mal mit
Amina und beklagte mich, dass aus dem Filmprojekt wohl nichts
werde; daraufhin lud sie mich ein, ihre Freundinnen zu treffen
und so entwickelte sich der Film. Die Frauen schaffen immer
wieder diese Verbindung zwischen dem Privaten und dem Politischen, dem Individuum und dem Kollektiv. Und wenn eine Frau
dann den Film dreht, ist sie diesen Aspekten gegenüber wahrscheinlich auch viel aufgeschlossener.*

*Es kommt auf den Blick an, mit dem man die Realität betrach-
tet; Politik, Geschichte ist ncht etwas, das außerhalb von uns
abläuft. Jede ist Teil davon, die Frauen haben die Geschichte
mitgeprägt, selbst wenn sie nur auf dem Balkon standen und auf
Nasser heruntergeschaut haben. Die Zeit unter Nasser war für
die Frauen meiner und der vorherigen Generation im Nahen
Osten sehr wichtig. Nasser war ein Mythos. Er bedeutete Hoffnung und Scheitern zugleich.*

*Mich interessiert, was danach mit den Leuten passiert ist, was
aus ihren Träumen, ihrem Engagement für Gerechtigkeit wurde.
Was mich an Ägypten immer wieder beeindruckt, ist, dass die
Identität der Bewohner nicht in politische, soziale, nationale,
individuelle Einzelteile aufgesplittet ist. Im Gegensatz zu dem
sehr individuell geprägten Selbstverständnis, wie es in der westlichen oder nordamerikanische Kultur üblich ist. Sich als Teil der
Gesellschaft zu empfinden, gibt den Frauen in meinem Film
viel Kraft. Im Westen bist du Teil einer Freundesgruppe, die an
bestimmte Dinge glaubt, zehn Jahre später aber in ganz anderen Zusammenhängen steht. In Ägypten haben die Frauen das
Gefühl, sie sind Teil eines Landes und dessen Geschichte.*

*Ich denke nicht, dass ich diesen Film auch schon vor zehn Jah-
ren hätte machen wollen. Vielleicht schien es nicht so notwendig
wie heute zu sein, offen zu bleiben, zuzuhören. Im Westen scheint
ein Islamist wie der Teufel, ein Feind, jemand, mit dem man von
vornherein nicht diskutieren kann. Als der Film in Quebec her-*

auskam, sagten mir Leute, wie großartig die Frauen seien, dass sie weiter miteinander reden, auch wenn sie so unterschiedlich sind. Und sie fragten sich, ob sie das in der kanadischen Gesellschaft nicht auch genauso machen sollten? Es ist also eine Frage, die uns alle und überall betrifft.
(Das Gespräch führten Gudula Meinzolt und Bethina Kocher; Paris, Juli 1998)

Aus einem Gespräch mit Tahani Rached

Ihr Film VIER FRAUEN AUS ÄGYPTEN *ist auf der diesjährigen Berlinale 1999 gelaufen. Wie hat das Publikum reagiert?*
Sehr gut. Die Zuschauer mochten die vier Frauen und haben viel gelacht. Ich erlebe es immer wieder: Mein Film ist ein sehr ägyptischer Film, und doch ist er sehr universell. Die Menschen – in Äypten, Kanada, Deutschland oder anderswo – lachen über die selben Szenen. Für die Zuschauer in Kanada oder Europa sind natürlich die einmontierten Archivaufnahmen und die geschichtlichen Zusammenhänge sehr interessant. Das ägyptische Publikum erkennt sich in den Frauen wie in einem Spiegel: Wie in anderen arabischen Ländern gibt es in Ägypten nicht nur die persönliche Identität, sondern auch eine Identifikation über das soziale Milieu, insbesondere die Religionszugehörigkeit.

Kann Ihr Film denn so einfach in Ägypten öffentlich gezeigt werden?
Der Film lief mit guter Publikumsresonanz bei den Internationalen Filmfestspielen in Kairo. Seitdem kursieren überall Kopien. Es ist, als ob ich Aspekte der ägyptischen Realität gezeigt hätte, die die Leute sonst nicht sehen, und das bewegte sie sehr. Im staatlichen Fernsehen ist der Film nicht gelaufen. Die Behörde ist zu konservativ und eingefahren. Um altgediente Bräuche über Bord zu werfen, braucht es eine lange Zeit. In einer derart direkten und offenen Art über Religion zu sprechen wie in meinem Film, ist in Ägypten heutzutage nur im Satellitenfernsehen möglich.

Wie kamen Sie auf die Idee, einen Film über diese vier Frauen zu machen?
Ich wollte ursprünglich keinen Film über Frauen machen, sondern über eine Gruppe von Menschen und ihre Beziehung zueinander. Dann traf ich diese Frauen und fand es sehr spannend, mit ihnen zu arbeiten. Vier starke Frauen zu zeigen statt des üblichen Bildes. Die meisten Menschen sind allerdings

nach wie vor zufriedener damit, Frauen in der Opferrolle zu sehen. Dann
können sie sie bedauern – und sich selbst erhaben fühlen. Doch diese vier
Frauen müssen von niemandem mehr etwas lernen. Jede von ihnen saß schon
im Gefängnis, eine unter Nasser und die anderen drei unter Sadat.

Wie verliefen die Dreharbeiten?
Mein Filmstab hat die Zusammenarbeit sehr genossen. Die Frauen waren
sehr spontan, redeten einfach drauf los, ohne sich zu verstellen. Ich gab auch
keine Anweisungen, alles kam von selbst. Das war wohl, weil ich vorher schon
Zeit mit ihnen verbracht hatte. Ich arbeite immer so. Gerade habe ich einen
Film beendet über Krankenschwestern in einer Intensivstation. Ich verbrachte sechs Monate in diesem Krankenhaus, bevor ich zu filmen begann. Dann
kam ich zwei weitere Monate lang, Tag für Tag, um zu filmen. Die Menschen müssen sich erst an mich gewöhnen, bevor sie das Vertrauen haben,
dass ich sie weder täusche noch mit ihnen spiele.
(Das Gespräch führte Rebecca Hillauer, Berlin, Februar 1999)

SALIM Nadia

Nadia Salim ist am 23. September 1946 in Kairo geboren. 1979 schloss sie ihr
Studium an der Filmhochschule Kairo ab. Danach arbeitete sie als Regisseurin für das Nationale Filmzentrum. Doch nach ihrem Film ZAR, der den
auch in Ägypten beheimateten Besessenheitskult thematisiert, erhielt sie jahrelang keine Dreherlaubnis mehr.

Filmographie:

1982   **Al-tefl al-shaq'ian** (Das Kind, das viel arbeitet), 35 mm, 15 Min
1985   **Saheb al-edara bawab al-amara** (Der Herr Hausmeister hat das Sagen),
        5 mm, 90 Min
1988   **Al-gin al-ahmar/The Red Demons** (Die roten Dämonen), 35 mm, 35 Min
1990   **Zar** (Besessen), 35 mm, 45 Min
1994   **Sur misr al-athim** (Die große Mauer Ägyptens)

SHAFIK Viola

Viola Shafik ist am 24. Juli 1961 in Schönaich bei Stuttgart geboren. Ihre Mutter ist Deutsche, ihr Vater Ägypter. Sie besuchte die Grundschule in Kairo, studierte Kunsterziehung an der Akademie der Bildenden Künste in Stuttgart sowie Orientalistik und Germanistik in Hamburg. 1994 promovierte sie mit der Arbeit „Der arabische Film. Geschichte und kulturelle Identität", die auch als Buch erschienen ist (Bielefeld, 1996). Viola Shafik hat arabische Filmreihen für viele Festivals und Kommunale Kinos konzipiert und organisiert, für deutsche Fernsehsender übersetzt und ist im wissenschaftlichen und journalistischen Bereich freiberuflich tätig. 1996 verbrachte sie ein Jahr in New York als Stipendiatin der Rockefeller Humanities. Mit einem Stipendium der Middle East Research Competition, Beirut, erforschte sie die „Diskurse über Weiblichkeit im arabischen Kino" („Discourses of Feminity in Arab Cinema"). Sie drehte mehrere Dokumentarfilme, von denen sie einige mit ihrer Firma „Bait Kabir Film" selbst produziert hat. Viola Shafik lebt in Kairo, wo sie auch an der American University Filmkurse gelehrt hat.

Filmographie:

1987   **Das Innere des Granatapfels**, Super 8 (aufgeblasen auf 16 mm), 18 Min
1991   **Irakische Künstler**, WDR, Video, 10 Min Koregie
1993   **Shagaret el-laimun/The Lemontree** (Der Zitronenbaum), 16 mm, 29 Min
        (Kurzfilmpreis beim Filmfestival des L'Institut du Monde Arabe, Paris)
1994   **Medienland Ägypten**, SWF, Video, 10 Min
        (wissenschaftliche Beratung und Koregie)
1999   **Umm al-nur wa banatiha/The Mother of Light and Her Daughters** (Die
        Mutter des Lichts und ihre Töchter), Beta SP, 53 Min
1999   **Musim zar al-banat** (Das Pflanzen von Mädchen), Beta SP, 37 Min
in Vorbereitung: **Reise einer Königin**, Video, 50 Min

▨ Der Zitronenbaum

Shagaret el-laimun / The Lemontree
Ägyten 1993

R/B:	Viola Shafik
K:	Samir Bahzan
T:	Gaser Gabr
M:	Mona Ghonem
S:	Adel Mounir
D:	Ibrahim Shokrallah,
	Hala Shokrallah,
	Khaled Goweily
P/V:	Bait Kabir Film (Kairo)

Aus dem Jahr 1946 stammt eine Geschichte des ägyptischen Dichters Ibrahim Shokrallah über seine beinahe mythische Beziehung zu einem Zitronenbaum im Garten seines Elternhauses. Diese Beziehung findet ein jähes Ende, als sein Vater beschließt, den Zitronenbaum zu fällen, um das Haus auszubauen. Shokrallah schrieb diese traurige Geschichte in seinem ersten Jahr bei der Arabischen Liga, bei der er Pressereferent, später Botschafter war. In dem semi-dokumentarischen Film blickt er zurück. Die Geschichte vom Zitronenbaum gewinnt dabei den Charakter einer Allegorie auf die Entwicklung Ägyptens, vor allem auf die Ära Sadat, als dessen wirtschaftsfreundliche Politik „der offenen Tür" und ein einsetzender Bauboom gewachsene Stadtstrukturen und soziale Netze zerstörten.

▨ Die Mutter des Lichts und ihre Töchter

Umm al-nur wa banatiha / The Mother of Light and Her Daughters
Ägypten 1999

R/B/K/T:	Viola Shafik
S:	Enas Ibrahim
P/V:	Bait Kabir Film (Kairo)

Das jährliche Fasten der Jungfrau Maria ist ein alter koptischer Brauch. Bei diesem Anlass fragt die Regisseurin ihre weiblichen Verwandten nach ihren Lebensgeschichten. Mütter, Schwestern, Töchter und Nichten aus vier Generationen erzählen. Ihre Geschichten offenbaren die Veränderungen in der Sozialisation und Emanzipation von Frauen und welchen Einfluss die Religion dabei ausübt. Die traditionelle Religiosität der Frauen beginnt, sich bei der jüngeren Generation in Fundamentalismus zu verwandeln; ihre Existenz ist vollkommen auf die kirchlichen Institutionen fixiert. So berührt der Film auf der einen Seite die zahllosen mythologischen Wurzeln der koptischen Bräuche und Glaubenssätze. Auf der anderen Seite rührt er an die Ungleichbehandlung der Geschlechter, die von der orthodoxen koptischen Kirche ebenso wie von großen Teilen der ägyptischen Gesellschaft gestützt wird.

◼ Das Pflanzen von Mädchen
Musim zar al-banat
Ägypten 1999

R: Viola Shafik
K: Nancy Abdel Fattah
E: Dalia Al Nasser
P: Media House (Kairo)

Ein Film über das Für und Wider der Genital-
verstümmelung von Mädchen in Ägypten –
durch die Augen und Worte der Betroffenen
selbst. Er führt darüber hinaus zu den kulturellen und historischen Wurzeln dieses Brauchs.
Dabei widerspricht der Film den vielen, immer
wiederkehrenden Missverständnissen über die
vermeintliche Rolle der Religionen im Auf-
rechterhalten des Brauches.

Fernsehen

Das staatliche Fernsehen ist für viele AbsolventInnen der Filmhochschule
Kairo der erste Anlaufpunkt nach dem Examen. Für manche auch das Sprungbrett zur ersehnten Karriere als FilmregisseurIn.

Wie bei anderen Behörden ist auch beim staatlichen Rundfunk und Fernsehen der Anteil weiblicher Bediensteter hoch. Das Gehalt ist dagegen sehr
niedrig, weshalb viele StaatsdienerInnen mindestens einen Nebenjob haben.
Frauen können beim Fernsehen auch in Führungsetagen aufsteigen oder sich
als Regisseurinnen profilieren. Hier arbeiten, anders als in der Filmbranche,

auch einige Kamerafrauen. Der künstlerischen Freiheit sind jedoch engere Grenzen gesetzt. Denn die Fernsehproduktionen müssen nicht nur stilistisch den Sehgewohnheiten eines Massenpublikums, sondern auch thematisch den gesellschaftlichen Konventionen entsprechen. Viele Filme einheimischer RegisseurInnen, die im Ausland gute Kritiken bekamen, haben deshalb keine Chance, im Fernsehen einem breiteren einheimischen Publikum gezeigt zu werden.

Das Satellitenfernsehen hat überall in der arabischen Welt Einzug gehalten. Mittlerweile gibt es rund fünfzig arabische Sender, die über das All ausstrahlen. Bis auf wenige Ausnahmen haben sie ihren Hauptsitz in der arabischen Region.

MOHAMED ALI, Inam

Inam Mohamed Ali ist am 15. Mai 1942 in Kairo geboren. Sie wuchs in Minya auf, einer Stadt in Oberägypten. 1963 schloss sie ihr Studium an der Kunsthochschule ab und 1973 ein Zweitstudium an der Fakultät für Massenmedien. Danach volontierte sie bei der BBC in London sowie bei Fernsehsendern in der DDR, Bundesrepublik und Tschechoslowakei. Zurück in Ägypten arbeitete sie bis zu ihrer Pensionierung mehr als dreißig Jahren beim staatlichen Fernsehen. In dieser Zeit hat Inam Mohamed Ali jeweils mehr als ein Dutzend Fernsehserien und Videofilme sowie mehrere Fernsehspielfilme gedreht. Das hat sie zur bekanntesten Fernsehregisseurin Ägyptens gemacht. Ihre Arbeiten wurden auf vielen Festivals in arabischen Ländern ausgezeichnet.

Filmographie
Auswahl (35 mm):

1985   **Essfa, arfod al-talaq** (Tut mir leid, ich lehne die Scheidung ab), 35 mm, 100 Min
1987   **Yaumiyat amr'a masriya** (Tagebuch einer modernen Ägypterin), 35 mm, 110 Min
1990   **Sa'ed al-ahlam** (Jäger der Träume), 35 mm, 110 Min

1992   **Hekayat al-gharib** (Erzählungen von der Fremde), 35 mm, 108 Min
1994   **Al-tariq ila Eilat** (Der Weg nach Eilat), 35 Min, 141 Min
1996   **Nuna al-shaanuna** (Unvernünftiges Mädchen), 45 Min
1999   **Oum Kalthoum** (= Eigenname, berühmte ägyptische Sängerin),
        eine 37-teilige Fernsehserie à 25 Min
2001   **Qassim Amin** (= Eigenname, ägyptischer Soziologe und Feminist),
        45 Min (in Vorbereitung)

▉ Tut mir leid, ich lehne die Scheidung ab

Essfa, arfod al-talaq
Ägypten 1985
Eine Kritik an einer Gesellschaft, die nur dem Mann das Recht auf Scheidung zugesteht: Er muss dafür nur dreimal „Ich verstoße dich" sagen. Eissam hat nicht einmal das getan, sondern seiner Frau Mona die Scheidung durch einen Brief mitgeteilt. Sie klagt dagegen vor Gericht. Obwohl Mona im Recht ist, stellt der Richter die Interessen des Mannes über ihre und weist die Klage zurück.[51]

▉ Tagebuch einer ägyptischen Frau

Yaumiyat amra' masriya
Ägypten 1987
Eine erfolgreiche Ärztin. Eines Tages geht sie nicht mehr in ihre Praxis, sondern bleibt zuhause und gibt sich dem Müßiggang hin. Mit der Zeit erkennt sie jedoch den Wert der Arbeit für ihre persönliche Entwicklung.

▉ Erzählungen von der Fremde

Hekayat al-gharib
Ägypten 1992
R: Inam Mohamed Ali
B: Gamal Al Ghatani,
      Mohamed Helmi Hilal
D: Mohamed Mounir u.a.

Ein Mann aus Kairo (gespielt von dem populären nubischen Sänger Mohamed Mounir) zieht in die Stadt Suez. Dort wird er in einen Volksaufstand und den Oktoberkrieg 1973 verwickelt.

▉ Unvernünftiges Mädchen

Nuna al-shaanuna
Ägypten 1996
Die 14-jährige Naima arbeitet als Dienstmädchen bei einem reichen Ehepaar in Kairo. Vom Fenster ihres Zimmers aus kann sie auf den Pausenhof einer Schule sehen. Sie träumt davon, in diese Schule zu gehen und viele aufregende Dinge zu lernen. Doch ihr Wunsch erfüllt sich nicht. Die Regisseurin hat den sozialkritischen Stoff in eine Komödie verpackt.

ARAMAN, Farida

Farida Araman ist am 5. Februar 1939 geboren. 1959 schloss sie ihr Publizistikstudium ab, gefolgt von Dissertation und Promotion. Sie arbeitete als Journalistin und ab 1960 als Regisseurin von Dokumentarfilmen für das staatliche ägyptische Fernsehen. Sie hat auch einen Spielfilm gedreht.

Filmographie (Auswahl):

1974 **Raqassat masriya** (Ägyptische Tänzerinnen), 35 mm, 40 Min
(Preis beim Nationalen Dokumentar- und Kurzfilmfestival, 1975)
1982 **Magnun min Laila** (Verrückt durch Laila), 35 mm, 96 Min
1983 **Al-dar al-faraouniya** (Pharaonisches Haus), 35 mm, 30 Min

■ Verrückt durch Laila
Magnun min Laila
Ägypten 1982
R: Farida Arman
D: Hana Tharouet, Mohamed El Arbi

Der Spielfilm ist eine Adaption eines Romans von Ahmed Chawki: Er handelt von der Liebe zwischen Khayas und Laila, einer Liebe gegen den Willen der Eltern.

■ Pharaonisches Haus
Al-dar al-faraouniya
Ägypten 1983
Der Dokumentarfilm beschreibt die geschichtliche und soziale Rolle der Pharaoninnen in Ägypten als Königin, Mutter, Arbeiterin.

GHONEIM Saideya

Saideya Ghoneim ist am 12. Dezember 1935 geboren. Nach Abschluss ihres Philosophiestudiums war sie als Fernsehredakteurin tätig. 1961 ging sie nach London, um Film zu studieren. Nach ihrer Rückkehr nach Kairo wurde sie die erste Frau, die beim staatlichen ägyptischen Fernsehen als Regisseurin arbeitete. Dort realisierte sie zahlreiche Dokumentarfilme sowie populäre Fernsehprogramme und -serien.

Filmographie (Auswahl):

▧ Hatshebsut

Ägypten 1976, 35 mm, 30 Min

Ein Dokumentarfilm über die erste ägyptische Königin (1490–1468 v. Chr.): Während ihrer 20-jährigen Regierungszeit war Ägypten ein prosperierendes Land, in dem zahlreiche Tempel gebaut wurden. Zu ihren Verdiensten zählte auch, dass sie die erste Handelsmarine der Welt aufbaute und verstärkt Handelsbeziehungen mit Nachbarländern knüpfte.

Al GHONEIMI Samiha

Samiha Al Ghoneimi ist am 12. November 1939 geboren. Sie arbeitete als Regisseurin von Dokumentarfilmen beim ägyptischen Fernsehen. Viele ihrer Filme wurden bei Dokumentarfilmfestivals ausgezeichnet.

Al MEDAWI Amina

Amina Al Medawi schloss 1980 ihr Studium an der Filmhochschule Kairo ab. Danach arbeitete sie in der Fernseh- und Filmproduktion. Sie starb 1995 bei einem Verkehrsunfall.

ZAKI Alaweya

Alaweya Zaki ist am 20. Mai 1926 geboren. Nach mehreren Regieassistenzen etablierte sie sich als Regisseurin beim staatlichen ägyptischen Fernsehen. Sie realisierte zahlreiche Fernsehfilme und -serien, darunter die erste Soap Opera, die in Farbe ausgestrahlt wurde.

ZAKI Magda

Magda Zaki schloss 1967 ein Studium der angewandten Künste ab und arbeitete danach als Dokumentar- und Kurzfilmregisseurin beim staatlichen Fernsehen.

ANIMATIONSFILM

Animationsfilm ist noch ein verhältnismäßig junges Medium in den arabischen Ländern. In Ägypten entwickelte er sich erst Anfang der sechziger Jahre mit der Gründung des staatlichen Fernsehens und der Filmorganisation. Das der Filmorganisation angegliederte Dokumentar- und Kurzfilmzentrum sollte vor allem die Produktion von Kinder- und Animationsfilmen ankurbeln. „Dieses Ziel hat es, zumindest in quantitativer Hinsicht, erreicht", schreibt die Filmwissenschaftlerin Viola Shafik.[52] „Von beiden Institutionen wurde der Animationsfilm in erster Linie zur Werbung, Aufklärung und für die Gestaltung von Kinderfilmen genutzt. Ägyptische Animation beschränkt sich in der Regel bis heute auf die Zeichnung. Inhaltlich neigt der Animationsfilm, besonders im Falle des Kinderfilms, zu einem pädagogisch moralisierenden Ton. In formaler Hinsicht muss man ihm einen Mangel an Experimentierfreudigkeit bescheinigen. Die Animationsfilm-KünstlerInnen haben keineswegs die Chance ihres reichhaltigen kulturellen (altägyptischen und arabischen) Erbes genutzt, sondern sich vielfach nur mit Walt Disney-Plagiaten begnügt."

Die Abteilung Animation an der Filmhochschule Kairo hat den größten Frauenanteil unter den Fachrichtungen des Instituts (die Abteilung mit dem geringsten Frauenanteil ist Kameraführung). Von den 119 Frauen, die das „Lexikon der ägyptischen Filmregisseurinnen" (Kairo, 1996) aufführt, sind allein 52 Absolventinnen der Abteilung für Animationfilme. Wegen der relativen Bedeutungslosigkeit des Genres für das Thema Modernes Arabisches Kino sind hier nur einige wenige Filmemacherinnen namentlich genannt.

ABU NASR Mona

Mona Abu Nasr ist 1952 geboren. Sie studierte Kunst, danach Grafik und Animation an der Filmhochschule Kairo. 1989 erhielt sie den Doktortitel in Animation am California Institute of the Art. Ihr Erstlingsfilm „Der Sieger" erhielt zahlreiche Auszeichnungen, unter anderem den ersten Preis für Animationsfilme auf dem Chicago Film Festival 1988.

Filmographie (Auswahl):

1988   Al-muntassir (Der Sieger), Ägypten/USA, 35 mm, 12 Min,
1993   Tayish al-sinema (Es lebe das Kino), Ägypten
1993   Halaqat Kani wa Mani (Serien von Kani und Mani), Ägypten

MOHAMED ABDEL MONEIM Siham

Siham Mohamed Abdel Moneim ist am 8. April 1953 geboren. Sie drehte Werbe- und Kinderfilme, außerdem Dokumentarfilme über den Koran und die Industrie in Ägypten.

Filmographie (Auswahl):

1977   Oktober (Oktober), 2 Min
1979   Al-arqam (Die Zahlen), 6 Min
        (Preis beim Festival des ägyptische Experimental- und Kurzfilms, 1980)

SAMSAM Zeinab

Zeinab Samsam beendete 1968 ein Kunststudium und studierte bis 1994 Kinderfilm an der Ain Shams Universität in Kairo. Sie arbeitete in Saudi-Arabien, wo sie mehr als 100 Werbefilme drehte. Sie hat auch Zeichentrickserien für Kinder gemacht.

Filmographie (Auswahl):

1983   Thamra al-taoun (Frucht der Zusammenarbeit)
1986   Asdiqa' el-su' (Böse Freunde)
1988   Arusa wa hosan (Puppe und Pferd)
1994   Al-fustan (Das Kleid)

DAS ÜBRIGE MASHREQ

IRAK

Im Vergleich zu anderen arabischen Staaten hielt der Film erst spät Einzug in den Irak. Die erste einheimische Produktion datiert aus dem Jahr 1945, vier Jahre später wurde das erste Studio in Bagdad eröffnet. 1954 war der Irak allerdings das erste arabische Land, das das Fernsehen einführte[53]. Nach dem Zweiten Weltkrieg gingen private irakische Unternehmer Koproduktionen mit Ägypten ein. Da die ägyptischen Filmgenres auch im Irak sehr beliebt waren, wurden ein gutes Dutzend Melodramen produziert,[54] zum Teil mit ägyptischen Stars in den Hauptrollen.

Eines der schwierigsten Probleme bei der Filmproduktion – und in der Tat bei allen irakischen Filmen - bestand darin, eine Schauspielerin zu finden. Die sozialen Normen hinderten und hindern bis heute Frauen daran, auf der Bühne oder auf der Leinwand zu erscheinen. Der Regisseur des Films *Said Effendi (Der Herr Said, 1954)* sah sich gezwungen, seiner Gattin – einer Amerikanerin - eine Rolle zu geben. Die Hauptrolle übernahm allerdings eine irakische Theaterschauspielerin, die damit anderen Frauen im Land den Sprung auf die Leinwand ermöglichte (mehr dazu im Artikel von Kassem Hawal auf S. ?).

Der erste Aufschwung des irakischen Films steht im Zusammenhang mit dem Ende der Monarchie am 14. Juli 1958, als König Faisal II. durch das Militär gestürzt wurde. Eine Film- und Theaterorganisation wurde gegründet, die dem Kulturministerium unterstand. Die finanzielle Ausstattung dieser Organisation war jedoch zunächst so knapp, dass die meisten Filme weiterhin von privaten Gesellschaften produziert wurden. Das änderte sich erst einige Jahre später, als das Budget der Filmorganisation aufgestockt wurde.

Der nächste Einschnitt war die „Revolution" von 1968, als sich die „Arabische Sozialistische" Baath-Partei an die Macht putschte. Sie beendete die zehnjährigen blutigen Machtkämpfe zwischen national gesinnten Freien Offizieren, Kommunisten und Kurden und etablierte ein scheinbar fortschrittliches Regime. Zumindest setzte eine relativ stabile wirtschaftliche Entwicklung ein, in deren Verlauf 1972 auch die Ölgesellschaften verstaatlicht wurden. Die Erträge, die nun dem Staat zuflossen, ermöglichten einen allgemeinen Aufschwung. Eine große Bautätigkeit setzte ein und Millionen von Gastarbeitern, vor allem Ägypter, wurden angeworben.

Innen- und kulturpolitisch herrschten freilich Repression und Terror. Außenpolitisch mündete die irakische Politik schließlich in die beiden Golfkriege. „Wer im Land noch Filme machen wollte, musste Mitglied der Baath-Partei werden", erzählt der Filmregisseur Kassem Hawal. „Da ich mich weigerte, wurde meine private Produktionsfirma enteignet." Wie ihm erging es vielen Filmemachern, die meisten verließen das Land.

Das Filmwesen im Irak wurde neu organisiert. Der Staat setzte dabei ganz auf dokumentarische Propandafilme. Und - da das Land durch den Exodus seiner eigenen Talente künstlerisch brach lag - auf Regisseure aus anderen arabischen Ländern. Gegen die abtrünnigen einheimischen Künstler im Ausland machte das Regime seinen diplomatischen Einfluss geltend. So wurde Kassem Hawal auf Betreiben der staatlichen irakischen Kinogesellschaft vom Leipziger Filmfestival 1979 als Mitglied der Jury wieder ausgeladen. Als Filmemacher gewannen Exil-Iraker indes auf internationalen Festivals in Leipzig, Krakau und Moskau so manche Preise - mit Filmen unter fremder Flagge, die etwa von Palästina oder Syrien produziert worden waren. Nach der Niederlage Ägyptens im Sechstage-Krieg, als das Thema Palästina auch für irakische Regisseure wichtig wurde, wählte die Arabische Liga Bagdad als Ort für das erste Palästina-Filmfestival.

Um die Filmproduktion, insbesondere die von Spielfilmen, anzukurbeln, rief der Revolutionsrat 1980 die halbprivate Gesellschaft „Babylon" ins Leben. An der Hochschule der Bildenden Künste entstand ein Fachbereich für Film, ausgerüstet mit den modernsten Geräten.[55] Dennoch wurde nicht einmal ein Spielfilm pro Jahr produziert.

Bis dato sind in Irak etwa 100 Spielfilme produziert worden.[56] Zur Zeit dreht man nur noch anspruchslose Videofilme – offiziell aufgrund des Wirtschaftsembargos nach dem zweiten Golfkrieg. Für Kassem Hawal ist die eigentliche Ursache allerdings das Fehlen des künstlerischen und technischen Personals.

Irakische Filmemacherinnen gibt es nur wenige und sie leben fast ausschließlich im Exil. Im Land selbst ist es bislang einzig Khairiya Al Mansour gelungen, sich als Filmemacherin zu etablieren.

Die Frau als Filmemacherin im Irak

Von Kassem Hawal

Der irakische Film leidet seit seiner Geburtsstunde in den 1940er Jahren an einem Mangel an weiblichem Personal – ob Regisseurinnen, Schauspielerinnen oder Cutterinnen. Statt Film als eine eigenständige Industrie und Kunstform zu betrachten, behandelte ihn der irakische Staat in der Zeit der Monarchie als seichte Unterhaltung und stellte ihn auf eine Stufe mit dem Cabaret-Varieté. Demzufolge stellte er beides unter das selbe Gesetz. Dies ging soweit, dass für Filme eine Varietésteuer erhoben wurde. Das Varieté wurde damals mit Prostitution assoziiert und somit auch der Film, der unter das Varietégesetz fiel. Aus diesem Grund lehnten Frauen es ab, an dem intellektuellen Unternehmen Film teilzunehmen. Entweder weil sie selbst oder ihre Familien es nicht wollten oder aufgrund des soziales Drucks.

Filmproduzenten waren daher gezwungen, die weibliche Rollen in ihren Filmen mit Kabarettsängerinnen zu besetzen. Zum Beispiel mit Hayfa Hussein, Azima Taufiq, Ahlam Wahbi und Afifa Iskander. In den 50er Jahren debütierten dann zwei Theaterschauspielerinnen in der Filmwelt. Ihre ersten Rollen waren in den Filmen *Said Effendi* von Kameran Hosni und *Man al-massul? (Wer ist verantwortlich?)* von Abdul Jabbar Waly. Dies war hinsichtlich der Mitwirkung von Frauen die Wasserscheide in der Geschichte des irakischen Films. In den Jahren danach nahmen viele andere Frauen Rollen in Filmen an, obwohl das Varietégesetz unverändert bestehen blieb (und auch heute noch in Kraft ist).

Nach der Gründung der Filmakademie begannen Frauen auch, Theater und Film zu studieren. Einige Absolventinnen fanden sogar eine Anstellung beim staatlichen Fernsehen. Da die Filmproduktion sich aber auf ein bis zwei Filme pro Jahr beschränkte, wurden die Frauen in der Technik und als Cutterinnen eingestellt, nicht aber als Regisseurinnen. So blieben, obwohl immer mehr junge Filmemacherinnen die Ausbildungsinstitute im Irak und Ausland verließen, die Arbeitsmöglichkeiten für Frauen beschränkt.

1968, nach der Machtergreifung der Baath-Partei, verschlechterte sich das innenpolitische Klima im Land. Statt die kulturelle Entwicklung zu fördern, begann das autoritäre Regime zwei Kriege. Jeder Aspekt des Lebens, die Filmproduktion eingeschlossen, litt darunter. Die meisten Regisseure flohen, um dem Terrorapparat zu entkommen.

Unter der Baath-Partei wurden Filme produziert, die die Geschichte des

Landes mit Füßen traten und zu Instrumenten für Propaganda der Partei herhalten mussten. Da viele irakische Filmleute das Land verlassen hatten, waren es Regisseure aus anderen arabischen Ländern, die dem Regime diesen Dienst erwiesen.

Die beiden Kriege, innerstaatliche Repression und Terror haben die Filmindustrie des Landes völlig erstickt. Waren es zu Beginn des irakischen Kinos vor allem soziale Gründe, die Frauen daran hinderten, in der Filmindustrie eine bedeutende Rolle zu spielen, sind es seit 1968 die politischen Umstände.

Der irakische Regisseur und Produzent Kassem Hawal lebt in den Niederlanden. Er hat zwanzig Dokumentarfilme gedreht, zum Teil von der PLO produziert, sowie drei Spielfilme. Einige Jahre war er Vorsitzender der Liga der exilirakischen Schriftsteller, Journalisten und Künstler. 1993 erschien sein Buch „Mothakarat jawaz safer" (Tagebuch eines Reisepasses; Sahara Publishing and Media, Budapest).

AL MANSOUR Khairiya

Khairiya Al Mansour ist am 28. März 1958 in Bagdad geboren. Von 1976 bis 1980 studierte sie dort an der Kunstakademie und 1987 an der Filmhochschule Kairo. Sie war Regieassistentin bei bekannten irakischen und ägyptischen Regisseuren, zum Beispiel Salah Abu Seif, Taufik Saleh and Youssef Chahine. Seit 1979 hat sie rund vierzig Dokumentarfilme für das irakische Kulturministerium wie auch für private Produzenten selber gedreht. Daneben entstanden zwei Langfilme. Nach dem internationalen Embargo gegen Irak begann sie für das irakische und jordanische Fernsehen zu arbeiten. Sie lebt in Bagdad und Kairo.

Khairiya Al Mansours Filme lassen sich in zwei Kategorien einteilen. Filme der Kategorie „sozialkritisch" behandeln unter anderem die Lage der Frauen im Irak: THIS IS MY VILLAGE (über Bäuerinnen), DETERMINATION, THE LADY OF AGES (über die Gründung der irakischen Frauenvereinigung).

Oder sie thematisieren die Folgen des internationalen Embargos insbesondere für die Kinder im Irak: LOOK!, WHITE DREAMS (eine Milchfabrik wurde zerstört), ONE DAY IN BAGHDAD. Die zweite Kategorie ihrer Filme sind Künstlerporträts: MAGICAL FINGERS (über Malerinnen), CINEMA LOVER (über einen verstorbenen Regisseur), THE DREAM, THE MEMORY (über einen berühmten Schauspieler, der während des Embargos starb).

Filmographie
eine Auswahl (35 mm, wenn nicht anders angegeben):

1981   **This Is My Village** (Das ist mein Dorf), 15 Min
1981   **Basma**, 16 mm, 10 Min
1983   **Determination** (Entschlossenheit), 12 min
1983   Drei Dokumentationen à 15 Min über die
        Weltfrauenkonferenz in Nairobi
1984   **The Daughter of Mesopotamia** (Die Tochter von Mesopotamien)
        (Zweiter Preis beim Internationalen Filmfestival in Taschkent)
1986   **The Student and the Battle** (Der Student und der Kampf), 30 Min
1988   **The Churches of Iraq** (Die Kirchen in Irak), 30 Min
1988   **The Wells of Iraq** (Die Quellen in Irak), 30 Min.
1988   **6/6** (Volle Sehkraft), 90 Min
        (Beste irakische Komödie beim Arabischen Kinofestival 1989)
1989   **Magical Fingers** (Magische Finger), 15 Min
1990   **The Lady of Ages** (Die Dame aller Zeiten), 30 Min
1991   **Look!** (Schau!), 30 Min
        (Goldener Preis beim Dokumentarfilmfest in Bagdad 1995)
1991   **White Dreams** (Weiße Träume), 30 Min
        (Erster Preis beim Dokumentarfilmfest in Bagdad 1997)
1991   **The Call of Iraq** (Der Schrei Iraks), 30 Min
1992   **100 %** (Hundert Prozent), 105 Min
1996   **The Builders** (Die Erbauer), 30 Min
1997   **Cinema Lover** (Kinoliebhaber), 10 Min
1998   **The Dream, the Memory** (Der Traum, die Erinnerung), 15 Min
1998   **One Day in Baghdad** (Ein Tag in Bagdad), 15 Min
1999   **The Memory of an Eye** (Die Erinnerung eines Auges), 15 Min
2000   **Adoration and Creativity** (Bewunderung und Kreativität), 30 Min
2000   **Angels Do Not Die** (Sterbende Engel), 20 Min
2000   **The Last Painting** (Das letzte Gemälde), 7 Min

▪ Volle Sehkraft

6/6

Irak 1988

R/B: Khairiya Al Mansour
S: Fouad Alby
D: Kasa Al Malak, Lila Mohamed, Ekbal Naaim u.a.

Ein junger Mann, der eine Sehschwäche hat, verliebt sich in eine junge Frau. Als er herausfindet, dass sie an der selben Behinderung leidet, hat er Angst sie zu heiraten und mit ihr Kinder zu bekommen. Er fürchtet, diese könnten ebenso mit schwachen Augen zur Welt kommen. Nach etlichen schwierigen Situationen siegt am Ende doch die Liebe. Der Film ist Khairiya Al Mansours Spielfilmdebüt.

▪ Hundert Prozent

100 %

Irak 1992

R: Khairiya Al Mansour
S: Fouad Alby
D: Kasam Al Malak, Sanaa Abdel Rahman, irakische Fußballstars

Der zweite Langfilm der Regisseurin. Eineiige Zwillinge: Einer ist Fußballstar, der andere Kellner. Da die Brüder einander sehr ähnlich sehen, kommt es zu allerlei komischen Verwirrungen und Verwicklungen.

▪ Das letzte Gemälde

The Last Painting

Irak 2000

Eine filmische Hommage an die berühmte irakische Malerin Laila Al Attar. Sie wurde von einer amerikanischen Rakete getötet, die in ihrem Haus einschlug.

PACHACHI Maysoon

Maysoon Pachachi studierte Philosophie und Film. Sie lebt als Dokumentarfilmemacherin in London

Filmographie

1994   **Iraqi Women, Voices from Exile** (Irakische Frauen, Stimmen aus dem Exil), 60 Min
1996   **Smoke** (Rauch), s/w (Koregie)
1999   **Iranian Journey** (Iranische Reise), Video, 90 Min
2001   **Living with the Past** (Mit der Vergangenheit leben), 80 Min

JEMEN

Wer von einer „Geschichte des jemenitischen Films" spricht, verkennt, dass es Film als Kunstform im Jemen überhaupt nicht gibt. Dies sagt der Regisseur Saad Hassan Al Zubaidi, der als freier Filmemacher im Jemen arbeitet in einem Interview mit der englischsprachigen Yemen Times.[58] Al Zubaidi schloss 1981 als erster Jemenit ein Studium im Fachbereich Spielfilm an der Moskauer Filmhochschule ab. Seither ist es ihm lediglich gelungen, einen einzigen 60-minütigen Spielfilm zu realisieren. Seine Haupterwerbsquelle ist seine Firma „Yemen Cinema". Mit ihr hat er seit 1983 mehr als siebzig Dokumentar- und Werbefilme für ausländische Organisationen, jemenitische Ministerien und Privatleute realisiert.

Al Zubaidis Schwierigkeiten bei den Dreharbeiten für seinen zweiten Spielfilm veranschaulichen die allgemeine Lage für FilmemacherInnen im Land: „Wenn ein Schauspieler nicht am Drehort war, hörten auch die anderen auf zu spielen. In Wirklichkeit waren sie gar keine richtigen Schauspieler. Ich musste sie erst anlernen. Schließlich brach ich die Dreharbeiten ab, weil drei Schauspieler nicht auftauchten und mir die Gelder ausgingen."

Seit der Zeit, als einer Legende zufolge die sagenumwobene Königin von Saba im Jemen lebte, haben die Lebensverhältnisse im Land sich nicht eben zum besseren gewendet. 1839 von den Briten erobert und seit 1905 offiziell in den Nord- und Südjemen zweigeteilt, gehört das Land auch nach der Wiedervereinigung 1990 zu den konservativen, aber auch armen arabischen Staaten. Die Lage der Frauen ist desolat und mutet an wie im Mittelalter.

Qat[59] kauende Männer mit aufgeblähter Backe, Hüfttuch und Krummdolch gehören nach wie vor zum Straßenbild. Dies obwohl Präsident Ali Abdallah Saleh die Kampagne „Kampf dem Qat" zur Chefsache erklärt hat. Dietmar Quist[60], seit zehn Jahren im Jemen als Universitätsdozent, Tourismus- und Regierungsberater tätig, sagt: „An der Misere des Landes sind eher eine aberwitzige ineffiziente, monströs aufgeblähte Verwaltung und die Korruption schuld als die Tatache, dass auch in Amtsstuben geqatet wurde. (…) Was die Leute hier aber todsicher durchschauen, ist, wenn eine Kampagne inszeniert wird, wo doch die wirklichen dramatischen Probleme des Landes woanders liegen."

Nordjemen wurde nach der Revolution 1962 zur Republik ausgerufen.

Aus religiösen Gründen waren bis dahin Filmabspielstätten untersagt. Dies obwohl der Imam Ahmed, das politische und religiöse Oberhaupt des Landes, ein Filmliebhaber war und viele seiner Reisen mit einer Filmkamera aufzeichnete.[61] Später gab es zwei Film-Verleihfirmen im Land, aber keine einheimischen Produktionsfirmen. Mäßig waren auch die Lebensverhältnisse im Land. Noch 1990 waren über 60 Prozent der Bevölkerung Analphabeten, die meisten davon Frauen. Bei den ersten freien Parlamentswahlen 1988 waren zwar nicht alle Oppositionsparteien zugelassen, Frauen hatten aber das aktive und passive Wahlrecht.[62]

Südjemen blieb bis 1967 britisches Protektorat. Bei ihrem Abzug hinterließen die Briten ein ähnlich rückständiges Land wie die Imame im Nordjemen. In der neuen Volksrepublik Südjemen wurde die Filmindustrie 1973 verstaatlicht und die Allgemeine Filmorganisation ins Leben gerufen. Sie importierte über Jahre hinweg die Kinofilme für beide jemenitischen Staaten und für Ostafrika.[63] In den 80er Jahren öffnete Südjemen sich mehr und mehr für westeuropäische und US-amerikanische Investoren. Allgemeine Grundrechte wurden garantiert und erste Oppositionsparteien zugelassen.

Diese Entwicklung setzte sich nach der Wiedervereinigung der beiden Staaten zunächst fort. Neu erlassene Gesetze garantierten die Presse-, Meinungs- und Versammlungsfreiheit. Politische Gefange wurden freigelassen und eine Fülle neuer Zeitungen und Zeitschriften entstanden. Gleichzeitg liefen umfangreiche Investitionen zur Verbesserung der Infrastruktur an.[64] Die Euphorie dieser Tage ist mittlerweile verebbt.

Für die Filmemacher hat sich wenig verbessert. „Die Regierung ist nur motiviert, uns finanziell zu unterstützen, wenn wir bereit sind, Propaganda-Filme zu machen", klagt Saad Hassan Al Zubaidi. An künstlerischen Arbeiten sind die Machthabenden nicht interessiert. Filme unterliegen außerdem weiterhin einer strengen staatlichen Zensur. Bislang sind lediglich drei jemenitische Regisseurinnen bekannt, die im Ausland studierten, zum Teil auch dort leben und für das jemenitische Fernsehen oder europäische Organisationen Dokumentarfilme realisiert haben.

Im zeitgenössischen Jemen stehen Film und Kino im Schatten des staatlichen Fernsehens, das ein Massenpublikum mit zensierten Bildern bedient. Fast alle einheimischen Filme, insbesondere die Videofilme werden für das Fernsehen produziert. Besonders populär sind jedoch die Helden- und Liebesdramen aus den Filmfabriken Indiens, nicht nur bei den vielen Indern, die im Jemen leben. Vor allem in den Küstenregionen, wo das Wetter so heiß und schwül ist wie auf dem riesigen Subkontinent, lieben die Menschen indische Filme. „Im Jemen gibt es viele arme Leute", erklärt Al Zubaidi, „sie wollen in den Geschichten dieser Filme der Wirklichkeit um sich herum entfliehen."

ALI RAJA Jamila

Jamila Ali Raja arbeitet für das staatliche Fernsehen in Sanaa.

BACHIRI Naima

Naima Bachiri lebt in Genf.

Filmographie:

■ Jüdisch, arabisch, jemenitisch
Yehudi, arabi, yemini
Jemen/ Schweiz 1989, 52 Min
R/B/P: Naima Bachiri, Nicolas Wadimoff
V: TV Free Genève

Auch heute noch leben viele Juden im Jemen. Sie haben ihre Jahrtausende alte Kultur bewahrt und gepflegt. Der Film lässt die touristischen Sehenswürdigkeiten beiseite und begibt sich stattdessen auf die Spur dieser Bevölkerungsgruppe, die inmitten der jemenitischen Gesellschaft für sich lebt.

AL SALAMI Khadija

Khadija Al Salami ist Produzentin und Regisseurin von Dokumentarfilmen und hat für das jemenitische Fernsehen, für Radio Orient und die UNESCO gearbeitet.

Filmographie:

1990 **Femmes du Yémen** (Frauen im Jemen)
1991 **Hadramout, carrefour de civilisations**
      (Hadramout, Scheideweg der Zivilisationen), Beta, 45 Min
1999 **Terre de Saba** (Land von Saba), Beta, 55 Min

■ Hadramout, Scheideweg der Zivilisationen

Hadramout, carrefour de civilisations

Yemen 1991

R/B/P: Khadija Al Salami

K: Abdel Karim Al Chaimi,
Khadija Al Salami

T: Nabila Aoun

S: Yehya Essami

Ein Dokumentarfilm über die Geschichte und Traditionen des Hadramout, einer kultur- und geschichtsträchtigen Region im südöstlichen Jemen

LIBANON

„Dem libanesischen Kino wird es gut gehen", verkündet die libanesische Filmkritikerin und Filmemacherin Nadine Naous in ihrem Essay.[65] Zehn Jahre
nach dem Ende des Bürgerkriegs ist ein Aufschwung im Land spürbar, auch
wenn die kulturelle Infrastruktur ihre alten Formen längst noch nicht wieder-
gefunden hat. Der Höhepunkt des libanesischen Kinojahres ist das Beirut
International Film Festival, das seit 1997 jeden Oktober stattfindet. Innerhalb
einer Woche präsentiert das Festival rund zwanzig Spielfilme. Gezeigt werden internationale, arabische und einheimische Produktionen, aber auch Stu-
dentenfilme. Seit 1998 gibt es noch das Ayloul Festival, ein internationales
Videofilmfest, außerdem das kleine Maghrebi Film Festival.

Vor dem Bürgerkrieg galt der Libanon als die „Schweiz des Nahen Ostens". Eine fast völlig freie Marktwirtschaft, viele qualifizierte Arbeitskräfte
und ein sehr freies Bankwesen machte das Land zur Spielwiese arabischer
und europäischer Kapitalanleger. Auch außerhalb der Finanzwelt bot das Land
viele Attraktionen. Ein reges Nachtleben brachte der Hauptstadt Beirut den
Beinamen „Paris des Orients" ein. Badestrände, das milde Klima der Levan-
te, sechs Skigebiete auf dem Libanongebirge und ein Hauch der Swinging
Sixties... Dazu kam das multikulturelle Flair aus einem Konglomerat von
Clans und Religionsgemeinschaften. Der Tourismus boomte.

Libanesen sind heute vorrangig Schiiten[66] (also Muslime) oder
Maroniten[67] (also Christen), Griechisch-Orthodoxe, sunnitische Muslime oder
Drusen[68]. Ehe-, Familien- und Erbrecht richten sich nach dem Recht der
jeweiligen Konfessionsgemeinschaft. Das Bildungsniveau ist hoch. Das Land
besitzt sieben Universitäten, fünf allein im Stadtgebiet von Beirut. Vor allem
hier wie in den christlichen Landesteilen sind junge Frauen in Miniröcken
durchaus kein seltener Anblick. In Jocelyne Saabs Film ES WAR EINMAL ...
BEIRUT tragen die beiden Protagonistinnen dazu enge T-Shirts und rauchen
in einem Kaffeehaus Wasserpfeife. So locker wie sich vermuten ließe, geht es
hinter den Kulissen aber nicht zu; Jungfräulichkeit steht nach wie vor hoch
im Kurs.

Die Filmproduktion im Libanon blieb bis zur nationalen Unabhängigkeit
1943 in den Kinderschuhen stecken. Unter französischem Völkerbundman-
dat wurden nicht mehr als zehn Filme gedreht,[69] die meisten von ausländi-

schen Regisseuren. Noch im Jahr 1950 gab es in Beirut nicht mehr als zwei kleine Filmstudios. Erst knapp zehn Jahre später setzte eine richtige Filmproduktion ein, das Nationale Filmzentrum und ein neues Filmstudio wurden gegründet. Den libanesischen Filmen kam zugute, dass einige arabische Länder aus politischen oder wirtschaftlichen Gründen ihre Pforten für ägyptische Filme geschlossen hatten. In diese Länder, etwa Irak, Jordanien und Syrien wurden die libanesischen Produktionen exportiert.

Viele ägyptische Regisseure, die den sozialistischen Tendenzen unter Präsident Nasser entflohen, versuchten ihr Glück in der aufstrebenden Filmindustrie im Libanon. Hier investierten auch diejenigen Produzenten, die ihr Kapital aus dem nasseristischen Ägypten abgezogen hatten. In Zusammenarbeit von libanesischen Produzenten und ägyptischen Regisseuren entstanden bis zum Ausbruch des Bürgerkriegs 1975 rund 160 Spielfilme.[70] Sie waren meist ein Abklatsch ihrer ägyptischen Vorbilder: Melodramen, simples Kommerzkino. Parallel dazu etablierten sich an den Universitäten von Beirut zahlreiche alternative Filmklubs, nach 1970 auch ein Amateurfilm-Festival.

Als 1975 der Bürgerkrieg ausbrach, kehrten die ägyptischen Regisseure in ihre Heimat zurück, wo ihnen durch die Reprivatisierung der ägyptischen Filmindustrie unter Sadat neue Aufgaben winkten. Im Libanon ging die Filmproduktion drastisch zurück. Die Filme, die fortan unter einheimischer Regie entstanden, gewannen allerdings rasch ein eigenes Profil. Während die äußeren Verhältnisse sich durch den Bürgerkrieg extrem verengten, erweiterten die Filmemacher ihr schöpferisches Potenzial. Sie griffen immer neue Inhalte auf und brachen Tabus: der Kampf zwischen den Klassen, Clans und Religionen wurde ebenso analysiert und kommentiert wie die Besetzung durch Israel und Syrien oder die kleinen Tragödien des Alltags.

Frauen spielten im Libanon schon früh eine Rolle als Wegbereiterinnen des Kinos. Während Assia Dagher und ihre Nichte Mary Queeny allerdings zu Pionierinnen des ägyptischen Kinos wurden, „gebühren der deutschstämmigen Herta Gargour alle Lorbeeren, den Grundstein für das libanesische Kino und Filmschaffen nach der Ära des Stummfilms gelegt zu haben". So der palästinensische Filmemacher und Kritiker Mohammad Soueid.[71]

Die Karrieren der drei Frauen begannen in den 1930er Jahren, später trennten ihre Wege sich jedoch. Dagher und Queeny wanderten nach Ägypten aus und überließen das Feld Herta Gargour, die bis zu ihrem Tod im Libanon lebte. Sie leitete „Luminar Films", eine Produktionsfirma, die 1934 gegründet worden war. „Bayna Hayaqil Ba'alback" (Inmitten der Ruinen von Baalbek,

1936), der erste von „Luminar Films" produzierte Film gilt, so Mohammad Soueid, als der erste Tonfilm des Libanon. Danach gab es lange Zeit keine Frauen mehr in Produktionssesseln oder auf Regiestühlen. Bis in die frühen 70er Jahre traten sie lediglich als Schauspielerinnen, Kostüm- und Masken- bildnerinnen in Erscheinung. Das änderte sich erst mit Ausbruch des Bürger- kriegs.

Er überraschte viele junge FilmemacherInnen im Ausland, wo sie studier- ten. Andere verließen den Libanon und kehrten nur für kurze Zeit zurück, um in Dokumentarfilmen den Gräueln des Krieges ein bleibendes Denkmal zu setzen. Darunter auch eine Handvoll Frauen. Statt wie die Milizionärin- nen zur Waffe, griffen sie zur Kamera. Jocelyne Saab und die Palästinenserin Mai Masri (diese mit ihrem libanesischen Ehemann Jean Chamoun) wagten sich dabei am weitesten in das Kriegsgeschehen vor. Yasmine Khlat wiederum drehte in dieser Zeit, nicht minder eindrucksvoll, einen sehr stillen und inti- men Film über einige Frauen in einem Wohnhaus in Beirut, zu denen der Krieg lediglich durch die Berichte in den Zeitungen und im Fernsehen dringt.

Der Bürgerkrieg teilte nicht nur die Hauptstadt Beirut in einen östlichen, den Christen vorbehaltenen Sektor und einen westlichen „muslimischen" Teil. Er spaltete auch die Libanesen in Weggegangene und Daheimgebliebe- ne. In der Erinnerung und Fantasie der ExilantInnen blieb Beirut erhalten, wie sie es verlassen hatten. Manche von ihnen verewigten dieses mythische Bild von Beirut auch in ihren Filmen.

„Beirut ist ein metaphorischer Ort. Ein Ort, den es nicht gibt, der nur in Filmen existiert. In Erinnerungen, als Souvenir", beschrieb der libanesische Filmkritiker Ibrahim Al Aris[72], der in Paris im Exil lebte, dieses Phänomen. Zum Vergleich beschwor er Wim Wenders „Der Himmel über Berlin": Der Engel, der in diesem Film aus dem Universum kommt, nimmt die Stadt Ber- lin vollkommen anders wahr als die Pendler in der U-Bahn. So erginge es den libanesischen FilmemacherInnen im Exil, die das alte Beirut in ihrem Her- zen bewahrten: Sie erzählen von einer Stadt, die nicht (mehr) wirklich ist. Jocelyne Saabs ES WAR EINMAL … BEIRUT verrät sein Sujet bereits im Titel.

„Jeder trägt seine Stadt in sich", sagt die Malerin Rim in dem Film ZWI- SCHEN UNS BEIDEN … BEIRUT. Rim ist die Schwester der Regisseurin, Dima Al Joundi. Sie kehrt kurz nach Ende des Bürgerkriegs aus Brüssel, wo sie studierte und lebt, zu einem kurzen Besuch nach Beirut zurück. Wie sie die Stadt erlebt, als vertrauten Ort, der doch im Vergleich mit ihren Erinnerun- gen ein ganz anderer ist, versinnbildlicht, was Al Aris im Hinblick auf Wim

Wenders „*Himmel über Berlin*" das „phantasmagorische" Beirut nennt. Für viele Exilantinnen führt die Erfahrung des Exils zu einer beinahe mystischen Überhöhung der Heimat, gegenüber der das reale Hier und Jetzt zu einem bedeutungslosen Provisorium schrumpft.

Bei der Staatsgründung des Libanon 1926 war vereinbart worden, den etwa zu gleichen Teilen vertretenen Muslimen und Christen je die Hälfte der Parlamentssitze zu sichern. Diese Regelung wurde auch nach dem Bürgerkrieg nicht angetastet. Der Staatspräsident muss ein Maronit sein, der Regierungschef ein Sunnit, der Parlamentssprecher ein Schiit. In der aufstrebenden Wirtschaft des Nachkriegs-Libanon werden allerdings immer wieder machtpolitische und wirtschaftlichen Interessen verquickt. Die „Vergabe" lukrativer Aufträge und die politische Absicherung exklusiver Nutzungsrechte müssen allerdings nicht unbedingt innerhalb der religiösen Gruppe erfolgen. Wichtiger ist, dass der Proporz zwischen den religiösen Gruppen eingehalten wird. Das libanesische Fernsehen ist ein gutes Beispiel dafür, wie Dietrich Höllhuber in einem neuen Reiseführer berichtet:

„Um wie es hieß, die ‚anarchische Situation' (Innenminister Murr) Dutzender Fernsehstationen und Radiosender in den Griff zu bekommen, wurde 1996 ein Mediengesetz erlassen, das neben den beiden staatlichen Sendern nur noch vier private TV-Sender zuließ. Diese vier waren Future TV, im Besitz des Premierministers, Murr TV, im Besitz des Bruders des Innenministers, NBN, ein Projekt des Parlamentssprechers Nabih Berri, und LBCI, an dem mindestens zwei Abgeordnete beteiligt waren. Nach Protesten kamen Télé-Lumière der Katholiken und Al-Manar der Hisbollah hinzu."[73]

In den Programmkinos des Landes tummeln sich zu 95 Prozent Hollywoodproduktionen. Die einheimische Filmproduktion hat sich aus finanziellen Gründen auf das Videoformat verlagert. Filmemacherinnen wie Mona Hatoum, Chirine Tannous, Rima Karimeh and Rania Stephan hatten großen Anteil, „Video Art" auf dem Gebiet der Bildenden Künste zu etablieren. Seit mit dem Einzug von Video, elektronischen Medien und audio-visuellen Schulen auch die Palette der möglichen Filmjobs sich erweitert hat, ist der Frauenanteil unter den FilmstudentInnen deutlich gestiegen.

Ibrahim Al Aris, der heute als Kulturredakteur der Zeitung „Al Hayat" wieder in Beirut lebt, setzt große Hoffnungen auf diese neue Generation von FilmemacherInnen. Von ihnen sagt er, sie seien „sehr anspruchsvoll, sehr intellektuell und, obwohl die meisten Christen sind, politisch links orientiert". Wie Nadine Naous in ihrem nachfolgenden Essay ausführt, entdeckt sie in dieser neuen Generation von Cineasten eine erstaunliche Liebe zum Kino und Vertrautheit mit Bildern.

Wie Ibrahim Al Aris sind in den letzten Jahren viele FilmemacherInnen in ihre Heimat zurückgekehrt. Dima Al Joundi, die nach den Dreharbeiten zu ihrem Film ZWISCHEN UNS ... BEIRUT zunächst wieder nach Belgien gegangen war, ist eine von ihnen. Nach einer Zwischenstation in Sri Lanka, wo sie für einen arabischen Radio- und Fernsehsender tätig war, hat sie sich nun in Beirut niedergelassen. Sie ist inzwischen mit einer eigenen Firma zur ersten Filmverleiherin und -produzentin des Libanon avanciert.

Panorama des libanesischen Films

Von Nadine Naous

Es war einmal vor langer, langer Zeit ein kleines Land, zwischen Meer und Bergen an die Hänge geschmiegt, und es litt unter einem blutigen Krieg. Überall auf der Welt berichtete man über diesen Krieg. Überall auf der Welt verbreitete man die Bilder dieses Krieges. Bilder einer todwunden Stadt, eines im Todeskampf zuckenden Volkes.

Und es gab einmal in Beirut, dieser grausam schönen Stadt, eine Handvoll junger Leute, begeistert und tatendurstig. Die wollten sich des Bildes ihrer Stadt bemächtigen, um selbst herauszufinden, wo ihr Platz in diesem Krieg und im Angesicht dieses Krieges und der Welt sei. Mit einer Kamera bewaffnet, durchstreiften sie das Land auf der Suche nach Geschichten, die ihnen ähnlich waren. Sie fragten nach dem Warum und dem Wie dieses Krieges, mehr darauf bedacht, ihn zu verstehen als ihn zu erklären. Bisweilen gelang es ihnen, ihre Identität zum Ausdruck zu bringen, eine verhöhnte, vergewaltigte, aber immer gegenwärtige Identität. Sie taten dies mit Hilfe von Filmen, denen es gelungen ist, ihren Weg in die Kinos der Welt zu machen. So konnten in dieser Zeit im Libanon Filmemacher wie Maroun Baghdadi, Bourhane Alawia, Jean Chamoun, Randa Chahal, Jocelyne Saab, Jean-Claude Kodsi und andere sich einen Namen machen. Sie haben das libanesische Kino zu neuen Abenteuern geführt trotz des Krieges, ja vielleicht dank des Krieges, in großer Freiheit und mit großem Wagemut.

Bis zum Beginn der siebziger Jahre war das libanesische Kino rein kommerziell gewesen. Mit Filmen einer wie der andere, alle nach dem gleichen Muster, mit vor allem einem Ziel, die Säle zu füllen… Der Krieg aber, der über das Land hereingebrochen war, hat in den Köpfen der jungen libanesischen Filmemacher den Wunsch zum Keimen gebracht, ein anderes Kino zu machen. Ein Kino passend zur neuen politischen, gesellschaftlichen und wirtschaftlichen Lage im Libanon. Diese neue Generation von Filmemachern, die alle über den Umweg ihres politischen und geistigen Engagements zum Film kamen, vermochten dem libanesischen Kino neuen Schwung einzuflößen. Jeder ihrer Filme kam daher, als würde ein Trommelfeuer von Fragen gestellt, eine Meinung kundgetan oder eine Position bezogen.

Für die meisten von ihnen, die gewissermaßen Linksintellektuelle waren, die Zeugen gewesen waren der Studentenrevolte der sechziger Jahre, die Europa erschüttert hatte, stellte das Kino in erster Linie das Mittel dar, ihr Engagement zum Ausdruck zu bringen – nicht nur ihr Engagement als Bürger des Libanon, sondern als Araber, denen es um das Schicksal der arabischen Nation ging und die die großen Fragen, die den Mittleren Orient erschütterten, mit Besorgnis erfüllten, zum Beispiel die Palästinenserfrage.

Der Krieg aber, auch wenn sie von ihm besessen waren und er den Kern ihrer Filme bildete, hat diese Filmemacher schließlich aus seinem Territorium vertrieben. So sind die meisten von ihnen nach Europa ins Exil gegangen, und dort konnte ihre schöpferische Begeisterung nicht mehr die gleichen Früchte tragen. Als sie kurz und bündig den Krieg aufgaben, gaben sie das Kino auf. Viele von ihnen sind in Vergessenheit geraten und haben sich in der westlichen Welt als reine Filmemacher mit der Fähigkeit, andere Themen als die mit dem Krieg in ihrem Land verbundenen zu gestalten, nicht durchsetzen können.

Das Ende des Krieges stellte für diese Cineasten im Exil einen Hoffnungsschimmer dar und beendete ihr Schweigen. Sie wollten alle wieder im Libanon drehen.

Alle sind zurückgekommen und haben versucht, die Filmmaschinerie wieder in Bewegung zu setzen, mehr oder weniger erfolgreich. Maroun Baghdadi war drauf und dran, einen abendfüllenden Spielfilm zu drehen, dessen Handlung in Beirut spielte. Ein tödlicher Unfall setzte diesem Projekt ein jähes Ende und machte aus ihm *den* Cineasten des Krieges, *den*, dessen Karriere die abgerundeteste war. Die anderen, wie zum Beispiel Jocelyne Saab, haben ihre Arbeit zu Ende bringen können.

Aber zu Beginn der neunziger Jahre waren diese Cineasten, die den Eindruck erweckten, als seien sie die Grundpfeiler des neuen Kinos und spiegelten den neuen Libanon, nicht die einzigen. Zwei direkte Nachkommen, eben die, die während des Krieges fortgegangen waren um Film zu studieren, waren ebenfalls in den Schoß der Heimat zurückgekehrt, umgetrieben von dem Gefühl, über die Nachkriegszeit und ihre Erfahrungen zwischen zwei Ländern berichten zu müssen.

In ihren Filmen tauchen immer wieder die Themen Entfremdung und Rückkehr auf. Filme wie ZWISCHEN UNS BEIDEN … BEIRUT von Dima El Joundi oder DIE FREIHEITSBANDE von Leyla Assaf wurden als ausländische Produktionen realisiert und von europäischen Fernsehanstalten gekauft und ausgestrahlt.

Der Libanon, zu sehr damit beschäftigt, seine Nachkriegswunden zu heilen, und in eine Art Starre und Panik verfallen – denn alles musste wieder aufgebaut werden: die Gesellschaft, die Wirtschaft, die Politik –, hat den Film vernachlässigt, der trotz einiger Versuche auf der Stelle trat. Das Filmschaffen wirkte kraftlos und blieb ohne Echo. Die Produktion genügte den Ansprüchen nicht. Erst Mitte der neunziger Jahre tritt im libanesischen Film erneut eine Wende ein, als eine große Zahl junger Filmemacher auf den Plan treten. Sie sind gerade aus den Universitäten und Instituten entlassen, an denen in Beirut Film auf dem Lehrplan steht (dort ist Film eine zunehmend beachtete Disziplin). Sie entfalten eine unglaubliche Energie, sich mittels Bildern auszudrücken und eigene Filme auf die Beine zu stellen. Naturgemäß sind dies andere Filme als die der älteren Generation. Es sind persönlichere Filme oder vielmehr „individuellere''. Sie spiegeln die Sorgen ihrer Autoren nicht nur als junge Libanesen wieder, die gerade einen Krieg hinter sich haben, sondern schlicht und einfach als junge Menschen, die sich fragen: „Wie funktioniert die Welt, was birgt die Zukunft?'' Was bei dieser neuen Generation von Cineasten in Erstaunen versetzt, sind ihre Liebe zum Kino und ihre Vertrautheit mit Bildern.

Sie sind vom Bild geprägte Cineasten, aufgewachsen in einer Welt, die von Bildern manipuliert wird (sei es nun das Bild im Kino, im Fernsehen oder das vom Computer gelieferte). Da sie den Mechanismus der Bildabläufe kennen, sind sie in der Lage, ihn meisterlich umsetzen. Sie kommen vom Kino zum Kino und produzieren Filme, die hinsichtlich der Themen und Konzeption den Geist ihrer Zeit atmen.

Diese neuen Filmschaffenden haben am Ende dieses Jahrhunderts eine Überraschung aufgetischt. In einem Libanon, der nach siebzehn Kriegsjahren dank ihrer Hilfe bereit zu sein scheint, das Spielfeld der Großen zu betreten: das der Länder, die Bilder von Qualität produzieren. Dabei erweisen die Jungfilmer sich als sehr talentiert und mit dem Know-how vertraut. Sie jonglieren geschickt mit den unterschiedlichsten visuellen Ausdrucksmitteln und den verschiedenen Genres, die sie in sehr originellen Kreationen miteinander verbinden.

Die meisten können auf eine größere Zahl von Kurzfilmen als Trophäen ihrer großen Hartnäckigkeit zurückblicken, die sie dazu trieb, auf sich selbst gestellt ihre Filme selbst zu finanzieren. Diese leidenschaftlichen Regisseure haben ihre Filme auf verschiedenen Festivals in Europa oder auch der arabischen Welt zeigen können – in Paris, Montpellier, Locarno und Karthago. Beim Beiruter Filmfestival, das jedes Jahr im Oktober stattfindet, haben sie natürlich den Programmschwerpunkt gebildet. Sei es nun Akram Zaatari mit seinem provokatorischen Video *Majnounek (Verrückt nach dir)*, in dem es um die Themen Sexualität und die Beziehungen zwischen Mann und Frau geht, oder Sheila Barakat in NABILS BRIEF oder Philippe Arakji, Rania Stephan, Walid Ouni, Walid Raad …

Alle träumen davon, ein echtes Filmzentrum in Beirut zu schaffen und endlich ihren abendfüllenden Film zu drehen. Um der ganzen Welt zu beweisen, dass der libanesische Film kein Stiefkind mehr ist.

Denn obwohl im Libanon ein Sammelbecken junger, kreativer Cineasten vorhanden ist, gibt es keine Strukturen, um die Filmproduktion zu unterstützen. Die öffentliche Hand glänzt auf diesem Feld durch Abwesenheit. Nicht eine Maßnahme, nicht eine echte Anlaufstelle für Hilfe oder Subventionen ist eingerichtet worden, um Cineasten ihre Aufgabe zu erleichtern. Die Fernsehanstalten, viel zu sehr damit beschäftigt, ihre Produktion lokaler Features auf immer groteskere und lächerlichere Weise anzureichern, machen noch immer keine Anstalten, partnerschaftlich mit dem Film zusammenzuarbeiten.

Die jungen FilmemacherInnen sehen sich wie die älteren gezwungen, sich anderenorts nach einer Finanzierung umzusehen, in Frankreich oder in anderen europäischen Ländern.

Drei abendfüllende libanesische Filme sind in Paris in Kinos aufgeführt worden und haben gute Kritiken erhalten: *West Beirut* von Ziad Douieiri, der nicht nur in Paris, sondern auch in Beirut ein großer Publikumserfolg war und dank der Ausstrahlung in Arte sein Publikum gefunden hat. *Beirut Fantôme* von Ghassan Salhab, der einen Achtungserfolg verzeichnete und von der Presse gelobt wurde. Schließlich UM DAS ROSA HAUS von Johanna Hajithomas und Khalil Joreige, der zurückhaltende Besprechungen auslöste.

Ein Hauch der Hoffnung strömt durch den libanesischen Film, und eine große Zahl von Projekten wird in Angriff genommen. Angesichts der verbissenen Anstrengungen dieser jungen Cineasten und der Energie, die sie einsetzen, wachen auch die Altmeister wieder auf und machen sich erneut an die Arbeit. Jean Chamoun hat 1998 einen abendfüllenden Film gedreht. Bourhane Alawia arbeitet an einem neuen Drehbuch. Randa Chahal hat ihren neuen Film CIVILISÉES beendet, der, stark von der Zensur gerupft, demnächst in Paris mit überarbeiteten Dialogen aufgeführt werden wird…

Fragt also jemand, ob es dem libanesischen Kino gut geht, so könnte man ihm froh und munter antworten, dass es, angesichts all dieser ehrgeizigen Filmschaffenden und dieser in Entstehung begriffenen Projekte, dem libanesischen Kino gut gehen wird…

(Nadine Naous, in: Al Hayat, 14. Januar 2000; übersetzt von Jochen Collin)

ARBID Danielle

Danielle Arbid ist 1970 in Beirut geboren. Als ausgebildete Journalistin arbeitete sie 1993–96 für mehrere Pariser Tageszeitungen, unter anderem „Libération". Sie hat mehrer Kurzfilme gemacht.

Über Danielle Arbid

Danielle Arbid begann während des Bürgerkriegs an einem dokumentarischen Videofilm über libanesische Milizionäre zu arbeiten. Ihre Recherche und Idee waren geleitet von dem mächtigen Bild ihres Cousins, der in den späten siebziger Jahren einer christlichen Miliz beigetreten war. Als Arbid sieben Jahre alt war, starb er in einer militärischen Aktion. Sie erinnert sich, wie es war, wenn er sie auf seinem Motorrad mitnahm, um Hamburger zu kaufen. In ihrer Erinnerung ist er ein rebellischer Mann mit langen Haaren, der eine Medaille um den Hals trägt. Gleichzeitig kehrt eine höchst merkwürdige Erinnerung zurück: An einem heißen Sommernachmittag sitzt er auf seinem Bett, halbnackt, und zwei Mädchen sitzen neben ihm. Ganz genau weiß Arbid noch, dass die drei nicht bemerkten, wie sie sich in den Spalt zwischen Tür und Holzschrank quetschte. Sie weiß nicht mehr, was danach passierte, noch kann sie sagen, wie sie überhaupt in sein Zimmer gelangt war. Dieses Bild hat sich in ihr Gedächtnis eingebrannt, obwohl sie nicht mehr mit Bestimmtheit sagen kann, ob es sich so wirklich zutrug oder ob sie sich das alles nur eingebildet hat. Das Bild hat eine Reihe von Interviews zu Folge. Arbid befragte frühere Milizionäre über ihre Erlebnisse im Krieg. Trotzdem überwiegt in ihrer Darstellung das Imaginäre. Heldentum und Überleben wirken vor dem Hintergrund der Gewalt beinahe unwirklich und mystisch.
(Akram Zaatari. In: Al-Raida, Vol. XVI, No. 86-87, Summer/Fall 1999, Beirut)

Filmographie:

1998 **Raddem** (Zerstörung), 35 mm, 17 Min.
2000 **Après la guerre** (Nach dem Krieg), 60 Min,
für einen ARTE-Themenabend
2000 **La Mutuelle** (Auf Gegenseitigkeit)

■ Zerstörung

Raddem

Libanon/Frankreich 1998

P/V: GREC (Paris)

Eine junge Frau sucht im kriegszerstörten Beirut nach einem Mann, der das Haus ihrer Familie fotografiert hat. Denn sie kennt das Haus nur als Ruine.

ASSAF Leyla

Leyla Assaf-Tengroth stammt aus einer christlichen Familie in Beirut. 1966 heiratete sie einen schwedischen UNO-Soldaten, dem sie in seine Heimat folgte. Seit den siebziger Jahren hat sie für das Schwedische Fernsehen rund einhundert Dokumentarfilme und einige Spielfilme realisiert. DIE FREIHEITS-BANDE war ihr erster Kinospielfilm.

Filmographie

(ohne Fernsehfilme):

1993   Frihetsligan (Die Freiheitsbande), 35 mm, 75 Min
(Jurypreis beim Internatonalen Indischen Filmfestival in New Delhi, 1996;
Nagib Mahfus-Preis für die beste Darstellerin, Rim Al Haddad,
beim Internationalen Filmfestival in Kairo 1996)

■ Die Freiheitsbande

Frihetsligan

Libanon 1993

R: Leyla Assaf-Tengroth
B: Leyla Assaf-Tengroth,
   Bo Bjelfvenstam
K: Roland Lundin
S: Erik Sundberg
D: Rim Al Hamd, Elie Kaii,
   Ewalid Takriti, Alains Abi Rached,
   Selim Khalaf u.a.
P: Cadmos Film,
   Sveriges Television SVT1 Drama

Der Film basiert auf einer wahren Geschichte: Scheicha ist ein aufgewecktes und unternehmungslustiges 10-jähriges Mädchen. Sie ist auch Anführerin der „Freedom Gang" (dt.: Freiheitsband), einer Bande halbwüchsiger Jugendlicher im vom Krieg zerrissenen Beirut. Die Bandenmitglieder stehlen Autoradios und brechen in leerstehende Wohnungen ein. Scheicha wird bei einem Raubzug verhaftet und kommt ins Gefängnis. Ein reicher Mann holt sie dort heraus, er will sie zur Schule schicken und ihr zu einem neuen Leben verhelfen. Aber Scheicha kann oder will sich nicht anpassen und kehrt zur „Freiheitsbande" zurück.

CHAHAL Randa

 Randa Chahal-Sabbag ist am 11. Dezember 1953 in Beirut geboren. Ihre Mutter ist Christin aus dem Irak, ihr Vater Muslim. Sie studierte in Paris, von 1973 bis 1975 an der Universität Vincennes, danach bis 1977 an der Filmhochschule Louis Lumière. Nachdem sie zuerst zwischen Paris und Beirut hin und her pendelte, lebt sie seit 1982 ganz in Paris. Bis 1987 schrieb sie regelmäßig für den Kulturteil der libanesischen Zeitung „Al Safir". Seit einigen Jahren hat Randa Chahal eine eigene Produktionsfirma: „Leil Productions".

Randa Chahal stammt aus einer politisch aktiven Familie (siehe Inhaltsangabe zu ihrem Film ZIVILISIERTE LEUTE). Als Studentin engagierte sie sich in linken politischen Gruppen. Auch in ihren Filmen übte sie immer wieder Kritik an politischen und gesellschaftlichen Machtverhältnissen. In vielen arabischen Ländern stehen die Filme deswegen auf dem Index. Zu ihrem ersten Spielfilm LEINWÄNDE AUS SAND verkündete Randa Chahal: „Ich will nicht den Islam anprangern, wohl aber die Zivilisation der Petrodollars, der Prinzen und Mullahs, deren Dekadenz und Obskurantismus."

Filmographie:

1979   **Pas à Pas** (Schritt für Schritt), 80 Min (Preis der Presse beim Festival des Pays Francophones in Namur, Frankreich)

1980   **Liban d'autrefois** (Der Libanon von einst), 12 Min (Preis der Jury bei den Filmfestspielen von Karthago, Tunesien)

1981   **Liban Survie** (Der Libanon im Überlebenskampf), Frankreich, 52 Min

1982   **9 heures 30** (21 Uhr 30), 30 x 10 Min (Serie für das libanesische Fernsehen)

1984   **Cheikh Imam** (Der Scheich Imam), 52 Min

1991   **Ecrans de Sable** (Leinwände aus Sand), 35 mm, 80 Min (Preis der Jury und Regie bei den Filmfestspielen in Venedig; Preis für Musik auf dem Festival de La Baule, Frankreich)

1996   **Nos guerres imprudentes** (Unsere unbesonnenen Kriege), 61 Min (Preis der Jury bei der Biennale des Arabischen Films, Paris 1996)

1997   **Les infidèles** (Die Ungläubigen), 86 Min

1997 **Les autres** (Die anderen), 90 Min
1999 **Civilisées** (Zivilisierte Leute), 100 Min
2001 **Souha** (= Eigenname), 35 mm, 60 Min

Szene aus LEINWÄNDE AUS SAND   © Carthago Films

Leinwände aus Sand
Ecrans de Sable

Frankreich/Italien/Tunesien 1991
R/B: Randa Chahal-Sabbag
K: Yorgos Arvanitis,
M: Michel Portal
S: Yves Des Champs
T: Fawzi Thabet, Gerard Rousseau
D: Maria Schneider,
      Laure Killing,
      Michel Albertini
P: Carthago Films, Leil Productions,
      La Sept Paris, APEC,
      Radio Television Tunisienne
V: Carthago Films, Paris

Randa Chahals erster abendfüllender Spielfilm. In einem ölreichen arabischen Staat treffen zwei sehr unterschiedliche Frauen aufeinander: Sarah, reich, von ihrem Mann verstoßen, sitzt in ihrem „goldenen Käfig". Mariam aus Beirut ist vom Krieg geprägt. Sarah hat Mariam geholt, damit sie eine Bibliothek an der Frauenuniversität aufbaut. Doch die bestellten Bücher treffen nicht ein. Die patriarchalen Herrschaftsstrukturen werden für beide Frauen zunehmend bedrohlich…

Pressestimmen

Die muslimische Regisseurin Randa Chahal befürchtet, sowohl von den westlichen als auch den orientalischen (arabischen) Zuschauern missverstanden zu werden. Einerseits dürfe man nicht zögern, meint sie, die Schwächen einer Gesellschaft anzuprangern, andererseits will sie keine Kultur in ihrer Gesamtheit kritisieren. Sie möchte stattdessen gewisse Interpretationen des Islam anprangern, unter anderem die fundamentalistischen Regime, die die Bevölkerung ins Mittelalter zurückführen, indem sie Angst verbreiten. „Die Golfstaaten sind am unnachgiebigsten. Sie erlassen angeblich islamische Gesetze, um ihre Politik zu schützen, aber das ist ihre Interpretation des Islam. Zu Zeiten des Propheten waren die Frauen an der Macht beteiligt, und im Koran wird nicht befürwortet, Frauen zu verstoßen.

Heute haben Frauen in diesen Ländern nicht das Recht, den Führerschein zu machen. Mit ihren Petrodollars können sie sich zwar Limousinen kaufen, aber sie nicht selbst fahren. Ihr Leben ist tatsächlich eine Zeit voller Einsamkeit. Sie finden keinen Trost, sich in Frauengruppen zusammenzuschließen. Der Harem, das ist doch nur Folklore für die Touristen. Gedreht wurde an natürlichen Schauplätzen in Tunesien. Die Sprache des Films ist französisch, aber wie in der arabischen Schriftsprache gehen die Kamerabewegungen immer von rechts nach links. „Wir sind die Erben einer sehr auf Ästhetik bedachten Zivilisation. Heutzutage ist das Stadtbild der Golfstaaten eine Ohrfeige für den guten Geschmack. Man muss die Alhambra gesehen haben, um zu wissen, was eine symmetrische Architektur ist.“
(*Frédérique Lalloutte in: La dimanche, 16. Februar 1992*)

Ihr Leben als Filmemacherin begann Randa Chahal, indem sie Stunden über Stunden Bilder vom Krieg aufnahm, ziellos, „einfach weil ich dachte, dass es meine Schuldigkeit sei“. Eines Tages filmte die junge Frau nicht länger den Krieg. Sie ging, um in Paris zu leben. Doch die Themen, mit denen sie sich beschäftigt, handeln immer von ihrer Herkunft und der Situation von Frauen im Angesicht des Fundamentalismus. 1980 kehrte sie von einer Reise nach Kuwait entsetzt zurück, mit der Idee, eines Tages einen Film zu machen über „dieses Universum aus Science-Fiction und Eingesperrtsein, in dem der Schleier das Symbol ist für das Ausgeschlossensein“.

Man spreche immer von *der* arabischen Welt, sagt Randa Chahal, doch die arabischen Staaten sind miteinander nicht vergleichbar. „Ich möchte, dass

man unsere Unterschiede endlich wahrnimmt. Und weil ich zur Sippe gehöre, meine ich, das Recht zu haben, die Barbarei zu kritisieren, wo sie existiert." LEINWÄNDE AUS SAND ist von der gesamten arabischen Presse verrissen und bei den Filmfestivals boykottiert worden, aber Randa Chahal bedauert nichts. „Im Gegenteil", sagt sie, „es tut mir nur leid, dass ich mich an manchen Stellen selbst zensiert habe…"
(Anne Andreu, in: L'Evénement, 20. Februar 1992)

Von Anfang an ist der Film darauf aus zu zeigen, was der Frau in einem islamischen Universum untersagt ist. Dabei bedient er sich der schlimmsten Klischees, die selbst ein italienisches Publikum zurückprallen lassen, das an die Gehirnwäsche der westlichen Medien gewöhnt ist.

Zunächst der Versuch, zum Ausdruck zu bringen, wie das, was hinter den heimischen vier Wänden zutiefst verborgen ist und (das ist die Tradition) nicht entweichen darf, an die Oberfläche kommt: die Situation der Frauen, die plötzlich reich und damit mächtig geworden sind und über alles verfügen, was Geld bieten kann als Mittel zum Zweck. Sie leben aber völlig abgeschlossen, dem männlichen Diktat unterworfen. Das ist ein großartiges Thema, tragisch und sehr interessant. Doch der Film geht daran vorbei.

Zum anderen richtet LEINWÄNDE AUS SAND sich überwiegend an ein unbedarftes, westliches Publikum, das dazu neigt, alles über einen Kamm zu scheren, was da heißt: arabisch, Islam, Orient… Nun, anstatt jenes Publikum aufzuklären, ist das Ergebnis eine Karikatur. Man sieht zwei Frauen, die libanesische Bibliothekarin und ihre reiche Befehlshaberin (Sarah, übrigens sehr schlecht gespielt von Maria Schneider). Sarah ist mächtig, aber verstoßen von ihrem Ehemann. Die beiden Frauen haben völlig entgegengesetzte Weltbilder. Doch es ist nicht Mariam (die Moderne), die den Sieg erringt und sich aus der Affäre zieht. Es ist die andere, die Zynikerin, unter ihrem schwarzen Schleier. Sarah verkörpert nichts weiter als ein wandelndes Klischee der arabischen Frau. Das gewohnte Stereotyp, das seine Reise rund um den Globus gemacht hat…
(Azzedine Mabrouki, in: Algérie actualité no. 1353, 19-25 September 1991)

Unterdrückung arabischer Frauen ist das Thema der modernen Fabel leinwände aus sand, ein Spielfilmerstling der gebürtigen Libanesin Randa Chahal. Ein sehr visueller Film mit europäischer Sensibilität und Tempo, die Tarak Ben Ammar Produktion sollte volle Kinosäle finden.

Maria Schneider ist ein Hauptpluspunkt, als wunderbar hartgesottene arabische Lady in einem ungenannten Scheichtum. Von ihrem bevollmächtig-
ten Ehemann aber unter strenger Beobachtung gehalten, ist sie eine Gefangene des Luxus. Angesichts der leeren Hallen ihres Xanadu-ähnlichen Wüs-
tenpalastes in der letzten französischen Mode, tobt sie gegen ihre Langeweile
und fehlende Freiheit. Sie fährt in der Wüste herum in einer schwarzen Stretch-
Limousine und führt obszöne Telefongespräche mit Fremden. Dabei weiß
sie, dass der Chauffeur auch ihr Bewacher ist. (…)
    Mit einem Fluchtplan im Hinterkopf kauft sie die „Bücherei" der Frauen-
universität und stellt eine kriegsmüde junge Libanesin ein. Doch Schneiders
Fluchtplan, mit dem Pass der Libanesin das Land zu verlassen, schlägt fehl.
Der Film ist mit einer Handvoll Schauspielern gedreht und einer Menge
Sand, was dem Film eine angenehme elementare Einfachheit verleiht. Ein
Minuspunkt ist die praktisch nichtexistente Geschichte, nach einem faszinie-
renden, atmosphärisch dichtem Anfang fällt der Film ab. Danach kommt er
nur in Schwung, wenn Schneider, vor sich hin grübelnd, über die Leinwand
stolziert.
(Deborah Young, in: Vanity)

Am ungewöhnlichsten vielleicht für unsere Vorstellungen von einem arabischen Film ist ecrans de sable, eine tunesisch-französische Koproduktion, die
in einer futuristisch anmutenden Stadt in einem der Golfstaaten (sieht so
etwa Riad aus?) ein unheimliches Beziehungsgeflecht arrangiert. Die vertrauten Bilder von Bedrängnis und Befreiung scheinen hier auf den Kopf gestellt:
nicht die Enge ist es, die das Leben verhindert, sondern die Bezugslosigkeit in
einer wattierten Welt konventioneller Ehen, von Autotelefonen und durchge-
stylten Marmorpalästen. Der Bildschirm tritt hier an die Stelle des Schleiers,
und dieser avanciert wahrhaftig zum Attribut erotischer Verhüllung. Sieht so
ein film-noir der Wüste aus?
(Silvia Hallensleben, in: Der Tagesspiegel, 25. September 1995)

■ Unsere unbesonnenen Kriege
Nos guerres imprudentes
Libanon 1996
V: Archipel 33, Paris
Der Bürgerkrieg im Libanon begann am 13. April 1975. Sehr schnell verwandelte er
sich in einen Stellungskrieg zwischen Clans; in kleine Straßenkriege. Er sollte 17

Jahre lang dauern. Randa Chahals Film ist das Resultat von all diesen Jahren voller Geschichten. Von entsprechend vielen Bildern ihrer Stadt Beirut und ihrer Familie. Sie hat den Krieg seit 1976 mit 16 mm gefilmt, ab 1983 hat sie dann ihre Familie mit Video aufgenommen.

Über den Film

Ein rohes und schmerzvolles Zeugnis. Randa Chahals Film ist ein Versuch, den libanesischen Bürgerkrieg zu verstehen; oder wenigstens eine Debatte zu eröffnen, die energisch beiseite geschoben und ignoriert worden ist. Durch das Porträt einer Familie, gegen mächtige Bilder vom Krieg gesetzt, bietet die Regisseurin eine persönliche Erfahrung, während sie zugleich schlafende Erinnerungen zu wecken versucht, ein Schritt, den sie für den nationalen Heilungsprozess als notwendig erachtet.

Um dieses schwierige Thema anzupacken, entscheidet Chahal sich dafür, Mitglieder ihrer Familie zu interviewen: ihre Mutter Victoria, ihre Schwester Nahla und ihren Bruder Tamim. Deren Erfahrungen beleuchten, wie der Krieg jeden einzelnen Menschen – und jede einzelne Generation – auf eine andere Art beeinflusst hat. Niemand von ihnen hat jedoch einen vernünftigen Grund oder eine Erklärung für all das, was passiert ist. Ihre Gefühle von Verlust und Bedeutungslosigkeit sind den ganzen Film hindurch spürbar. Diese Erfahrungen haben sie nicht weiter gebracht und sie in einem Stadium der Hoffnungslosigkeit und des Ekels zurückgelassen. Der dramatische Aspekt ist subtil balanciert mit einem helleren Ton, denn einige der Geschichten, die Nahla oder Victoria erzählen, sind so surreal, dass sie beinahe komisch wirken.

Offenbar ist die Familie politisch sehr bewusst; wir begreifen, dass der Vater, verstorben zu der Zeit, in der der Film anfängt, ein politischer Denker einer linken Ideologie war. Die Mutter, Victoria, erklärt in einer der Szenen, nicht ohne einen gewissen Stolz, dass sie die erste Frau im Irak war, die je schreiben konnte, und die erste Frau, die aus politischen Gründen inhaftiert wurde'. Ihre politische Geschichte reicht zurück in den Irak, Syrien und dann Libanon, immer in Angliederung mit den kommunistischen Parteien. Nahla war ein politisches und militärisches Mitglied der Libanesischen Kommunistischen Partei. Sie ruft sich ihre Erfahrung in allen Einzelheiten zurück, Leute die sie während des Krieges verlor und ihre nachträglichen Ideen über die ganze Periode. Eine der starken Stellen im Film ist, wenn sie sagt: „Gedächtnisschwund ist nicht nur heuchlerisch und puritanisch, er ist auch sehr gefährlich, denn es kann zu einem zweiten Krieg führen, und Libanons Geschichte ist voll solcher Kriege." Tamim, der jüngere Bruder, war Milizionär, der sich völlig verlassen wiederfand ohne jegliche Angliederung oder irgendjemanden, an den er sich wenden kann. Heute begreift er, dass die Kämpfer manipuliert wurden von Kriegsherren, von denen kein einziger wirklich einer Sache verpflichtet war. Er weiß nicht mehr weiter und befindet sich in einer absurden Situation.

Zwischen den verschiedenen Unstimmigkeiten Beiruts abwechselnd – zwischen seiner Wut, seinem Gelächter, seiner Traurigkeit und seinem Hass, zwischen den unterschiedlichen Sprachen, die Teil seines Erbes sind, zwischen seinen komplexen, aber reichen Identitäten –, ist dieser Film ein Tribut an eine Stadt, die nicht will, dass man sich an sie erinnert, die aber ungeachtet aller Bemühungen, sie auszuradieren und auszurotten, nach und nach alles durchdringt.

Obwohl der Film 1995 fertiggestellt war, wurde er im Libanon erst im Juli 1999 gezeigt und nur als einstündige Reportage. Die von Selbstzensur unbehinderte, harsche Kritik des Films an allen im Krieg involvierten Parteien ist sicherlich ein Grund für diese lange Verzögerung. Auf einer anderen Ebene ist dies auch bezeichnend für den physischen Widerstand der Libanesen, jegliche Erinnerung an vergangene Dinge, an den Krieg und seine Auswirkungen. Doch wie stark der Widerstand auch sein mag, Chahals Film ist gewiss ein Katalysator, vielleicht sogar ein Anreiz, um den Weg für unerlässliche Fragen freizumachen.

(Lynn Maalouf. In: Al-Raida[74], Volume XVI, No. 86-87 Summer/Fall 1999, Beirut)

Die Ungläubigen
Les infidèles
Frankreich 1997

R/B:	Randa Chahal-Sabbag	
K:	Rodolphe Pélicier	
S:	Jennifer Augé	
D:	Jean-Marc Barr, Thibault	
	De Montalembert,	
	Laure Marsac, Manuel Munz	
P:	Vertigo Production, Paris	

Der Film bricht mit einem Tabu der islamischen Kultur: Homosexualität. Farid, ein reuiger ehemaliger Fundamentalist, und der französische Diplomat Charles begegnen sich in Kairo. Farid will dem französischen Geheimdienst die Namen der in Frankreich operierenden Terroristen verraten. Er verführt Charles. Die beiden verbindet nicht wirklich Liebe, sondern eine unwiderstehliche Anziehungskraft.

„Die Behörden im Libanon haben dem Drehbuch das Etikett ‚Gefährdung der Staatssicherheit‘ gegeben. Es bleibt das Geheimnis des Orients, warum Randa Chahal-Sabbag dennoch eine Drehgenehmigung bekam. Bei Drehbeginn erhielt sie dann allerdings von der französischen Botschaft einen Brief, in dem sie beschuldigt wurde, mit ihrem Film das Ansehen Frankreichs zu beschädigen. Alle Fördermittel aus Frankreich wurden daraufhin zurückgezogen (mit Ausnahme des Fernsehsenders ARTE)."
(Produktion)

■ Souha

Frankreich 2001

Ein Porträt der libanesischen Widerstandskämpferin Souha Bechara, die ein Attentat auf einen libanesischen Offizier verübte, der mit den Israelis zusammengearbeitet hatte. Souha wurde verhaftet, gefoltert und saß zehn Jahre in einem Gefängnis in Südlibanon, sechs davon in Einzelhaft. Nach dem Abzug der isrealischen Armee aus dem Südlibanon im Mai 2000 wurde sie aus dem Gefängnis befreit. Sie lebt seither in Paris, wo sie ihre Autobiographie veröffentlicht hat („Résistance", Lattès 2000), die 2001 auch in einer deutschen Übersetzung erscheint.

DABAGUE, Christine

Christine Dabague ist am 12. März 1959 in Beirut geboren. Sie studierte Philosophie an der Sorbonne in Paris. 1983 zog sie nach New York. Nach zwei Jahren am Hunter College wechselte sie zum Filmstudium (Schnitt und Produktion). Sie erhielt Stipendien von mehreren New Yorker Stiftungen, drehte und produzierte einige Kurzfilme, organisierte Performances und publizierte zwei Kurzgeschichten. Auch ihr Spielfilmdebüt ist eine amerikanische Koproduktion. Seit 1995 pendelt sie zwischen Beirut und New York.

Filmographie:

1990 **Bernt Naber, the Artist at Work** (Der Künstler Bernt Naber), Video
1991 **Fields, The Anatomy of Morning** (Fields, Anatomie des Morgens), 16 mm, 15 Min
1997 **La première nuit** (Die erste Nacht), 16 mm, 20 Min
1994 **Zeinab and the River** (Zeinab und der Fluss), 35 mm, 80 Min

▪ Die erste Nacht

La première nuit
Libanon/USA 1993
R/B/S: Christine Dabague
Der Film zeichnet das Gedicht „Conte" von Rimbaud nach, das sich stilistisch an die Erzählungen aus 1001 Nacht anlehnt. In loser Abfolge lässt die Regisseurin Bilder vom zerstörten Beirut und der Exotik in Scheherezades Gemächern aufeinander-prallen und schlägt so einen Bogen in den heutigen Nahen Osten. Zwischen Bildern von hohlen, verlassenen Ruinen Beiruts und den Albträumen und sexuellen Phanta-sien des Prinzen wird eine zerstückelte und von Schmerz verzerrte Identität sichtbar.

GLOOR-FADEL Samira

Samira Gloor-Fadel ist am 18. Dezember 1956 in Beirut geboren, wo sie an der Akademie der Schö-nen Künste studierte. Sie arbeitete als freie Journali-stin für das Magazin „Al Moustakbal". Nach ihrem Filmstudium am INSAS (Institut National Supéri-eur des Arts du Spectacle) in Brüssel war sie bei mehreren Filmen als Kamerafrau tätig. Samira Gloor-Fadel lebt heute in der Schweiz. Der Doku-mentarfilm BERLIN-CINÉMA ist ihr Regiedebüt.

Filmographie:

▪ Berlin-Cinéma

Frankreich/Schweiz 1997, 35 mm, 105 Min
R/B/K/S: Samira Gloor-Fadel

K:	Philippe Bonnier, Patrice Cologne u.a.	Im Gespräch mit Wim Wenders, montiert mit Ausschnitten aus Dokumentarfilmen, entsteht
T:	Daniela Burgui, Peter Henrici u. a.	ein Bild der Stadt Berlin. Außenaufnahmen in
M:	(original) Mahmut Demir, Jean-Louis Valero	nostalgischem Schwarzweiß wechseln sich ab mit farbigen Innenaufnahmen.
S:	Camille Bordes-Resnais, Catherine Cormon u. a.	
P:	Les Films de la Terrasse (Jean-Yves Gloor), La Sept ARTE	
V:	Les Films de la Terrasse (CH)	

Pressestimmen

Der dokumentarische Filmessay BERLIN-CINÉMA von Samira Gloor-Fadel beschwört Innen- und Außenansichten aus der Zeit nach dem Mauerfall und
vor dem großen Hauptstadtrummel. (…) „BERLIN-CINÉMA ist", so die Regisseurin, „eine Meditation über die Leere, die Leere des Bildes, des Films, der
Stadt, des Ortes." In der Tat umkreist der Blick der gebürtigen Libanesin das
Motiv des bedeutungsschwangeren Vakuums, als suche er nach einem verborgenen Gravitationszentrum. Ähnlich wie bei Wenders Berlin-Filmen ist
die Atmosphäre mit einem Gewirr von Stimmen aus dem Off aufgeladen, die
klingen, als würden sie den *„Himmel über Berlin"* auf unsichtbaren Schwingen durchsegeln. (…)

Nicht zuletzt ist da die fast omnipräsente Stimme Wenders. Wim Wenders beschwört Berlin als unerschöpfliches Geschichtenreservoir, aber auch
als Spiegel deutscher Identität: „Die Mauer wird für die nächsten 20, 30 Jahre
eine Narbe hinterlassen, weil sie zu hastig gearbeitet haben." Die Schwarz-
weißbilder von Gloor-Fadel, die wie bei *„Der Himmel über Berlin"* immer
wieder kurz in eine kalte Farbigkeit gleiten, kreieren Orte schmerzhafter
Melancholie und Einsamkeit. Aus jeder Passage, jedem urbanen Streiflicht
spricht die Seelenverwandtschaft mit Wenders. Das macht die Stärke und die
Schwäche von BERLIN-CINÉMA aus. So wird es irgendwann penetrant zu sehen, wie der Maestro mit der Attitüde des ruhelosen Denkers in Begleitung
eines französischen Architekten die Baugruben an der Friedrichstraße durch-
streift.
(Bettina Bremme, in: Berliner Zeitung, 22. Juli 2000)

In einer Einstellung gegen Ende von BERLIN-CINÉMA fragt der Architekt Jean
Nouvel seinen Gesprächspartner Wim Wenders: „Wofür ist dieser Film eigentlich?" Die Frage trifft: BERLIN-CINÉMA weiß nicht, was er will. Geht es
um Berlin? Geht es um Wim Wenders? Geht es darum, wie man Filme macht?
Oder handelt BERLIN-CINÉMA vom Erinnern und Vergessen? Man erfährt über
alles ein bisschen, aber über nichts von dem alles.
(Philipp Lichterbeck, in: Der Tagesspiegel 13. Juli 2000)

HADJITHOMAS Joana

Joana Hadjithomas arbeitet seit mehreren Jahren mit Khalil Joreige zusammen. Beide haben in Nanterre Moderne Literatur und in New York Film studiert. Sie pendeln zwischen Beirut und Paris, hatten mehrere Fotoausstellungen über Beirut und haben einige Kurzfilme und einen Langfilm gedreht.

Filmographie:

1994   **The Agony of the Feet** (Die Agonie der Füße)
1994   **333 Sycamore** (Sycamore Hausnummer 333)
1997   **Fautes d'identités** (Fehlende Identitäten)
1999   **Autour de la maison rose** (Um das rosa Haus), 35 mm, 92 min

■ Um das rosa Haus

Autour de la maison rose
Frankreich/Libanon/Canada 1999

R/B: Joana Hadjithoma, Khalil Joreige
K: Pierre David
M: Robert M. Lepage
S: Tina Baz-Le Gal
D: Jeseph Bou Nassar, Mireille Safa, Maurice Maalouf, Zeina Saab De Melero u.a.
P: Mille et Une Productions (F), Les Ateliers du Cinéma Québécois (Canada)
V: Cara M (Paris)

Der erste lange Spielfilm des Tandems Hadjithomas/Joreige: Zwei Familien haben sich während des Bürgerkriegs in Beirut in einen alten Palast – „das rosa Haus" – geflüchtet. Nach Kriegsende taucht ein neuer Besitzer auf. Er gibt den beiden Familien zehn Tage, um das Haus zu verlassen.

HARB Amal

Amal Harb ist am 14. Oktober 1976 in Beirut geboren, wo sie an der Akademie für Schöne Künste Film studierte. Sie hat einige Kurzfilme gemacht.

Filmographie:

1997   **Le Temps** (Die Zeit), Video, 3 Min.
1998   **Le Mur** (Die Mauer), Video, 12 min, nach einem Roman von Sartre

1999   The Other Self (Das andere Selbst), Beta SP, Stummfilm, 17 min
(Preis für die beste bildliche Darstellung beim Beirut Filmfestival 1999)

■ Das andere Selbst

The Other Self
Libanon 1999
P/V: Synex Studio (Amal Harb)
Ein Stummfilm, musikalisch untermalt, über einen 30-jährigen Mann mit mysteriö-
ser Doppelidentität. Konfrontiert mit der Einsamkeit seines täglichen Lebens ver-
sucht er, den Anforderungen der „modernen Zeiten" zu entfliehen.

AL JOUNDI Dima

Dima Al Joundi ist am 16. September 1966
in Arnoun, Libanon, geboren. Sie studierte
Philosophie in Beirut. 1984 ging sie nach
Brüssel, um am INSAS Film zu studieren.
Sie arbeitete als Regieassistentin, bei Ton-
und Bildschnitt und in der Produktion.
Nach Abschluss des Studiums war sie
zunächst Cutterin – unter anderem in Brüssel, Paris und im Maghreb. Ihren ersten
Film ZWISCHEN UNS ... BEIRUT hat sie selbst
koproduziert. Von 1996 bis 1997 lebte sie in
Colombo, Sri Lanka, wo sie bei Worldview
Global Television Beauftragte für das arabische Sendegebiet und für die Pro-
duktion von Dokumentarfilmen war. Heute lebt Dima Al Joundi wieder in
Beirut. Sie organisierte drei Filmfestivals, darunter das Beirut Film Festival
1999. Mit ihrer Firma „Crystal Films" ist sie zur ersten libanesischen Verlei-
herin und Produzentin im Land avanciert.

Dima Al Joundi erzählt

Ich entschloss mich, mein Regiedebüt zu machen, nachdem ich
eine Schweizer Dokumentation über den Libanon gesehen hat-
te, die mich sehr beunruhigte. Ich schrieb einen Brief an meine
Schwester, in dem ich sie fragte, ob es sicher und möglich sei,

بيني وبينك ...

ENTRE NOUS DEUX... BEYROUTH
BETWEEN US TWO... BEIRUT

A film by Dima Al JOUNDI

DOCUMENTARY · 52' · COULEUR · 1994 · FORMAT 16/9 · 35 MM · BETA SP · VERSIONS : V.I. / ST. FRANCAIS / DOUBLÉE ANGLAIS

Filmplakat
© Wallonie Image
Productions

nach Beirut zurückzukehren und einen Film zu drehen. Zu dieser Zeit gab es keine direkte Telefonverbindung nach Beirut. Ich verbrachte viele schlaflose Nächte bei dem Versuch, meine Familie zu kontaktieren. ZWISCHEN UNS … BEIRUT ist ein Film über zwei einander sehr verbundene Schwester, die eine im kriegsgeschüttelten Beirut, die andere im Exil.

Ich war ganz wild danach, den Film zu machen. Innerhalb von sechs Monaten hatte ich das Geld dafür zusammen. Dann dauerte es noch ein Jahr, bis er fertig war; er kostete 200.000 US-$. Ich bestand darauf, den Film auch selbst zu produzieren, da ich der Ansicht bin, dass die Regisseurin auch die geeignetste Person ist, für ihren Film zu werben, vorausgesetzt, sie kennt sich auf diesem Gebiet aus. Auf die Dauer ist es jedoch zu stressig, Regisseurin und Produzentin in Personalunion zu sein. Deshalb beschloss ich, nur noch zu produzieren. Jetzt weiß ich, welchen Luxus es für einen Regisseur bedeutet, einen guten Produzenten zu haben.

Bis ich schließlich endgültig wieder in den Libanon zurückgekehrt bin, vergingen fünf Jahre des Zauderns und endloser Debatten mit mir selbst. Ich steckte in einer Zwickmühle, wie sie für Leute im Ausland üblich ist: Ich wusste, wenn ich mich einmal zur Rückkehr entschloss, gab es kein Zurück mehr. Die zwei Gründe, die mich letztendlich dazu bewegten, war die Krankheit meines Vaters und die Tatsache, dass ich mich in meiner eigenen Heimat wie eine Fremde fühlte, sooft ich dort zu Besuch war. Dieses Gefühl brachte mich um, es war unerträglich, schließlich bin ich nun mal Libanesin und liebe meine Heimat trotz ihrer Mängel. Ich fühlte diese Entfremdung auch in meiner eigenen Familie – wie eine Scholle trieb ich weg von ihnen, ein sehr unangenehmes Gefühl.

Zu guter Letzt war da noch das Gefühl, völlig abgeschnitten zu *sein vom Rest der Welt, als ich in Südasien arbeitete. Ich fühlte mich isoliert und einsam in Ceylon. Hätte ich zu dieser Zeit in Paris gelebt, wäre ich vielleicht nie zurück gekommen. Es war ein riskantes Unternehmen: Ich hatte keinen Job und keine Stelle in Aussicht, nichts. Aber es ist gut ausgegangen.*

Ich habe zwei europäische Geschäftspartner, einen Belgier und einen Franzosen – und meine Mutter. Meine europäischen Partner waren eine große Hilfe für mich während der ersten Monate. Da sie den europäischen Markt kennen, konnten wir im Geschäft gut mithalten. Crystal Films ist die erste Firma, die das Label „Europa Cinema" in den Mittleren Osten holte. Europa Cinema ist an die Europäische Union angegliedert. Es gibt ein Label, einen Vertrag und 15.000 US $ unter der Bedingung, dass die Firma zu 50 Prozent Filme aus Europa und dem Mittelmeerraum zeigt. Mit diesem Label wird einem in Europa viel mehr Glaubwürdigkeit geschenkt.

Womit ich im Libanon nach wie vor Schwierigkeiten habe ist, dass niemand sich an Zeitvorgaben hält. Das macht mich verrückt. Wenn man sich auf ein Projekt einlässt, werden die Energien normalerweise aufgespart, bis man das Projekt anfängt. Im Libanon passiert das Gegenteil: Alle Energien gehen in die Vorbereitung, man ist beim Start des Projekts schon sehr müde. Diese chaotische Atmosphäre lässt einen allerdings auch wiederum wahre Wunder vollbringen.

(Interview mit Myriam Sfeir. In: Al-Raida, No. 86-87, Sommer/ Herbst 1999)

Filmographie:

1993   **Entre nous deux… Beyrouth** (Zwischen uns… Beirut), 16 mm, 52 Min
1995   **The Silk Road in Central Anatolia** (Die Seidenstraße in Zentralanatolien), 35 mm, 52 Min
1995   Ein Porträt der kapverdischen Sängerin Cesaria Evora in „Y'a pas match" für TV 5 in Paris
1996   **The Mask of the Night** (Die Maske der Nacht), Betacam, 20 Min

Dima Al Joundis erster Film entstand aus dem Bedürfnis, sich nach Jahren des freiwilligen Exils ihrer Heimat Libanon wieder anzunähern. Stellvertretend für andere ExilantInnen macht ihr Film deutlich, wie ihre Erinnerungen an die Heimat sich von der Realität und den Wahrnehmungen der Daheimgebliebenen unterscheiden.

Szene aus ZWISCHEN UNS ... BEIRUT © Wallonie Image Production

■ Zwischen uns... Beirut
Entre Nous Deux... Beyrouth

Belgien/Libanon 1993
R/B: Dima Al Joundi
K: Hasan Naamani
T: Ricardo Castro
M: Toufic Farroukh
S: Mireille Abromovici
D: Rim Al Joundi
P: Bright Sight Entertainment,
    Wallonie Image Production,
    Lebanese Broadcasting
    Corporation
V: Wallonie Image Production,
    Liège (Belgien)

Zwei Schwestern: Beide verbindet ihre Liebe zueinander und zu ihrer Heimatstadt. Dima hat jedoch Beirut verlassen, um in Belgien Film zu studieren. Ihre Schwester Rim ist in Beirut geblieben und heute Malerin. Rim erlebte die Ereignisse um Beirut hautnah, Dima aus der Ferne. Als Dima auf Besuch zurückkehrt, wird das Wiedersehen mit der Schwester und mit der Stadt zu einer Herausforderung für beide Frauen.

KHLAT Yasmine

Yasmine Khlat ist am 13. Februar 1959 in Ismailiya, Ägypten, geboren. Ihre Eltern stammen aus dem Libanon, wo sie auch aufwuchs. Sie studierte Film-theorie an der Universität Paris III. Ihrer Arbeit als Regisseurin gingen zahlreiche Rollen als Schauspie-lerin voraus, so war sie 1978 in dem Film *Nahla* von Farid Belufa zu sehen, 1979 in *Aziza* von Ab-dellatif Ben Ammar und 1984 in *Ahlam al-medina (Träume von der Stadt)* von Mohammed Malass. Für ihre darstellerischen Leistungen wurde sie mehrfach ausgezeichnet. Yasmine Khlat lebt in Paris, hat auch ein Drehbuch verfasst und einen Roman des Tunesiers Habib Selmi übersetzt.

Filmographie:

1987   **Leylouna/Notre Nuit** (Unsere Nacht),Video, 52 min
1987   **Les chercheuses de poux** (Die Streit suchenden Frauen)
2002   **Arc-en-Ciel** (= Eigenname), eine Fernsehproduktion
2000   **Abed Azrié, musicien du monde** (Abed Azrié, Weltmusiker)

■ Unsere Nacht
Leylouna/Notre Nuit
Libanon/Frankreich 1987

R/B: Yasmine Khlat
K: Hasan Naamani
T: Ali Bairam
M: Paul Mattar
S: Chantal Piquet
D: Marie Thoumas, Nagah El Massoud,
      Maya Tabet
P: Middle East Communication
      Center, L'Institut du Monde Arabe,
      Le Centre Audiovisuel
      Simone de Beauvoir
V: L'Institut du Monde Arabe, Paris

Beirut während des Bürgerkrieges: In einem Häuserblock leben Tür an Tür einige Frauen, die unterschiedlichen sozialen Milieus und Konfessionen angehören. Ihr Lebensraum ist begrenzt durch das Kriegsgeschehen draußen. Im Vergleich dazu erscheint ihr Alltag eigen-tümlich ruhig. Wie abgeschieden von der Au-ßenwelt, in der die Männer Krieg führen. Zu den Frauen dringt der Krieg lediglich durch die Nachrichten in Zeitung und Radio und die Schreckensbilder, die sie im Fernsehen sehen.

Aussch
UNSERE
© C. De

Aus einem Gespräch mit Yasmine Khlat

Sie sind vor allem Schauspielerin. Wie sind Sie auf die Idee gekommen, einen Film zu machen?
Zunächst hatte ich nicht vor, den Film selbst zu machen, ich dachte an Freunde, aber sie kamen nicht mehr nach Beirut hinein. Ich hatte fünf Jahre in Paris gelebt und war sehr empfänglich für all die scheinbaren Nichtigkeiten, die ich in Beirut entdeckte. Bis dahin hatte auch ich nur das Bild im Kopf gehabt, das die Medien über den Libanon im Krieg vermittelten. Mir gefiel dieses Bild ganz und gar nicht.

Man ist verblüfft, dass die einzigen Worte eines Mannes im Film von einem Tonband kommen...
Das ist die Realität. Natürlich gibt es noch Männer in Beirut. Aber mir scheint, es gibt einen gesellschaftlichen Raum, der ein Niemandsland ist – im direkten und im übertragenen Sinn des Wortes. Nur Frauen können diesen Platz noch besetzen. Zum Beispiel kann eine Christin leichter im muslimischen West-Beirut bleiben als ein Mann, der Christ ist.

Sie sagen, Sie waren empört über das Bild, das die Medien vom Libanon ver-mittelten.
Mir gefällt das stereotype Bild nicht, das die ausländischen, oft aber auch libanesische Medien zeigen: von den Schrecken des Krieges. Ich wollte mich mit der unspektakulären Seite des Krieges beschäftigen, mit den alltäglichen Begebenheiten. An diesen kleinen Dingen erkennt man die Auswirkungen des Krieges am besten. Natürlich hatte ich auch etwas über eine Stadt zu sagen, die auch meine Stadt war. Ich finde, man spürt in Beirut sehr stark, was ich das innere Exil nenne.
Es gibt zum Beispiel zwischen zwei Bombardements oder in Nächten Pha-sen von einer Stille, die sehr viel erschreckender sein kann als der Lärm, wenn bombardiert wird. Plötzlich hört man die Stille von Beirut. Seine Nacht. Das sind Hunde, ein Hahn, Dorfgeräusche. Es gibt keine Stadtgeräusche mehr, und das ist es, was ich das innere Schweigen nenne. Beirut stirbt nach und nach alle Tode. Das spürt man und kann es fast lesen auf den Häuserwänden.
(Jacqueline Huber in: Femmes-Echo, Dezember 1987)

Yasmine Khlat erzählt

Meine Erfahrungen als Schauspielerin haben mir geholfen, die Darstellerinnen in meinem Film zu führen. Die Szenen waren zwar besprochen und einige haben wir auch wiederholt. Aber wir haben nicht mit vorgegebenen Dialogen gearbeitet, sondern die Handlungsabläufe nur lose skizziert. Die Dialoge wurden im-provisiert. Das Ergebnis ist: Die Darstellerinnen wirken sehr spon-tan, obwohl der Film kein klassischer Dokumentarfilm ist.
Bei den Dreharbeiten erinnerte ich mich daran, wie ich als Schau-spielerin mir stets der Kamera und Beleuchtung bewusst gewe-sen war. Auch des prüfenden Blickes des Regisseurs, der beob-achtet und beurteilt und nur daran interessiert ist, dass eine Sze-ne so schnell wie möglich im Kasten ist. Das ist ein Gefühl, als ob man einem Richter gegenüber stünde. Das nahm mir als Schauspielerin viel von meiner eigenen Kreativität, für Sponta-neität blieb kein Raum. Mir war immer klar, dass ich eben nur eine Rolle spielte. Als ich dann hinter der Kamera stand, ver-suchte ich, ein Teil der Szene zu werden. Ich verband mich über meine Mimik und meine ganze Körpersprache mit den Darstel-lerinnen. Sie sollten die Kamera vergessen, damit ein richtiger Dialog entstehen konnte.

Ein Film kann sehr gefährliche Folgen haben für die Menschen, die gefilmt werden, wenn man ihnen gesellschaftlich oder politisch heikle Aussagen entlockt. Ich vermied solche Fragen, um die Darstellerinnen keiner Gefahr auszusetzen. So zeigte ich ihnen meinen Respekt. Die Frauen spürten meine Zuneigung und gaben sie auf ihre Art zurück: Der Film lebt von dieser sehr intimen Atmosphäre. Als Zuschauer hat man das Gefühl, mitten unter den Frauen zu sein. Das ist das Ergebnis meiner Herangehensweise. Mein Film ist eine „documentation de création“, wie wir im Französischen sagen: eine kreative Dokumentation. Keine bloße Widergabe von Tatsachen, aber auch keine fiktive Handlung, sondern künstlerisches Darstellen realer Zustände.

Mir ging es vor allem darum, das alltägliche Leben in einem Wohnblock zu zeigen, zwischen Menschen verschiedener sozialer Schichten und Konfessionen. In diesem Wohnblock ähnelt das Leben einer bedrohten Insel der Koexistenz. Wie sollte ich den Krieg zeigen, falls ich in diesem Gebäude bleiben wollte? Ich entschied mich, das Fernsehen als dramatisches Element zu benutzen: es verbindet die zuschauenden Frauen mit den draußen kämpfenden Männern. Während der Dreharbeiten erlebte ich selbst, wie intensiver und andersartig die Beziehungen zwischen den Menschen im Krieg sind. Sehr wichtig waren die Taxifahrer in Beirut. Ich erinnere mich, dass sie vor meinem Wohnhaus immer warteten, bis ich wohlbehalten die Haustür hinter mir geschlossen hatte. Sie taten das, ohne dass ich sie darum gebeten hätte. Wir kannten uns nicht persönlich, es war ein Akt der Solidarität.

Ich kannte Marie, die Hauptfigur in meinem Film, lange vor Drehbeginn. Sie war eine Freundin meiner Eltern, die im selben Haus wohnten. Bei Marie wohnte noch eine andere Frau, Nagah. Mich interessierte die Beziehung der beiden Frauen zueinander. Die Art, wie sie einander halfen. In Friedenszeiten wären sie sich niemals begegnet, weil sie aus zu unterschiedlichen sozialen Milieus stammen. Aber in dieser besonderen Situation, im Krieg, trafen sie sich und halfen einander. Nagah hatte keine Unterkunft in Beirut, wollte aber in der Stadt bleiben, um ihren Lebensunterhalt zu verdienen. Marie hatte eine Wohnung, aber keinen Ehemann. So beschützten sie sich gegenseitig.

Die Hauptfigur aber ist Marie. Sie ist eine sehr starke und eindrucksvolle Persönlichkeit und hat ein sehr schönes Gesicht. Mit ihr verbindet mich der gleiche soziale Hintergrund: Wir sind beide Libanesinnen, aber in Ägypten geboren. Das ist sehr speziell.

*Viele Libanesen wanderten zu Beginn dieses Jahrhunderts nach
Ägypten aus. Dort blieben sie bis in die 6oer Jahre, drei Generationen lang. Als Gamal Abdel Nasser mit seinem sozialistischen
Kurs an die Regierung kam, wanderten sie aus, nach Kanada
oder Frankreich. Oder sie kehrten zurück in den Libanon. Als
dort der Bürgerkrieg begann, verließen viele das Land. Marie ist
geblieben. Sie hatte wohl keine Gelegenheit wegzugehen, wäre
aber im Ausland auch nicht glücklich gewesen. In Beirut hat sie
ihr Atelier, ihre Arbeit, ihre Wohnung, ihre Freundinnen...
Vor den Dreharbeiten besuchte ich Marie viele Male. Ich war
völlig fasziniert von ihr, notierte mir Ausdrücke und Gesten, die
ich später in den Film einbaute. Ich wurde auf Marie aufmerksam, als eine Zeit lang in jeder Nacht geschossen wurde. Tagsüber
geschah dagegen nichts. Ich wollte nachts nicht allein in unserer Wohnung bleiben, ging zu Marie und schlief dort. Nagah
war auch dort. So erlebte ich sie in ihrem Alltag. Es gibt Momente im Film, besonders in der zweiten Hälfte, in denen man das
Gefühl hat, die Frauen nähmen die Kamera überhaupt nicht
wahr. Ich liebe diese Momente sehr. Sie verdeutlichen den faszi-
nierenden Kontrast zwischen den Verwüstungen des Krieges und
dem Fortdauern des Lebens.
(Das Gespräch führte Rebecca Hillauer: Paris, Dezember 1994)*

Pressestimme

Durch die Gesten, die Worte, auch durch das Schweigen dieser Frauen scheint
die andere Realität Beiruts hindurch. Nicht die, die von den Medien verbreitet wird. Der Krieg taucht auf dem Umweg über einen Satz, eine Fernsehsen-
dung, eine Träne wieder auf. Yasmine Khlat fegt die üblichen Vorstellungen
weg, die sich im Lauf der Jahre eingenistet haben.

Konfessionskonflikte? Zwischen Marie, einer Christin, und Nagah, einer
Schiitin, sind so feste Bindungen entstanden, dass alle Klischees zusammenbrechen. Was UNSERE NACHT mit Takt und Fingerspitzengefühl auch sichtbar
macht, ist der Raum, den diese Frauen einnehmen, die stark sind, aber auch
zerbrechlich und ihrer Einsamkeit ausgeliefert. Die Männer sind da, aber sie
sind vor allem woanders: bei der Arbeit, im Ausland, im Kampf. Yasmine
Khlat hat durch ihre Sensibilität (man spürt nie die Präsenz der Kamera)
einen starken, dichten Film gemacht, in dem jedes Bild notwendig ist.
(Claude Thomas, in: Femmes-Echo, Dezember 1987)

NAKKAS Olga

Olga Nakkas (Naccache) ist am 30. März 1953 in Mersin, Türkei, geboren. Ihre Mutter ist Türkin, ihr Vater Libanese. Die Familie siedelte 1958 nach Beirut um. Olga Nakkas studierte in Paris arabische Literatur und Publizistik. Danach arbeitete sie als Regie- und Produktionsassistentin für die BBC in London und den französischen Fernsehsender Canal Plus sowie im Libanon. Olga Nakkas pendelt zwischen Paris, Rom und Beirut. Mit ihrer Firma „Les Films de L'Odyssées" (ko)produziert sie auch ihre eigenen Filme.

Olga Nakkas erzählt

Als Filmemacherin geht es mir um das Bild von dem Teil der Welt, für den mir die Bezeichnung „arabisch" nicht ausreicht. Ich nenne ihn „arabo-muslimisch". Dieser Begriff ist im westlichen Sprachgebrauch nicht üblich, meiner Meinung nach aber viel treffender.[75] Die meisten westlichen Medien, aber auch arabische geben ein verzerrtes Bild dieser Region wieder. In meinen Filmen will ich die Länder und die Menschen dort zeigen, wie sie wirklich sind. Ich will nicht pädagogisieren, sondern anregen und auf eine persönliche Weise informieren. In meinem Film LIBANON, STÜCK UM STÜCK *konnte ich durch die Interviews auch meine eigenen Ansichten vermitteln.*

Wirklich politisch wollte ich in meinen Filmen aber nie sein. ASCHURA *ist es in gewisser Weise doch: Schiiten sind im Libanon weder sehr beliebt noch sehr angesehen. Ich selbst bin Christin, verheiratet mit einem schiitischen Muslim, so dass ich zeigen wollte, wer diese Schiiten sind. Ich bin sehr stolz auf den Film, obwohl ich ihn heute anders inszenieren würde.*

Für Frauen ist es in der islamischen Welt in gewisser Weise leichter, Filme zu machen und Menschen zum Sprechen zu bringen. Sie vertrauen einer Frau mehr als einem Mann. Bei den Dreharbeiten zu ASCHURA *wurde ich von den Leuten der Hisbollah sehr höflich aufgenommen, obwohl sie Frauen gegenüber sonst sehr restriktiv sind. Mir half der Überraschungseffekt: Niemand erwartete, dass eine Libanesin sich in diese Gegend wagte, sozusagen in die Höhle des Löwen, und sich für ihre Sache interessierte. Sie gewährten mir einen Vertrauensvorschuss, von der allgemeinen Annahme ausgehend, Frauen seien emotionaler, geduldiger, sanfter. Das ist ein großer Vorteil für uns Filmemacherinnen in diesem Teil der Welt, solange wir noch als Ausnahmeerscheinungen gelten.*

Natürlich musste ich ihre Spielregeln akzeptieren. Ich verhielt mich zurückhaltend und ließ den Produzenten, einen Mann, meine Fragen stellen. Ich musste mich auch von Kopf bis Fuß verschleiern. Trotzdem durfte ich bei einer religiösen Zeremonie, zu der nur Männer zugelassen waren, nicht dabei sein. Also erklärte ich meinem Kameramann genau, welche Einstellungen ich wollte – dann musste ich hinausgehen. Ich habe nicht dagegen protestiert. Denn indem ich den Schleier anlegte, hatte ich mich sozusagen ihren Gesetzen unterworfen.

Ich mache gern Dokumentarfilme. Falls ich je einen Spielfilm realisieren sollte, müsste er sehr in der Wirklichkeit verwurzelt sein. Ich stelle mir einen Film im Stil der italienischen Neorealisten vor. Mein großes Vorbild ist aber Ingmar Bergmann. Ich glaube, er hätte nicht arbeiten können, wenn er seine Figuren und die Menschen, mit denen er drehte, nicht geliebt hätte. Auch für mich ist es sehr wichtig, dass die Menschen am Set sich gegenseitig sympathisch sind. Ich gehe keine Kompromisse ein, weder mit mir selbst noch mit dem Produzenten oder den Menschen vor der Kamera. Ihnen versuche ich, genügend Raum zu geben, damit sie sie selbst sein können. Ihr inneres Beteiligtsein, ihre Ideen und Anregungen bereichern meinen Film.

Wichtiger als die eigentlichen Dreharbeiten sind für mich die Vorbereitungen zu einem Film. Ich nehme mir dafür gern mehrere Monate Zeit. Für die meisten Produzenten ist das zu viel. Deshalb bin ich meine eigene Produzentin geworden. Mit dieser Methode muss ich letztendlich weniger Szenen wiederholen, angesichts der geringen Budgets für Dokumentarfilme ist das ein großer Vorteil.

Mein Film LIBANON, STÜCK UM STÜCK ist eine persönliche Auseinandersetzung mit dem Libanon, mit meiner Vergangenheit dort und der Hassliebe, die mich mit diesem Land verbindet. Ich habe dem Libanon immer wieder den Rücken gekehrt – und es zieht mich ebenso beständig dorthin zurück. Das ist wie bei einer Liebesbeziehung, wenn man weder mit der geliebten Person leben kann noch ohne sie. Ich bin im Libanon aufgewachsen, mit 14 Jahren weggegangen und unzählige Male zurückgekehrt. Vieles habe ich gehasst: die Oberflächlichkeit der Menschen, die große Diskrepanz zwischen den Gesellschaftsschichten, die Tatsache, dass der Libanon als unabhängiges Land galt, obwohl es geistig völlig kolonisiert war und keinen eigenen Charakter besaß.

Andererseits liebe ich den Libanon als den Ort meiner Kindheit, die Schönheit seiner Landschaften und die Menschen, die eine sehr liebevolle, sanfte und großzügige Wesensart haben. Bin ich

dort, gewinnen die negativen Aspekte des Alltags aber bald die
Überhand – solange, bis ich wieder fortgehe. Dann holt mich
die Sehnsucht wieder ein und ich gehe zurück. Und so geht es
ewig hin und her. So empfinden wahrscheinlich die meisten Menschen, die in zwei Kulturen zuhause sind. Nie hatte ich das Bedürfnis, mich ein für alle Mal vom Libanon zu verabschieden.
Ich brauche wohl die Extreme. Sie treiben mich an.
Mit 18 war ich in linken politischen Gruppen aktiv. Wie damals
die jungen Leute in Europa wollten wir eine gerechtere Welt er-
schaffen. Natürlich waren wir für die Palästinenser. Trotz ihrer
Exzesse im Libanon. Wir hielten ihr Anliegen für berechtigt. Mir
scheint, als wären wir damals politisch wesentlich bewusster gewesen als die heutige Generation. Vielleicht waren wir idealisti-
scher oder hatten einfach nur mehr Zeit. Das war Anfang der
70er Jahre. Ich würde gern einen Film über diese Zeit machen.
Mit einer Brise Selbstironie: Wie wir von Diskussionsrunden zu
Strandpartys wechselten, Haschisch rauchten und die Beatles,
Rolling Stones und Doors hörten.
Meine Mutter ist Türkin. Sie wuchs zur Zeit Atatürks auf, als
die Befreiung der Frau ganz groß geschrieben wurde. Wohl deshalb ermutigte sie mich ständig, eine Art kleiner Mann zu sein
und für meine Interessen zu kämpfen. Wenn es um Privates ging,
war sie aber zwiespältig, wie es für die Frauen ihrer Generation
charakteristisch ist: Sie wollte zum Beispiel, dass ich einen Mann
heiratete, der Christ war „wie wir". Sie hatte sich also nicht wirklich von den tradierten Vorstellungen gelöst, sonst hätte sie die
Religion abgelehnt, wie es Atatürk tat. Das ist ein Problem der
verwestlichten Dritten Welt: Die Menschen nehmen fremde Ver-
haltensweisen und intellektuelle Denkmuster an, bleiben auf der
familiären Ebene aber in ihren Traditionen verhaftet.
Die Bewunderung meiner Mutter für Atatürk spiegelte sich in
ihrem Erziehungsstil, der etwas von stalinistischen Methoden
hatte: militärisch in dem Sinn, dass sie sehr geradlinig und brüsk
war. Mit genauen Vorstellungen darüber, was ich tun und wie
ich werden sollte. Darin war sie sehr türkisch, militant-kemalis-
tisch. Ganz und gar unlibanesisch. Im Vergleich zu den chaoti-
schen Verhältnissen im Libanon war ihr Erziehungsstil sehr struk-
turiert, gespickt mit ethischen Glaubenssätzen und viel Moral.
Natürlich existierte auch im Libanon eine Moral, doch herrschte gleichzeitig eine gewisse Freizügigkeit, zum Beispiel gegenüber Korruption.
Die Türkei meiner Kindheit war ganz anders. Meine Mutter war
wie besessen von dem Gedanken, mich zu einem idealen Menschen zu erziehen, so wie Stalin den vollkommenen Kommunis-

ten schaffen wollte und Atatürk den vollkommenen Türken. Der
Libanon galt damals als „Schweiz des Nahen Ostens", als Spielwiese und Hure der arabischen Welt. Kein Land, das ernsthaft
an einer modernen Zukunft baute, sondern ein Land der Ver-
gnügungen, der Strände, Touristen und teuren Restaurants. Für
viele Menschen aber auch ein Land der Armut, Ungleichheit
und Elendsquartiere. Während die Türkei nach Ansehen und
Modernität strebte, gab es im Libanon weder eine Armee noch
eine langfristige politische Strategie, um ökonomische Veränderungen zu schaffen. Es herrschte eine schizophrene Geisteshal-
tung: einerseits regierten Stammesführer, die von Politik und
Wirtschaft keine Ahnung hatten. Anderseits blühte das Bankwesen, das westliche und arabische Kapitalisten wie ein Magnet
anzog. Dazwischen die unzähligen Kinder, die um zu überleben, mit fünf Jahren auf der Straße Streichhölzer verkauften.
Die Türkei hat die größte Revolution in der islamischen Welt
erlebt. Nur Atatürk hatte den Mut, den Frauen zu sagen, sie
sollten ihre Schleier ablegen, sich bilden und die gleichen Rechte haben. Damit machte Atatürk den Frauen ein wunderbares
Geschenk. Sie mussten nicht für ihre Rechte kämpfen. Das ist
sehr außergewöhnlich. Ich bewundere Atatürk sehr, er hat all
das nicht nur für die Frauen getan, sondern für die gesamte Türkei. Er hat das Land aus einem Zustand wie im Mittelalter in
das moderne Zeitalter katapultiert. Leider hat er nicht lange
genug gelebt. Heute versuchen die Fundamentalisten, die Türkei wieder zu ihren „Wurzeln" zurückzubringen.
Ich habe – im Moment noch sehr schemenhaft – Pläne für einen
Film über türkische Frauen: mit historischen Bezügen. Die Frau-
en würden verschiedenen Generationen angehören und hätten
gegensätzliche Positionen zu Atatürk und zum Fundamentalismus. Die Jüngste etwa wäre dafür, die Türkei in eine islamische
Republik zu verwandeln, stellvertretend für viele Frauen der heutigen Generation: Sie genießen gleiche Bürgerrechte wie Frauen
in westlichen Ländern und plötzlich sind sie bereit, alles wegzu-
werfen für etwas, das einfach nicht mehr zeitgemäß ist. Ich sehe
im Fundamentalismus vor allem eine Reaktion auf enttäuschte
Hoffnungen und das Verhalten der westlichen Staaten, etwa die
Weigerung, die Türkei in die Europäische Gemeinschaft aufzunehmen. Die Menschen fühlen sich betrogen. Und die Frauen
greifen wieder zum Schleier.

(Das Gespräch führte Rebecca Hillauer; Paris, Dezember 1994)

Filmographie:

1986   Saida, portrait d'une ville (Saida, Porträt einer Stadt) 35 mm, 19 Min
1987   Ashoura (Aschura), 35 mm, 27 Min (Koregie)
1994   Liban, Bout à Bout (Libanon, Stück um Stück), 35 mm, 60 Min

■ Aschura

Ashoura
Frankreich 1987
Filmporträt der schiitischen Gemeinde im Südlibanon. Aschura ist der schiitische Feiertag schlechthin, der Tag, an dem man Husseins und seiner Gefährten gedenkt, die in der Schlacht von Kerbela (680) getötet wurden. Das Fest, das in Nabatiyeh stattfindet[76], dauert sechs Tage. Indem die Männer sich selbst geißeln, bis sie an Kopf und Körper bluten, versinnbildlichen sie den Tod des dritten Imam. Dies hat durchaus eine anti-sunnitische Aussage, denn es waren die sunnnitischen Umaiyaden, die diesen Nachkommen des Propheten Mohammed umbrachten.

■ Libanon, Stück um Stück

Liban, Bout à Bout
Frankreich 1994

R/B: Olga Nakkas
K: René Brunet, Philippe Lenouvel
T: Marcel Soler
S: Josiane Zardoya
P: Les Films de L'Odyssée, France 3
V: Les Films de L'Odyssée (Paris)

Der Film porträtiert Libanesinnen verschiedener Generationen und Milieus. Er lässt einen Blick erhaschen auf den Libanon nach Kriegsende. Dabei erweckt er Gefühle von Nostalgie, Einsamkeit und Trauer und wirft Fragen nach der Zukunft des Landes auf. Für Olga Nakkas ist der Dokumentarfilm eine Gelegenheit, auf ihre eigenen Erinnerungen zurückzublicken.

SAAB Jocelyne

Jocelyne Saab ist am 30. April 1948 in Beirut geboren. Sie studierte Wirtschaftswissenschaften in Paris, arbeitete danach als Journalistin und wandte sich dem Film zu. Seit 1973 hat sie mehr als 30 Dokumentarfilme gedreht, die international von Fernsehsendern ausgestrahlt wurden. 1981 war Jocelyne Saab Regieassistentin bei Volker Schlöndorffs „Der Fälscher". Viele ihrer Filme hat sie mit ihrer Firma „Balcon Production" koproduziert. Sie lebt seit 1985 in Paris.

Jocelyne Saab erzählt

Ich stamme aus einer bürgerlichen Familie. Und ich bin Christin. Geboren wurde ich in einem Museum, in dem mein Großvater damals arbeitete. Ich wuchs auf in einer abgeschlossenen Welt zwischen Elternhaus, Schule und engem Freundeskreis. Als ich älter wurde, interessierte ich mich deshalb um so mehr für alles, was um mich herum vorging. Darin äußert sich gewiss der Einfluss meines Vaters, der weit gereist war. Die Palästinenser weckten meine besondere Neugier, sie lebten in unserer Stadt und in unserem Land, und Israel war gleich um die Ecke. Später, als ich in Paris studierte, begann ich mich für alle arabischen Länder zu interessieren.

Das war wie eine Suche nach verlorenen Wurzeln. Denn ich gehöre zu einer Generation, die in französischen Schulen erzogen wurde, so dass uns der natürliche Bezug zur arabischen Kultur fehlte. Ich hätte mich der arabische Welt natürlich auch über ein Studium nähern und zum Beispiel in Kairo studieren können. Doch als Mädchen aus dem Bürgertum schickte meine Familie mich statt nach Ägypten lieber nach Paris. Ich gab vor, etwas Praktisches tun zu wollen und studierte Wirtschaftswissenschaften. Danach begann ich, als Journalistin zu arbeiten. Ich nahm alle möglichen Aufträge an und kam so in fast alle arabischen Länder. Für mich war das ein Abenteuer, nicht nur ein Beruf.

Es war allerdings nicht üblich, dass arabische Frauen mit ausländischen Teams arbeiteten. Also behandelten die Leute mich wie eine Ausländerin. Denn ich bewegte mich außerhalb der Normalität. Als ich das damals begriff, machte ich mir keine Gedanken darüber, sondern nahm ganz selbstverständlich meinen Platz als „moderne" Frau ein. Keine der Frauen, die ich kenne, hatte diese Chance. Sehr oft bekam ich, gerade weil ich eine Frau war, die Gelegenheit, Prominente und Staatsoberhäupter zu interviewen, zum Beispiel Muammar Al Gaddafi. Sie fragten sich, wer und wie ich wohl sei. Und plötzlich sahen sie sich einer Intellektuellen gegenüber, die ein gänzlich anderes Frauenbild verkörperte, als in ihren Vorstellungen existierte. So wurde ich tatsächlich wie ein Mann empfangen.

Auf der anderen Seite haben viele Regierungen mir Jahre lang die Einreise verboten, weil meine Wiedergabe der realen Verhältnisse ihnen nicht gefiel. In Beirut durfte ich lange nicht von der östlichen auf die westliche Seite, wo meine Familie lebte. Ein bisschen war ich selbst daran Schuld, denn anfangs glaubte ich, provozieren zu müssen, um gehört zu werden.

In den libanesischen Kinos lief damals nur seichte Unterhaltungsware, meist Kopien amerikanischer und italienischer Komödien. Außer mir gab es noch einige wenige Filmemacher, die die Verhältnisse und Herrschaftsstrukturen in unserem Land so zeigen wollten, wie sie waren. Das interessierte verständlicherweise nur die Betroffenen, eben die benachteiligten Bevölkerungsschichten. Ich selbst wurde letztendlich von beiden Seiten angegriffen: Das Bürgertum, aus dem ich stamme, hasste mich dafür, dass ich ihm einen Spiegel vorhielt. Die einfache Bevölkerung lehnte mich ab, weil ich nicht eine der ihren war. Ich fühlte mich zunehmend isoliert. Selbst die rechten Fundamentalisten, die Hisbollah, sahen mich als Zielscheibe. Sie versuchten sogar einmal, mich zu entführen. Danach eilte mir der Ruf voraus, sehr groß und maskulin zu sei: Schließlich kämpfen Männer doch nur mit Männern, und man(n) versucht nur, etwas zu zerbrechen, das größer ist als man(n) selbst! So denken jedenfalls die Leute. Nach diesem Vorfall häuften sich die Filmangebote.

Zu der Zeit war ich schwanger, meine Wohnung in Beirut war beschlagnahmt worden und Entführungen von Ausländern nahmen zu. Ich konnte nicht bleiben. Nachdem ich im Libanon bereits das geistige Exil erlebt hatte, folgte nun das körperliche: Frankreich. Obwohl ich berufsbedingt auch früher häufig vom Libanon weggewesen war, fiel mir die dauernde Abwesenheit sehr schwer. Es war wie nach einer Adoption, wenn das Kind dein eigenes ist statt das einer fremden Mutter: Du musst es annehmen. Es galt, mich an die neuen Lebensumstände anzupassen und nicht in Nostalgie zu verharren.

In meinen Filmen hatte ich bis dahin immer Krieg und Tod thematisiert. Das änderte sich, als ich selbst ernstlich erkrankte und mehrere Operationen über mich ergehen lassen musste. Als ich wieder gesund war, wollte ich in meinen Filmen über das Leben sprechen. Ich begann, die Frau und den weiblichen Körper zu thematisieren. Es war, als ob nicht nur mein Körper, sondern auch meine Vorstellungskraft wieder zum Leben erwacht wären. Nach langem verspürte ich wieder den Wunsch zu drehen. Ich machte das Video über die künstliche Befruchtung, für mich eine tiefgreifende Reflexion über Leben und Tod. Nach diesem Film traute ich mir alles zu. Ich fühlte mich vollkommen frei. Das beschwor Erinnerungen an meine Heimat herauf, und ich beschloss, einen Spielfilm über den Libanon zu machen. Heraus kam ES WAR EINMAL … BEIRUT.

Im heutigen Libanon favorisiert die Filmindustrie wie früher konventionell gemachte Filme. Das Kulturministerium arbeitet außerdem noch nicht sehr effektiv. Also bleibt das alles überragende Problem, die Produktionsgelder zu beschaffen. Film hat im Libanon keine wirkliche Tradition. Wie Film als Kunstform in der gesamten islamischen Welt keine Wurzeln hat. Wenn ich von der islamischen Welt spreche, meine ich auch die christliche Gemeinschaft. Denn Religion ist im Orient nicht persönliches Gedankengut wie in der westlichen Welt, sondern wird wie Kultur von einer Generation an die nächste weitergegeben. Durch das Bilderverbot im Islam hat lediglich die Kalligraphie eine künstlerische Tradition. In der Malerei und später im Film wurden europäische Vorbilder imitiert, etwa der dramaturgische Spannungsbogen einer Handlung. In meinen Spielfilmen habe ich diese Sehgewohnheiten durchbrochen, indem ich auf arabische Erzähltraditionen zurückgriff: die Einzelteile einer Geschichte werden wie bei einer russischen Puppe ineinander verschachtelt. In dieser vertrauten kognitiven Struktur haben viele Zuschauer sich plötzlich wiedererkannt.

Jetzt, nachdem der Krieg vorbei ist, angesichts all der finanziellen Probleme, sagen die männlichen Filmemacher auf einmal, ich nähme ihnen ihren Platz weg.

Früher, als ich an den Kriegsschauplätzen vor Ort filmte, war von so etwas keine Rede. Ich war frei zu sterben, wenn ich es wollte. Jetzt aber habe ich diesen Platz eingenommen... obwohl er in der libanesischen Gesellschaft eben nicht der „richtige" Platz für eine Frau ist. Warum ist das so? Ein Grund dafür ist sicherlich, dass Frauen ihre Finger auf Wunden legen, über die in unserer Gesellschaft Männer nicht zu sprechen wagen.

Menschen werden auch zukünftig Mythen brauchen, sie geben ihnen eine Orientierung im Leben. Neue Mythen werden erfunden, wenn sie dem Eigennutz dienen. So auch der Mythos „Frau". Gefährlich wird es, wenn diese Mythen den gesellschaftlichen und geistigen Fortschritt behindern. Wie die meisten Künstlerinnen und Künstler will ich den Entwicklungen mindestens eine Nasenlänge voraus sein und neue Leitbilder kreieren. Für mich als Frau heißt das, selbst für ein neues Frauenbild zu stehen. Damit provoziere ich aber die Leute. Ich sollte mich mehr benehmen wie eine Frau meines Alters, die den Reigen des Lebens beschlossen hat: Zuerst jung und schön – ganz Objekt, dann Ehefrau und Mutter. Danach „passée", vorbei. Ich bin zwar Mutter, aber unverheiratet und gehe meinen eigenen Weg.

Den Filmemacherinnen und Filmemachern meiner Generation fehlten solche Leitbilder. Deshalb arbeite ich heute im Libanon

mit Nachwuchstalenten. Ich versuche, für sie eine Mittlerin zu sein, nicht nur bezüglich des Filmemachens, sondern auch in dem, was und wie ich denke. Gerade jetzt ist das wichtig, wo zwar die zerbombten Fassaden Beiruts modernisiert werden, die Einstellungen und Werte der Menschen sich aber rückwärts entwickeln.
(Das Gespräch führte Rebecca Hillauer; Paris, Dezember 1994).

Filmographie

(16 mm, falls nicht anders angegeben):

1973   **Portrait de Khadafi** (Porträt von Gaddafi), 52 Min
1973   **La guerre d'octobre** (Der Oktoberkrieg), 15 Min
1973   **La guerre sur le Golan: le refus syrien** (Der Golankrieg: die Weigerung Syriens), 26 Min
1973   **Irak: la guerre au Kurdistan** (Irak: der Krieg in Kurdistan), 35 Min
1973   **Beyrouth: les palestiniens continuent** (Beirut: die Palästinenser machen weiter), 26 Min
1974   **Le front du refus** (Die Verweigerungsfront) 10 Min
1974   **Les femmes Palestiniennes** (Die Palästinenserinnen), 12 Min
1975   **Le Liban dans la tourmenté** (Sturmumtoster Libanon), 75 Min (Arabischer Kritikerpreis)
1975   **Portrait d'un mercenaire français** (Porträt eines französischen Söldners), 10 Min
1976   **Les enfants de la guerre** (Die Kinder des Krieges), auch 35 mm, 10 Min (Preis der Katholischen Jury bei den Internationalen Kurzfilmtagen, Oberhausen)
1976   **Beyrouth jamais plus** (Beirut, niemals mehr), auch 35 mm, 35 Min
1976   **Sud-Liban, histoire d'un village assiége** (Südlibanon, Geschichte eines belagerten Dorfes), 13 Min
1976   **Pour quelques vies** (Für welche Leben), 20 Min
1977   **Le sahara n'est pas a vendre** (Die Sahara ist nicht verkäuflich), 90 Min
1977   **Egypte: la cité des morts** (Ägypten: die Totenstadt), 35 Min
1978   **Lettre de Beyrouth** (Brief aus Beirut), 50 Min
1980   **Iran, l'utopie en marche** (Iran, die Utopie im Vormarsch) 50 Min
1982   **Beyrouth ma ville** (Beirut, meine Stadt), 35 Min (Erster Preis bei der Internationalen Filmwoche in Valadolid, Spanien; ausgezeichnet bei den Internationalen Kurzfilmtagen in Oberhausen)
1982   **Bilan de la guerre** (Bilanz des Krieges), 10 Min
1982   **Le bateau de l'exil** (Das Boot des Exils), Video, 10 Min
1984   **Une vie suspendu** (Ein Leben in der Schwebe)[77], 35 mm, 90 Min
1986   **Egypte: l'architecte de Louxor** (Ägypten: der Architekt von Luxor), 20 Min

1986   **Egypte: les fantomes d'Alexandrie** (Ägypten: die Gespenster von Alexandria), 17 Min
1986   **Egypte: la croix des pharaons** (Ägypten: das Kreuz der Pharaonen), 20 Min
1986   **Egypte: l'amour d'Allah – l'intégrisme** (Ägypten: die Liebe zu Gott – der Fundamentalismus), 17 Min
1987   **Les libanais, otages de leur ville** (Die Libanesen, Geiseln ihrer eigenen Stadt), 6 Min
1987   **La tueuse** (Die Killerin), 6 Min
1989   **Les almees danseuses orientales** (Die orientalischen Tänzerinnen), 26 Min
1991   **Fécondation in video** (Befruchtung in Video), Video (Wissenschaftlicher Preis, Angers, und Bester medizinischer Film, Montpellier, Preis der Stadt Biarritz)
1994   **Il était une fois… Beyrouth** (Es war einmal… Beirut), 35 mm, 104 min
1997   **La dame de Saigon** (Die Dame aus Saigon), Video, 60 Min

Jocelyne Saab drehte ihre bislang zwei Spielfilme in einem Abstand von zehn Jahren. Der erste noch während des Kriegs entstandene Film thematisiert die Auswirkungen des Ausnahmezustands auf die Seelen der Menschen, der zweite Nachkriegsfilm ist eine nostalgische Reise in ein Beirut vergangener, glanz-voller Tage.

■ Ein Leben in der Schwebe

Une vie suspendue
Libanon/Frankreich/Kanada 1984

R:	Jocelyne Saab
B:	Gérard Brach
K:	Claudes La Rue
M:	Siegfried Kessler
S:	Philippe Gosselet
D:	Hala Bassam, Jacques Weber, Juliet Berto
P:	Aleph (Lib), Balcon Production, Sigmarc (F), Ciné-Vidéo (Kan)
V:	La Médiathèque des Trois Mondes, Paris

Westbeirut: Die 14-jährige Samar ist ein Kind des Krieges. Der Ausnahmezustand ermöglicht es dem Mädchen, ungewöhnliche Wege zu gehen, abseits der elterlichen Fürsorge und des Schulalltags. So kommt es zu ihrer Begegnung mit dem älteren Künstler Karim. Er gehört der Generation von Intellektuellen an, die von west-lichen Ideen und Idealen geprägt wurde. Sa-mar entwickelt eine träumerische Verliebtheit in den zynisch gewordenen Karim. Ihre Gefüh-le erscheinen so zeitlos und irrational wie die Stadt, die beide umgibt.

■ Es war einmal... Beirut

Il était une fois... Beyrouth
Frankreich/Libanon 1994
R: Jocelyne Saab
B: Philippe und Roland-Pierre Paringaux
K: Roby Breidi
S: Dominique Auvray, Isabelle Dedieu
D: Michèle Tyan, Myrna Makaron
P: Balcon Production, ARTE, Aleph (Lib)
V: Balcon Production, Paris

Ein Film zum Andenken an das Beirut vergangener Tage: Yasmine und Laila, zwei moderne junge Frauen in Miniröcken und T-Shirts, schwärmen für ihre Heimatstadt Beirut und lieben das Kino. Der Bürgerkrieg ist vorbei. Sie machen sich auf die Suche nach Bildern ihrer Stadt, wie sie vor den Zerstörungen war. Sie werden fündig im Archiv eines alten Cineasten. Er nimmt sie mit auf eine Reise durch ein Beirut, das nur noch in den Filmen vergangener Jahrzehnte existiert. Die Regisseurin bedient sich eines originellen Stilmittels: Sie montiert die beiden Protagonistinnen in Szenen aus alten Filmen, so dass eine Kollage der mythischen und der realen Stadt Beirut entsteht.

Szenen aus
*ES WAR EINMAL
... BEIRUT*
© Balcon
Production

*Lange Zeit war Beirut der orientalische „Liebling" der westlichen Welt. Sie hatte keine Rivalin im Nahen Osten. War eine Stadt für Leute aus allen Kulturen, ein Ort für Business, Vergnügen und Drama, aber auch ein Ort der Mythen. Lange Zeit sonnte Beirut sich in diesem Image und war nicht sonderlich beunruhigt durch gewisse Realitäten. Doch die Mythen, die mit Beirut assoziiert wurden und viel dazu beitrugen, über die Jahre seinen Reichtum und Ruhm zu fördern, waren auch mitverantwortlich für seinen Untergang. Die Idee hier ist, auf diese großen Mythen zurückzublicken. Die Filmemacher von gestern verstanden, dass die beste Art, die Komplexität der Stadt zu vermitteln, das Spiel mit den Klischees war. Diese scheinbar frivole Herangehensweise lässt Raum für alle möglichen Übertreibungen, einschließlich meiner eigenen. Die zwei jungen Protagonistinnen in meinem Film sind eine Übertreibung, aber eine, die ein reales Phänomen widerspiegelt: den oberflächlichen Charakter des modernen Beirut."
(Jocelyne Saab, 1994)*

SROUR Heiny

Heiny Srour ist 1945 in Beirut geboren, als Tochter jüdischer Eltern. Während des Soziologiestudiums an der American University of Beirut arbeitete sie als Journalistin und Lehrerin. Später studierte sie Sozialanthropologie an der Sorbonne in Paris bei dem großen Orientalisten Maxime Rodinson.[78] Zum Film fand Heiny Srour über die Einführungskurse zum ethnologischen Film des bekannten französischen Filmemachers Jean Rouch. Außerdem schrieb sie viele Jahre Filmkritiken. Ihr Filmdebüt über den Freiheitskampf in Oman wurde als erster Film einer Frau und aus der Region des Mittleren Ostens für die Filmfestspiele in Cannes ausgewählt. 1985 zog Heiny Srour nach London, wo sie als Dozentin an der International Film School und am Goldsmith College tätig war. Sie hat mehrere Drehbücher geschrieben und ihre Filme auch koproduziert. Seit kurzem lebt sie wieder in Paris.

„Wir Filmemacherinnen aus der ‚Dritten Welt‘ müssen die Idee vom filmischen Erzählen verwerfen, das dem bürgerlichen Roman des 19. Jahrhunderts mit seinem Drang zur Harmonie entliehen ist. Unsere Gesellschaften sind zu tief verletzt und zerrissen durch die Kolonialherrschaft, als dass sie in diese ordentlichen Szenarien passen würden.“
(Heiny Srour)

Zwischen drei Stühlen

Von Heiny Srour

Den ersten Tag des libanesischen Bürgerkrieges habe ich ganz symbolträchtig erlebt: Ich wurde von meinem Vater aus meinem Elternhaus vertrieben, nachdem er mich zutiefst erniedrigt hatte und das im Beisein eines Kollegen, der mich für eine Heldin hielt, weil ich im Maquis von Dhofar[79] den Film DIE STUNDE DER BEFREIUNG HAT GESCHLAGEN gedreht hatte. Um genau zu sein, hatte mein Vater zunächst diesen Kollegen gedemütigt und aus dem Haus gejagt, und das auch noch in meinem Zimmer. Und ich habe dann als Zeichen des Protestes das Haus mit ihm verlassen, anstatt hinzunehmen, was für mich, die ich mich doch für ein denkendes Wesen hielt, mehr als eine Ohrfeige darstellte. Kam ich doch mit Ruhm bedeckt aus Cannes, Paris und New York zurück.

Was hatte ich denn so Schlimmes mit meinem Kollegen in meinem Zimmer gemacht? Ich war hineingegangen, um nach einem Gedicht von Muddaffar Al Nawwab zu greifen, von dem ich wollte, dass er es kennen lernte. Ohne Arg war mir mein Kollege – der algerische Filmemacher Abdel Aziz Tolbi zu Besuch in Beirut – gefolgt. Und wir hatten uns in unseren poetisch-philosophischen Diskussionen völlig verloren, während das Haus nach einem langen orientalischen Mittagessen in der wohlverdienten Siesta vor sich hinschlummerte.

Bei dem genannten Gedicht handelte es sich bezeichnenderweise um das prophetische „Watariyat Layliya" („Nächtliche Melodien"). Beide, die Libanesin und der Algerier, spürten, wie in ihren Ländern und überall schweres Unheil heraufzog. Das schnürte ihnen die Kehle zu, sie waren aber auch nicht in der Lage zu sagen, wo die Lawine losgetreten werden würde. Eine Kassandra, der die Worte fehlten... Also beschloss die Libanesin, den Algerier dieses Gedicht lesen zu lassen, ein Gedicht, das der Vertreter der Befreiungsfront von Oman in Beirut ihr vorgetragen hatte, der bereits wusste, dass der Völkermord an seinem Volk in der Befreiten Zone in Gang war, der aber noch mit niemandem darüber reden konnte. Nicht weniger bezeichnend war, dass der Verfasser des Gedichts ein Iraker war, der vor den überfüllten Gefängnissen seines Landes geflohen war, wo doch gleichzeitig so viele arabische und westliche Intellektuelle dort hineilten, von den Petrodollars angezogen.

„Sayakouna Kharab! Sayakouna Kharab! Hazihi Al Oumma, la budda laha an ta'khouza darsan bil takhrib" (Schweres Unheil steht bevor! Katastrophen stehen bevor! Diese Nation müsste endlich aus ihren zerstörerischen Kräften die

Lehre ziehen), rezitierte ich gerade vor Eifer glühend. Es war der Schluss des Gedichtes von Al Nawwab. Voller Begeisterung sog Tolbi die Worte in sich hinein. Hier fand er die schöpferische Antwort, die er für den fiktiven Film suchte, den er schon in sich trug.

Beide von dem Gedicht völlig in Bann geschlagen, hatten wir nicht mitbekommen, dass mein Vater keineswegs Siesta hielt. Dass er unseren Geräuschen nachspürte. Dass er sich fragte, was dieser „Goi" (Bezeichnung der Juden für Muslims) wohl mit seiner Tochter in deren Zimmer trieb. Und dass er sich wahrscheinlich sagte: „Bereit zu sein, einen ‚Goi' ins Haus zu lassen, geht ja noch an, das kann ich meiner Tochter, die ich drei Jahre lang nicht gesehen habe, nicht verweigern. Außerdem hat sie mir geschworen, dass er verheiratet und Vater von vier Kindern ist. Und außerdem kann die ganze Familie ihn während des Mittagessens im Auge behalten. Dass dieser Goi sich aber herausnimmt, nach dem Nachtisch und Kaffee weiter in unserem ehrsamen Haus herumzuhängen, dass er sich den ganzen Nachmittag mit meiner Tochter allein im Salon herumtreibt, ohne dass da jemand wäre, um sie zu überwachen, außer dem Küchenmädchen! Und jetzt wagt er auch noch, ihr Zimmer zu betreten! Das sprengt die Grenzen…"

„Sayakouna Kharab … Sayakouna Kharab … Katastrophen stehen bevor …" Jedermann weiß, was im Libanon, in Algerien, in Oman, im Irak seitdem geschehen ist und im Rest dieser selbstzerstörerischen „Umma", die in diesem Gedicht so gut beschrieben wird.

„Sayakouna Kharab … Katastrophen stehen bevor…" Ich wusste nicht wie nah ich der Wahrheit war …

Wir schwebten völlig abgehoben in der dünnen Luft der schönen Künste und des Marxismus, als mein Vater, noch im Pyjama, plötzlich in meinem Zimmer erschien. Er bebte vor Zorn, beleidigte meinen Kollegen und warf ihn auf nicht zu übertreffende erniedrigende Art aus dem Haus. Der unglückselige Tolbi war völlig sprachlos… Er wähnte sich im Hause dieser Guerillafilmemacherin, von der er aus der Presse wusste, dass sie im Bombenhagel 400 km Fußmarsch zurückgelegt hatte, um die radikalste Guerillabewegung der arabischen Welt zu filmen, was zuvor noch niemand gewagt hatte… Und nun war er, bevor er überhaupt verstanden hatte, was mit ihm geschah, aus deren Haus geworfen worden.

„Ya ard! N'cha'i we bla'i'ni" (Oh Erde! Öffne dich und verschlinge mich). Leider erhörte die Erde mich nicht. Rasend vor Scham und Erniedrigung fand ich mich mit Tolbi auf der Straße wieder. Als er wieder zu Atem kam, stammelte mein armer Kollege: „Deine Kreise sind nicht einmal feudalistisch, sie bewegen sich auf Stammesniveau ..." Und ich, ich hatte gehofft, seine Freundlichkeit, die er mir als Gast in Algerien erwiesen hatte, erwidern zu können! ... Jetzt war ich mit meinem Avantgardismus die Dumme.

Das war aber nicht das erste Mal, dass es mich schier zerriss zwischen den harten Erfordernissen und der stimulierenden Atmosphäre meinesgleichen, in der ich mich übertreffe und mein Bestes gebe, und der Welt meiner Familie, die Lichtjahre von meinem öffentlichen Leben entfernt ist. Gewiss, ein sehr warmherziges Familienleben, in dem ich aber ..."I suffocate in the Malay community!" (Ich ersticke in der malaiischen Gesellschaft) sagte mir meine Kusine in Singapur, die dem muselmanischen Teil meiner Familie angehört. Auch sie ist Künstlerin. Aber genau so wie mir fehlt ihr die Atemluft unter dem engen Horizont ihrer religiösen Gemeinschaft. Oft habe ich mich gefragt, ob ihr Gefühl zu ersticken daher rührt, dass sie Frau ist oder dass sie Künstlerin ist. Und genau wie ich hat sie außerhalb der Kreise ihres gesellschaftlichen Milieus geheiratet!

Kehren wir aber zurück zu unseren beirutinischen Schafen des Bürgerkriegs. Wir befanden uns also auf der Straße, Tolbi und ich. Wir fühlten uns noch wie betäubt und wollten diese schallende moralische Ohrfeige, die mein Vater unserer modernen und universalen Einstellung gegeben hatte, nicht begreifen.

Wir dachten, wir hätten mit all diesem religiösen Kram aufgeräumt, mit diesen rückständigen Traditionen, mit dieser alten angeprangerten patriarchalischen Ordnung, die wir dem Imperialismus und den arabischen Regimen vorwarfen. Und nun das!

Kaum hatten wir beide einige Schritte auf der Straße gemacht, als wir eine zweite Ohrfeige erhielten ... vielmehr war es diesmal ein Keulenschlag! Um uns herum begannen die Kugeln zu pfeifen. Es waren die allerersten des Bürgerkriegs. Und das machte sie besonders furchterregend. Im Untergrund des Dhofar hatte ich mich ein wenig an so etwas gewöhnt – wobei ich mir allerdings, als die britische Royal Air Force uns das erste Mal aus der Nähe bombardiert hatte, tatsächlich in die Hose gemacht hatte.

Mein Toningenieur bezeichnete mich daraufhin als „Scheißregisseurin", denn ich brüllte jedes Mal zwangsläufig vor Schrecken „Ya Mami!" (O Mami!), wenn ich in der Nähe Feuerwaffen hörte, und verdarb so seine schönen Tonaufzeichnungen. Das hatte ich natürlich vor der Presse sorgfältig verschwiegen und vor Tolbi und allen meinen Kollegen – aus Angst, als erste Frau und Filmemacherin des Mittleren Ostens, die in Cannes auserwählt worden war, abgelehnt zu werden. Ich hatte viel zu große Angst zu hören „da sieht man, was dabei herauskommt, wenn eine Frau Kino machen will. Und dann auch noch im Untergrund! Das hatten wir Ihnen ja gesagt…"

Aber im Dhofar, mit den militärischen Eskorten, der Wüste, den Felsen, den bewaffneten Frauen und Kindern, gehörte das zur situationsbedingten Tonaufzeichnung. In Beirut hingegen, in diesem libanesischen Dolce vita, waren die Schüsse, die fielen, viel furchterregender.

Die strenge Bindung an eine Glaubensrichtung, über die wir uns so grenzenlos lustig machten, schickte sich nun an, uns zu zeigen, dass ihr unsere Verachtung als Intellektuelle absolut schnuppe war! Wir hatten moralischen Terrorismus gegenüber den „Verdorbenen" praktiziert, die sie sich zu eigen machten. Nun würden sie es uns heimzahlen, indem sie uns siebzehn Jahre lang allerdings mehr physisch terrorisieren würden.

Das Haus der Freundin, in das ich mich mit Tolbi flüchten wollte, war noch weit weg. Mistschüsse, sei's drum! Nachhause zurückzukehren, war unmöglich. Die patriarchalische, imperialistische, kapitalistische Ordnung – war das nicht ein und die selbe Sache? Avanti Popolo! „Al mawt, wala'l' mazalati" (Lieber den Tod als ein Leben in Erniedrigung) hatten seinerzeit die Fedayin gesungen, die wir mit so glühendem Eifer unterstützten. Und ich war entschlossen, meinem Vater zu beweisen, dass ich ein denkendes Wesen war und nicht die ewig Minderjährige, worauf sein Judaismus, der vom libanesischen Gesetz institutionalisiert war, mich beschränken wollte.

Wir kamen sicher bei meiner Freundin an, und dort entdeckte Tolbi, durch unsere Gespräche begünstigt, dass, auch wenn ich das klassische Journalistenarabisch fließend sprach, ich dennoch eine Halbanalphabetin war, wenn es darum ging, Arabisch zu lesen – die Französische Schule war eben eine gesellschaftliche Verpflichtung. „Und ich hatte geglaubt, es läge am tiefen Nachdenken, dass Heiny Stunden gebraucht hatte, um den Schriftsatz zum Kongress der Dokumentarfilmer zu lesen!" Was können Konditionierung und Presse doch bewirken! Nun gut! Noch eine Schwierigkeit mehr!

Und es sollten nicht die letzten meiner Karriere bleiben. Ich habe also weiterhin auf einem Bein hüpfend die Grenzen ausgelotet. Jedes Mal wenn die beruflichen Erfolge es gestatteten, mich hoch über die traditionellen und drückenden Lasten zu erheben, dann brachte mich eine Intervention meiner Familie mit Krach und Donner auf den Planeten Erde zurück. Und dort sind die Gesetze der Schwerkraft für eine orientalische Frau unerbittlich, vor allem dann, wenn sie Jüdin in einer arabischen Welt ist, die reichlich im Namen des Judaismus bombardiert wird.

Und so habe ich noch einmal die Arroganz besessen, mich für ein denkendes Wesen zu halten, als mir anlässlich des Grand Prix du Scénario ACCT für den Film LAILA UND DIE WÖLFE 400.000 FF zuerkannt wurden. Das ist mir schlecht bekommen: Jemand aus meiner Familie hat meinen Koffer geöffnet und durchwühlt und hat ohne mein Wissen mein Drehbuch gelesen …nach bester Tradition der spanischen Inquisition. – Du übertreibst Heiny, spiel nicht die Märtyrerin! Immerhin bist du nicht auf dem Scheiterhaufen verbrannt worden, so wie Torquemada es mit Zehntausenden von Juden gemacht hat! Gewiss. Aber ich bin aus dem Haus dieser Verwandten gejagt worden, als so skandalös stufte nämlich die Zensur meiner Familie mein Drehbuch ein. Man muss sich den furchtbaren Stress der Vorbereitung für die Dreharbeiten, bei der es erheblich an Geld und Zeit fehlt, vorstellen können, um zu begreifen, wie störend ein solcher Hinausschmiss für eine Filmemacherin ist, die nie auf einer Filmakademie war und die einen sehr schwierigen historischen Film in Angriff nahm. Und bei der öffentlichen Lynchjustiz, der ich in meiner Familie nach meinem Vietnamfilm ausgesetzt war, möchte ich nicht verweilen. Die besten Traditionen des Pogroms wurden dabei eingehalten …

Die Hälfte von LAILA habe ich in Syrien gedreht, unter anderem dank der tätigen Solidarität meiner syrischen Kollegen… die mich gebeten haben, mein Judentum zu verbergen. Als Kind bin ich in der Vorstellung vom Erwählten Volk aufgewachsen. Als Jugendliche hatte ich – ganz körperlich – vom Lehrer für Hebräisch an der Alliance Israélite von Beirut eine Ohrfeige bekommen, weil ich zu äußern gewagt hatte, dass dieser jüdische Gott den Nichtjuden gegenüber ungerecht sei. Und jetzt verlangte man von mir, mein Judentum wie eine venerische Krankheit zu verbergen. Da verlangte man zuviel von mir. Und dennoch habe ich mich gebeugt. Meine syrischen Kollegen hatten selbst genug Ärger mit ihrer Regierung und fairerweise durfte ich ihre Probleme nicht noch vergrößern. Noch leidvoller war für mich die eigentlich sehr warmherzige Einladung einer Freundin auf ihren Familienbesitz in Baalbek zwecks wohlverdienter Entspannung nach den erschöpfenden Dreharbeiten … Nachdem ich dann dort war, bat auch sie mich auf die netteste denkbare Weise, meine jüdische Herkunft vor der örtlichen Bevölkerung zu verbergen, und dies geschah nun in meinem eigenen Land. Auch dort habe ich mich beugen müssen. Wie in Syrien ging es darum, mir und meinen Gastgebern Ärger zu ersparen.

Im Libanon, in Syrien wie im Rest der arabischen Welt, immer dann, wenn ich aus dem Kreis meines kleinen linken Zirkels hinaustrete, löst meine jüdische Herkunft, dort wo Menschen zusammentreffen, peinliche Beklemmung, Unbehagen oder Schlimmeres aus. Und ich weiß bisweilen nicht, was ich tun soll, denn ich finde mich in dieser Religion nicht wieder, in der Salomon – der Weiseste der Weisen und Gerechteste der Gerechten – im Goldenen Zeitalter einen Harem mit tausend Frauen besaß. 700 Prinzessinnen und 300 Konkubinen präzisiert die Bibel. Das einzige, was den Zorn des so gerechten und gütigen Ewigen zu erregen vermochte, war, dass Salomon für die Götzen seiner schönen heidnischen Favoritinnen Tempel errichten ließ. Dies war unakzeptabel für diesen monolithischen Monotheismus.

Nach all meinen antipatriarchalischen, antiklerikalen, antidespotischen, anti-anti-anti Kreuzzügen …, auf Welt- wie Familienebene, habe ich mich kürzlich dabei ertappt, wie ich mit Vergnügen den Davidstern immer wieder auf die Totenlichter, die der Erinnerung an meinen inzwischen verstorbenen Vater gewidmet waren, malte.

Der Davidstern? Ich war doch an dem Punkt angelangt, an dem ich seinen Anblick im Fernsehen unerträglich fand, so häufig hatten mit diesem Symbol versehene Panzer und Flugzeuge während der israelischen Kriege Tod und Unglück verbreitet. Ich war an dem Punkt angelangt, an dem ich mich meines jüdischen Ursprungs bisweilen schämte.

Als Kind hatte ich diesen Stern geliebt, als man mir erklärt hatte, dass er aus zwei vollkommenen geometrischen Figuren bestand – zwei gleichschenkligen Dreiecken – , das eine nach oben, das andere nach unten schauend, um das Gleichgewicht zwischen Himmel und Erde zu versinnbildlichen. Eine von der Makrobiotik besessene libanesische Freundin sagte mir, dass dieser gleiche Davidstern „das universale Symbol des Tao, des Yin und Yang im ganzen Orient sei."

Die jüdische Tradition verlangt, dass man den Verwandten eines Verstorbenen die für seinen Todeszeitraum vorgeschriebenen trostspendenden Gebete vorliest. Und mir liest man Jesaja vor, in einem jährlichem Ritual, und erst kürzlich hat man ihn mir vorgelesen, um mich über den Tod meines Vaters zu trösten. Diese Gebete beginnen ganz symbolisch damit, dass dem Ewigen dafür gedankt wird, dass er den Juden gute Propheten gesandt hat, denn schlechte hat es auch gegeben. „Jesaja" ist also für die Bibel einer dieser guten Propheten.

Und was sagt Jesaja an die Kinder Israels gerichtet, wenn der Ewige mit seinem Mund spricht? „*Weh dem sündigen Volk, der schuldbeladenen Nation, der Brut von Verbrechern, den verkommenen Söhnen!*" (Jesaja, 1, 4) Und dann „*Bringt mir nicht länger sinnlose Gaben, Rauchopfer, die mir ein Gräuel sind, Neumond und Sabbat und Festversammlung: Frevel und Feste ertrage ich nicht … Wenn ihr auch noch so viel betet, ich höre es nicht. Eure Hände sind voller Blut. Wascht euch, reinigt euch! Lasst ab von eurem üblen Treiben. Hört auf, vor meinen Augen Böses zu tun. Lernt, Gutes zu tun,* **sorgt für das Recht; helft den Unterdrückten, verschafft den Waisen Recht, tretet ein für die Witwen."** (J. 1, 13 – 17) So spricht mein Vater über seinen Tod hinaus zu mir, er, der ein glühender Anhänger Begins war. „Die Menschen weisen so viele verborgene Schätze auf", sagt mir meine makrobiotische Freundin, die immer dann zur Stelle ist, wenn es darum geht, mir die unvermuteten Schönheiten des Lebens zu zeigen.

Und das ist noch nicht alles… Denn bei Jesaja geht es weiter: *„Denn aus Jerusalem kommt das Wort des Ewigen. Er spricht Recht im Streit der Völker, er weist viele Nationen zurecht. Dann schmieden sie Pflugscharen aus ihren Schwertern und Winzermesser aus ihren Lanzen.* **Man zieht nicht mehr das Schwert, Volk gegen Volk, und übt nicht mehr für den Krieg."** (J. 2, 3 – 4)

Hatte nicht gerade das mich im Marxismus angezogen, diese Hoffnung, dass mit dem Ende des Kapitalismus die Kriege verschwinden würden? Diese Liebe zum Frieden und zur Gerechtigkeit ist ein weiterer verborgener Schatz, den mein Vater mir hinterlässt, er, der die marxistischen Bücher zerriss, die ich im Verborgenen mit einer Taschenlampe unter meiner Bettdecke las.

Ich habe meine männlichen Kollegen wegen ihrer Darstellung der Frau mit Sarkasmen überhäuft. „Die arabischen Filmemacher haben wahrhaftig Probleme mit ihren Müttern", habe ich voller Spott geschrieben. Und als ich den Mut aufbrachte, selbst in den Spiegel zu schauen, da erblickte ich eine Filmemacherin, die nicht weniger Probleme mit ihrem Vater hat.

Denn vom Dhofar bis Vietnam, über den Libanon, Palästina und Ägypten, stieß ich immer wieder auf den David des Augenblicks, konfrontiert mit dem Goliath der Zeitumstände. Selbst in der Bibel missbraucht der schöne kleine Hirtenjunge – der, nur mit seinem Glauben und seiner Schleuder bewaffnet, dieses vor Eisen starrende Monster wie im Lehrbuch zur Strecke bringt – seine Macht, als er König wird …Und sein Ewiger fährt ihm gehörig in die Parade, „denn der Ewige ist immer auf Seiten der Unterdrückten."

Und das hatte mein Vater, ein Ehrenmann, sehr wohl an mich weitergegeben. Dabei hatte doch er so sehr unter den Verunglimpfungen gelitten, denen jeder Jude in der libanesischen Gesellschaft ausgesetzt ist. Er, der mich so sehr herabgesetzt hatte, dieses Kind weiblichen Geschlechts, das er nicht hatte haben wollen und von dem er so sehr gehofft hatte, dass es das männliche Kind ersetzen würde, das kurz vor meiner Geburt gestorben war. Für ihn war dies eine Diskriminierung göttlichen Ursprungs. Ihm auferlegt mit dem ganzen Glauben, den seine Bibel ihm gab, und Gegenstand so vieler Leiden für mich, in meinem Privat-

und Berufsleben. Also habe ich meinen Davidstern neu erfunden. Das alles soll erklären, warum ich mich geradezu zwangsläufig darauf eingelassen habe, so wesentlich schwierigere Filme zu drehen als die meiner männlichen Kollegen. *(Heiny Srour, London, 16. Oktober 1998; übersetzt von Jochen Collin)*

Filmographie:

1968 **Bread of Our Mountains** (Brot unserer Berge), 16mm, s/w, 3 Min (ging während des libanesischen Bürgerkriegs verloren)

1974 **Sa'a al-tahrir daqat/L'heure de la liberation a sonné** (Die Stunde der Befreiung hat geschlagen), 16 mm, 62 Min

1984 **Laila wal-dhiab** (Laila und die Wölfe / Leila and the Wolves), 16 mm, 90 Min (Preis für das beste Drehbuch, Paris; Erster Preis beim Internationalen Filmfestival in Mannheim)

1991 **The Singing Sheikh** (Der singende Scheich[80]), Video, 10 Min

1994 **Les yeux du cœur** (Die Augen des Herzens), Video, 52 Min

1993 **Rising above, Women of Vietnam** (Frauen in Vietnam), 16 mm, 52 Min

2000 **Woman Global Strike 2000** (Generalstreik der Frauen 2000), Video

■ Die Stunde der Befreiung hat geschlagen

Saea al-tahrir daqat bira' ya istamar/L'heure de la liberation a sonné
Libanon/Frankreich/Großbritannien | 1974

R/S: Heiny Srour
K: Michel Humeau
T: J. L. Ugetto
V: ISKRA, Arceuil Cedex

Der Befreiungskampf in Oman war einer der radikalsten in der arabischen Welt. Auch Frauen und Kinder nahmen aktiv an den Kämpfen teil. In westlichen Ländern ist kaum etwas über diesen Krieg bekannt. Der Film dokumentiert die Geschehnisse in einzigartigen Aufnahmen aus den befreiten Gebieten. Er zeigt die Volksarmee beim ideologischen und militärischen Drill, analysiert aber auch die englisch-amerikanische Präsenz in den Golfstaaten und die gegenseitigen Verflechtungen im ökonomischen, militärischen und politischen Bereich.

Heiny Srour bei der Präsentation von DIE STUNDE DER BEFREIUNG... im Museum of Modern Art in New York © privat

■ LAILA UND DIE WÖLFE

Laila wal-dhiab / Leila and the Wolves
Großbritannien 1984

R/B: Heiny Srour
K: Charlet Recors, Curtis Clark
S: Eva Houdova
L: Zaki Nassif
M: (zusätzl.) Munir Bechir
T: Eddy Tise, John Anderton
D: Nabila Zeitouni,
      Rafiq Ali Ahmed
P: British Film Institute,
      Laila Films Paris, Belgisches
      Kulturministerium, NCO,
      NOVIB (NL)
V: Cinenova, London

„Das visuelle Leitmotiv des Films sind arabische Frauen, die tiefverschleiert und unbeweglich in der heißen Sonne am Strand sitzen – während halbnackte Männer fröhlich im Meer baden. Allmählich werden die Frauen ungeduldig, nehmen Schleier um Schleier ab und gehen schließlich selbst ins Wasser." (Heiny Srour)

Die junge Libanesin Laila lebt in London. Als sie eine Fotoausstellung über Palästina organisiert, sieht sie auf den Fotos nur Männer abgebildet. Frauen kommen darauf nicht vor. Laila macht sich daran, der unbekannten Rolle von Frauen in der modernen Geschichte Palästinas und des Libanon nachzuspüren. Laila beschwört die Szenen der Vergangenheit herauf, um die Behauptung ihres Freundes zu widerlegen, dass Frauen heutzutage keine Rolle in der Politik spielen. Sie wandert durch die einzelnen Dekaden dieses Jahrhunderts, um einmal hier und einmal dort in die Geschichte einzutauchen. Der Spielfilm schildert diese Spurensuche in eindringlichen Bildern und lakonisch-witzigen Sequenzen, in denen immer die selben Darsteller spielen. Das stereotype Bild „der arabischen Frau" als willenloses Opfer wird dabei ad absurdum geführt.

Szene aus LAILA UND DIE WÖLFE © Cinenova

Pressestimmen

Frauen sind ein zentrales Anliegen von Srours Filmen, und sie ist insbesondere daran interessiert, die wechselseitige Abhängigkeit von nationalen Be-
freiungsbewegungen und der Emanzipation der Frauen zu zeigen. LAILA UND
DIE WÖLFE ist implizit kritisch gegenüber allen politischen Gruppierungen
im Mittleren Osten aufgrund deren Haltung zur Frauenfrage. Dieser Film
bedient sich einer Struktur wie aus den Arabischen Nächten (Geschichte innerhalb einer Geschichte innerhalb einer Geschichte). Damit trägt er den
Zuschauer über Zeit und Raum hinaus, um die versteckte Rolle arabischer
Frauen in der modernen Geschichte Palästinas und des Libanons aufzudek-
ken. Die Dreharbeiten fanden teils unter gefährlichen Bedingungen statt und
dauerten sieben Jahre. Deshalb ist dieser Spielfilm oft beschrieben worden als
ein „Triumph künstlerischen Ehrgeizes über scheinbar unüberwindliche Hindernisse". Er ist auch ein bedeutender Beitrag zur Ästhetik der Dritten Welt.
(Women's Companion to International Film, Virago Press, London)

(…) LAILA ist die Antithese zu den Frauen in schwarzen Tschadors, die auf ewig
Sand durch ihre Finger rinnen lassen. In ihrem langen weißen Gewand wandert
sie durch vergangene und zeitgenössische Geschichte als die aktive arabische
Frau, die nach Ansicht Heiny Srours eben diese Geschichte gemacht hat.
„Ich komme aus einer Gesellschaft, in der die Geschlechter so getrennt
sind, dass ich nur die weibliche Version dieses Universums zeigen kann. In
die Welt der Männer bin ich nicht vorgedrungen, genauso wenig wie sie in
unsere." Eine der komplexesten und ambitioniertesten Szenen des Films zeigt
Laila, wie sie nachts auf einer Straße von Beirut steht, vor einem Haus mit
fünf Fenstern. Gesprächsfetzen dringen nach draußen: Ein junger Mann bet-
telt seine Mutter um Geld an, um zur Ausbildung als Balletttänzer ins Ausland gehen zu können; zwei Männer reden über einen Freund, der in selbst-
mörderischer Absicht in den Krieg geeilt ist, aus Gewissensqualen darüber,
dass er seine Tochter wegen eines Verbrechens gegen die Ehre getötet hat. „In
einer Gesellschaft, in der das weibliche Geschlecht so absolut unterdrückt
und in eine Ecke gesperrt wird, erleidet auch das männliche Geschlecht unweigerlich Unterdrückung. Doch über diese Unterdrückung können Laila
und ich nur spekulieren."
Die historischen Szenen sind montiert mit echtem Filmmaterial: aus
Wochenschauen über die Britische Armee in Palästina sowie aus dem Archiv

der Vereinten Nationen von den ersten Zeltstädten der entwurzelten Palästinenser. Es wirken kaum professionelle Schauspieler mit. Dorfbewohner stellen die komplexen traditionellen Tänze dar und singen die Lieder bei einer
Hochzeit. Diese Szenen wurden wegen des libanesischen Bürgerkriegs in
Syrien gedreht. Heiny kehrte jeden Sommer ganz kurz in den Libanon zurück, um Teile des Films in Beirut zu drehen. Aber der Krieg hat ihre ganze
Familie an verschiedenen Orten ins Exil getrieben. Zerstört ist auch die kulturelle Gemeinschaft der libanesischen Filmemacher und anderer Künstler,
die das Zentrum von Heinys kulturellen Wurzeln und Stärke war. (…)

LAILA wird vermutlich eine Sensation heraufbeschwören, wenn der Film
in der arabischen Welt gezeigt wird, obwohl die Darstellungen männlicher
Gewalt gegen Geist und Körper von Frauen allgemein gültig sind. „Natürlich
sind die Palästinenser dankbar für einen Film, der in der Vergangenheit wühlt,
den hohen Entwicklungsstand einer 2000-jährigen Kultur zeigt und den Mythos zu Fall bringt, dass Palästina eine Wüste war, in die Zionisten kamen
und Rosen pflanzten. Aber ich habe ebenso an dem moralischen Schrecken
gerührt, der durch die arabische Welt zieht, wenn es die Frauenfrage betrifft.
Ich zwinge sie, über etwas nachzudenken, über das sie nicht nachdenken wollen. Besonders in Zeiten von Krieg und Revolution möchten Männer gern glauben, dass Frauen und ihre Probleme zweitrangig sind und warten können."

Heiny hat keine Zeit mit Warten verloren, um sich zu erfüllen, was sie seit
ihrer Mädchenzeit wollte: ein unabhängiges Leben als Künstlerin. In ihrer
jüdischen Gemeinschaft im Libanon standen solche Träume nicht zur Debatte. Ihr Kampf darum, nach Paris zu gehen, um bei dem großen Orientalisten Maxime Rodinson zu studieren, war nur ein Vorgeschmack auf den Überlebenskampf als Filmemacherin. Die Mutter verkaufte heimlich die Arm-
bänder, die sie zur Hochzeit bekommen hatte, um Heiny zu helfen, ihren
ersten Dokumentarfilm zum Verleih zu bringen. Damit wollte sie die Tochter unterstützen, die dickköpfig und hungrig durch Paris zog. Derweil wartete
Heinys Vater darauf, dass sie auf Knien nachhause zurückkehren würde.
(Victoria Brittain, in: The Guardian, 21.8.1984)

Über ein Dutzend Frauen sitzen unbehaglich schweigend in ihren schwarzen Umhängen am Strand, verhüllt bis auf die Augen. Während sich daneben junge Kerle im Sand räkeln, brütet der Frauen-Clan dermaßen einsilbig
vor sich hin, dass der Kontrast nicht anders als satirisch wirkt. Zusätzlich sind
dem Film Dokumentaraufnahmen britischer Militäreinsätze beigefügt und

immer wieder Archivbilder der Reden Hitlers und Goebbels – Verweis auf „männerbündische Kriegspropaganda", die auch die arabischen Frauen zu instrumentalisieren droht.

Ein trübsinniges Resümee ist es, das dieser Film bietet: langlebiger als Krieg und Besetzung sind traditionelle Familienstrukturen, die den Frauen eine autonome Handlungsfreiheit nicht zugestehen. So bekannt, so widersprüchlich das Ganze. Und so verwundert es kaum, dass am Ende die Frauen den Gesichtsschleier zwar abnehmen – jedoch nur, um die Knöchel scheu im Wasser zu baden. Laila tanzt derweil in einer Traumsequenz, von Gerippen und Gespenstern umgeben, „den Libanon".

(Gudrun Holz, in: Junge Welt, 28. September 1995)

STEPHAN Rania

Rania Stephan ist am 13. Januar 1960 in Beirut geboren. Bevor sie als Ton- und Schnittassistentin nach Los Angeles ging, arbeitete sie als Tontechnikerin in Melbourne und in einer Videokooperative in Paris. Sie hat ebenso einige Dokumentarfilme und Videoclips realisiert.

Filmographie:

1988   **Ya leyl, ya ayn** (= arabisches Sprichwort[81]), Video, 10 Min.
1989   **Le Miracle de la Manekine** (Das Wunder der Manekine), Video, 24 Min.
1986   **Oh! Souffle de la brise** (Oh! Ein sanfter Windhauch), Video, 5 Min.
1991   **Adonis**, Video, 26 Min.
1992   **La Tribu** (Der Tribut), Kunstvideo, 9 Min.
1993   **Phèdre(s)** (Phädras), Hi 8, 3 Min.
1995   **Tentative de Jalousie** (Versuch der Eifersucht), Beta SP, 24 Min.
1997   **Baal & la Mort** (Baal und der Tod), Beta SP, 24 Min.
1999   **Wayn essekeh?** (Zug-Züge), Beta SP, 33 Min.

■ Zug-Züge
Wayn essekeh?

Die erste Eisenbahnlinie, die die Franzosen 1896 bauten, führte von Beirut nach Damaskus. Der Dokumentarfilm zeigt die Dörfer entlang der ehemaligen Bahnstrecke und die Menschen, die in den stillgelegten Bahnhöfen wohnen. Durch eine besondere Schnitttechnik entsteht ein ungewohntes Bild des Libanon nach dem Krieg.

PALÄSTINA

Kino und Film stecken im zukünftigen Staat Palästina noch in den Kinderschuhen. Ein Kulturministerium und Filmabteilungen existieren zwar bereits, aber weder eine Filmschule noch eine Filmförderung. Die Fernsehstationen finanzieren vor allem Soap Operas und lokale Berichterstattung, die meisten Spiel- und Dokumentarfilme werden von ausländischen Institutionen koproduziert. Im Oktober 2000, kurz nach der avisierten Ausrufung eines unabhängigen palästinensischen Staates am 13. September, sollte das 1. Nationale Palästinensische Filmfestival in Bethlehem stattfinden. Die Veranstaltung wurde, offiziell wegen Finanzierungsproblemen, bis auf weiteres verschoben.

Über dreieinhalb Millionen Palästinenser leben noch immer in Flüchtlingslagern – im Westjordanland, in Gaza, Syrien, Jordanien und im Libanon. Sie sind die Nachkommen der 750.000 Palästinenser, die 1948 durch die Staatsgründung Israels heimatlos wurden

Seit der zweiten Intifada und der Regierungsübernahme in Israel durch den Hardliner Ariel Sharon sieht es für den Frieden im Nahen Osten wieder düster aus. Vom weiteren Verlauf des Friedensprozesses hängt ab, welche Richtung die Entwicklung im Filmbereich nehmen wird. Ebenso von der Zensur durch die Autonomieregierung Yassir Arafats. Denn nach jahrzehntelangem Ringen mit der israelischen Besatzungsmacht sind es nun laut eines Berichtes von Amnesty International[82] die palästinensischen Behörden, die Presse- und Meinungsfreiheit knebeln.

Der deutsche Filmemacher und Journalist Robert Krieg bildete in den frühen neunziger Jahren im Rahmen eines Projekts der Grünen-nahen Stiftung „Buntstift"[83] palästinensische Fernseh- und Hörfunkjournalisten aus. Mit seiner Hilfe wurde ein Radiosender aufgebaut. Während die Station zu dieser Zeit eine Plattform für freie Meinungsäußerung war, ist sie heute zum offiziellen Sprachrohr der Autonomieregierung umfunktioniert: The Voice of Palestine.

Auch in Fragen der Gleichberechtigung geht die Entwicklung in Palästina rückwärts. Führende Frauenrechtlerinnen machten auf diese Gefahr bereits nach der ersten Intifada aufmerksam. „Die Rolle von Frauen in der künf-

tigen palästinensischen Gesellschaft wird ein Gradmesser für die entstehende
Demokratie sein", mahnten sie damals.[84] Und warnten, es gebe „Anzeichen
dafür, dass Frauen schon in den bisher entstandenen neuen Strukturen eine
völlig untergeordnete Rolle spielen".

Während Frauen bei der ersten Intifada noch mit den Männern kämpften, stehen beim zweiten Aufstand Jugendliche an vorderster Front. Mehr als
die Hälfte der Menschen in dem Gebiet, das nach dem Oslo-Abkommen
unter palästinensischer Verwaltung steht, sind unter 16 Jahren. Frauen sind
wieder besonders in ihrer Funktion als Gebärerinnen und Mütter gefragt.
Denn längst gelten viele Kinder nicht mehr nur als Garanten für die Zu-
kunftssicherung einer Familie, sondern auch eines Staates Palästina.

Bereits im nationalen Befreiungskampf gegen die britischen Besatzer hatten Frauen ihren Kampfgeist bewiesen. Heiny Srour hat darüber ihren ebenso
kämpferischen Spielfilm LAILA UND DIE WÖLFE (1984) gedreht. Arab Lotfis
JAMILAS SPIEGEL (1993) ist eine Hommage an die Aktivistinnen der 60er und
70er Jahre. Die palästinensische Dokumentarfilmerin Mai Masri erzählt dagegen in KINDER DES FEUERS (1990) von den Auswirkungen der 1. Intifada auf
die Kinder in den von Israel besetzten Gebieten. Ihr Lieblingsspiel ist Intifada, die nahöstliche Variante von Räuber und Gendarm. Eine Gruppe spielt
die israelischen Soldaten und die andere die Palästinenser.

Die erste palästinensische Filmemacherin war Sulafa Jadallah, die in den
70er Jahren mit der Filmabteilung der PLO arbeitete. Sie hatte im Gegensatz
zu ihren männlichen Kollegen sogar eine Ausbildung als Kamerafrau an der
Filmhochschule Kairo. Erst ein Jahrzehnt später begannen auch andere Palästinenserinnen, Filme zu machen. Bis dato ist kein einziger abendfüllender
Spielfilm darunter. In ihren Filmen setzen sie sich mit der palästinensischen
Geschichte auseinander, mit ihrem eigenen Exil und den politischen Verhältnissen in ihrer Heimat.

Eine andere Art, Flagge zu zeigen, wählten die Herausgeber einer neuen
arabischsprachigen Frauenzeitschrift: „Lilac". Die erste Ausgabe im Frühjahr 2000 sorgte sogleich für Furore. Grund waren Berichte über Sex und
Politik. „Manche Kioske weigerten sich, Lilac zu verkaufen. Trotzdem waren
in kürzester Zeit alle 18.000 Exemplare der ersten Nummer weg. Ich werde
mich jedenfalls nicht selber zensieren", erklärte Yara Mashur, die Chefin des
Magazins, eine 26-jährige israelische Araberin.[85]

Kontakte zwischen Palästinensern und Israelis sind äußerst selten. „Auch
im Jahre Fünf des Friedensprozesses ist es verpönt, mit den ‚anderen' zu spre-

chen", heißt es in einem Artikel von Angela Grünert aus dem Jahr 1998.[86] Daran hat sich nicht viel geändert. Die israelische Rechtsanwältin Felicia Langer[87] setzte sich über Jahre für die Menschenrechte der Palästinenser ein. Sie wurde dafür zur Ehrenbürgerin von Nazareth, der größten arabischen Stadt in der Westbank, ernannt und 1990 mit dem alternativen Nobelpreis geehrt. Amira Hass, Korrespondentin der israelischen Zeitung „Haaretz" lebt seit fast 10 Jahren unter Palästinensern.

Die Frauenorganisation „Jerusalem Link" bietet für den oft schmerzhaften Prozess des Sich-Annäherns und Sich-Zuhörens Gesprächsforen und ein Trainingsprogramm zur „Entfeindung" an. Zu den Kursen kommen Politikerinnen und Journalistinnen genauso wie Hausfrauen. Gegründet wurde „Jerusalem Link" unter anderem von der Politikerin Hanan Ashrawi[88] und Sumaya Farhat-Naser, Biologiedozentin an der Beir Zeit-Universität. Für ihr langjähriges politisches Engagement erhielt Farhat-Nasser im Oktober 2000 den „Preis zum Hohen Frieden" der Stadt Augsburg.

Hintergrund

1920 nahmen palästinensische Frauen an Demonstrationen und Streiks teil, in denen die Aufhebung der Balfour-Deklaration[89] gefordert wurden. Ein Jahr später wurde eine Frauenvereinigung gegründet. Sie scheiterte jedoch, weil sie die große Zahl der Bäuerinnen nicht für sich gewinnen konnte. Ein zweiter Versuch 1928 war erfolgreicher: Eine Frauenvereinigung entstand und führte im folgenden Jahr eine Frauenkonferenz in Jerusalem durch.

Die bis dahin größte Herausforderung für die Befreiungsbewegung kam mit dem Aufstand von 1936–39. Er begann mit einem sechsmonatigen Generalstreik und wurde fortgeführt als bewaffneter Kampf, der vor allem gegen die britische Armee gerichtet war. Viele Männer verschwanden aus den Städten und Dörfern und gingen als Untergrundkämpfer in die Berge. Die Frauen mussten zusätzliche Arbeit übernehmen und unterstützten den Aufstand so gut sie konnten: Sie besorgten das Geld, um Waffen zu kaufen, selbst wenn sie dafür Wertgegenstände verkaufen mussten, schmuggelten Nahrungsmittel und Waffen an britischen Kontrollpunkten vorbei und versorgten die Verwundeten. Einige Frauen schlossen sich den Kämpfern an. Fatima Ghazal war am 25. Juni 1936 die erste Frau, die im Kampf getötet wurde.

Nach 1948 ebbte der nationale Befreiungskampf und der Kampf der Frauen um Gleichberechtigung ab. Erst 1965, kurz nach Gründung der PLO,

fand die erste Konferenz der GUPW (General Union of Palestinian Women /
Allgemeine Vereinigung der Palästinensischen Frauen) statt. Sie war fortan
in der Palästinensischen Nationalversammlung vertreten, die die Politik der
PLO bestimmte. In der modernen Widerstandsbewegung, die nach dem Sechstage-Krieg von 1967 begann, spielten Frauen erneut eine wichtige Rolle. Indem sie am bewaffneten Widerstand in Jordanien und im Libanon teilnah-
men, trotzten sie uralten sozialen Konventionen:
• 1968 führten Schulmädchen eine Reihe von Demonstrationen in der Westbank an.
• Die GUPW führte eine Kampagne zur Alphabetisierung von Frauen in den
Flüchtlingslagern durch. Die Rate der Analphabetinnen sank auf 30%.
• In der Westbank und Gaza wurden vier Frauenvereinigungen gegründet,
die sich um Gesundheitsfürsorge, Sozialarbeit und Erziehung kümmerten.
Sie organisierten jedes Jahr den Internationalen Frauentag (am 8. März, Anm.
d. Autorin). 1984 errichteten israelische Truppen erstmals Straßenblockaden
nördlich von Jerusalem, die nur Männer passieren ließen. Damit wollten sie
die Frauen daran hindern, zu den Feierlichkeiten in Jerusalem zu gehen.
• Am 6. März begannen im Neve Tirzeh Gefängnis weibliche Gefangene
einen Hungerstreik, weil sie für das Wachpersonal kochen und putzen sollten. Palästinensische und israelische Frauenorganisationen unterstützten sie
in ihren Forderungen, und sie setzten sich durch.
(aus der Pressemappe zu LAILA UND DIE WÖLFE *von Heiny Srour)*

Film in Palästina – Palästina im Film

Von Viola Shafik[90]

Palästina ist ein Thema, an dem sich die Geister scheiden. Lange Zeit wurde es
im Westen, auch in der Bundesrepublik, als Spielwiese extremistischer Linker
abgestempelt und aus der Öffentlichkeit verbannt. Erst im Laufe der Jahre, nach
einer Vielzahl aufsehenerregender politischer Ereignisse und angesichts israelischer Ausschreitungen in den besetzten Gebieten, begann man das Ausmaß des
Dramas zu erkennen. (…)
Zu Beginn der 70er Jahre – nach dem Schwarzen September 1970 in Jordanien[91] – begann man in der Bundesrepublik den Problemen von Palästinensern

etwas mehr Aufmerksamkeit zu schenken. Dokumentarfilmemacher – vornehmlich aus dem linken Lager, wie Manfred Vosz, Mario Offenberg oder später Robert Krieg – versuchten, mit ihren Dokumentationen die Informationslücke zu schließen (Monika Maurer drehte zehn Filme, die teils von der PLO produziert wurden; *Anm. d. Autorin*). Der Vertrieb ihrer Filme blieb bezeichnenderweise fast ausschließlich auf dem nichtkommerziellen Bereich beschränkt. (…)

In der ehemaligen DDR dagegen sah man Anti-Faschismus und Anti-Imperialismus als untrennbare Einheit an. Die daraus resultierende Kritik auch an der Politik des Staates Israel schlug sich zwar nicht unbedingt in eigenen Produktionen nieder, öffnete aber wenigstens – zum Beispiel mit der Leipziger Dokumentar- und Kurzfilmwoche – ein Forum für palästinensische und arabische Filmemacher und ermöglichte ihnen eine Reihe von Koproduktionen.

Film in Palästina, das ist ein trauriges Kapitel Filmgeschichte, untrennbar verbunden mit der von Krieg, Vertreibung und Diaspora gekennzeichneten Geschichte des palästinensischen Volkes. Während europäische und jüdische Kreise Filme aus dem „Heiligen Land" bereits seit Beginn dieses Jahrhunderts kannten, lernten dessen eigentliche Bewohner das Medium Film erst spät kennen.

Amerikanischen und europäischen Juden, aber auch Neueinwanderern gelang es schon vor der Staatsgründung Israels, Filme in Palästina zu drehen. Der erste zionistische Film mit dem Titel „Der erste Film Palästinas" (HaSeret HaRishon shel Palestina) wurde bereits 1911 realisiert. Erst während der 30er Jahre gelang einem Palästinenser, Salah Al-Kaylani, die Herstellung einiger Dokumentarfilme. Die ökonomischen wie politischen Hindernisse unter der englischen Besatzung erwiesen sich bald als unüberwindbar, so dass der Regisseur sich schließlich zur Auswanderung nach Kairo gezwungen sah. (…)

Für die „ausländischen", die emigrierten Palästinenser, erwies es sich in der Praxis als schwierig, an den jeweiligen regionalen Entwicklungen teilzunehmen. Überdies waren die arabischen Staaten – trotz aller Lippenbekenntnisse – darauf bedacht, palästinensische Öffentlichkeitsarbeit nur im Rahmen ihrer eigenen politischen Interessen zu dulden.

Ein eindrückliches Beispiel dafür ist der palästinensische Architekt und Filmemacher Ghaleb Chaath. Nach seinem Filmstudium in Österreich kehrte er 1967 nach Kairo zurück, um beim ägyptischen Fernsehen zu arbeiten. Nachdem er in Europa mit den verschiedenen „nouvelle vagues" in Berührung gekommen war, regte er – das Oberhausener Manifest vor Augen – im Kreise engagierter Kritiker, Autoren und Regisseure die Gründung der „Vereinigung des Jungen Films" an. Als Ausländer blieb er selbst von der formellen Mitgliedschaft ausgeschlossen. Sein Spielfilm „Schatten auf der anderen Seite" (dhilal 'ala al-ganib al-akhar, 1971) blieb zwei Jahre unter Verschluss. Er kam erst zur Aufführung, als Ghaleb Chaath bereits nach Beirut emigriert war.

Zur gleichen Zeit begannen auch anderenorts Palästinenser sich für den Film zu interessieren. Ähnlich wie im Falle Ghaleb Chaaths erwiesen sich dabei der Sechstage-Krieg 1967 und die Niederlage gegen Israel als entscheidende Katalysatoren. Nach der Besetzung weiterer palästinensischer Territorien wurde den verschiedenen Gruppierungen die Notwendigkeit von Unabhängigkeit und Selbstbestimmungsrecht immer klarer. Dies führte schließlich zur Aufnahme des bewaffneten Kampfes.

Durch die Aufmerksamkeit, die sowohl der Krieg als auch die Schlacht von Karameh[92] bei den westlichen Medien hervorgerufen hatten, begann man die Bedeutung von Berichterstattung und fotografischer Dokumentation zu erkennen. Bereits 1967 schloss sich in Jordanien eine Filmgruppe Yassir Arafats „Fatah" an. Junge, teils unerfahrene Filmemacher nutzten die geringen Möglichkeiten eines kleinen Fotolabors, legten ein Archiv an und versuchten mit einer rudimentären Ausrüstung – die Kamera musste noch ausgeliehen werden – Leben, Alltag und Kultur ihres Volkes aufzuzeichnen. Die Führung dieses „Filmkaders" übernahm Hany Jawhariyya. Weitere Mitglieder waren Abd al-Hafiz al-Asmar (alias Umar al-Mukhtar) und Ibrahim Mustafa Nasr (alias Muti Ibrahim). Die erste palästinensische Filmemacherin, Sulafa Jadallah Merzal, hatte im Gegensatz zu ihren Kollegen sogar eine Ausbildung als Kamerafrau an der Filmhochschule Kairo erhalten. Wie sehr die engagierten Filmemacher/innen bei ihrer Arbeit in die Kämpfe und den Krieg involviert waren, zeigen die Umstände ihres Todes. Jawhariyya wurde am 11.3.76 während der Dreharbeiten im libanesischen Bürgerkrieg von einer Bombe getötet. Umar Mukhtar und Muti Ibrahim starben 1978 im Südlibanon durch Schüsse israelischer Soldaten. Und Sulafa Jadallah trug nach dem Krieg bleibende körperliche Schäden davon.

Ende 1969 konnte der Filmkader eine 16-mm-Kamera und ein Tonbandgerät erstehen, wodurch Synchronaufnahmen möglich wurden. Diese Errungenschaft versetzte Mustafa Abu Ali in die Lage, den ersten palästinensischen Dokumentarfilm mit dem Titel „Nein zur Kapitulation" zu drehen (…)

Nach den blutigen Ausschreitungen der jordanischen Armee im Schwarzen September und der Vertreibung palästinensischer Organisationen aus Jordanien musste auch der Filmkader der Fatah in den Libanon übersiedeln. Dort wurde er ein Jahr später zur offiziellen Filmorganisation der PLO erklärt. Neben dieser

Organisation, der es in Beirut trotz Behinderungen durch den Bürgerkrieg, der Zerstörung einheimischer Studios usw. gelang, eine gewisse Infrastruktur – Archiv, Schneideräume, Ausrüstung – aufzubauen und somit eine kontinuierliche Produktion aufzunehmen, begannen sich auch andere palästinensische Organisationen und Unterabteilungen für die Herstellung von Filmen zu interessieren. Dazu gehörten die Informations- und Kulturabteilung der PLO, die Kunst- und Volkskunstabteilung unter Ismail Shammut sowie die Organisationen PFLP[93] und FDPLP[94]. Die Zahl der (meist kurzen) Dokumentarfilme lag 1980 bei etwa 50. Auch die PLO-Wirtschaftsorganisation Samed produzierte drei Titel: „Der Schlüssel" (al-miftah, 1976), „Der Tag des Bodens" (yaum al-ard, 1977) und „Der Ölzweig" (ghisn al-zaytun, unvollendet). Bei allen drei Filmen, die im übrigen aufgrund ihrer Vielschichtigkeit und Sensibilität zum Besten zählen, was der palästinensische Dokumentarfilm in dieser Zeit hervorgebracht hat, führte Ghaleb Chaath Regie.

Dass sich diese Blüte palästinensischen Filmschaffens auf den – ideologisch teils überfrachteten – Dokumentarfilm beschränkte, nimmt unter den ökonomischen Bedingungen der Diaspora und angesichts des libanesischen Bürgerkriegs nicht Wunder. Pläne, die durch die Zusammenfassung aller kinematographischen Aktivitäten unter einer Dachorganisation den Radius der Möglichkeiten erweitern wollten, wurden von den politischen Ereignissen durchkreuzt. Nachdem die PLO durch die israelische Belagerung und Besetzung Beiruts in ein neues Exil aufbrechen musste, fiel den Invasoren 1982 ein Großteil des Archivs in die Hände. Darum existiert von vielen Filmen höchsten noch eine Kopie, meist aber kein Negativ mehr. Durch den Exodus erlebte die palästinensische Produktion einen Rückschlag, von dem sie sich bislang nicht wieder erholt hat. In Tunis[95] beschritt man außerdem, sicherlich auch wegen der geographischen Abgeschiedenheit, neue filmpolitische Wege. Um die Verbreitung propalästinensischer Filme zu sichern, ging die Organisation verstärkt zu Koproduktionen mit ausländischen Regisseuren, arabischen wie europäischen, über. Filmemacher wie die in Frankreich lebende Libanesin Jocelyn Saab oder die in Kairo ansässige Libanesin Arab Lotfi gehören dazu. Palästinensische Regisseure dagegen, die in arabischen Ländern leben, blieben auf ihre individuellen Anstrengungen angewiesen. Nur wenige, wie die Dokumentarfilmemacherin Mai Masri, vermochten ihre Verbannung positiv zu nutzen und die physische Entfernung von ihrer Heimat durch künstlerische Nähe wettzumachen. (…)

(Viola Shafik. In: Die Siebten Unabhängigen Tage des Films in Augsburg, 1991)

ABU-HANNA Ummaya

Ummaya Abu-Hanna ist am 17. März 1961 in Haifa, Israel, geboren. Dort studierte sie einige Semester Anglistik, Psychologie und Innenarchitektur. Seit 1981 lebt sie in Helsinki, wo sie Rundfunk- und Fernsehjournalismus an der University of Industrial Arts und Arabistik an der Universität von Helsinki studierte. Umayya Abu-Hanna ist seit 1987 als freiberufliche Journalistin beim Fernsehsender TV1 tätig. Seit 1990 hat sie eine eigene Sendung bei Radio Suomi.

Filmographie im Auftrag von TV1 – Auswahl
(Video, soweit nicht anders angegeben):

1992   The Social Concept of Beauty (Das soziale Konzept von Schönheit)
1992   Time (Zeit)
1992   The New Finnish Elite (Die neue finnische Elite), Dokumentarfilmreihe
1993   Two Ways of Approaching ... Home (Zwei Wege ... nach Hause), 40 Min
1993   My Homeland (Mein Heimatland), 30 Min
1993   The Story of P, 20 Min
1994   Flirting
1994   außerdem: mehrere Videoclips
1995   Koregie bei einem Dokumentarfilm über UN-Institutionen
1995   Mishmish the Clown

Ummaya Abu-Hanna berichtet nicht speziell über arabische Themen. Nur in dem Kurzfilm MEINE HEIMAT befasst sie sich mit der Problematik des Exils und der Identitätssuche von jungen Menschen, deren Eltern aus unterschiedlichen Kulturen stammen.

▪ Meine Heimat
My Homeland
Finnland 1993
P/V: TV1
Porträt der jungen Patricia Nakell, Tochter aus einer finnisch-libanesischen Ehe.

BADR Liana

Liana Badr, die ältere Schwester der Filmemacherin Layali Badr (s.s. 208), ist 1952 in Jerusalem geboren. Sie studierte Philosophie und Psychologie in Beirut, wo sie auch bis zum Einmarsch der israelischen Truppen 1982 als Journalistin arbeitete. Danach ging sie nach Tunis. Sie hat mehrere Romane geschrieben und ist heute Leiterin der audiovisuellen Abteilung des palästinensischen Kulturministeriums.

Filmographie:

■ Fadwa, eine Dichterin Palästinas

Fadwa, une poétesse de la Palestine

Palästina 1999, Beta, 52 Min
R/B: Liana Badr
K: Pierre Dupouey
M: Bashar Abd Rabou
S: Kais Al Zubaidi
P: Creative Women Forum
(Jerusalem)

Ein Porträt der palästinensischen Dichterin Fadwa Touqan. Eines Tages, als sie noch ein Mädchen war und von einem Verehrer Blumen geschenkt bekam, schrie einer ihrer Brüder: „In Zukunft wirst du nicht mehr zur Schule gehen. Du verlässt das Haus nicht mehr bis zu dem Tag, an dem wir dich auf den Friedhof tragen…" Ein anderer Bruder wies ihr den Weg zur Poesie.

EL HASSAN Azza

Azza El Hassan ist am 21. April 1971 in Amman, Jordanien, geboren. Im selben Jahr zog ihre Familie, die aus Palästina stammt, nach Beirut. Nach der israelischen Invasion in den Libanon 1982 kehrte sie nach Amman zurück. Von 1989 bis 1993 studierte Azza El Hassan Film und Soziologie in Glasgow, Schottland. 1994 erhielt sie ihren Master of Arts am Goldsmith College in London, Abteilung Fernsehdokumentation. Zurück in Amman, realisierte sie zwei Fernsehserien für Dubai Satellite Station. Seit 1996 lebt Azza El Hassan in Ramallah.

Filmographie (Videofilme):

1997 **Arab Women Speak Out** (Arabische Frauen sprechen), Betacam SP, 40 Min
1998 **Koushan Mousa/Title Deed from Moses** (Besitzurkunde von Moses),
Betacam SP, 29 Min
(Bester Dokumentarfilm beim Independent Film Festival, London 1999)
1999 **Sinbad is a She** (Sinbad ist eine Frau), Betacam, 30 Min
2000 **The Place** (Der Ort), Betacam, 7 Min
(Teil des 40-minütigen Projekts „Die letzten fünf Kurzfilme im Jahrtausend" im Rahmen des Bethlehem 2000 Projekts[96])
2001 **News Time** (Nachrichtenzeit), 52 Min, 1. Preis beim Quatar Film Festival

■ Arabische Frauen sprechen

Arab Women Speak Out
Palästina 1997
R: Azza El Hassan
P: John Hopkins University

Die Porträts zweier Frauen, Maysoon und Majida. Porträt 1: Maysoon wehrt sich, als ihr Vater sie mit 16 Jahren verheiraten will. Sie erduldet die körperlichen Strafen und geht weiter zur Schule. Sie studiert und verliebt sich in Nafez aus ihrem Heimatdorf. Die beiden heiraten gegen den Willen seiner Familie, die Maysoon wegen ihrer Schulbildung ablehnt. Heute hat Maysoon fünf Kinder, denen sie ein gutes Leben bieten will. Porträt 2: Majida ist eine aktive Kämpferin gegen die israelische Besatzung. Als sie

© John Hopkins University

schwanger ist, wird sie inhaftiert, gefoltert und ihr droht die Vergewaltigung durch israelische Soldaten. Ihr Ehemann lässt sich deswegen scheiden, er hält sie nach dem Gefängnis für entehrt. Heute ist Majida ein zweites Mal verheiratet und viel auf Achse, um die Frauen in den Dörfern für ihre Fähigkeiten und ihre Rechte zu sensibilisieren.

▣ Besitzurkunde von Moses
Koushan Mousa/Title Deed from Moses
Palästina 1998
R/B/K: Azza El Hassan
T/S: Saed Andonie
P: Jerusalem Legal Aid Centre

Ein Film über die israelische Siedlungspolitik: Mit einer Handkamera tourt die Filmemacherin durch die nach dem Sechstage-Krieg 1967 von Israel besetzten Gebiete. Ihre Reise beginnt in Ma'aleh Adumim, einer israelischen Siedlung am westlichen Rand des arabischen Ost-Jerusalem. Die Siedlung soll erweitert werden, auf dem Gebiet von fünf palästinensischen Dörfern. Die Dorfbewohner würden ihre Häuser und ihr Land verlieren. Der Film zeigt ihren Kampf gegen die Siedlungserweiterung. Sie halten ihre Besitzurkunden in der Hand. Doch die israelischen Siedler führen an, Gott habe ihnen dieses Land vor langer Zeit versprochen, und beachten die Ansprüche der Dorfbewohner nicht.

HATOUM Mona

Mona Hatoum ist am 11. Februar 1952 in Beirut als Tochter palästinensischer Eltern geboren. Seit 1975, als ihr der Ausbruch des Bürgerkriegs während eines England-Aufenthalts den Heimweg verwehrte, lebt sie in London. Dort studierte sie bis 1979 an der Byam Shaw School of Art und bis 1981 an der Slade School of Art. Es folgten Videoproduktionen in Kanada und den USA. Seit 1986 lehrte sie als Gastdozentin an mehreren Hochschulen, unter anderem in London, Cardiff, Paris und Maastricht. 1987 wurde sie Mitglied im Beratungskomitee von „Dritter Text" (Perspektiven der Dritten Welt in der zeitgenössischen Kunst und Kultur). Ihre Videos, Installationen und Performances wurden in vielen europäischen Ländern, in Nordamerika, Kuba und Russland gezeigt.

Aus einem Gespräch mit Mona Hatoum

© Marcella Leith

Inwiefern beeinflussen dein spezifischer kultureller Hintergrund und deine Biographie deine Arbeit? Grundsätzlich gibt es in meiner Arbeit keine bewusste Anstrengung, direkt über meine Geschichte zu sprechen. Aber die Tatsache, dass ich in einem kriegszerrissenen Land aufwuchs, dass meine Familie schließlich im libanesischen Exil landete, hat ganz offensichtlich meine Wahrnehmung geprägt. Dies spielt in Form eines Gefühls der Unsicherheit in mein Werk hinein. Das Gefühl, nichts als gegeben hinzunehmen und sogar die Festigkeit des Bodens anzuzweifeln. (…)

Neben Arbeiten, die politische Themen in einer eher grundsätzlichen Art behandeln, gibt es von dir auch das Videoband MEASURES OF DISTANCE, *das eng mit deiner eigenen Biographie verbunden ist.*
Ja. Für mich war dies nicht nur der bisherige Höhepunkt aller thematischen Projekte, sondern auch die erzählerischste und komplexeste Arbeit, die ich je gemacht hatte. In den Performances ging es um grundsätzliche Aussagen über die Beziehung zwischen der „Dritten Welt" und dem Westen, wobei ich eigentlich immer versuchte, meine eigene Geschichte rauszuhalten. Bei MEASURES OF DISTANCE setzte ich bewusst bei meiner ganz persönlichen Autobiographie an, da es mich betroffen machte, dass in Nachrichtensendungen über den Libanon die Araber immer en masse gezeigt wurden – hysterische Frauen, die über den Körpern der Toten weinten. Über die persönlichen Gefühle all jener, die ihre Verwandten verloren hatten, hörte man sehr wenig. Es ist, als ob Leute aus der „Dritten Welt" immer als Masse oder Herde gesehen werden und nicht als Individuen.
Natürlich war ich auch sehr vom feministischen Slogan „das Persönliche ist das Politische" beeinflusst. Im Film geht es zwar in erster Linie um die enge Beziehung zwischen Mutter und Tochter, aber auch um Exil, Verschleppung, Orientierungslosigkeit und ein ungeheures Gefühl des Verlustes angesichts der Trennung durch den Krieg. Ich versuchte, mit dieser Arbeit auch gegen das festgelegte Stereotyp der Arabischen Frau als passive Mutter, als asexuelles Wesen anzugehen. (…)

Wie ist dein Verhältnis zum Feminismus und zur feministischen Theorie?
Der Feminismus war für mich so etwas wie eine Sprungbrett für grundsätzlichere Untersuchungen von Machststrukturen, Rassenproblemen… Natürlich wurde mir dabei ziemlich schnell bewusst, dass die Themen und Diskussionen innerhalb des westlichen Feminismus nicht unbedingt relevant sind für Frauen aus weniger privilegierten Teilen der Welt. Als ich MEASURES OF DISTANCE produzierte, wurde ich von einigen Feministinnen kritisiert, weil ich einen nackten Frauenkörper zeigte. Mir wurde vorgeworfen, den Körper wie in der Pornographie auszubeuten und zu fragmentieren. Ich empfand dies als eine sehr engstirnige und wörtliche Interpretation feministischer Theorie. Ich sah meine Arbeit als eine Huldigung an die Schönheit des opulenten Körpers einer alternden Frau, die der Venus von Willendorf ähnlich sieht – nicht unbedingt das aus den Medien bekannte Schönheitsideal. In der Arbeit als Ganzes baut sich ein wundervolles und vollständiges Bild von der Persönlichkeit dieser Frau auf, von ihren Gefühlen, von ihren Sehnsüchten und ihren Grundsätzen.
(Das Gespräch führte Claudia Spirelli. In: Das Kunst-Bulletin, September 1996)

Filmographie:

1983   **So Much I Want to Say** (So viel möchte ich sagen), Video, s/w, 5 Min
1984   **Changing Parts** (Wechselnde Teile), s/w, 24 Min
1988   **Eyes Skinned** (Gehäutete Augen), 4 Min
1988   **Measures of Distance** (Maßstäbe für Entfernung), 15 Min
1994   **Corps étranger** (Fremder Körper), Video Installation

▓ **So viel möchte ich sagen**

So Much I Want to Say
Kanada 1983
V: London Electronic Arts (London)

Das Video wurde zuerst in einer Live-Performance auf dem österreichisch-kanadischen Festival „Wiencouver IV" in Vancouver, Kanada, aufgeführt. Eine Serie von jeweils acht Sekunden langen, stummen Bildern, die das Gesicht einer Frau in Nahaufnahme zeigen. Zwei Männerhände knebeln den Mund der Frau immer wieder und verdecken Teile ihres Gesichts, manchmal bedecken sie es vollständig. Auf der Tonspur laufen ohne Unterlass dieselben Worte SUCH MUCH I WANT TO SAY.

■ Wechselnde Teile

Changing Parts

Kanada 1984

V: London Electronic Arts (London)

Ein personalisiertes Experimentalvideo über den Gegensatz von Innen- und Außen-
welt. Durchdacht, langsam und entschieden wie ein Film von Tarkowskij, beginnt
Hatoums Videoband mit einer Serie von schlichten, häuslichen Stillleben. Diese
Symphonie der Harmonie, Ordnung und Vernunft wird zersetzt und gerät zu einer
Schreckensvision von Eingesperrtsein und bevorstehendem Tod. Eine Metapher für
zwei verschiedene Realitäten, die nebeneinander, doch getrennt existieren.

„Das Videoband setzt sich zusammen aus Aufnahmen aus dem Haus meiner
Eltern in Beirut und Teilen der Dokumentation einer Live-Performance mit
dem Titel ‚Under Siege'[97] (London Film Makers Cooperative, Mai 1982).
Die Tonspur benutzt Bachs Suite Nr. 4 für Violoncello, die nach und nach
überlagert wird von Geräuschen, Straßenlärm und Fetzen zweier Nachrichtensendungen." (Mona Hatoum)

Über den Film

Vertreibung ist ein zentrales Thema von Mona Hatoums CHANGING PARTS.
Ihre Performance befasst sich mit der Kluft zwischen dem privilegierten Westen und der Dritten Welt. CHANGING PARTS beginnt mit einer Serie von Aufnahmen aus dem Inneren eines Badezimmers, wahrscheinlich in Beirut, und
einer Tonspur, die mit Bachs Suite Nr. 4 für Violoncello Solo belegt ist. Das
ist eine sehr private Welt. Die Details der Wasserhähne und Kacheln rufen
ein verzweifeltes Bedürfnis nach Vertrautheit wach. Ein abrupter Wechsel in
der Handlung zeigt Hatoum hinter einer Glaswand, wo sie ums Überleben
kämpft. Das Geräusch des Kurzwellensenders signalisiert die äußere Welt des
heutigen Beirut und der Länder der sogenannten Dritten Welt. Hatoum kämpft
darum, zu entkommen, indem sie das Bild wie mit Blut verschmiert. Ihr Kampf
ist endlos. Wir sind alle in unserer Vergangenheit eingesperrt, aber Vertreibung ist ein Los, das Minderheiten zu tragen haben. Hatoum hat sorgfältig
die geordnete Realität des inneren, privilegierten Raumes gegen die äußere
Welt des Chaos gesetzt. Das Werk ist in Schwarz/Weiß gefilmt und zeigt eine
außergewöhnliche, strenge Einfachheit, die die darunter liegende Gewalt unter
Kontrolle hält.

(Tamara Kristorian, in: Exclusive Sign Catalogue)

▥ Maßstäbe für Entfernung
Measures of Distance
Kanada 1988
V: London Electronic Arts (London)

Szenenfoto aus MASSSTÄBE FÜR
ENTFERNUNG © Lomdon Electronic Arts

Die Regisseurin setzt sich hier auseinander mit der Trennung von ihrer Familie in Beirut. Hatoum montiert Fotos der elterlichen Wohnung in Beirut und eine langsame Wasch-Sequenz unter der Dusche und kontrastiert sie mit einer Reihe von Briefen, die Neuigkeiten aus der Familie erzählen und den einfachen Wunsch ausdrücken, sich bald wieder zu sehen. Der in die Fotos eingeblendete Briefwechsel lässt jedes Bild wie einen Blick durch das Gittergeflecht eines arabischen Textes erscheinen – wie durch einen Vorhang oder Schleier. Obwohl die Mutter-Tochter Beziehung im Mittelpunkt steht, werden auch weitergehende Themen aufgerollt: Hatoums persönliche Erfahrung des Exils und der Heimatlosigkeit im Rahmen einer Familiengeschichte von Entwurzelung und Vertreibung. Gegen Ende des Videos, angesichts täglicher Straßenkämpfe in Beirut, werden Hatoums Gefühle für ihre Familie schmerzlich deutlich. Nun erschweren auch noch zerstörte Telefonleitungen und die Bombardierung der örtlichen Post selbst diese schlichte Form des Kontakthaltens.

Pressestimmen

(…) Mona Hatoums Werk neigt dazu, im positiven Sinne widersprüchlich zu sein. Kürzlich wurden im britischen Fernsehen drei Interviews mit Libanesinnen gezeigt, die beschrieben, wie die verschiedenen Konflikte ihre Arbeit und ihr soziales Leben betreffen. Ihr Leben schien dem von Menschen anderer Länder ziemlich ähnlich zu sein: Sie müssen arbeiten, Beziehungen pflegen, essen und so weiter. Abgesehen davon, dass von Zeit zu Zeit Gebäude

einstürzen, Menschen auf einen schießen (Mitglieder einer der Kriegsparteien oder irgendwelche Einzelkämpfer), Bomben explodieren und Menschen sterben. Die Zukunft ist zumindest unsicher. Diese unvereinbaren Gegensätze sind in Mona Hatoums Werk präsent. Sinnlichkeit wird nicht als das Gegenteil, ein Akt in der Art des Marquis de Sade von Gewalt und Unterdrückung gezeigt, sondern als eine Verschmelzung von beinahe beziehungslosen Elementen.
(P.D. Burwell, in: High Performance, Nr. 30, 1985)

Stimmungsmäßig minimalistisch, inhaltlich drastisch-taktlos, vermischen Mona Hatoums Arbeiten strenge Einfachheit und Emotionen, Intimität und Distanz. (…) Ihr Werk ist fragmentarisch, wie überhaupt das Fragmentarische als Symptom einer heutigen palästinensischen Identität steht..
(Steven Bode, in: City Limits, 14.–21. Juli, 1988)

JADALLAH Sulafa

Sulafa Jadallah Merzal studierte Kameraführung an der Filmhochschule Kairo. Ende der 60er bis Mitte der 70er Jahre arbeitete sie als Dokumentarfilmemacherin und Kamerafrau im „Filmkader" der PLO. Sie war die erste palästinensische Filmemacherin.

MARCOS Norma

Norma Marcos ist am 5. Juli 1951 in Bethlehem geboren. Sie lebt seit 1977 in Paris, wo sie Arabistik und Publizistik studierte. Aufgrund ihrer Berufserfahrung als Print- und Rundfunkjournalistin erhielt sie ein Stipendium der Nachrichtenagentur Reuters, mit dem sie 1987/88 ein Studienjahr an der Stanford University in den USA verbrachte. Ihre ersten Erfahrungen beim Film sammelte sie als Regieassistentin bei Fernsehreportagen. Bei der Weltausstellung „Expo 2000" in Hannover hielt Norma Marcos ein Seminar über arabischen und afrikanischen Dokumentarfilm. Sie schreibt Filmkritiken für die „Jerusalem Times" und arbeitet an einem neuen Dokumentar- und einem Spielfilmprojekt.

Norma Marcos erzählt

Ich halte nichts von der Vorgehensweise vieler westlicher Dokumentarfilmer, die sich gerade mal eine Woche in einem Land aufhalten und schon behaupten, die „Dritte Welt" zu kennen. Für meinen Film habe ich drei Jahre gebraucht, um die Frauenfrage wirklich zu verstehen. Und dies, obwohl ich Palästinenserin bin und selbst unter politischer und sozialer Unterdrückung gelitten habe. Drei Jahre lang habe ich recherchiert, Frauen interviewt und die gesamte Literatur gelesen, die über palästinensische Frauen geschrieben worden ist. Erst nach dieser Vorlaufzeit fühlte ich, dass ich mich in die richtige Richtung bewegte, und konnte sicher sein, dass meine Gesprächspartnerinnen mir vertrauten. Sonst hätten sie mir niemals ihre wahren Geschichten erzählt, sondern wären an der Oberfläche geblieben.
Dokumentarfilm ist eine Kunstform, die durchaus Phantasie benötigt. Viel sogar, denn das Drehbuch ist nur Richtschnur. Man muss ständig auf unvorhersehbare Ereignisse gefasst sein. Spontaneität ist gefragt. Tatsachen dürfen nicht bloß veranschaulicht werden, sondern müssen auch künstlerisch umgesetzt werden, zum Beispiel durch Symbole. Die Szene in meinem Film, in der die Frauen sich traditionelle Kleider anziehen, hat symbolhaften Charakter. Als der Kameramann anfing, sie zu filmen, habe ich die Musik ausgeblendet. Ich tat dies um zu zeigen, wie die Frauen, quicklebendig während sie sich schminkten und miteinander scherzten, plötzlich regelrecht einfroren, als der Kameramann dazukam. Genauso ist die palästinensische Gesellschaft: sehr widersprüchlich. Sie kann sehr lebendig sein, aber

ebenso – mit ihren verstaubten Traditionen – sehr tot. Diese Szene beinhaltet außerdem noch viel Ironie: Die Frauen waren einerseits sehr stolz auf ihre traditionellen Kleider, andererseits machten sie sich für eine Modenschau zurecht – ein gänzlich westliches Phänomen. Sie imitierten also den Westen und waren zugleich stolz auf die eigenen Traditionen? Ich war glücklich, dass wenigstens einige wenige Zuschauer die Symbolik dieser Szene erkannt haben.

Ich habe meinen Film auch für ein palästinensisches Publikum gemacht. Deshalb können europäische Zuschauer, die mit der arabischen Welt nicht vertraut sind, vielleicht nicht immer folgen. Dieses Problem haben auch andere Filmemacher aus der „Dritten Welt": Wir wollen, dass unsere Filme im Westen gesehen werden, aber auch die Menschen in unseren Heimatländern erreichen. Eine Zwickmühle, der sich die Verantwortlichen in den Fernsehstationen nicht bewusst sind. Sie lehnen arabische Filme ab, weil ihnen darin zuviel geredet wird: Da würden die Leute gleich weiterzappen. In arabischen Filmen ist die Sprache nach wie vor das bevorzugte Stilmittel. Europäische Zuschauer empfinden das als zu redselig. Das palästinensische Publikum versteht wiederum schwer die symbolische Bildersprache, die im Westen beliebt ist.

Die Frauen im Film sind mir in gewisser Weise sehr ähnlich. Sie sind alle sehr starke Frauen. Und es sind Frauen, die es zu etwas gebracht haben, obwohl sie aus einfachen Verhältnissen stammen. Die junge Hanan, die für ihr Studium und ihre Freiheit kämpfen musste, ist mir am ähnlichsten. Als ich damals in Paris ankam, hatte ich kein Stipendium, und meine Eltern hatten zu wenig Geld, um mich zu unterstützen. Ich musste arbeiten. Während der Dreharbeiten sind Hanan und ich uns sehr nahe gekommen, ich bin für sie wie eine Mutter. Ich bin auch ein Vorbild, das ihr hilft durchzuhalten. Hanans Leben könnte man als schizophren bezeichnen: Sie ist politisch sehr aktiv, arbeitet mit Hanan Ashrawi[98] zusammen und ist deshalb sehr angesehen. Dann kehrt sie nachhause zurück und wird wie ein kleines Mädchen behandelt, das nichts zu sagen hat.

Der Typ von Frau, den ich in meinem Film zeige, war im Westen unbekannt. Das war mit ein Grund für den Erfolg des Films. Die Journalisten waren geradezu schockiert, als sie Frauen aus dem Bürgertum und der Mittelschicht auf der Leinwand erlebten. Auf einigen Filmfestivals wurde ich deshalb von Leuten *angegriffen, die verlangten, dass ich auch die unterprivilegierten Frauen zeige. Mir ging es aber nicht um eine ausgewogene Wiedergabe der Verhältnisse, sondern darum, einen Standpunkt zu verdeutlichen. Man hatte mich auch davor gewarnt, das Friedensabkommen[99] im Film zu erwähnen, weil er dann bald an Aktualität verlöre. Trotzdem befragte ich die Frauen als Zeitzeuginnen dazu. Inzwischen ist eingetreten, was sie befürchteten, und der Film so zu einem Geschichtsdokument geworden.*

Mit meinem Ausflug im Film in die palästinensische Malerei wollte ich veranschaulichen, dass das Bild der arabischen Frau auch in der palästinensischen Gesellschaft ein Mythos ist, nicht nur im Westen. Dort verkörperten Frauen zunächst die orientalistische Vorstellung von 1001 Nacht, danach wurden sie zu Flüchtlingen degradiert, später zu Terroristinnen. In der palästinensischen Gesellschaft besagt der Mythos, dass die Frau das Symbol für das Land, die Heimat ist (wie in vielen anderen Zivilisationen auch). Aber gerade diese Gleichung ist gefährlich, denn die Frau existiert in der palästinensischen Kunst nicht wirklich: Auf den Bildern hat sie keine Nase, keinen Mund, keine Augen, sie ist von Kopf bis Fuß verhüllt. Wenn sie das Land symbolisiert, bedeutet das, dass das Land auch in den Köpfen der Palästinenser nicht mehr existiert und zur Erinnerung verblasst. Dieser Mythos lässt sich auf die tatsächliche Situation der Palästinenserinnen übertragen, wie ich es selbst erlebt habe: Die Frau existiert, weil sie Kinder gebiert und aufzieht. Wenn es nach den meisten Männern ginge, sollten Frauen den Mund nicht auftun und keine eigene Meinung äußern.

Als der Film in Tel Aviv gezeigt wurde, reagierten auch dort die meisten Zuschauer überrascht auf diese palästinensischen Frauen. Wir leben zwar in dem selben Land, wissen aber wenig voneinander. Den Palästinensern wollte ich beweisen, dass Frauen in der Politik noch immer nicht vertreten sind, auch wenn die PLO etwas anderes behauptet. Hanan Ashrawi zum Beispiel fühlt sich als Aushängeschild missbraucht. Die porträtierten Frauen stellen positive Leitbilder dar, im Gegensatz zu den Frauen, die selbst zur Unterdrückung von Frauen beitragen. Wie die junge Frau, von der Joumana erzählt, die eine Abtreibung vornimmt, weil sie weiß, dass das Kind ein Mädchen werden würde. Sie, ein Opfer, macht sich so selbst zur Täterin.

In den ersten drei Monaten der Intifada waren Frauen sehr aktiv und Mitglieder in den Bürgerkomitees, revoltierten gegen Väter und Brüder und gingen auf die Straßen. Die Israelis verstanden, was da vor sich ging, und verboten die Komitees. Die Frauen kehrten wieder in ihre Häuser zurück.

Die Israelis versuchten noch auf andere Weise, Frauen davon abzuhalten, sich politisch zu engagieren: durch Vergewaltigung und sexuelle Folter in den Gefängnissen. Mädchen und Frauen, die aus einer so strengen Gesellschaft wie der arabischen kommen, überlegen sich doppelt und dreifach, ob sie sich diesem Risiko aussetzen wollen, nur um politisch aktiv zu sein. Die palästinensische Gesellschaft ist sehr einfältig in dieser Hinsicht. Ich kenne eine Frau, die drei Jahre lang im Gefängnis saß. Ihr Ehemann besuchte sie kein einziges Mal. Dann wurde ihre Tochter inhaftiert, und niemand war bereit, sie nach ihrer Entlassung zu heiraten. Sie dachten, sie könnte sexuell missbraucht worden sein. Die Israelis haben diese Mechanismen durchschaut und skrupellos für ihre Interessen ausgespielt.

Christen stellen nur etwas mehr als zwei Prozent der gesamten palästinensischen Bevölkerung, einschließlich der arabischen Israelis. Ich selbst bin Christin, was für meine Arbeit aber keine große Rolle gespielt hat. Ich fühle mich zuallererst als Araberin. Es gab nie irgendwelche Unterschiede zwischen mir und meinen muslimischen Freundinnen. Weniger gute Erinnerungen habe ich an die Nonnen in meiner Schulzeit. Ich bin zwar katholisch geboren, aber nicht sehr religiös, sondern spirituell ausgerichtet. Außerdem bin ich Pazifistin. Ich liebe Kirchen und Tempeln außerhalb ihres institutionalisierten Kontextes.

Viele Palästinenser, auch Christen, heiraten noch immer ihre Kusine, selbst wenn sie in Frankreich Medizin studiert haben. Diese Inzucht und Engstirnigkeit sind die wahren Probleme dieser Gesellschaft, die aber niemand wahrhaben will. Das Problem des Schleiers ist für mich zweitrangig. Sexualität ist immer noch ein großes Tabu: Als ich ein Buch über die Sexualität arabischer Frauen schreiben wollte, war meine Mutter die einzige, die sich interviewen ließ.

Ich komme aus einfachen Verhältnissen. Mein Vater war streng bis zu einem gewissen Grad, weil die sozialen Normen es so verlangten. Uns Mädchen behandelte er wie unseren Bruder, sein einziger Sohn. Mein Vater zeigte seine Gefühle nie direkt, sondern brachte uns stattdessen zum Beispiel Schokolade mit. Er nahm uns mit ins Kino, um amerikanische Filme zu sehen. Arabische Filme gefielen ihm nicht. Er hat uns Mädchen nicht zu einer Heirat gezwungen, was sehr ungewöhnlich ist. Ich selbst war sowieso kein begehrtes Heiratsobjekt für palästinensische Männer: Ich entsprach nicht dem Schönheitsideal „weiße Haut und viel Speck auf den Rippen".

Als ich offenbarte, dass ich in Frankreich studieren wollte, ermunterte meine Vater mich, obwohl ihm diese Entscheidung ei-

niges Kopfzerbrechen bereitete. Alle Frauen in meinem Film und die meisten erfolgreichen Frauen, die ich bei anderen Gelegenheiten interviewte, hatten einen Vater, einen Ehemann oder einen Bruder, der ihnen den Rücken stärkte. Dann ist eine Frau in der arabischen Gesellschaft im wahrsten Sinn des Wortes gerettet. (Das Gespräch führte Rebecca Hillauer: Paris, Dezember 1994).

Filmographie:

1994   L'éspoir voilé (Verschleierte Hoffnung), 35 mm, 55 Min
1999   **Land Development** (Landentwicklung), Video, 15 Min

▪ **Verschleierte Hoffnung**
L'éspoir voilé
Frankreich 1994

R/B:	Norma Marcos	
K:	Peter Chappell, Soheir Mousa, Abdel Salam Shehadeh	
M:	Abed Azrié	
S:	Dominique Paris, Juliette Garcia, Claudia Veloso	
D:	Hanan Ashrawi, Hanane Arouri, Joumana Odeh, Rima Tarasi, Yusra Barbari	
P:	Solera Films, France 3	
V:	Solera Films (Paris)	

Eine Begegnung mit fünf Frauen aus Gaza und der West Bank. Gezeigt wird in diesem Dokumentarfilm, mit welcher Zivilcourage diese palästinensische Frauen den Herausforderungen ihrer Gesellschaft begegnen. Sie nehmen engagiert Stellung, auch zu Fragen internationaler Politik, und scheuen sich nicht, Tabus zu übertreten. Dennoch, so sagt eine der Frauen, hätten sie das Wichtigste noch nicht erlangt: ihr Recht auf Selbstbestimmung.

„VERSCHLEIERTE HOFFNUNG ist vor allem eine persönliche Reise mit fünf palästinensischen Frauen, die ich ausgewählt habe, weil ich mich emotional mit ihnen verbunden fühle. Ihre Stimmen stehen als Beispiele für andere Frauen aus diesem Land. Die Bandbreite und Komplexität des Themas lassen eine Beschränkung auf ein einziges Porträt nicht zu. Selbst eine so starke Persönlichkeit wie Hanan Ashrawi kann nicht die gesamte Frauenbewegung repräsentieren. Ich habe versucht, durch eine Serie von Porträts aus Gaza und der West Bank ihre historischen und persönlichen Lebensumstände zu verstehen und zu erklären. Die Frauen sind alle ernsthaft, ehrgeizig, ihrem Heimatland verbunden und brechen palästinensische und israelische Tabus. Da die archivierte Geschichte von den Israelis zerstört und umgeschrieben worden ist, erfinden sie neue Formen, Widerstand zu kodieren und die Erinnerung aufrechtzuerhalten. Obwohl das Verhalten der Fundamentalisten ihr Leben beeinflusst, ist eine Erklärung doch nicht so einfach, wie es die Medien darstellen. Joumana erklärt es folgendermaßen: ,Wir sollten uns nicht in die Enge treiben lassen. Ich kenne viele Frauen, die vor die Wahl gestellt wurden, entweder den Schleier zu tragen oder zuhause zu bleiben. Sie haben sich für den Schleier entschieden, um zur Arbeit gehen zu können.'" *(Norma Marcos, in: London Film Festival, 1994)*

Szene aus *VERSCHLEIERTE HOFFNUNG*
© Solera Films

MASRI Mai

Mai (May) Masri ist am 2. April 1959 in Amman, Jordanien, geboren. Ihr Vater ist Palästinenser, ihre Mutter Amerikanerin. Bis 1981 studierte sie Regie, Kamera und Filmschnitt an der San Francisco State University. Ihre ersten Filme drehte und koproduzierte sie mit ihrem libanesischen Ehemann Jean Chamoun über ihre Firmen MTC und Nour Productions. Ihre Filme wurden von Fernsehstationen in vielen Ländern ausgestrahlt und erhielten zahlreiche Preise. Seit 1990 drehen die Eheleute ihre Filme getrennt und produzieren sie gegenseitig. Mai Masri lebte in Paris und London. Seit einigen Jahren pendelt sie zwischen London und Beirut.

Mai Masri erzählt

Mein Vater ist Palästinenser aus Nablus, meine Mutter stammt aus Texas. Die ersten Jahre verbrachten wir in Amman und Nablus. Damals waren die Grenzen (zwischen Jordanien und Israel, Anm. d. Autorin) noch offen, wir konnten problemlos hin und her pendeln. Die Masris gehören zu den großen Familien in Nablus, so dass ich mich an unzählige Verwandte dort erinnere. Als der Krieg ausbrach, gingen wir nach Algerien. Wir hatten bereits einige Jahre zuvor dort gelebt, kurz nachdem Algerien unabhängig geworden war. Das war eine sehr spannende Zeit, voller Veränderungen und Hochgefühle. Eine Atmosphäre, die mir sehr gut im Gedächtnis geblieben ist, obwohl ich damals gerade fünf Jahre alt war. 1966 kehrten wir nach Beirut zurück. Ein Jahr später dann der Sechstage-Krieg gegen Israel. Ich erinnere mich gut, wir mussten die Fenster mit blauer Farbe bemalen. Da wir uns bei Ausbruch des Krieges nicht in Nablus aufgehalten hatten, durften wir nur noch als Besucher dorthin zurückkehren, waren aber nicht mehr wohnberechtigt. Wir galten als „Abwesende".

Damals war die Zeit der Studentenrevolten, wir waren alle sehr interessiert an Politik. Ich nahm wie mein älterer Bruder an Demonstrationen teil. Meine Eltern duldeten das mit viel Verständnis und Stolz. Da ich Palästinenserin bin, besuchte ich häufig die Flüchtlingslager und half dort mit, Gräben auszuheben und Sandsäcke zu füllen. Während des arabisch-israelischen Kriegs 1973 – ich ging noch zur Schule – konnten wir die Luftgefechte über der Stadt mit bloßem Auge verfolgen. Ich las sehr viel und lag oft nächtelang wach und fragte mich, was ich mit meinem Leben anfangen sollte. Mir kam die Idee Film zu studieren. Ich dachte, Film könnte ein Medium sein, um mehrere meiner Interessen miteinander zu verbinden: Palästinenserin sein, Menschen kennen lernen, reisen, forschen, entdecken. Ich wünschte mir sehnlichst, der Langeweile und Normalität zu entkommen. 1975 begann dann der Bürgerkrieg.

Im Jahr darauf ging ich nach Berkeley in Kalifornien, ohne mir der Bedeutung dieses Ortes bewusst zu sein. Obwohl meine Mutter Amerikanerin ist, hatte ich nie eine innere Verbindung zu den Vereinigten Staaten entwickelt. Ich wusste nichts über dieses Land und hatte tatsächlich vergessen, dass ich einen amerikanischen Pass besaß. Mein Bruder studierte schon in Kalifornien. Ich fuhr dorthin und spazierte aufs gerade Wohl in eine Vorlesung über Filmtheorie, die mich augenblicklich faszinierte. Ich wollte alles über Film lernen und verbrachte meine ganze

Zeit in der Bibliothek. Mit meinen 17 Jahren gehörte ich zu den Nesthäkchen der Universität, an der noch ein Hauch der Studentenbewegung der späten 60er und frühen 70er Jahre spürbar war. Als ich genug von der Theorie hatte, wechselte ich zur San Francisco State University und studierte Filmproduktion und -technik. In dieser Zeit lernte ich Studenten aus den verschiedensten Ländern kennen, vor allem Lateinamerikaner. Ich glaube, ich habe in Kalifornien mehr über Lateinamerika gelernt als über die Vereinigten Staaten. Nebenbei lernte ich Spanisch und Portugiesisch.

Bei einem Ferienaufenthalt 1977 in Beirut lernte ich meinen späteren Mann, Jean Chamoun, kennen. Er drehte damals mit der Palästinensischen Filmorganisation. Mir kam das zunächst seltsam vor. Der Name Chamoun ruft im Libanon sofort Assoziationen zu dem ehemaligen Präsidenten Kamil Chamoun hervor. Die Chamouns sind bekannt als eine sehr konservative, ja rechtsgerichtete maronitische[100] Familie, so dass ich sehr überrascht war, dass ein Chamoun mit der Palästinensischen Filmorganisation zusammenarbeitete. Als ich nach meinem Studienabschluss 1981 nach Beirut zurückkehrte, begannen wir zusammen ein Filmprojekt, das wir wegen der israelischen Invasion im darauf folgenden Jahr nie beendeten. Wir filmten stattdessen die Geschehnisse um uns herum während der Belagerung Beiruts. Danach war klar, dass wir als Team zusammenarbeiten wollten.

Wir wollten allerdings keine Dokumentarfilme im herkömmlichen Sinn machen, sondern wir drehten ohne vorherigen Plan. Während wir filmten, fragten wir uns oft, ob wir verantwortlich handelten und es ethisch vertretbar war, zu filmen anstatt den Menschen, die wir filmten, zu helfen. Trotz aller Zweifel bin ich überzeugt, dass es wichtig ist, solche Ereignisse festzuhalten, denn Menschen haben ein sehr kurzes Gedächtnis, besonders in unserer Region. Die Gräueltaten in unserem ersten Film UNTER DEN TRÜMMERN erscheinen heute selbst mir zu heftig, sie waren damals jedoch Normalität für uns. Wir wollten der Welt sozusagen eine Innenschau zeigen von dem, was wir täglich erlebten. Diese Philosophie haben wir auch bei unseren späteren Filmen beibehalten. Bei FRAUEN IM SÜDLIBANON lebten wir monatelang in den Dörfern, in denen die Frauen wohnten, die wir filmen wollten.

Nach unserem ersten Film kauften wir uns eine eigene technische Ausrüstung, um unabhängig zu sein. Damit konnten wir Low-Budget-Filme ganz nach unserem Geschmack realisieren. Wir lebten einige Jahre in Paris und knüpften dort unsere ersten Kontakte, um Filme im Ausland produzieren und vertreiben zu

*können. KRIEGSGENERATION im Auftrag der BBC brachte uns
den Durchbruch.
Inzwischen haben sich die Bedingungen verschärft. Es ist äußerst schwierig geworden, einen Auftrag und genug Fördermittel
zu bekommen. Zum Glück haben wir gelernt, auch mit geringer
finanzieller Unterstützung qualitativ gute Filme zu machen.
Während der Dreharbeiten zu KINDER DES FEUERS erwiesen sich
die gängigen Vorurteile gegenüber Frauen im Filmgeschäft als
äußerst hilfreich für mich. Die israelischen Soldaten, die ein wach-
sames Auge auf uns hatten, wussten, dass ich Palästinenserin
bin. Dass ich auch die Regisseurin war – auf diese Idee wären sie
nie gekommen. Sie dachten, ich sei die Sekretärin oder Übersetzerin für die britische Filmcrew. Nie hätten sie es für möglich
gehalten, dass zwei Briten für eine Palästinenserin arbeiten könnten. So war es kein Problem, unsere Aufnahmen in Sicherheit zu
bringen.
Als wirklich kränkend empfand ich allerdings Pressestimmen, die
bei Filmen, die ich mit meinem Mann gedreht hatte, meinen
Namen völlig ignorierten, selbst wenn ich die Kamera und den
Filmschnitt gemacht hatte. Sie nahmen an, ich sei Beiwerk, nicht
dass ich selbst etwas Bedeutendes geleistet hätte. Diese Einstellung hält sich leider hartnäckig, auch unter Filmkritikerinnen.
Beim Filmen unterscheiden Frauen und Männer sich dadurch,
dass sie unterschiedliche Akzente setzen. Sie richten ihre Aufmerksamkeit auf verschiedene Dinge. Frauen legen mehr Wert
auf Einzelheiten. Bei meinem Film über Hanan Ashrawi zum
Beispiel erschien es mir wichtig, wie ihre berufliche Karriere sich
auf ihr Familienleben auswirkt und welche Beziehung sie zu ihrem Ehemann hat. Ich wollte auch das private Gesicht Hanan
Ashrawis zeigen. Einer meiner Produzenten war dagegen nur
daran interessiert, die Politikerin Ashrawi und ihre öffentlichen
Leistungen zu porträtieren. Auch in der Kameraführung gibt es
Unterschiede: Männer benutzen häufiger Weitwinkel, während
ich gern Nahaufnahmen mache.
Durch meinen Vater kam ich früh mit der Politik in Berührung.
Damals, in den 6oer Jahren formierte sich die PLO, ihre Führer
waren noch junge Männer mit großen Ideen. Sie waren mit meinem Vater befreundet und gingen in unserem Haus ein und aus.
Als kleines Mädchen saß ich auf dem Schoß von Yassir Arafat,
und Abu Jihad[101] besuchte uns, als wir in Algerien wohnten. Palästina und eine palästinensische Identität zu haben, spielte eine
wichtige Rolle in unserer Familie. Wie Politik überhaupt, denn
mein Vater war in den 7oer Jahren Minister in Jordanien. Als ich
in der ersten Klasse war, zogen wir nach Beirut. Als Palästinen-*

*serin sprach ich einen anderen Dialekt, so dass ich in der Schule
häufig mit libanesischen Mitschülern um die richtige Ausspra-
che von Wörtern stritt. Ich musste mich anpassen oder auf meine
Andersartigkeit stolz sein. Ich habe nie versucht, mich zu integrieren, und bin immer stolz gewesen, Palästinenserin zu sein.
Lange Zeit verschwieg ich, dass meine Mutter Amerikanerin war,
wohl weil ich glaubte, „echt" sein zu müssen, um „authentisch"
zu sein. Inzwischen messe ich dem keine Bedeutung mehr bei.
Unzählige Palästinenser stammen aus kulturellen Mischehen.
Dieser Umstand und die Tatsache, dass ich im Libanon aufgewachsen bin, hat mich im Gegenteil bereichert und meine persönliche und berufliche Entwicklung gefördert.
An Nablus hatte ich nur verschwommene Erinnerungen aus
meiner frühen Kindheit. Während der Dreharbeiten zu* KINDER
DES FEUERS, *der erste Films, den ich allein realisierte, war es für
mich, als ob ich die Stadt zum ersten Mal sähe. Ich hatte das
Gefühl, eine wichtige Rolle zu erfüllen, denn zu dieser Zeit, auf
dem Höhepunkt der Intifada, waren so gut wie keine Journalisten in Nablus. Den Menschen gab es Hoffnung, dass ich, eine
Tochter von Nablus, mit einer Filmcrew die Ereignisse dokumentierte. Das schuf ein Band zwischen mir und der Stadt, die mich
an das besetzte Beirut erinnerte. Auch dort hatte ein Zusam-
mengehörigkeitsgefühl die Menschen verbunden.*

*(Das Gespräch führte Rebecca Hillauer: London, Dezember
1995)*

Filmographie:

1983 **Sous les décombres** (Unter den Trümmern), 16 mm, 40 Min
(Besondere Auszeichnung der Jury bei den Filmfestspielen in Valencia)

1986 **Women of South Lebanon** (Frauen im Südlibanon), 16 mm, 71 Min
(Spezialpreis der Jury und Preis für die beste Musik bei den Filmfestspielen
in Valencia; Kritikerpreis in Karthago; Spezialpreis der Jury in Damaskus
1987)

1989 **War Generation** (Kriegsgeneration), 16 mm, 50 Min
(Bronzener Apple beim Nationalen Festival für Aufklärungs- und
Videofilme in den U.S.A. 1990)

1990 **Children of Fire** (Kinder des Feuers), 16 mm, 50 Min
(Preis beim Feminin Pluriel Festival in Frankreich und beim Rosebud
Filmfestival in den USA; Erster Preis beim Fernsehfilmfestival in Kairo
1995)

1992   **Suspended Dreams** (Aufgeschobene Träume), 16 mm, 50 Min
        (Teil einer BBC-Serie; gewann über 26 internationale Preise u.a. Großer
        Preis beim Filmfestival des L'Institut du Monde Arabe (FIMA) in
        Paris 1993; Erster Preis in Damaskus 1993)
1995   **Hanan Ashrawi: A Woman of her Time** (Hanan Ashrawi: Eine Frau ihrer
        Zeit), 16 mm, 50 Min (Beste Überseeproduktion beim One World Interna-
        tional Media Awards, London; Publikumspreis bei der Biennale des
        Arabischen Films in Paris 1996)
1998   **Children of Shatila** (Kinder in Schatila), für Channel 4 TV, 50 Min
        (nominiert für den Amnesty International Preis; Besondere Erwähnung
        beim CMCA in Palermo; Beste Regie und Kamera beim Arab Screen Film
        Festival, London 1999)

Pressestimme

Mai Masri verwirklicht in Zusammenarbeit mit dem Libanesen Jean Cha-
moun seit nunmehr zehn Jahren Dokumentarfilme, die den libanesischen
Krieg oder die Palästinafrage zum Inhalt haben. In ihrem Film UNTER DEN
TRÜMMERN, der technisch nicht unbedingt ein Meisterwerk darstellt, halten
Masri und Chamoun mit einer nahezu unerträglichen Akribie die Schrecken
von Krieg, Tod und Zerstörung fest, denen Palästinenser wie Libanesen während der israelischen Angriffe auf Beirut gleichermaßen ausgesetzt waren. In
KRIEGSGENERATION dagegen beschreiben sie den Einfluss der ununterbro-
chenen kriegerischen Auseinandersetzungen speziell auf Kinder und Jugendliche. Ein ebenso dichtes wie bewegendes Werk stellt schließlich KINDER DES
FEUERS dar, bei dem Mai Masri allein Regie führte. In ihm schildert die Regisseurin äußerst feinfühlig und ohne ihre persönliche Betroffenheit zu verbergen die unnatürliche Frühreife palästinensischer Kinder, die in der Intifada täglich mit Gewalt und Misshandlungen konfrontiert sind.
(Viola Shafik in: Die Siebten Tage des Unabhängigen Films, Augsburg, 1991)

■ Frauen im Südlibanon
Women of South Lebanon
Großbritannien 1986

R/B:	Mai Masri, Jean Chamoun	Gegensätze und Widersprüche kennzeichnen
K/S:	Mai Masri	den Alltag im besetzten Südlibanon. Die Men-
T:	Jean Chamoun	schen leben in Koexistenz mit den Schrecken
M:	Jawed Berri, Ali Jihad Racy	des Krieges. Der Film schildert die Rolle von
P/V:	MTC, Channel Four (London)	Frauen in diesem Überlebenskampf.

■ Kinder des Feuers

Children of Fire

Großbritannien 1990

R/S: Mai Masri
K: Andy Jillings, Stephen Ley
T: Alastair Kenneil, Mike Thomas
M: Ali Jihad Racy
P/V: MTC für BBC 2 (London)

Hunderte von Kindern sind während der ersten Intifada getötet worden und mehr als 60.000 wurden verwundet. Die psychologischen Auswirkungen sind verheerend. Die Filmemacherin, die nach 14 Jahren in ihre Heimatstadt Nablus zurückkehrt, wirft einen sehr persönlichen Blick auf das Leben dieser Kinder.

■ Aufgeschobene Träume

Suspended Dreams

Großbritannien 1992

R: Mai Masri
K: Hassan Neemani
S: Hussein Younes
P: MTC für BBC 2 (London)

Aus der Perspektive zweier Ex-Militärs – einer Frau, die nach ihrem gekidnappten Mann sucht, und einer Bühnenschriftstellerin aus dem Südlibanon – erzählt der Film die Geschichte einer Beiruter Gemeinschaft, die versucht, ihr durch 17 Jahre Krieg zerstörtes Leben wieder aufzubauen.

■ Hanan Ashrawi: Eine Frau ihrer Zeit

Hanan Ashrawi: A Woman of her Time

Großbritannien 1995

R/B: Mai Masri
K: Richard Gibb, Stephen Ley, Butheina Khoury
T: Damon Osborne, Jade Carmen
M: Anouar Brahem, Ali Jihad Racy
S: Peter Sago
P: Nour Films, TVE for MED MEDIA, One World Group of Broadcasters
V: Nour Productions (London)

Ein Porträt der bekannten palästinensischen Politikerin und Menschenrechtlerin Hanan Ashrawi. Mai Masri filmt Ashrawi in ihrem Haus in der West Bank, das paradoxerweise gegenüber einem israelischen Gefängnis liegt. Sie steht um 6 Uhr morgens auf und verbringt ihre Tage damit, für die Menschenrechtskommission zu arbeiten und Leute zu treffen. Außerdem organisiert sie Jerusalem Link, eine feministische Vereinigung palästinensischer und israelischer Friedensaktivistinnen, und macht Reklame für ihre Memoiren, die erst kürzlich erschienen sind. Der Film erforscht ihre Beziehung zu ihren beiden halbwüchsigen Töchtern Amal und Zeina wie auch zu ihrem Ehemann Emile, der Fotograf und Vollzeit-Vater ist.

Pressestimme

In der bewegten Zeit nach dem israelisch-palästinensischen Friedensabkommen kristallisierte sich Hanan Ashrawi auf internationaler Ebene als hervor-

ragende Mittlerin und überzeugende Stimme heraus. Ashrawis Bekanntheitsgrad und ihre persönliche Integrität bescherten ihr sowohl Feinde als auch Freunde. In diesem persönlichen Porträt erinnert sich Ashrawi an ihre christliche Erziehung, ihre persönlichkeitsprägenden Jahre an der amerikanischen Universität von Beirut und an ihre erste Begegnung mit Yassir Arafat. Darüber hinaus beschreibt sie die komplizierten Friedensverhandlungen und die bevorstehende Herausforderung, ein lebensfähiges Heimatland für die Palästinenser aufzubauen.

Hanan Ashrawi (re.) und ihre Tochter
© Nour Productions

(Feminale, Köln 1996)

▓ Kinder aus Schatila
Children of Shatila

Großbritannien/Palästina 1998
R: Mai Masri
K: Fouad Sleiman
T: Salim El Saleh
S: Hussein Younes
P: Nour Productions, Channel 4
    (London)

Fünfzig Jahre nach der Flucht ihrer Großeltern aus Palästina, wachsen die Kinder im Schatila-Flüchtlingslager in einem Umfeld heran, das Massaker, Belagerung und Hunger überlebt hat.[102] Der Film konzentriert sich auf zwei Kinder, die 11-jährige Farah und den 12-jährigen Issa, die eine Videokamera in die Hand bekommen und durch die Linse alle Aspekte ihres Lebens zeigen. Über ihre persönlichen Erzählungen offenbart sich die Geschichte des ganzen Lagers, und durch ihre Bilder und Worte drücken Farah und Issa die Gefühle und Hoffnungen ihrer Generation aus.

SYRIEN

Die Filmgeschichte Syriens beginnt 1963, als die Sozialistische Baath-Partei nach einem Putsch die Macht übernahm. In dem Land, das wie sein Nachbar Libanon ein Konglomerat aus unterschiedlichen Völkern, Sprachen und Religionen ist, rangen seit jeher Sunniten, Drusen, Alawiten, Christen, Kurden, Armenier, Araber und Türken um Einfluss und Macht bzw. Autonomie. Unter der Führung Hafiz Al Assads, der der religiösen Minderheit der Alawiten angehörte, kehrte eine gewisse politische Stabilität ein – wenn auch keine demokratischen Verhältnisse. Für ein sozialistisches Land ungewöhnlich, kam es kurze Zeit zu einem Nebeneinander von privaten Unternehmen und staatlicher Lenkung, auch in der Filmindustrie, die kommerzielle wie künstlerische Filme hervorbrachte.

Ungewöhnlich für ein Land, das seit fast vierzig Jahren von einem Einparteiensystem regiert wird, ist auch, was sich seit Herbst 2000 in den größeren Städten abspielt: Private Vereinigungen, sogenannte „Debattierklubs" schossen in Damaskus, Aleppo, in den Küstenstädten, sogar im Norden Syriens wie Pilze aus dem Boden. Das Aufblühen demokratischer Klubs folgte dem „Aufruf der 99" im September des selben Jahres: Prominente Intellektuelle, Künstler, und Journalisten forderten unter anderem die Aufhebung des seit 1963 gültigen Ausnahmezustands, Freilassung aller politischen Gefangenen, demokratischere Wahlgesetze. Der neue Präsident Bashar Al Assad genehmigte die Herausgabe einer Satirezeitschrift.

Unbedeutend ist heute der reorganisierte Filmklub in Damaskus, der in den 70er Jahren das zentrale Forum des geistig-künstlerischen Lebens war. Gegründet von Filmemachern aus verschiedenen arabischen Ländern – wie Omar Mirah und Nabil Maleh aus Syrien und dem Iraker Kais Al Zubaidi – trafen sich dort junge Künstler und Intellektuelle. Sie zeigten Filme von den Festivals in Mannheim, Leipzig und Oberhausen, hatten Passolini und Jaques Tati zu Gast. Mit der Regierung hatten sie deshalb ständig Ärger.

Zwar kommen die meisten Filme aus der Werkstatt der Nationalen Filmorganisation, die auch auf die Einhaltung politischer Standards achtet, dennoch sind ihre Produktionen keine Propagandafilme, wie Martin Girod in seinem Aufsatz[103] auf Seite 207 erläutert. Ohne staatliche Unterstützung – allein mit Mitteln einer privaten Filmförderung – wäre der künstlerische Film in einem so kleinen, wirtschaftlich schwachen Land wie Syrien nicht überlebensfähig. Auch im gesellschaftlichen Bereich setzt sich in Syrien, das zu den konservativeren arabischen Ländern gehört, allmählich eine Koexistenz traditioneller und moderner Lebensformen durch. Gemäß dem Familien- und Erbrecht von 1953 dürfen Frauen erst mit 14 Jahren heiraten und können selbst eine Ehescheidung beantragen. Zwar ist die Analphabetenrate von Frauen doppelt so hoch wie die der Männer, aber 40 Prozent der Studierenden sind weiblich. In den Städten sind vereinzelt Frauen auch in gehobenen Positionen zu sehen, als Hotelmanagerinnen, Parlamentarierinnen, Journalistinnen und Firmendirektorinnen.

Die erste Filmvorführung im osmanischen Syrien fand bereits 1908 auf Initiative eines türkischen Geschäftsmannes in Aleppo statt. Ab 1912 gab es regelmäßige und ausgesprochen einträgliche Filmvorführungen in einem Damaszener Kaffeehaus.[104] Trotzdem entstanden bis zur nationalen Unabhängigkeit des Landes 1946 nur drei Spielfilme unter einheimischer Regie. Dies obwohl der erste Spielfilm bereits 1928 gedreht wurde, etwa zeitgleich mit dem ersten ägyptischen Langfilm Laila von Aziza Amir. Da sich in Syrien aber keine solch finanzkräftigen Unternehmer wie die Bank Misr in Kairo fanden, dauerte es vier Jahre, bis der zweite Stummfilm fertiggestellt wurde. Zum gleichen Zeitpunkt machte in Kairo bereits der erste Tonfilm Furore.

Doch nicht nur fehlende finanzielle Mittel waren Schuld daran, dass Syrien lange Zeit ein filmisches Brachland blieb: Unter der kolonialen Verwaltung der Franzosen und deren restriktiver Kulturpolitik waren viele talentierte Künstler und Intellektuelle nach Ägypten ausgewandert; das künstlerische Leben des Landes war geschwächt.

Während des Zweiten Weltkriegs gründeten private Unternehmer eine Produktionsfirma unter dem Namen „Syrische Film-Aktiengesellschaft". Damit versuchten sie, aus dem Ausbleiben westlicher Filmimporte Nutzen zu ziehen. Aber anders als in Ägypten, wo die Filmindustrie in den Jahren während und nach dem Zweiten Weltkrieg ihren größten Boom erlebte, machten mangelnde Erfahrung und schlechte Geschäftsführung die syrischen Pläne bald zunichte.[106]

Als Syrien sich 1958 mit Ägypten zum Staatenbund der Vereinigten Arabischen Republik zusammenschloss[107], wurde das syrische Kulturministerium gegründet, das auch eine Abteilung für Film umfasste.[108] Doch noch mono-

polisierten einige wenige Filmhändler den gesamten syrischen Markt und
führten vor allem Kommerzware aus Ägypten und Hollywood ein. Die einheimische Produktion von Langfilmen blieb auf individuelle Unternehmungen beschränkt. Dies änderte sich erst 1963, als nach der Revolution die Nationale Filmorganisation das Import- und Vertriebsmonopol übernahm.

Die Niederlage im Sechstagekrieg war auch in Syrien, das die Golanhö-
hen an Israel verlor, ein Katalysator für das Ausklingen des Panarabismus.
Nach den Schuldigen für die Niederlage wurde aber auch im eigenen Lager
gesucht. So auch im Film. Zusammen mit dem Thema Palästina, das 1970
durch den Bürgerkrieg mit den Palästinensern in Jordanien neue Nahrung
erhielt, rückten gesellschaftliche und soziale Probleme auf Leinwand und
Bildschirm in den Mittelpunkt. In Anbetracht der Abhängigkeit von staatlichen Subventionen betteten die meisten Filmemacher ihre Kritik allerdings
in eine räumlich und zeitlich nicht bestimmbare Handlung.

Auftrieb erhielt die Suche nach neuen politischen Leitbildern 1972 in
Damaskus, als das erste Festival des Jungen Arabischen Films stattfand. Inspiriert von den Forderungen der „Vereinigung des Jungen Films" in Kairo. Der
Begriff *Alternatives Kino* (al-sinima al-badila) wurde geprägt, mit radikalreren
Forderungen als die der „Vereinigung des Neuen Films" in Kairo. Weit kamen sie damit nicht. Denn nach der „Reformpolitik" Hafiz Al Assads 1970
wurden mehrere Jahre fast nur noch Auftragsarbeiten über den Präsidenten
vergeben. Der kommerzielle Film im Land hing dagegen noch bis weit in die
70er Jahre hinein „am ägyptischen Rockzipfel", wie Viola Shafik es ausdrückt.[109] Dies betraf nicht nur Drehbuch, Regie, Gestaltung und Know-how,
sondern auch die technischen Dienstleistungen. Der private Sektor heute
überlebt nur, weil er sich auf preiswerte Videofilme und Produktionen für die
Golfstaaten verlegt hat.

Mit dem Zusammenbruch des Ostblocks hatte Syrien seine wichtigsten
Verbündeten verloren und begann, seine Fühler nach Westen auszustrecken.
Dies ging so weit, dass während des zweiten Golfkriegs 1990/91 syrische Truppen mit den Amerikanern gegen den Irak kämpften. In den jüngsten Ver-
handlungen mit Israel ist Syrien bislang jedoch unnachgiebig geblieben.

Der zeitgenössische syrische Film krankt nicht an künstlerischem Potenzial, sondern an politisch-bürokratischen Hemmnissen und einem Mangel
an Fördermitteln. Die Nationale Filmorganisation konnte ihr Plansoll von
sechs bis sieben Spielfilmen pro Jahr nie erfüllen, in manchen Jahren wurde
sogar kein einziger Film produziert. Insgesamt sind in den 55 Jahren seit der

Unabhängigkeit rund 150 Kinofilme produziert worden.[111] Vor allem die qualitativ hochstehende syrische Filmtechnik und -regie leidet unter den ungewissen Produktionsbedingungen und den bürokratischen Entscheidungsstrukturen.

Seit den achtziger Jahren macht eine neue Generation von Filmemachern international von sich reden. Sie haben dem Filmschaffen im Land ein völlig neues künstlerisches Gepräge verliehen. Ihnen ist der gute Ruf zu verdanken, den der syrische Film seither genießt. Auch in dieser Generation ist der syrische Film eine von Männernamen wie Mohammed Malass, Samir Zikra und Oussama Mohammed dominierte Welt. Bislang ist es dagegen nur zwei Frauen gelungen, sich als Regisseurinnen im Fernsehen zu profilieren. Eine von ihnen hat auch einen Kinofilm gedreht.

Wie es mit dem syrischen Film weiter gehen wird, hängt ab von der Entwicklung des Landes unter der Führung von Präsident Bashar Al Assad, der 1999 nach dem Tod seines Vaters dessen Nachfolge angetreten hat. Birgit Cerha, Korrespondentin des Berliner Tagesspiegel berichtet im September 2000, zur Zeit des „Aufrufs der 99“: „Der als Reformer gepriesene Premierminister Miro mahnte jüngst syrische Filmproduzenten an ihre Aufgabe, ausschließlich Tourismus- und Propagandafilme zu drehen, die der Revolution dienten. Der Intellektuelle Antoun Maqdisi wurde im August von Kulturministerin Maha Qannout aus der Abteilung für Autorenschaft und Übersetzung entlassen, weil er es gewagt hatte, den Präsidenten in einem offenen Brief zu drängen, er möge doch den Status des syrischen Volkes ‚von Untertanen zu Bürgern wandeln‘.“ Cerha vermutet in diesem Zusammenhang „dass Bashar nicht die Erfahrung und den politischen Rückhalt besitzt, um seine Reformen gegen jene Kräfte durchzusetzen, die bei Veränderungen ihre Macht verlieren könnten“.[112]

Was erlaubt ist und was nicht, dazu braucht es in Syrien ohnehin keine offiziellen Verbote. Man weiß durch inoffizielle Fingerzeige, ob man ein Buch über oder unter dem Ladentisch verkaufen darf. Auch unliebsame Filme werden nicht verboten: Sie werden einfach nicht gezeigt.

Viel Wüste und wenig Oasen

Von Martin Girod

In Syrien wurde bald nach der Machtergreifung durch die Baath-Partei (1963) die Nationale Film-Organisation NFO gegründet, die für Produktion, Import (ein Staatsmonopol) und Vertrieb von Filmen zuständig ist, Publikationen zum Film herausgibt und seit 1979 alle zwei Jahre in Damaskus ein Filmfestival organisiert. Ähnlich wie früher in den sozialistischen Staaten Osteuropas finanziert der Staat die Produktion von Filmen, für deren Auswahl Fachgremien eingesetzt werden. Auch wenn daneben private Produktionen möglich sind und sich in jüngerer Zeit das (ebenfalls staatliche) Fernsehen als Produzent betätigt hat, prägen in erster Linie die NFO-Produktionen das Bild des syrischen Films.

Obwohl politische Erwägungen auch in Syrien bei der Auswahl der Projekte eine Rolle spielen mögen, handelt es sich dabei keineswegs um Propagandafilme. In ihrer stilistischen und thematischen Vielfalt entsprechen diese Filme nicht den Vorstellungen, die man sich von einem Staatskino macht; vielmehr hat sich im Laufe der Jahre eine deutlich kulturell profilierte Politik des Autorenkinos entwickelt.

Seit den siebziger Jahren prägt eine Generation von Filmschaffenden den syrischen Film, die Jahrgang 1936 bis 1954 (..) sind. Die meisten dieser Regisseure haben ihre Ausbildung am WGIK in Moskau, einige auch an anderen osteuropäischen Filmhochschulen erhalten. Zum Vorbild der Syrer scheint aber nicht der eher akademische Mosfilm-Stil geworden zu sein. Wenn überhaupt eine stilistische Gemeinsamkeit auszumachen ist, so geht sie in die Richtung eines phantasievoll poetischen, durchaus auch humorvollen Fabelkinos, das sich im Filmschaffen der ehemaligen Sowjetunion noch am ehesten mit dem georgischen Kino vergleichen lässt.

Eine erste Blütezeit erlebte der syrische Film in der ersten Hälfte der siebziger Jahre, als Hamid Merei Leiter der NFO war und einer ganzen Reihe von jüngeren Filmemachern (auf sehr unbürokratische Weise, wie immer wieder betont wird) die Chance gab, ihre ersten Filme zu drehen. Es entstanden Titel, die heute zu den Klassikern des syrischen Films zählen. *Der Leopard (al-fahd)* von Nabil Maleh, *Die Betrogenen (al-makhdu'un)* des Ägypters Tawfiq Saleh, *Al-Yazirli* des gebürtigen Irakers Kais Al Zubaidi, *Kafr Kassem* des Libanesen Bourhan Alaouie und der lange Dokumentarfilm *Alltagsleben in einem syrischen Dorf (Al-hayat al-yawmiya fi qaria suriya)* von Omar Amiralay. Letzterer machte in Europa Furore, wurde in Syrien aber seiner kritisch-realistischen Darstellung wegen wenig geschätzt, kann bis heute nicht gezeigt werden und dürfte zur Ablösung Mereis an der NFO-Spitze wesentlich beigetragen haben. In den achtziger Jahren traten weitere profilierte Filmautoren mit Spielfilmerstlingen hervor.

In den neunziger Jahren scheint das NFO, seit 1989 unter Leitung von Marwan Haddad stehend, bemüht zu sein, den interessanten Regisseuren die Fortsetzung ihrer Arbeit zu ermöglichen. Diese Kontinuität im Schaffen ist für Syrien leider völlig untypisch. Die materielle Basis der Produktion ist prekär: In den letzten 30 Jahren sind knapp 40 lange Spielfilme entstanden, d. h. das Budget der NFO reichte in der Regel gerade für einen Spielfilm pro Jahr. So warten auch Filmautoren, die mit einem Film überzeugt haben, meist jahrelang auf ihre nächste Chance und für Nachwuchskräfte ist die Situation fast aussichtslos.

So unterschiedlich diese (...) Spielfilmproduktionen der Nationalen Film-Organisation sind, so klar spiegelt sich in ihnen die heute in Syrien vorherrschende Tendenz, eine Eigenständigkeit zu betonen, die sich vom Islamismus ebenso abgrenzt wie von westlicher Einflussdominanz. Dass man das Kino jedoch nicht unbedingt als repräsentativ ansehen kann, ist für den Besucher augenfällig: Während auf der Straße etwa die Hälfte der Frauen mit Kopftuch (in den verschiedensten Spielarten) daherkommt, zählt ein neugieriger Rundblick im Kinosaal gerade mal 10 Prozent Kopftuchträgerinnen.

(Martin Girod. In: epd-Film 3/2000; der Autor ist Leiter des „Filmpodiums der Stadt Zürich" und Jurymitglied beim Damaskus Filmfestival 1999.)

BADR Layaly

Layaly Badr ist am 3. Januar 1957 in Jericho, Palästina, geboren. Sie ist die jüngere Schwetser der Filmemacherin Liana Badr (s.S. 182). Zunächst arbeitete sie als Kinderbuchautorin und als Regisseurin
für ein Kindertheater in Kuwait. Während eines Vo-
lontariats 1986 beim Fernsehen in Ostberlin produzierte sie Videoclips für Kinder. 1987 kehrte sie nach
Syrien zurück. Sie arbeitete als Regieassistentin beim
Fernsehen, realisierte zwei Musikfilme und eine
Fernsehserie für Kinder. Außerdem schrieb sie zwei
Drehbücher und war Jurymitglied bei verschiede-

nen Filmfestivals. Seit 1997 lebt sie in Kairo, wo sie beim Kinderkanal des
Satelliten-Senders Arab Radio and Television (ART) tätig ist.

Filmographie (Auswahl):

1985   **Al-tariq ila filistin/Der Weg nach Palästina**, Animation, 16 mm, 8 Min
(Goldener Lorbeer des DDR Fernsehens, Erster Preis beim Arabischen
Fernsehfilmfestival in Tunis und der Jugendorganisation in Damaskus,
Syrien)

1993   **Al-arusa al-bahira/The Little Bride** (Die kleine Braut), Video, 30 Min
(Erster Preis beim Kinderfilmfestival in Kairo und Arabischen Fernsehfilmfestival in Tunis; Bronzemedaille beim Internationalen Filmfestival Kairo,
1996)

1993   **Al-laghaz/The Riddle** (Das Rätsel), 90 Min

1995   **A Planet all of our Own** (Ein Planet ganz für uns allein),
UNICEF-Musicalfilm für Kinder

1997   **The Fairy Tales Keys** (Die Märchenschlüssel), eine Kinderfilmserie

◼ Der Weg nach Palästina

Al-tariq ila filistin

DDR 1985

Die kleine Laila lebt in einem palästinensischen Flüchtlingslager im Libanon. Ihr
Vater ist bei einem israelischen Flugzeugangriff ums Leben gekommen. Laila träumt
von Palästina – ihrem Heimatland, das sie noch nie gesehen hat. Der Trickfilm aus
gezeichneten und gekneteten Figuren wurde von der Abteilung für Information und
Kultur der PLO produziert.

AL RAHEB Waha

Waha Al Raheb ist am 14. April 1960 in Kairo geboren, als Tochter syrischer Eltern. Da ihr Vater, ein Romanautor und Maler, im diplomatischen Dienst war, verbrachte Waha Al Raheb ihre Schuljahre unter anderem in Moskau und Khartum, Sudan. Sie studierte an der Kunstakademie in Damaskus, wechselte dann zum Filmstudium an die Universiät VIII von Paris. Thema ihrer Diplomarbeit war das Frauenbild im syrischen Kino 1963–1986.

Waha Al Raheb lebt in Damaskus, wo sie als Fernseh- und Filmregisseurin sowie Schauspielerin arbeitet. Sie wirkte unter anderem in dem Film *Träume von der Stadt (Ahlam almedina, 1984)* von Mohammed Malass mit. Außerdem hat sie zwei Drehbücher geschrieben, die sie auch verfilmen will.

Filmographie:

1987   Notre grand-mères (Unsere Großmütter), 35 mm, 30 Min
(Silbermedaille beim Festival von Kélibia, Tunesien, 1987; Bronzemedaille und Preis der Frau beim Kinofestival von Damaskus, 1991)

1997   Perles de verre blues (Blaue Glasperlen), Fernsehfilm, 120 Min
(Goldener Preis beim Internationalen Filmfestival Kairo)
Une valise pour la nouvelle année (Ein Koffer für das Neue Jahr),
Fernsehfilm (Goldener Preis beim Internationalen Filmfestival Kairo)

2001   Maison de famille (Familienhaus), eine siebenteilige Fernsehserie

Unsere Großmütter
Notre grand-mères
Syrien 1987
R/B: Waha Al Raheb
K: Haitham Qwatli
D: Nora Murad
P: General Cinema Authority,
      Damaskus
V: L'Institut du Monde Arabe, Paris

Der Kurzfilm verbindet dokumentarische und gespielte Szenen: Der erste Strang sind Interviews mit Frauen auf dem Land, wo die meisten Frauen in Syrien nach wie vor leben. Parallel dazu wandelt ein junge Schauspielerin durch die syrische Geschichte in der Suche nach den verschiedenen Lebens- und Denkweisen der Frauen im Wandel der Epochen.

DER MAGHREB

ALGERIEN

Algeriens Kino ist ein Kind des Befreiungskrieges gegen die französische Kolonialmacht. In ihrem acht Jahre währenden Kampf zwischen 1954 und 1962 ent-
deckten die AlgerierInnen die Kamera als Waffe: Einige von ihnen schlossen sich
zu einer Filmeinheit zusammen und dokumentierten für die algerische Exilregierung in Tunis Gegenbilder zur Propaganda des kolonialen Kinos.

In jüngerer Zeit war es ein „innerer" Feind, der das Land nicht zur Ruhe
kommen ließ. Der fundamentalistische Terror, der Algerien seit den frühen
90er Jahren heimsuchte und bisher 200.000 Menschen das Leben kostete,
hatte auch auf das künstlerische Klima im Land verheerende Folgen. Viele
FilmemacherInnen haben ihrer Heimat aus Angst um Leib und Leben den
Rücken gekehrt und haben mit ihren Filmen im Ausland Erfolge.

Die Lage beruhigte sich, nachdem die Regierung unter Abdelaziz Boutefli-
ka mit den Islamisten einen „Pakt der Nationalen Versöhnung" ausgehandelt
hatte und die FIS (Front islamique du salut), die Islamische Heilsfront, mehr
und mehr Rückhalt in der Bevölkerung verlor. Im März 2001 kam es jedoch
unweit der Hauptstadt zu einem neuen Massaker durch mutmaßliche Islamisten, kurz darauf zu einem Berber-Aufstand in der Kabylei. „Zumindest in
den großen Städten sind jetzt Außenaufnahmen ohne Lebensgefahr möglich", sagt der Filmemacher und Produzent Belkacem Hadjadj[113]. „Man will
sich die Augen reiben, weil man dem normalen Alltag nicht trauen mag",
erzählt der ARD-Korrespondent Samuel Schirmbeck.[114] „Es ist wie nach einem Krieg und doch ganz anders, weil die zerstörten Häuser fehlen." Die
Fassaden sind alle noch intakt – es sind die Seelen der Menschen, die den
größten Schaden erlitten haben.

Noch 1986 gab es über 400 Kinosäle im Land, davon sind heute nur noch
ein paar Dutzend übrig. Die Zuschauerzahlen sind von 40 Millionen auf

50.000 gesunken.[115] Denn auch Kinos waren Ziel von Anschlägen der Fundamentalisten, weil sie die dort gezeigten Filme für „unmoralisch" hielten. Wie eine Bastion inmitten feindlichen Landes wirken die Algerische Kinemathek (Cinémathèque Algérienne) und ihr Direktor Boudjmaa Karèche. „Herz und Seele dieser Institution seit 1978, hat dieser alte Rechtsgelehrte, der zum Cineasten konvertiert ist, zu einer Ehrensache gemacht, den Kinosaal nie zu schließen", schreibt Jacques Mandelbaum.[116] Umso mehr, als die Kinosäle in der Gegend einer nach dem anderen in die Luft flogen. Nicht einmal als auf seine Kinemathek ein Anschlag verübt wurde – glücklicherweise ohne schweren Schaden anzurichten – ließ Boudjmaa Karèche sich einschüchtern.

Kurz nach der nationalen Unabhängigkeit 1962 gegründet, beherbergt die Kinemathek heute 15.000 Filmkopien (meist Langfilme). Damit ist sie die größte Einrichtung ihrer Art in der „Dritten Welt" und die einzige Institution in Algerien, die nicht der Zensur unterliegt. Zwar gibt es Subventionen vom Staat, doch die Gelder reichen höchstens, um ein paar Kinosätze reparieren zu lassen, aber nicht, um alte Filmkopien restaurieren zu lassen, geschweige denn, neue Filme anzukaufen. Während der letzten Jahre, als keine ausländischen Filme mehr ins Land kamen, behalf Karèche sich mit dem Abspielen von Videos.

Das Kulturleben Algeriens ist heute nur noch ein Schatten seiner Selbst. 100 Jahre ist es her, seit die Kolonialherren und in ihrem Gefolge die französischen Filmpioniere das Land in Besitz nahmen. 1899 machte Félix Mesguish, ein gebürtiger Algerier, im Auftrag der Brüder Lumière Landschaftsaufnahmen. 1908 ließ die Kolonialregierung die ersten Kinos bauen und ab 1911 propagandistisch gefärbte Dokumentarfilme drehen. Erst nach 1957 entstand mit einer neuen Generation von Filmemachern auch eine andere Art des Dokumentarfilms. Von den rund 200 Spielfilmen, die während der Kolonialzeit im Maghreb entstanden, wurden nur elf Filme von einheimischen Regisseuren gedreht. Kein einziger in Algerien.

Anders als die Briten in Ägypten setzten die französischen Kolonialherren im Maghreb auf die unbedingte Akkulturation der einheimischen Bevölkerung. Französisch wurde Amtssprache und in Algerien auch das traditionelle Schulsystem durch ein französisches ersetzt. Am 8. Mai 1945, dem Ende des Zweiten Weltkriegs, kam es zu einem Aufstand, bei dem Tausende von Algeriern den Tod fanden. Fortan vermieden die Franzosen in ihren Filmen jede Annäherung an die soziale und politische Realität in den Kolonien. Am Tage der Unabhängigkeit ließen sie kaum eine brauchbare technische Infrastruktur zurück.

Die neue algerische Regierung verstaatlichte 1964 die Filmindustrie und gründete die ONCIC, die Nationale Produktions- und Vertriebsgesellschaft (Office National pour le Commerce et l'Industrie Cinématographique). Dieser Schritt hatte jedoch ein fünfjähriges Gerangel mit den Verleihmonopolen der USA zur Folge. Erst 1974 ertrotzte die ONCIC sich das Recht zur alleinigen Kontrolle des Imports und Vertriebs. Dies gelang ihr, indem sie die einheimischen Kinos nur noch mit Filmen belieferte, die sie vor der Verstaatlichung in sozialistischen Ländern und in Westeuropa erworben hatte. So umging sie den Boykott der großen US-Verleihe. Zum ersten Mal hatte ein Land der Dritten Welt die Kraftprobe mit den Verleihriesen aus Übersee bestanden.

Nach der Unabhängigkeit blieb der Befreiungskampf Thema Nummer Eins in algerischen Filmen. Daran änderte zunächst auch die „sozialistische Revolution" 1965 nichts, durch die Houari Boumedienne zum Staatspräsidenten wurde. Manche Filmmacher machten allerdings Anleihen bei kommerziellen Genres, packten Gesellschaftskritik in die Form einer Komödie oder ließen nach Art amerikanischer Western in ihren Filmen heldenhafte algerische Widerstandskämpfer für Recht und Ordnung sorgen. Auf diese Weise versuchten die Filmemacher, den durch das Kolonialkino geprägten Sehgewohnheiten zu entsprechen. Hilfreich war auch das landesweite Netz der Ciné-Clubs, die in der Kolonialzeit nach dem Vorbild französischer Filmklubs entstanden waren. Im Verbund mit den Ciné-Bussen sollten sie eine wichtige Rolle dabei spielen, die sozialistischen Agrarreform durch Propagandafilme in den ländlichen Gegenden zu verbreiten. Auch Ciné-Clubs gibt es heute nicht mehr.

Die sozialistische Revolution hatte den Boden bereitet, aber erst mit der Reformpolitik der siebziger Jahre, allen voran der sozialistischen Agrarreform von 1971, erweiterte sich das Themenspektrum der Filmemacher. Die Idee eines *„sinema djidid"*, eines „Neuen Kino", wurde geboren: Filmemachen als Instrument der Geschichtsschreibung und des Aufbaus einer neuen Gesellschaft, mit dem Anspruch auch ästhetisch und stilistisch innovative Wege zu gehen. Um so authentisch wie möglich zu sein, arbeiteten sie meist mit Laien- statt mit Profi-Schauspielern. Neue Themen rückten in den Mittelpunkt: Konflikte zwischen Stadt und Land, Bürokratie, Krise der Städte (Wohnungsnot, Arbeitslosigkeit), Emigration, aber auch die Frage der Gleichberechtigung der Frauen.

Die sozialistische Agrarrevolution brachte einschneidende Veränderungen mit sich. Die überstürzte Technisierung garantierte den Familien ein Mindesteinkommen unabhängig vom Produktionserfolg. Dadurch waren die Frauen in Algerien – im Gegensatz zu den Nachbarländern – als landwirtschaftliche Arbeitskraft nicht länger gefragt. Dies hatte für die Frauen drastische Folgen, wie die Journalistin Sabine Kebir ausführt: „Die Bäuerinnen, die früher unverschleiert auf den Feldern arbeiteten, sahen sich plötzlich in ihre Häuser eingeschlossen. Ihre traditionellen Treffpunkte – die Quelle, der Brunnen, das Dampfbad – wurden durch Wasserhähne in den Häusern ersetzt, ohne dass sich die Frauen neue Orte der Kommunikation schaffen konnten."[18]

Die daraus resultierende soziale Vereinsamung ließe ahnen, schreibt Kebir weiter, weshalb auch Frauen sich in eine scheinbar harmonischere Vergangenheit zurücksehnen und den islamistischen Bewegungen beitreten. „Der Islamismus bietet ihnen dafür die im Maghreb neue Gleichberechtigung in der Religion. Man hat den Frauen ein kleines, abgeschirmtes Areal in den Moscheen zugestanden, womit sich die vom islamischen Gesetz zu Hause Eingeschlossenen einen winzigen Platz in der Öffentlichkeit erobern konnten. Dass das nicht die von den Islamisten verkündete Rückkehr zur ‚wirklichen Identität' bedeutet, ist zumeist nur den gebildeten Frauen klar."

Tatsächlich sind die Gesellschaften des Maghreb seit jeher multikulturell, sie haben ihre Wurzeln in einer arabisch-berberischen Mischkultur. In vielen Regionen sind berberische Gewohnheitsrechte erhalten, in denen Frauen zumindest in der Sexualität eine gewisse Selbstbestimmung wahren können. Sie reicht bis zur Probe-Ehe im marokkanischen Atlas und zum Recht auf Scheidung bei den Tuareg.

In den 80er Jahren kam es zu einer kurzen Blüte der algerischen Frauenbewegung. Anlass war ein neues Personenstandsgesetz, das die Rechte von Frauen von den Entscheidungen eines männlichen „Gelehrten" abhängig machte. Nachdem das Gesetz 1985 verabschiedet worden war, gründeten Frauen aus allen Gesellschaftsschichten die erste unabhängige Frauenorganisation APEDEL (Association for the Equality of Men and Women in the Eyes of the Law). Ihr Ziel war, das Gesetz wieder aufheben zu lassen.

Als 1989 eine neue Verfassung algerischen Staatsbürgern das Recht garantierte, Vereine und politische Parteien zu gründen, wurden 30 weitere feministische Organisationen ins Leben gerufen. Am 8. März (dem Internationalen Frauentag; Anm. d. Autorin) des folgenden Jahres gingen 10.000 Frauen auf die Straße, vier Jahre später waren es 50.000 Frauen, die durch Algier marschierten, um gegen diskriminierende Gesetze und den fundamentalistischen Terrorismus zu protestieren. Im Wahljahr 1991 wollten sie vor allem den Artikel 54 des Wahlgesetzes zu Fall bringen, der Männern erlaubte, im Namen ihrer weiblichen Verwandten zu wählen. Am Vorabend der Wahlen gab das Verfassungsgericht ihren Forderungen nach und hob den Artikel 54 auf.

Doch für allzu große Hoffnungen war kein Anlass: Mit der blutigen Niederschlagung der Jugendunruhen hatte die Regierung 1988 die Saat für den fundamentalistischen Terror gesät, der nach der Ermordung des Präsidenten Mohamed Boudiaf 1992 voll aufkeimte. Der Bürgerkrieg begann nach den Parlamentswahlen im Dezember 1991. Als sich der Sieg der FIS abzeichnete, zwang die Armee die Regierung in einem putschähnlichen Handstreich, den zweiten Wahlgang zu annulieren, verhängte den Ausnahmezustand und verbot die FIS. Seither lieferten sich das Regime und die in den Untergrund abgetauchten Islamisten einen blutigen Kampf. Zuletzt mehrten sich allerdings die Hinweise, dass für viele der Gräueltaten, die in den folgenden Jahren den islamischen Terroristen zugesprochen wurden, in Wirklichkeit die algerischen Sicherheitskräfte und der Geheimdienst verantwortlich sind.[119]

Die Filmemacherin Assia Djebar schildert diese Zeit, die sie selbst miterlebt hat: „Als im Februar 1989 die FIS entgegen der Verfassung als legale politische Partei anerkannt wurde, mussten sich die Frauen zusammenschließen, und ich meine natürlich hier die Frauen mit einer modernen Lebensweise, die damals nicht Hunderte, sondern Tausende im ganzen Land zählten, und zwar nicht nur in Algier oder in den Großstädten. Damals und auch jetzt noch arbeiten in allen Bereichen der algerischen Gesellschaft Frauen, die heute zwischen 30 und 50 Jahre alt sind. Diese Frauen und ihre Organisationen haben bei den offen frauenfeindlichen Reden der Anführer der FIS sofort gespürt, das ihre Position bedroht war. Und die Zeit der Gewalt begann schließlich, als der Schriftsteller Taahar Djaout getötet wurde, denn die Islamisten wandten sich zuerst gegen die Intellektuellen, gegen Journalisten, Professoren, Ärzte. Sie bedrohten alle Frauen, die arbeiteten und selbständig lebten, ob sie Lehrerin waren oder Sekretärin in einem Rathaus, die Frauen wurden überall zur Zielscheibe. Vor allem die Journalistinnen empfingen Briefe mit Morddrohungen, sie mussten sich schützen, sich verstecken. Tatsächlich gab es während des Algerienkriegs (der Befreiungskampfs 1954–1962, Anm. d. Autorin) in den Städten einige wenige Frauen, die sich frei bewegen konnten und Schulen besuchten. Ihre Anzahl war zwar sehr gering,

aber sie schlossen sich den Partisanen an. Andere Frauen wiederum kämpften in der Schlacht um Algier, und einige wurden dadurch berühmt. Ich
selbst wollte die Erinnerungen der Frauen dieser Zeit in meinem Film LA
NOUBA aufzeichnen, aber ich wandte mich lieber den einfachen Bäuerinnen
zu, weil ich wusste, dass die Mehrzahl der Frauen, die am Befreiungskampf
teilgenommen und ihn unterstützt hatten, analphabetische Bäuerinnen waren. Später, in den 80er Jahren, hieß es in Europa oft: Die algerischen Frau-
en, die am Befreiungskampf teilgenommen haben, sind in ihre Küche zurückgeschickt worden. Das ist falsch. Für den Großteil der Städterinnen
jedenfalls traf dies nicht zu. Es galt eher für die Frauen auf dem Land, die
Bäuerinnen, die kein intellektuelles Rüstzeug besaßen, um einem Beruf nach-
zugehen und selbständig zu leben. Diese Frauen waren nach der Unabhängigkeit sehr frustriert, denn sie hatten gekämpft und waren im Gefängnis gewesen. Aber die führenden Befreiungskämpfer begegneten ihnen mit Miss-
trauen, wenn sie in die Dörfer kamen, weil sie dachten: Man heiratet keine
Frau, die mitgekämpft hat, denn schließlich ist sie mit Männern zusammen
gewesen. So war das. Ich habe beim Filmen also viele Frauen kennen gelernt, die um die vierzig waren. Sie wurden von der Staatspartei FLN übrigens
noch in den Dörfern auf die Wahllisten gesetzt und hatten eine repräsentati-
ve Rolle. Aber dem entgegen stand die streng muslimische Tradition auf dem
einfachen Land. Die Frauen waren zwar Heldinnen, aber ihr Leben als Frau
wurde ihnen genommen."[120]

Auch die Probleme in der kulturellen Infrastruktur des Landes begannen
lange vor dem fundamentalistischen Terrorismus. Sie gründen auf der Miss-
wirtschaft und Bürokratie und den daraus folgenden finanziellen Defiziten,
die mit der Nationalisierung der Filmwirtschaft einhergingen. Koproduktionen mit dem Fernsehen waren in Algerien häufiger als in den anderen Maghreb-Ländern.

Erst seit Anfang der 90er Jahre gibt es auch private Produktionen. Ende
des Jahrzehnts wurden dann alle staatlichen Filminstitutionen wegen Finanz-
knappheit aufgelöst. Auch dem Fernsehen fehlen inzwischen die Mittel für
Koproduktionen. Filmproduktion, Vertrieb und Import liegen in den Händen von nur drei privaten Unternehmern. Da auch das Fernsehen keine Mittel für Koproduktionen mehr hat, sind die Produzenten abhängig von ausländischen Filmen und Geldgebern. Nur mit ihrer Unterstützung gelang es dem
Filmemacher Mohamed Chouikh ein Filmfestival in Timimoun auf die Beine zu stellen, mitten in der Sahara.[121] Auch der Filmemacher Belkacem Hadj-

adj, der in Brüssel lebt, hat seinen Film „Machaho" (1996) – den ersten Film in berberischer Sprache – selbst produziert.

„Machaho" ist einer von nur drei Filmen, die in den letzten fünf Jahren in Algerien produziert wurden. Zwar existiert seit 1991 ein Farblabor im Land, doch der Staat weigert sich, die technische Ausrüstung der aufgelösten Institutionen den Filmemachern zur Verfügung zu stellen. Ebenso gibt es zwar einen Förderfonds beim Kulturministerium: Aber der Topf ist leer. Von sechs Spielfilmprojekten, die im Jahr 2000 auf Fördermittel warteten, sind bislang nur zwei auf den Weg gebracht worden.[122]

Ein Lichtblick ist es angesichts dieser tristen Lage, dass die Stadt Algier sechs Kinosäle renovieren lässt. Seit der Unabhängigkeit sind in Algerien insgesamt rund 100 Kinofilme entstanden,[123] nur zwei davon von einer Frau. Dies wird sich allerdings bald ändern: Eines der neuen Spielfilmprojekte ist von Yamina Chouikh, Ehefrau und Chefcutterin des Filmemachers Mohamed Chouikh. Sie wird mit diesem Film ihr Regiedebüt liefern. Überdies sind von den wenigen algerischen Filmemacherinnen keine neuen Projekte bekannt.

Die meisten algerischen FilmemacherInnen leben weiterhin im Exil. In Frankreich machen bereits die zweite und dritte Generation nordafrikanischer Einwanderer Filme. Immer wiederkehrendes Thema dieser Filme sind die vielfältigen Probleme der Integration. Das „Cinéma Beur" hat sich längst zu einem eigenen Filmgenre gemausert.

ALBOU Karin

Karin Albou ist 1968 in Frankreich geboren als Tochter algerischer Eltern. Sie lebt in Paris, wo sie 1992 ihr Filmstudium abschloss. Im selben Jahr tourte sie mit einer Theatergruppe durch Algerien. Im Jahr darauf drehte sie ihren ersten längeren Film in Tunesien. Dort bereitet sie 2001 auch ihren ersten Spielfilm vor: LE CHANT DES MARIÉES (Der Gesang der Verheirateten).

Filmographie:

1992   **Chut** (Psst!), Kurzfilm über ein sexuell missbrauchtes Mädchen (Preis für das beste Regiedebüt des Fernsehprogramms Ciné-Cinéma)

1993   **Mon pays m'a quitté** (Mein Land hat mich verlassen = Dokumentarfim über eine Gruppe junger tunesischer Juden), 52 Min

1998   **Aid El Kebir** (Das große Fest), 35 mm, 34 Min (Großer Preis beim Kurzfilmfestival von Clermont-Ferrand 1999)

■ Das große Fest
Aid el Kebir

R/B: Karin Albou
K: Michel Sourioux
T: Jean-Francois Mabire
S: Barbara Bascou
D: Soria Moufakkir, Smail Mekki, Hichem Mesbah u.a.
P: Gloria Films (Paris)

In einem von den politischen Spannungen gezeichneten Ort im Osten Algeriens bereitet sich eine Familie auf die traditionelle „Aid El Kebir"-Feierlichkeiten vor[124]. Der sterbende Vater möchte seine jüngste Tochter noch verheiraten. Doch die junge Frau entscheidet sich inmitten dieser morbiden Atmosphäre für die Liebe.

BENGUIGUI Yamina

Yamina Benguigui ist am 9. März 1958 in Valenciennes, Frankreich, geboren. Ihre Familie sind algerische Einwanderer. Yamina Benguigui hat außer Dokumentarfilmen einen Fernsehfilm sowie Werbe- und Videoclips gemacht. Daneben hat sie zahlreiche Filme für das Fernsehen und die Danielle Mitterrand Stiftung produziert – darunter einige Musikerporträts und Konzertmitschnitte. Basierend auf ihren Filmserien FRAUEN DES ISLAM und EINWANDERER ERINNERN SICH hat sie zwei gleichnamige Bücher veröffentlicht (Paris, 1996 und 1997).

Eine Art Absichtserklärung

Von Yamina Bengugui

Am Anfang stand die Begegnung mit einer Stadt, Marseille. Aufs Geradewohl während der Dreharbeiten zu FRAUEN DES ISLAM (Yamina Benguiguis Dokumentarfilmserie über arabische Frauen, Anm. der Autorin). Ich filmte mehrere Frauen und befragte sie zu ihrer Lage als Muslimin. Vertrauensvoll und vor laufender Kamera wagten sie es, über ihre Leiden als fügsame Ehefrauen zu sprechen – einige hatten ihre Kinder durch Aids oder Drogenüberdosen verloren… Je mehr ich zuhörte, desto mehr begann ich mich zu fragen, wie diese Frauen nach Frankreich gelangt sein mochten. Und sie erzählten. Die Bilder ergaben sich von selbst: die Ankunft im Hafen, danach die Entdeckung der Bidonvilles[125], die Einsamkeit. Ich dachte an ihre Ehemänner und natürlich an die Väter. Fragen, die mich um Jahre zurückführten in jenes kleine Dorf im Norden Frankreichs, in das meine Eltern in den 50er Jahren emigriert waren.

Ich sehe mein Haus, die graue Steinfassade, ähnlich all den andern, und dennoch nicht ganz gleich. Vor den Fassaden der anderen wuchsen Rosen, Geranien oder Gartenblumen, während vor meiner nur Unkraut und Wildpflanzen emporschossen. Ich erinnere mich des Nachbarn, der sich, sobald er meinen Vater sah, freundlich erkundigte: „Nun, Ahmed, kehrst du dieses Jahr in die Heimat zurück?" Und mein Vater, erstaunt seinen Vornamen auf der Straße zu hören, antwortete mit einem verlegenen Lächeln: „Ja! Dieses Jahr! In einigen Monaten!" Ich sehe meine Mutter vor mir, wie sie im Wohnzimmer hin und her geht, wo sich die Kartonschachteln stapeln, die unsere Kleider, das Geschirr, die Bettwäsche und die Servietten enthielten… Ich höre sie noch immer zu sich selbst sagen: „Im nächsten Jahr werden wir gehen. Werden wir zurückkehren in unser Land!" Ans Heimatland meiner Eltern hatte ich nur Ferienerinnerungen: ein kleines Dorf in den Bergen, weiße Häuser, die drückende Sonne, ein Brunnen.

Eines Abends im Jahre 1976 saß die ganze Familie wie gewöhnlich um den Tisch. Mein Vater stellte den Fernseher an, um Nachrichten zu hören. In eine beinahe religiöse Stille hinein verkündete der Sprecher mit eintöniger Stimme: „Das Parlament hat soeben über das Gesetz der Rückkehrhilfe für Emigranten abgestimmt. Die Abkommen mit den verschiedenen Regierungen der Länder des Maghreb sind unterzeichnet. Jedes Familienoberhaupt wird 10.000 Francs erhalten und kann eine Ausbildung machen, die ihm die Wiedereingliederung im Herkunftsland erleichtern soll. Diese Rückkehrhilfe beruht auf freiwilliger Basis."

Meine Mutter stand auf und wandte sich den an der Wand aufgestapelten Kartonschachteln zu. Dann drehte sie den Kopf. Mein Blick kreuzte den ihren. Ihre Pupillen, dunkel, riesig, waren voller Angst. „Aber, Mutter, sie haben gesagt, es sei freiwillig!", versuchte ich es ihr zu erklären.

Zeit ist vergangen. Mein Vater hat die Rückkehrhilfe nicht beantragt, aber meine Mutter fuhr fort, diese ewigen Schachteln aufzustapeln. Meine Brüder und Schwestern sind mit den Daumen auf den Kofferschlössern aufgewachsen. Ich auch.

Mehr Zeit ist vergangen. Das Provisorium hat sich etwas gefestigt. Immer weniger oft und mit weniger Überzeugung sagte uns meine Mutter: „Nächstes Jahr, vielleicht…"

Zwanzig Jahre sind vergangen. Meine Eltern sind immer noch da. Diese Familien, die beunruhigen, das sind meine Eltern. Angesichts der allgegenwärtigen Gerüchte, geladen mit Verdacht und Gewalt, was kann ich da sagen außer meinerseits zu fragen: „Was habt ihr aus meinem Vater gemacht? Was habt ihr aus meiner Mutter gemacht? Was habt ihr aus meinen Eltern gemacht, dass sie so stumm geworden sind? Was habt ihr ihnen gesagt, dass sie uns nicht aus dieser Erde entwurzeln wollten, in die wir geboren wurden? Wer sind wir heute? Einwanderer? Nein! Die Kinder der Einwanderer? Franzosen ausländischer Herkunft? Moslems?"

Wie auch schon für FRAUEN DES ISLAM begann ich, über die Einwanderung aus dem Maghreb zu recherchieren. Diese Suche ganz am Anfang hat mir aufgezeigt, dass sie eng mit der französischen Wirtschaftsgeschichte verflochten ist. Ich habe zuerst die Politiker aufgesucht, die für diese Wirtschaft, für die Einwanderung und die Integration verantwortlich sind. Danach habe ich die Väter besucht. Sie kamen allein, in den 50ern, auf ausdrücklichen Wunsch französischer Unternehmen (…) Sie haben das Land nach dem Zweiten Weltkrieg wieder aufgebaut. Die Geschichte dieser Menschen wurde durch ein stilles Abkommen besiegelt: Im Projekt des Aufbruchs war das Projekt der Rückkehr enthalten. Nicht einmal der Algerienkrieg hatte eine Wirkung auf dieses Projekt. Die französischen Unternehmen rekrutierten weiter. Die Väter sind geblieben, ohne sich definitiv niederzulassen. 1974 befürwortet die Regierung eine Politik der Familienzusammenführung, die nun die Mütter nach Frankreich bringt. Verpflichtet ihren Gatten zu folgen, leben sie abgeschottet am Rande Frankreichs, gefangen in einer doppelten Aufgabe: Die Traditionen und die Religion vor dem Hintergrund der fixen Idee einer Rückkehr zu erhalten und sich gegenüber der Außenwelt zu öffnen, durch die Vermittlung ihrer Kinder. Es sind diese Kinder, die das Projekt der Rückkehr definitiv verhindert haben. Von der Vergangenheit ihrer Väter und Mütter kannten die Kinder, die ich befragt habe, und die alle als Kleinkinder nach Frankreich kamen oder hier geboren wurden, nur Brocken: Kolonialismus, Algerienkrieg, Unabhängigkeit, Immigration… Von der persönlichen Geschichte, die ihre Eltern durchlebten, wussten sie praktisch nichts. Aufgewachsen im Provisorium, zerrissen zwischen zwei Ländern, aber Erben zweier Kulturen, trotz der Leiden, haben sie durch ihre Präsenz auf dem Boden Frankreichs das, was ursprünglich als Immigration von Arbeit gedacht war, in eine Immigration von Menschen verwandelt. Ohne das Wissen ihrer Eltern, ohne das Wissen Frankreichs, das sich über ihre Existenz zu wundern scheint, sind sie da. Ihre Schreie, die Gewalt sind die extremen Formen des legitimen Anspruchs: „Ich gehöre zu dieser Gesellschaft!"

(Yamina Benguigui, in: Freiburger Film Forum, Mai 1999)

Filmographie:

1994 **Femmes d'Islam** (Frauen des Islam), Video, 3 x 52 Min
Teil 1: Le voile et la république (Der Schleier und die Republik)
(Preise: FIPA[126] und Human Rights Watch International Film Festival New York, 1995; Spezialpreis der Jury beim Festival Visions d'Integration, 1995)
Teil 2: Le voile et le silence (Der Schleier und das Schweigen)
(Preis in der Kategorie „Fernsehen und Soziologie" beim San Francisco Golden Gate Award 1995; Spezialpreis der Jury, FESPACO[127] 1995)
Teil 3: Le voile et la peur (Der Schleier und die Angst)
(Bester Fernsehfilm beim Festival National du Film D'Histoire; Futura Preis Berlin 1995)

1995 **La maison de Kate, un lieu d'éspoir** (Das Haus von Kate, ein Platz der Hoffnung), Video, 52 Min

1997 **Un jour pour l'Algérie** (Ein Tag für Algerien), Video, 26 Min

1997 **Mémoires d'immigrés** (Einwanderer erinnern sich), Video, 3 x 52 Min
(die Filmserie erhielt mehrere internationale Preise, unter anderem den Golden Gate Award, San Francisco, und den speziellen Michel Mitrani Preis bei der FIPA 1998)

1999 **Télévision: une compagne bruyante pour une solitude muette** (Fernsehen: ein lärmiger Gefährte für eine taube Einsamkeit), 11 x 5 Min
(= eine Serie über ältere Immigranten und ihre Fernsehgewohnheiten)

2000 **Le jardin parfumé** (Der parfümierte Garten), Video, 60 Min

▓ Frauen des Islam

Femmes d'islam
Frankreich 1994
P: Bandits Production, Canal +
V: Bandits Production (Paris)

Dreiteilige Dokumentarfilmserie über Frauen in islamischen Gesellschaften. Drehorte waren verschiedene Länder: Frankreich (Teil 1), Mali, Indonesien und Jemen (Teil 2) sowie Algerien, Ägypten und Iran (Teil 3).

▓ Einwanderer erinnern sich

Mémoires d'immigrés
Frankreich 1997
Stabangaben wie zuvor

Dreiteilige Dokumentarfilmserie. Sie erzählt die Geschichte der Einwanderung aus den Maghreb-Ländern nach Frankreich, indem sie Immigranten zu Wort kommen lässt: Väter (Teil 1), Mütter (Teil 2) und ihre Kinder (Teil 3). Anhand von Archivmaterial analysiert Yamina Benguigui den Mechanismus der Immigration: Während die Väter in den 50er Jahren ohne ihre Familien kamen, in Baracken lebten und hart arbeiteten, legten die Mütter, in den 60er Jahren nachgezogen, ihren Schleier ab und strebten nach mehr Unabhängigkeit. Die Kinder, meist schon in Frankreich geboren, sind noch stärker den Widersprüchen beider Kulturen ausgesetzt.

Yamina Benguigui über ihren Film

Dieser Film ist die Erzählung meiner Reise in das Herz der maghrebinischen Einwanderung in Frankreich. Die Geschichte der Väter, der Mütter, der Kinder, die Geschichte meines Vaters, meiner Mutter, meine eigene. Ich dachte, ich könnte mich durch das Kino von meiner Geschichte lösen. Ich bin genau dadurch zurückgeführt worden. Es ist nicht so, dass ich vergessen hätte, woher ich gekommen bin oder wer ich war. Es ist nur so, dass ich kaum je an das Warum gedacht habe… Das Kino hat mir eine Identität geliehen – Filmemacherin –, um diejenige zu rekonstruieren, die ich vernachlässigt hatte: Tochter von Immigranten. Auf der Suche nach dieser schwierigen Identität wurden viele vom Islam angezogen, andere rutschten in die Kriminalität ab. Vielen von ihnen ist die Integration gelungen. Wie auch immer, jedes von Immigranten abstammende Kind trägt den hartnäckigen Willen in sich, seine Würde zu rehabilitieren, um sich zu stärken. Die Väter wissen darum, aber ihre Selbstachtung ist im Gastland zu oft verhöhnt, missachtet worden. Die Erinnerung

ist essentiell, um den Kindern der Immigration die Würde zurückzugeben,
die ihre Väter nicht immer hatten.
(Yamina Benguigui, in: Freiburger Film Forum, Mai 1999)

■ Der parfümierte Garten

Le jardin parfumé
Frankreich 2000
P: Bandits Production, Dominant 7
V: Bandits Production (Paris)
Das Reich von Sinnlichkeit und Sex in der arabischen Gesellschaft ist sowohl eine
Welt der Tabus also auch der erotischen Literatur. Frauen und Männer aus unter-
schiedlichen Generationen und sozialen Milieus erzählen in diesem Dokumentar-
film, wie sie Sexualität im Alltag leben.

CHERABI Nadia

Nadia Cherabi ist am 18. Juli 1954 in Algier
geboren. Nach ihrem Soziologiestudium, das
sie 1977 beendete, zog sie nach Paris. Dort
promovierte sie 1987 in Theaterwissenschaften an der Sorbonne. Mehrere Jahre lang arbeitete sie mit in der Auswahlkommission für
Drehbücher des CAAIC[128] (Algerisches Zentrum für die Filmkunst und Filmindustrie). Sie
war Regieassistentin bei mehreren Filmproduktionen. Heute lebt sie als Dozentin für Soziologie an der Universität und als freie Filmemacherin wieder in Algier.

Filmographie:

1993   **Fatima al-hawata/Fatima et la mer** (Fatima und das Meer), 16 mm, 22 Min
       (Koregie)
1993   **Fatima Amaria,** 16mm, 22 Min (Koregie)
1997   **L'Exile de Bougie** (Das Exil von Bougie)

■ Fatima Amaria

Algerien 1993

R:	Nadia Cherabi, Malek Laggoune
B:	Nadia Cherabi
K:	Smail Lakhdar Hamina
T:	Nabil Ouhib
S:	Miloud Bouamari
P/V:	CAAIC (Algier)

Die junge Amaria ist Mitglied einer religiösen Gemeinschaft in einem Dorf im Süden Algeriens. Die meiste Zeit leben die Frauen dort allein, denn die Männer arbeiten weit weg in den Erdölfeldern. Amaria träumt davon, eine berühmte Sängerin zu werden. Sie singt in verschiedenen Musikgruppen: religiöse Lieder, aber auch Rai und Reggae von Bob Marley. Wenn sie in die Stadt zu Plattenaufnahmen fährt, vertauscht sie ihren Ganzkörperschleier mit einem Kopftuch.

Aus einem Gespräch mit Nadia Cherabi

Warum wolltest du einen Dokumentarfilm machen? Hängt das mit deinem soziologischen Interesse und deinem Studium zusammen?
Vielleicht, aber mich faszinieren einfach auch die Menschen und das wirkliche Leben. Sie sind oft viel interessanter als die Fiktion. Es geht mir nicht darum, die Wirklichkeit getreu abzubilden, obwohl ich sie genau beobachte. Mich interessiert, die Menschen darzustellen und so zu „rekonstruieren", wie ich sie empfinde. In dieser Art von Dokumentarfilm erscheint also mehr die persönliche Sichtweise der Filmenden als die der Gefilmten selbst. Der porträtierte Mensch steht zwar im Mittelpunkt, aber die Subjektivität der Filmerin spielt eine große Rolle.

Du sagst, es sei deine Sichtweise, die im Film zum Ausdruck kommt. Inwieweit berücksichtigst du durch Gespräche mit den Menschen auch deren Bedürfnisse, sich in einer bestimmten Art und Weise gezeigt zu sehen?
Für mich ist es sehr wichtig, zunächst ein Vertrauensverhältnis herzustellen. Ich wollte nicht einen Film über die Frauen, sondern mit ihnen machen. Ich habe mir sehr viel Zeit genommen, um mit ihnen zu sprechen, und war mir meiner Verantwortung ihnen gegenüber bewusst. Denn sie waren vorher noch nie gefilmt worden, niemand hatte ihnen Aufmerksamkeit geschenkt. Sie fragten sich sogar, ob sie es wert seien, gefilmt zu werden. In einem Dokumentarfilm bezieht sich eine getreue und genaue Wiedergabe der Realität auf die Ausstrahlung der Leute und darauf, welche Stellung sie sich in ihrer Umge-

Amaria © CAAIC

bung selbst zuweisen. Ich würde nichts zeigen, was ihnen schaden könnte, selbst wenn sie mir so etwas anvertrauen würden. Daher habe ich in meinem Film auf manches Detail verzichtet, das sehr interessant hätte sein können.

Wieso hast du für deinen ersten Film Amaria ausgewählt?
Ich fand es sehr schön, meinen ersten Film über eine schwarze Algerierin zu machen. Algerien liegt zwischen dem Afrika südlich der Sahara und dem Mittelmeer. Es ist gleichzeitig ein mediterranes, arabisches und afrikanisches Land mit Wurzeln auch in der Berberkultur. Wir haben von allem etwas. Die Schwarzen sind ein wichtiger Teil der Gesellschaft, wenn auch ein kleiner. Ich hatte noch einen Film geplant über Frauen in Algier, einer kosmopolitischen Stadt mit oft widersprüchlichen Einflüssen aus allen vier Himmelsrichtungen. Ich wollte zeigen, wie die Frauen diese Widersprüche leben.

Wie hast du Amaria kennen gelernt?
Ich habe Amaria zufällig bei anderen Dreharbeiten getroffen, eineinhalb Jahre vor dem Film. Ich arbeitete als Regieassistentin bei einer Reportage über junge Leute zum Thema Ferien. Das war allerdings nur ein Vorwand, um über alles mögliche mit ihnen zu reden. Mit jungen Leuten, die die Schule

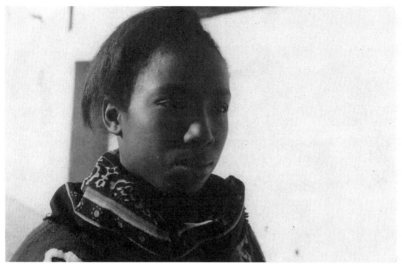

Amaria © CAAIC

bestreiken, über die Ferien zu sprechen, ist ja geradezu paradox. Bei den Dreharbeiten dort im Süden lernte ich Amaria kennen: eine verhüllte junge Frau,
von der man nur ein Stück des Gesichtes sah, und die durch die Gassen ihres
wie verlassen daliegenden Dorfes eilte. Diese Eile, die gar nicht zur Situation
zu passen schien, machte mich neugierig. Ich sprach sie einfach an.
Sie konnte erst gar nicht glauben, dass ich einen Film über sie machen wollte, aber sie akzeptierte. Als ich dann mehr als ein Jahr später zurückkam,
wollte sie plötzlich nichts mehr davon wissen. Ich verstand, dass sie als Mitglied einer religiösen Gemeinschaft ohne deren Einverständnis nichts machen konnte. Ich musste mit dem Leiter der Gemeinschaft sprechen, um ihm
das Drehbuch vorzustellen – und er war damit einverstanden.

Was ist das für eine religiöse Gemeinschaft?
Sie heißt „Tidjania", eine islamische Gemeinschaft, die sehr bekannt ist, weil
sie dazu beigetragen hat, den Islam vor allem in Schwarzafrika zu verbreiten.
Tidjania hat Anhänger unter anderem in Burkina Faso, in Mali, im Senegal.
Sie pflegen eine besondere Gastfreundschaft, und das Dorf ist wie ein Ruhe-
punkt. Ich wollte aber keinen Film über die Glaubensgemeinschaft machen
und erwähne sie deshalb noch nicht einmal mit einem Kommentar.

Wenn Amaria nicht gefilmt werden darf ohne die Erlaubnis der Gemeinschaft,
wieso kann sie dann all die Dinge machen, die sie tut?
Das ist tatsächlich ein Paradox. Die Autorisierung ist eine Form des Respekts
gegenüber dem Leiter der Gemeinschaft. Das Individuum ist frei zu tun, was
es will. Man muss sich aber auf die Gruppe beziehen, zu der man gehört.
Kann weggehen, wohin man will, aber niemals vergessen, dass es einen Punkt,
einen Ort in der Welt gibt, zu dem man gehört. Man muss seinem Ort treu
bleiben. Diese Idee hat mir gefallen. So sagt Amaria am Schluss des Films:
„Manchmal habe ich Lust, von hier fort zu gehen, weil ich hier ersticke. Ich
will ans Licht, nicht die ganze Zeit hier eingesperrt sein, aber ich werde immer
an meinen Geburtsort zurückkommen." Die Fäden zur Gemeinschaft sind
sehr stark, aber sie sind unsichtbar. Im Dorf selbst gibt es keine repressive
oder einengende Präsenz, alles liegt in der Luft. Es ist sehr verschwommen,
diffus. Man weiß einfach, was man zu tun oder zu lassen hat.

Ist es für Amaria kein Problem, in einem anderen Ort unverschleiert zu gehen,
Pop und Bob Marley zu singen? Muss sie die Traditionen nur an dem Ort
respektieren, wo sie lebt?
Diese Beziehung zwischen dem Respekt gegenüber den Traditionen einerseits
und der individuellen Freiheit andererseits und wie die junge Frau damit
umging, interessierte mich sehr. Ich begriff, dass sie die Regeln des Dorfes
vollkommen verinnerlicht und deshalb akzeptiert hatte. Es gibt Dinge, die sie
tun muss und andere, die sie nicht tut. Auf dieser Basis versteht sie ihre individuelle Freiheit. Danach ist sie frei, in die Stadt zu gehen und zu singen.
Als Außenstehende kann ich nicht beurteilen, was gut für sie ist und welchen
Begriff von Freiheit sie hat. Ich kann nur die Tatsachen beobachten: dass
Amaria sich viel bewegt, zu dieser und jener Gruppe gehört, welche Lieder
sie singt, wie sie lebt, was sie sagt. Ich gebe mich damit zufrieden, eine distan-
zierte Beobachterin zu sein. Deshalb habe ich nicht nach sehr intimen Din-
gen gefragt. Das wäre ein anderer Film.

Du zeigst Amaria in deinen Bildern als einen einsamen Menschen. Sie ist immer
allein, im Dorf, aber auch wenn sie in die Stadt geht.
Während der Dreharbeiten dachte ich daran nicht, das heißt ich habe sie
nicht bewusst so dargestellt. Erst die Äußerungen von Leuten haben mich
darauf gebracht, dass ich immer eine Unschärfe um Amaria gestaltet habe.
Ich habe mich voll auf die Person konzentriert, als ob die Welt um sie herum

228 FREIRÄUME – LEBENSTRÄUME

nicht existieren würde. Tatsächlich gibt es eine solche Einsamkeit – die aber vielleicht nicht Einsamkeit ist, sondern eine Art von persönlichem Kampf. Jedes Individuum ist Teil einer Gruppe, zum Beispiel der Familie, aber es verwirklicht sich über sich allein, nicht weil jemand anders es fordert. Dies zu zeigen war vielleicht auch eine Herausforderung, der ich mich gestellt hatte. Ich beobachtete deshalb nur die Leute selbst und fragte nicht nach der Meinung der anderen über sie. Mir liegt sehr daran, die innere Qualität eines Menschen zu sehen und zu zeigen. Ein Mensch, der mit sich selbst konfrontiert ist. Das Bild des verschleierten Mädchens auf der einsamen Straße hat mir als Symbol sehr gut gefallen. Sie fordert die Welt heraus, ohne zu wissen, ob es ihr später damit gut gehen wird oder nicht. Diese Beziehung des Individuums zu der Welt und den Leuten ist es, die mich interessiert.

Amaria sagt einmal, dass sie den Schleier in der Stadt nicht anbehalten kann, weil das ihre Zukunft gefährden und ihre Chancen als Sängerin einschränken würde.
Sie behält im ganzen Film stets das Tuch auf dem Kopf. Es gibt nämlich zwei unterschiedliche „Stufen" des Schleiers: Eine, die vollständig verhüllt, und ein Übergangsstadium, in dem lediglich der Kopf bedeckt ist. In gewisser Weise ist Amaria nie ganz ohne Schleier. Doch das ist für mich nicht das Problem. Das war nicht, worauf ich hinauswollte. Amaria hat das während des Interviews so gesagt. Ich fand schön, dass sie es erwähnt hat, aber von mir aus wollte ich mich nicht in diese ganze Geschichte mit dem Schleier verstricken. Denn einige Frauen sind freier, wenn sie sich verschleiern, andere, wenn sie keinen Schleier tragen. Für mich ist das eine falsche Fragestellung. Interessant ist die Art und Weise, wie jede Frau damit umgeht.

Als die Frauen beim Friseur sitzen, bekam man durch das Gespräch den Eindruck, dass über gewisse Dinge in der Öffentlichkeit nicht gesprochen werden kann.
Das war halb dokumentarisch, halb gestellt. Diese Ansichten gibt es tatsächlich. Es heißt, der Islam verbiete das Singen. Das ist ein Gerücht, das herumgeistert im ganzen Land. Ich mochte Amarias spontane Antwort sehr, wenn sie sagt: „Gerade jetzt, wo ich mich entschlossen habe zu singen, kommt ihr mir mit solchen Geschichten, das ist nicht wahr." Sie kann sich nicht vorstellen, dass der Islam das Singen verbieten sollte. Es ist immer schwierig, darüber zu reden, was erlaubt und was verboten ist. Deshalb ziehen es viele Leute vor

zu sagen: „Lassen wir es dabei, reden wir von etwas anderem. Man wird sich sowieso nicht einig."
Amaria zitiert im Film einen Dichter, der sagte, wer aufs Meer hinaus fahre, dürfe keine Angst haben zu ertrinken. Diese Botschaft ist an alle Menschen gerichtet. Sie geht vielleicht ein wenig über den Film hinaus. Ich möchte das Publikum einladen, nachzudenken über dieses Mädchen, das in einem so kleinen Dorf eingesperrt ist, mit dem Radio als einzigem Medium der Kommunikation. Sie hat gelernt, Bob Marley und anderes zu singen, und hat einen Traum, ein Ideal, etwas, das über sie hinausgeht. Ich bin froh, wenn der Film den Zuschauern und Zuschauerinnen erlaubt, sich mit dieser Frau zu identifizieren, weil sie eine positive Figur ist und gleichzeitig sehr bescheiden. Sie hat keinerlei Mittel, sie fährt mit dem Bus, sie besitzt kein Auto, im Dorf gibt es nichts. Es ist außergewöhnlich, aber sie hat einen Traum, den sie verwirklichen will.

Du spielst mit den Räumen, dem Innen und Außen. Am Anfang hört man eine Stimme singen, während man das scheinbar einsame und verlassene Dorf sieht. Erst später erfährt man, dass die Stimme von drinnen kommt, aus dem Raum der Frauen.
Ich habe mir Gedanken gemacht über den Raum und bin ausgegangen vom Gegensatz zwischen Innen und Außen. Im Allgemeinen ist der Raum drinnen ein weiblicher Raum und der Raum draußen männlich. Wenn Frauen auf die Straße gehen, verstoßen sie gegen ihre räumlichen Grenzen und brechen gleichzeitig aus ihnen aus. Geht ein Mann ins Haus, begeht auch er einen Verstoß, denn er darf nicht in den Raum der Frauen eindringen. Ich wollte die Verhältnisse umkehren: Es ist Amaria, die hinausgeht in den äußeren Raum. Und der ist leer, weil die Männer nicht da sind, denn sie arbeiten auf den weit entfernten Erdölfeldern. Amaria bewegt sich in diesem Raum, obwohl es nicht der ihre ist, denn er gehört den Männern auch dann, wenn sie nicht präsent sind. Ich wollte mit diesem Paradox spielen.
In Wirklichkeit spielt sich das Leben innen ab. Wenn Amaria auf der Straße ist, klopft sie an eine Tür, sie möchte in einen neuen Raum eintreten. Es ist ein Innenraum, aber gleichzeitig draußen, denn er befindet sich im Hof unter freiem Himmel. Amaria trifft eine Gruppe von Männern im Innern eines Hauses. Ich habe sie auch einmal gefilmt, wie sie in den Bus steigt, einen geschlossenen, inneren Raum, der aber beweglich ist. Kurz danach habe ich den Bus eine Brücke überqueren lassen. Das ist nichts Ungewöhnliches, aber

ich war sehr froh, eine Brücke gefunden zu haben. Denn sie symbolisiert auch den Übergang von einem Ort zum anderen, in einem äußeren Raum.

Wie siehst du die algerischen Frauen „zwischen Tradition und Moderne"?
Ich musste eine Brücke finden, um zu zeigen, wie diese junge Frau von einem zum anderen „Ufer" geht. Dieser Übergang, diese Grenze ist nicht definitiv. Man kann nicht die Tradition gegen die Moderne setzen und umgekehrt. Das wichtigste ist, zwischen der einen und der anderen Welt eine Brücke zu bauen, um miteinander zu kommunizieren. Es ist nicht nötig, auf die Traditionen zu verzichten, um modern zu sein. Amaria kehrt immer wieder ins Dorf zurück. Die Moderne ist nicht vorstellbar, ohne dass wir sie in Bezug auf unser kulturelles Umfeld sehen. Sie darf keinesfalls einer Entfremdung dienen. Modern zu sein ist für eine Frau in einem Land wie dem unseren eine Idealvorstellung. Wer möchte nicht am Ende des 20. Jahrhunderts modern sein?
Es ist gut, nach der Moderne zu streben – aber auf dem Boden der eigenen Wurzeln. Das ist durchaus miteinander vereinbar. Man kann nicht ewig rückwärtsgehen. Wir werden aber nie alle in der gleichen Weise „modern" sein. Für einen Europäer bedeutet modern zu sein schließlich etwas anderes als für jemanden, der außerhalb Europas lebt.

Hat Amaria den Film schon gesehen?
NCh: Nein, denn der Film ist noch nicht im algerischen Fernsehen gelaufen. Die Situation ist derartig gespannt, dass ich damit noch warten will. Das Fernsehen ist so staatsnah, dass ich lieber unabhängig bleiben möchte. Ich warte auf eine Möglichkeit, selbst zu Amaria zu fahren, um ihr den Film zu zeigen.

(Das Gespräch führte Gudula Meinzolt: Frauen-Filmfestival des XVII. Incontro Internazionale di Cinema e Donne in Florenz, Juli 1995)

■ Fatima und das Meer

Fatima al-hawata
Stabangaben wie oben (s.S. 220)
Filmporträt der 60-jährigen Fatima und ihrer Enkelin. Fatima ist Fischerin – für eine Frau ein ungewöhnlicher Beruf. Ihrer Enkelin gibt sie die Leidenschaft für das Meer und ihren Beruf weiter.

DJEBAR Assia

Assia Djebar ist als Fatima-Zohra Imalay-ène[129] am 30. Juni 1936[130] in Cherchell, Algerien, geboren. In ihrer Familie wurde berberisch und arabisch gesprochen. Sie schreibt ihre Romane aber auf französisch. Ihr Vater, ein Grundschullehrer, erlaubte ihr den Besuch eines französischen Gymnasiums und schickte sie 1954, als der algerische Unabhängigkeitskrieg ausbrach, zum Studium nach Paris. Mittels eines Stipendiums studierte sie als erste Frau aus den Kolonien an der Eliteschule École Supérieure de Sèvre.

Zwischen 1957 und 1967 veröffentlichte Assia Djebar vier Romane. Während einer Schreibkrise wandte sie sich dem Film zu und drehte zwei international preisgekrönte Filme. Erst 1980 setzte sie ihre schriftstellerische Karriere fort und avancierte zur bekanntesten Autorin Nordafrikas. Nachdem sie wiederholt von Islamisten bedroht wurde, nahm sie einen Lehrauftrag an der Louisiana State University in den USA an. Seitdem pendelt sie zwischen den USA und Paris. Für ihr langjähriges Engagement für die Frauen und den Frieden in ihrer Heimat wurde sie anlässlich der Frankfurter Buchmesse im Oktober 2000 mit dem Friedenspreis des Deutschen Buchhandels geehrt.

Obwohl Assia Djebar hauptsächlich Schriftstellerin ist, war ihre Filmarbeit für ihr künstlerisches Schaffen und ihre persönliche Entwicklung bedeutungsvoll. Sie erlangte dadurch einen neuen Zugang zur französischen Sprache wie auch zur „geheimen" Welt der Frauen ihrer Heimatregion, die ihr durch ihre französische Schulbildung verschlossen gewesen war. In ihrem halb-fiktionalen Film LA NOUBA thematisiert sie den kolonialen Befreiungskampf aus der Sicht der algerischen Frauen. Als sie nach zehnjähriger Schaffenskrise wieder zu schreiben begann, tat sie dies mit neuer innerer Freiheit. Sie wagte es nun sogar das Tabu zu brechen, als arabische Frau nicht über sich zu sprechen. In ihrem Buch „Weit ist mein Gefängnis" widmet sie ein Kapitel den Dreharbeiten zu NOUBA.

Assia Djebar erzählt

(…) Auf meinem Weg als Schriftstellerin erfasste mich einmal ein Schwanken, ein tiefgreifender Selbstzweifel, der mich lange Zeit schweigen ließ. Zehn Jahre publizierte ich nichts, aber ich konnte mein Land durchstreifen – für Reportagen, Befragungen, schließlich für Filmaufnahmen. Ich war erfüllt von dem Wunsch, mit den Bäuerinnen zu sprechen, mit Dorfbewohnerinnen aus Regionen mit unterschiedlicher Tradition, wie auch von dem Bedürfnis, zum Stamm meiner Mutter zurückzukehren, zwölf Jahre nach der Unabhängigkeit.

„Im Staub sitzen, am Straßenrand", so habe ich in meinem Essay „Ces voix qui m'assiégent" (Diese Stimmen, die mich belagern) jenen Abschnitt meines Lebens überschrieben, in dem ich über die visuelle Chronik eines Alltags, der sich deutlich wandelte, einen Film im Rhythmus der weiblichen Erinnerung drehte – mit Rückblenden, wenn meine Großmutter vom Widerstand der kriegerischen Vorfahren erzählte oder von frischen Erinnerungen an die Kämpfe von gestern…

Nur in jenen Tagen war es mir möglich, in Osmose mit den Meinen zu arbeiten und etwas zu schaffen. Ich legte jetzt eine Schrift in den Raum und horchte in die Landschaften meiner Kindheit, tauchte ein in den arabischen Dialekt der Zwiegespräche. Plötzlich fasste eine Frau vom „Mont Chenoua" einen Splitter ihres Leids wieder in berberische Sprache. Am Schluss dann in Französisch der Monolog der Wandernden durch ein Territorium, in dem Vergangenheit und Gegenwart einander antworten.

Es waren die zwei oder drei glücklichsten Jahre meines Lebens: Der Versuch, diese Orte der Erinnerung wirklich kennen zu lernen, wurde zu einer Möglichkeit, sich selbst anzuerkennen, sich selbst wiederzufinden.

1978/79. Mein abendfüllender Film wurde von fast allen Kinoliebhabern Algiers gegeißelt (man vermisste in ihm den „sozialistischen Realismus"), anschließend erhielt er jedoch auf den Filmfestspielen von Venedig den Preis der Internationalen Kritik.

(Assia Djebar in ihrer Rede anlässlich der Verleihung des Friedenspreises durch den Börsenverein des Deutschen Buchhandels am 22. Oktober 2000 in Frankfurt am Main)

Filmographie:

1978 La Nouba des Femmes du Mont Chenoua
(Die Nouba der Frauen vom Berg Chenoua), 115 Min, 16mm,
(Internationaler Kritikerpreis bei der Biennale in Venedig, 1979)
1982 Al-Zerda/ La Zerda et les chants de l'oubli
(Zerda und die Gesänge des Vergessens), 60 Min, 16mm

◼ Die Nouba der Frauen vom Berg Chenoua
La Nouba des Femmes du Mont Chenoua
Algerien 1978

R/B:	Assia Djebar	
K:	Ahmed Sedjane, Cherif Abboun	
M:	Bela Bartok, volkstümliche Musik aus Algerien	
S:	Nicole Schlemmer, Arezki Haddadi	
D:	Noweir Sawsan, Mohamed Haymour	
P:	Radiotélevision Algérienne	
V:	Algerisches Kulturzentrum (Paris)	

Die junge Architektin Laila kehrt mit Tochter und Mann in das Dorf zurück, in dem sie geboren wurde – das Heimatdorf der Regisseurin. Lailas Blick, ihre Erinnerungen und die Erzählungen der einheimischen Frauen lassen die letzten Jahre des Terrors der Kolonialherrschaft wieder auferstehen. Die Siege und Niederlagen der algerischen Frauen werden sichtbar, in ihrem Kampf an zwei Fronten: gegen die Kolonialherren – und gegen ihre Männer. Die Nouba ist eine nordafrikanische Liedform, die dem Film unterlegt ist.

Über die Nouba

„Die mehrmalige Wiederkunft der Ahne vervollständigt die Frauengruppe, die in der Höhle tanzt und jene wildeste aller Frauen feiert, die Berberkönigin, die Invasoren aufzuhalten vermochte und unter dem Namen Kahine,[131] das heißt ‚inspirierte Wahrsagerin‘ in die Überlieferung einging." (*Clarisse Zimra, im Nachwort zu Djebars Roman „Die Frauen von Algier"[132]*)

Aus einem Gespräch mit Assia Djebar

Das Publikum kennt Sie hauptsächlich als Romanschriftstellerin, doch ist der Film NOUBA *für Sie nicht der erste Berührungspunkt mit der Welt des Films. Ein Jahr vor den Dreharbeiten leiteten Sie eine Veranstaltung über Film und Theater an der philologischen Fakultät in Algier. Es gab schon eine theoretische Annäherung…*
Zum Theater besaß ich sogar bereits einen praktischen Kontakt. Drei Jahre

lang hatte ich in Paris in einem Theatercafé gearbeitet, bei den Proben zuge-
hört, Tonregie, Dekoration und Ausstattung gemacht. Und natürlich Texte
bearbeitet, die Journalisten empfangen… Ich habe auch selbst ein Theaterstück verfasst und bin mir über die Bedeutung des Regieführens klar geworden. Deshalb habe ich später abgelehnt, als ich gebeten wurde, Drehbücher
für andere zu schreiben.

Sind Sie deswegen zur Regie gelangt?
Nein, lange Zeit schien mir der Film als Kunstform benachteiligt, denn er
vermittelte nicht das Gefühl der Zeitdauer wie es bestimmte Arten von Büchern oder Musik tun, die es ermöglichen, Zeit verdichtet erleben zu lassen.
Man kann fühlen, wie etwas vor einem heranreift. Man ist mittendrin, nicht
mehr bloß Beobachter. Selbst bei großen Filmen hatte ich nicht annähernd
ein solches Gefühl. Die Zeit war immer mein Problem als Romanschriftstellerin. Ich versuche, das jetzt im Film zum Ausdruck zu bringen.

Haben Sie sich bereits während des Drehbuchschreibens Elemente der Insze-
nierung vergegenwärtigt? Oder haben Sie ihren Film gleichsam als Roman-
schriftstellerin konzipiert?
Ich habe NOUBA ganz bewusst als Filmemacherin geschrieben. Das „Fleisch"
des Films, vielleicht nicht so sehr die Struktur, wurde am Drehort gefunden.
Ausgehend von den Stimmen der Bäuerinnen, die ich aufgenommen habe.
Sehr wichtig waren dann noch der Blick und der Raum.

Verwirft der Film bestimmte Grenzen der Literatur?
Der Roman, die Literatur ermöglichen es, mehr in die Tiefe zu gehen. Der
Film hingegen muss deshalb erlauben, in andere Bereiche vorzustoßen. Zum
Beispiel der Raum: Er ist im Film eine wichtige Komponente eines Themas.
Solange ich mich auf dem Gebiet der Literatur befand, konnte ich der Abge-
schlossenheit der Frauen durch meine Phantasie entgehen. Aber als ich Frauen
filmte, die sprachen (und anfangs wirklich nur das), wurde ich mir ganz konkret ihres Raums bewusst. Ich habe mich solidarisch mit ihnen gefühlt, wie
ich es nie bei der Schriftstellerei gewesen bin.
Das Gefühl des Eingeschlossenseins wurde erst recht spürbar, da ich mich in
einer solch schönen Landschaft befand, wie sie nur noch am Mittelmeer zu
finden ist. Von den Farben spreche ich dabei gar nicht, nur von der Ausdeh-
nung des Raumes. Ich fand Häuser vor, die in sich vollkommen abgeschlos-

sen waren, selbst wenn es weit und breit keine Nachbarn gab. Der Film hat
mich in gewisser Weise sogar körperlich vor das Phänomen des Raums gestellt. Die Literatur hätte das wohl nicht vermocht.

Ist Ihr Film demnach mehr ein Film über den Raum als über die Frauen?
Ja, denn ihn als Film über Frauen zu bezeichnen, wäre nichtssagend. Dann
müsste ich beständig Filme drehen. Der weibliche Körper, die Frau – das ist
schließlich mein Thema. Es ist wie bei einem Bildhauer: Einer verwendet
dieses Material, ein anderer jenes… Ich glaube, das männliche Publikum der
Kinemathek hat Anstoß daran genommen, dass ich die Männer in meinem
Film ausgeklammert habe.
Aber was soll ich dazu sagen außer, dass ich die Realität abgebildet habe? Ich
habe die Geschlechter bildlich getrennt, wie sie es in Wirklichkeit auch sind.
Das ist eine feministische Sichtweise – warum auch nicht? Ich wollte das
Hauptproblem der algerischen Frauen zeigen: das Recht auf den Raum. Denn
die Frauen wirkten um so ausgeglichener, je mehr Raum sie zur Verfügung
hatten. Es ist kein Zufall, dass ich die erste Frau, die erzählt, in ihrem Gemüsegarten filme. Sie machte einen glücklichen oder zumindest einen zufriede-
nen Eindruck.

Wie haben Sie, ausgehend von der Sprache und vom Raum, Ihren Film aufge-
baut?
Es gibt zwei Möglichkeiten, wenn Sie einen Film machen oder ein Buch
schreiben. Entweder nehmen Sie eine Tatsache und treten ihr entgegen, indem Sie sie kritisieren (…) oder Sie erzählen, wie es sein sollte. Statt zehn
Frauen zu zeigen, die dabei sind, in ihren Küchen zu schwatzen, habe ich
eine junge Frau herausgegriffen, die sich frei im Raum bewegt – darin lag die
wahre Veränderung. Meine Phantasie und Hoffnung hat sie befreit, denn ich
wünschte, alle algerischen Frauen könnten sich frei bewegen.
Der Film entstand nach Gesprächen mit Bäuerinnen, die ich auf Tonband
aufgenommen hatte. Sie bilden das erste Kernstück des Films. Dann setzte
ich ihre Aussagen bildlich um. Ich versuchte zu verstehen, welcher Art die
Beziehung dieser Frauen zu ihrem Gedächtnis war. Im Gegensatz zu den
Städtern sind die Männer und Frauen vom Land fähig, ganze Meere von
Schmerz in sehr schlichten, kargen Worten auszudrücken. Durch scheinbar
unbedeutende Kleinigkeiten – den Tonfall einer Stimme, unerwartete Tränen, ein kurzes Zögern – taucht man ein in die wahre, geheime Geschichte

der Frauen. Manchmal ist es auch nur ein Wort.

Das Publikum hat Ihnen vorgeworfen, dass Sie nur alte Frauen und Mädchen zeigen...
Das ist weder Zufall noch ein Vorurteil von mir. Wenn ich nur alte Frauen und ganz junge Mädchen gefilmt habe, dann deshalb, weil es mir unmöglich gewesen ist, andere Frauen zu filmen. Oft stellte sich ein Junge von nur zwölf Jahren zwischen mich und seine Mutter. Was konnte ich stattdessen sehen? Die Frauen, die sich relativ frei im Raum bewegen können... Sehr alte Frauen, die das Recht auf einen Gemüsegarten haben. Ganz junge Mädchen, die mit einer Schulmappe herumlaufen. Man könnte sich also die Frage stellen, bis zu welchem Alter Mädchen auf der Straße zu sehen sind. Das wäre eine Art, den Film zu betrachten. An einer Stelle sieht man zwei Mädchen in Hosen, sie waren 20, 22 Jahre. Man sieht auch ein Mädchen von hinten mit einer Schulmappe. Sie ist deshalb von hinten zu sehen, weil sie nicht wollte, dass man sie von vorn filmte.

Das ist das zweite Problem, das sich vielleicht vor allem für die Mädchen in Algier stellt: sich frei bewegen zu können, ohne vom Blick der Männer – oder in diesem Fall von meiner Kamera – verfolgt zu werden. Die Frauen auf dem Land sind objektiv betrachtet freier als die Städterin aus der Oberschicht oder die Frau des Polizisten, die das Haus überhaupt nicht verlässt...

(Wassyla Temzali, in: CinémArabe, Nr. 10/11, 1978; teilweise übersetzt von Doris Rühe und Rosemarie Fehr)

■ Zerda und die Gesänge des Vergessens
Al-Zerda / Zerda et les chants de l'oubli
Algerien 1982

R: Assia Djebar
B: Assia Djebar, Malek Alloula
S: Nicole Schlemmer
M: Ahmed Essyad
P: Radiotélévision Algérienne
V: Algerisches Kulturzentrum (Paris)

Ein Film, montiert aus Dokumentarmaterial französischer Kameramänner aus der Kolonialzeit. Im Wesentlichen unbenutztes Schnittmaterial aus den Jahren 1912–42, die keinen ausbeutbaren politischen Wert besaßen. Durch die Bilder entsteht eine neue Lesart der Kolonialgeschichte Algeriens, aus der Sicht der Kolonialisierten.

Über den Film ZERDA

1978 und 1979 sichteten Assia Djebar und Malek Alloula fünf Monate lang alles, was an Dokumentarmaterial je über die drei Länder des Maghreb gefilmt worden ist: insgesamt rund 40.000 Meter Archivmaterial aus den Kinematheken Gaumont, Pathé, INA. Das ursprüngliche Projekt war eine vom algerischen Fernsehen in Auftrag gegebene Produktion einer Serie von zehn Sendungen „Mémoire maghrébine" (Maghrebinische Erinnerung), in deren Zentrum das Alltagsleben der maghrebinischen Völker von Beginn des Jahrhunderts bis zum Zweiten Weltkrieg stehen sollte. So entstand eine Auswahl von Bildern, die hauptsächlich aus bisher nicht verwendetem Material und Folklore-Aufnahmen stammte. Das Ganze in stummen Bildern. Schwierigkeiten bürokratischer Art verhinderten 1979, dass das Projekt in die Tat umgesetzt wurde. Assia Djebar und Malek Alloula schrieben daraufhin eine Zusammenfassung für einen einstündigen Film, der im Sommer 1981 die Zustimmung des algerischen Fernsehens fand.
(Informationsblatt Nr. 31: 13. Internationalen Forum des Jungen Films in Berlin, 1983)

Als Historikerin war Djebar von Pathé-Gaumont, einer Filmgesellschaft, gebeten worden, einige alte, in einem Speicher gelagerte Filmspulen zu sichten. Es handelte sich um nicht verwendetes Nachrichtenmaterial über die Kolonien. Aus diesen kolonialen Abfällen, diesen „Blicken", die der Kolonisator nicht zur Kenntnis nehmen wollte, webte sie den Film. ZERDA ist ein einheimisches Wort für Lustbarkeit, für ein Volksfest. Der Film feiert die Auffindung solcher Stücke der Vergangenheit, von denen Assia Djebar geglaubt hatte, sie wären für das kollektive Gedächtnis für immer verloren.
(Clarisse Zimra, im Nachwort zu Djebars Roman „Die Frauen von Algier")

Assia Djebar gebraucht eine Sprache, die viel mehr literarisch als cineastisch ist. Die beiden Versuche sind überaus interessant, da sie einen neuartigen Blick transportieren und eine einzigartige weibliche Herangehensweise.
(Les Cinéma Arabes)

KRIM Rachida

Rachida Krim ist 1955 in Alès, Südfrankreich, geboren. Sie studierte Malerei in Montpellier und Nimes. Es folgten einige Ausstellungen und 1988 die ersten Berührungen mit dem Film, unter anderem als Drehbuchautorin.

Filmographie:

1992   **Al-fatha** (Das Fest), 35 mm, 18 Min
1998   **La femme dévoilée** (Die entschleierte Frau), 35 mm, 27 Min (Koregie)
1998   **Sous les pieds des femmes** (Unter Frauenfüßen), 35 mm, 85 min

■ Die entschleierte Frau

La femme dévoilée
Algerien/Frankreich 1998
R: Rachida Krim
K: Adrien Angliviel
M: Amazigh Kateb
D: Hakim Ghili, Hamidf Tassili
P: Bicéphale Production

Eine Gruppe Jugendlicher in Oran verbringt ihre Zeit mit Nichtstun. Eines Tages schließen sie eine Wette ab: wer als Erster erfolgreich darin ist, die nächste Passantin anzubaggern. Harath erlebt dabei eine Überraschung…

■ Unter Frauenfüßen

Sous les pieds des femmes
Algerien/Frankreich 1998
R: Rachida Krim
B: Rachida Krim,
      Catherine Labruyère Colas
K: Bernard Cavalié
M: Alexandre Desplat
D: Claudia Cardinale,
      Fejria Deliba,
      Yorgo Voyagis,
      Nadia Farès

1958 erlebt die junge Aya eine leidenschaftliche Liebe mit dem Führer der algerischen Widerstandsbewegung Amin – heimlich, da Aya mit Moncef verheiratet ist. 40 Jahre später erwarten Aya und Moncef, die seit langem in Frankreich leben, Besuch von Amin. Aya erinnert sich an ihre gemeinsame Vergangenheit. Der Film ist des Spielfilmdebüt Rachida Krims.

LEFKIR Naima

Naima Lefkir-Laffitte ist 1955 in Algerien geboren. Sie ist Journalistin, Photographin, Schriftstellerin und Filmemacherin. Ihre Filme dreht sie in Zusammenarbeit mit ihrem Ehemann Roland Laffitte.

Filmographie:

1992   L'Irak l'autre guerre (Irak, der zweite Krieg), Video, 30 Min
1992   L'Irak sous le déluge (Irak im Hagelschauer)
1993   Ceux de la casbah (Die aus der Kasbah), Video, 52 Min

▨ Die aus der Kasbah
Ceux de la casbah
Algerien/Frankreich 1993

R/B:	Naima Lefkir-Laffitte,
	Roland Laffitte
K:	Antar Chiara,
	Mohamed Bouchachia
T:	Amin Ouchikh, Kamel Chemli
S:	Toufik Soltan
P/V:	Imagic Vidéo Production (Paris)

Der Dokumentarfilm führt in die Kasbah, die arabische Bezeichnung für die Altstadt von Algier: Tausend Jahre alt, seit 1992 Weltkulturerbe der UNESCO, ist sie heute der Baufälligkeit und der Verlassenheit preisgegeben.

MEDJAHED Faika

Faika Medjahed studierte Medizin und machte eine Reihe von Dokumentarfilmen für das algerische Fernsehen.

Filmographie (Auswahl):

▨ Frauen im Krieg
Women at War
Algerien/Großbritannien 1992
P: Radiodiffusion algerienne (Alg.), Channel Four (GB)
Dokumentarfilm über Frauen in Algerien unterschiedlichen Alters und sozialen Hintergrunds, die sich zusammenschließen, um gegen eine Rechtsprechung zu kämpfen, die Frauen zu Minderjährigen degradiert.

SADKI Florida

Florida Sadki ist am 30. Dezember 1953 in Paris geboren, wo sie am Latein-amerika-Institut Spanisch und Portugiesisch studierte. Danach lebte und ar-beitete sie für einige Jahre in Brasilien. Sie ist als freie Autorin für die Fernseh-sender France 3 und „La Cinquième" (Kanal 5) tätig. Florida Sadki war Do-zentin an der Journalistenschule in Straßburg und gibt Fortbildungskurse für Journalisten bei France 3. Sie plant einen Dokumentarfilm über die ägypti-sche Frauenrechtlerin Hoda Sha'rawi.

Florida Sadki erzählt

Ich mag die Arbeitsweise von „Channel Four" in London, Filme-macherinnen aus demjenigen Land zu beauftragen, von dem der Film handelt. Denn sie geben einen Insider-Blick wieder. Allerdings habe ich mit meinem ersten Film FRAUEN IM KRIEG, *den ich für Channel Four drehte, sehr schlechte Erfahrungen gemacht. Das lag an meiner Produzentin, der ich anfangs ver-traute, weil sie als Ausländerin (sie ist Inderin) in England lebt so wie ich als Algerierin in Frankreich. Wir hatten aber völlig unterschiedliche Vorstellungen, wie der Film geschnitten werden sollte. Die Produzentin fertigte eine zweite Version an, die von Channel Four ausgestrahlt wurde und den Leuten dort sehr ge-fiel. Meinen Namen habe ich für diesen Film nicht zur Verfü-gung gestellt, da ich meinen Film nicht als Plattform gegen die Fundamentalisten benutzen wollte.*
Ich bin froh über meine Entscheidung, denn die Ereignisse in Algerien haben bewiesen, dass für die Gewalttaten nicht nur die Fundamentalisten, sondern auch die algerischen Streitkräfte verantwortlich sind. Da die Namensangabe der Regisseurin fehl-te, wurde der Film von vielen Filmfestivals abgelehnt. Seither schreibe ich nur noch Drehbücher, es sei denn ich bekomme die Schneiderechte für einen Film.
Der Film DER KERN DER WORTE, *ein Porträt über Assia Djebar, war meine Idee. Ich bin mit Assia befreundet und liebe ihre Ro-mane. Der Film war mein Regiedebüt und auch der erste Film über Assia Djebar. Inhalt des Films ist Assias Roman „Fantasia"[33] und ihr Verhältnis zur französischen Sprache, das sie darin behandelt. „Als ich klein war, besuchte ich eine franzö-sische Schule. Ich öffnete das Schulbuch und fand meine Frei-heit", sagte Assia einmal. Dennoch fand sie nicht alle Freiheit. Ihre Romane schreibt sie auf Französisch. Um Gefühle auszu-*

drücken und mit Freunden und Familie zu sprechen, benutzt sie ihre arabische Muttersprache. Ich kann diese paradoxe Situation gut nachvollziehen. Obwohl ich in Frankreich geboren bin, wuchs ich zweisprachig auf. Ich fühle mich als Algerierin und habe meine algerische Staatsbürgerschaft behalten. Als Französin fühle ich mich selten, mehr als Weltbürgerin. Ich habe Spanisch und Portugiesisch studiert und lange in Südamerika gelebt. Dort fühlte ich mich zuhause – in Frankreich nie.

In Südamerika holten mich allerdings meine Probleme ein. Die Leute dachten, ich sei Französin, weil ich französisch sprach. Sie konnten sich nicht vorstellen, dass ich Araberin bin. Sie wussten nicht einmal, wo Algerien liegt. Ich kehrte wieder nach Frankreich zurück. Anfang der achtziger Jahre versuchte ich, in Algerien zu leben. Ich lehrte Spanisch an der Universität. Aber ich konnte dort nicht bleiben, ich war bestürzt über die Intoleranz der Leute. Zum ersten und einzigen Mal in meinem Leben fühlte ich mich wie in einem intellektuellen Ghetto. Ich komme aus der Unterschicht, mein Vater war Arbeiter, unsere Familie in Algerien lebte auf dem Land. Die Intellektuellen im heutigen Algerien stehen außerhalb der Realität und sozialen Probleme einfacher Leute. Ich fühlte mich von meinen Wurzeln abgeschnitten. Dazu die ganzen Widersprüche: Viele meiner Freunde, die linksorientiert und deswegen inhaftiert gewesen waren, heirateten ganz nach traditionellem Muster.

Ich habe persönliche Erfahrungen bisher nicht in meiner Arbeit umgesetzt. In den Film FRAUEN IM KRIEG versuchte ich, etwas von mir selbst einzubringen, und war wohl deshalb so enttäuscht über das, was passierte. Ich beuge mich nicht dem Diktat der Fernsehsender, was ich als arabische Frau zu einem bestimmten Thema sagen sollte oder nicht. Ich sage einfach „Nein“. Da kommt die Algerierin in mir zum Vorschein: Wir sind sehr kämpferisch und stark, ja sogar hart. Als kleines Mädchen sah ich meine Mutter und andere Frauen stets um etwas kämpfen, ob um Erziehung, um Geld – gegen ihre Männer. Auch die Kolonialzeit hat dazu beigesteuert. In mir ist ein Teil dieser Geschichte meiner Mutter wie auch anderer Frauen, die ich überhaupt nicht kenne.

*In Frankreich wird von mir erwartet, dass ich über Algerien schrei-
be oder filme, weil ich Algerierin bin. Ich will aber in erster Linie
als Autorin gefragt sein. Deshalb arbeite ich momentan nur an
Themen, die nichts mit meiner Herkunft zu tun haben. Arabe-
rinnen werden in Frankreich sehr gern vermarktet. Andere Musliminnen auch, zum Beispiel Taslima Nasrin, die sehr ehrlich ist
in ihrem Roman „Scham"[34]. Von den Medien wird sie manipuliert und als Aushängeschild und zur Pflege des eigenen Images
benutzt. Sie dient ihnen nicht nur als Symbol für alle Musliminnen, sondern auch für einen weiteren Zweck: die Furcht vor
dem Islam zu schüren. Letztendlich ist Taslima Nasrin nur eine
Marionette. Dies kommt weder der Sache der Frauen noch einem toleranteren Islam zugute.*

*Assia Djebar ist kein solches medienwirksames Symbol. Statt sich
tendenziös über Politik zu äußern, spricht sie über ihre Arbeit als
Schriftstellerin, die französische Sprache, über Literatur und die
Situation von Frauen. Im Gegensatz dazu Khalida Messaoudi,
die sehr oft in den Medien ist. Sie entspricht den Stereotypen
mehr, weil sie aus ihrer Abneigung gegen die Fundamentalisten
keinen Hehl macht. Sie ist sehr hitzköpfig, leidenschaftlich und
kompromisslos.*

*So stellen die Medien sich eine algerische Frauenrechtlerin vor.
Ich kenne viele Frauen, die sehr diskret für eine friedliche Gesellschaft in Algerien kämpfen. Nur: sie sprechen nicht darüber, weil
sie sehr vorsichtig vorgehen müssen. Obwohl ich weder Anhän-
gerin der Fundamentalisten noch praktizierende Muslimin bin,
halte ich den Islam doch für eine gute Sache. Er wird jedoch in
Algerien und den konservativen arabischen Gesellschaften, aber
auch in Frankreich für politische Zwecke missbraucht.*

*Da ich selbst über Minderheiten geschrieben und gefilmt habe,
kenne ich die Gefahr, falsch interpretiert zu werden. Am schwierigsten ist es zu zeigen, dass es nicht nur eine Realität gibt, sondern viele verschiedene Leben und Wirklichkeiten. Dass ich als
Algerierin in Frankreich geboren bin, hat meinen Blick auf die
Welt bunter und weiter gemacht. Die Medien interviewen immer
die selben Frauen, die ihnen bekannt sind und immer wieder die
gleichen Meinungen äußern. Sie geben eine Sichtweise wieder,
die den Verantwortlichen entspricht. Sie lassen demokratisch
orientierte Frauen sprechen, die zwar gegen die Fundamentalisten sind, aber die Situation mehr erdulden als kritisch analysieren. So wird die Wirklichkeit verzerrt. Sie besteht nicht nur aus
dem, was gezeigt wird, sondern auch aus dem, was nicht gezeigt
wird. Das ist es, was ich kritisiere.*

Ich fühle mich freier, wenn ich einen Film mache, als wenn ich

*einen Artikel schreibe, obwohl das Umfeld beim Filmen komple-
xer und die Kosten höher sind. Schreiben zwingt mich zu konkre-
teren Formen von Kunst und Ausdruck. Beim Film spiele ich mit
einer Realität, die nicht meine eigene ist. Beim Schreiben muss
ich die einzelnen Worte sehr sorgfältig auswählen und setzen.
Da meine Eltern Analphabeten sind, war es für mich sehr mutig, das Schreiben zu einer Lieblingsbeschäftigung zu machen.
Ich bin eine sanfte Revolutionärin. Als ich mit 18 Jahren von
daheim auszog, waren meine Eltern sehr schockiert, zumal ich
die Älteste bin und damit die erste war, die das Nest verließ.
Die Rolle der Väter und Mütter hat sich in der Emigration gewandelt: In Algerien waren die Väter Autoritätsfiguren, in Frankreich finden sie keine Arbeit. Die Mütter dagegen haben weiterhin
im Haus eine wichtige Funktion, da sie die Kinder erziehen. Sie
gehen aber auch hinaus und genießen einen großen Bewegungs-
radius. Die Medien schreiben nichts über diese positive Entwicklung. Eine solche behutsame Integration widerspricht dem Bild
von Fundamentalismus und männlicher Vorherrschaft.
Frankreich betreibt eine Ausländerpolitik, in der Immigranten
ihre eigene Kultur weitestgehend aufgeben und sich in die französische Gesellschaft integrieren sollen. Tatsächlich aber leben
die Menschen in Ghettos wie in New York und London. Die
Gesellschaft entwickelt sich auseinander. Diese Kluft ist in den
Vorstädten spürbar: Die jungen Araber und Afrikaner erkennen
die französische Gesellschaftsordnung nicht an. Sie sind aggres-
siv und lehnen sich auf. Anders als in Deutschland, wird es in
Frankreich immer schwerer, die Staatsbürgerschaft zu bekommen.
In Algerien herrscht auf technischem Gebiet Fortschritt, zum
Beispiel gibt es überall Satellitenfernsehen, politisch und gesellschaftlich aber Rückschritt. Zwar unterliegen die Frauen keinem
Schleierzwang, doch der Staat hat seine Autorität abgegeben. In
bestimmten Gegenden – auf dem Land wie auch in Stadtteilen
von Algier – geben die Fundamentalisten den Ton an. Dort hat
jeder das Recht, seinen Nachbarn zu fragen, warum seine Tochter keinen Schleier trägt. Das Schwinden staatlicher Autorität
hat viele kleine Autoritäten entstehen lassen, die sich erdreisten,
anderen Leuten Befehle zu erteilen. Als ich dort 1992 eine Frau
interviewen wollte, wurde ihr verboten, mit mir zu sprechen. Und
als wir auf der Straße filmten, fragte uns jemand, warum wir
dieses Gebäude filmten und nicht jenes... Warum wir gerade
die Moschee filmten... Wir sollten eine andere filmen... Die mi-
litärische Autorität in Algerien war schon immer unbekömmlich,
doch jetzt dürfen die Menschen nicht einmal mehr allein denken.
(Das Gespräch führte Rebecca Hillauer; Paris, Dezember 1994)*

Filmographie
(mit Ausnahme der Filmarbeit für Kanal 5):

1991   Au cœur des mots (Der Kern der Worte), Video, 26 Min
1991   Malgré tout le voyage (Trotz der ganzen Reise)
        Beide Filme sind Teile der France 3-Fernsehserie „Racines" („Wurzeln").
1996   Alice Guy ou l'enfance du cinéma (Alice Guy oder die Kindertage des
        Kinos), Video, 52 Min

▨ Au cœur des mots
Der Kern der Worte
Frankreich 1991
R: Florida Sadki
K: Ali Yeganeh
T: Bernard Pichon
S: Any Allard
P: Anabase/France 3
V: Diffusion France 3, Paris
Porträt der algerischen Schriftstellerin und Filmemacherin Assia Djebar

SAHRAOUI Djamila

Djamila Sahraoui ist am 23. Oktober 1950 in Algier geboren. Dort studierte
sie Literaturwissenschaften, danach Film am IDHEC (Institut des Hautes
Etudes Cinématographiques) in Paris, wo sie seit 1975 lebt. Sie graduierte in
den Fachrichtungen Regie und Drehbuch. Seither hat sie einige Dokumen-
tar- und einen Kurzfilm gemacht.

Filmographie:

1980   Houria (=Eigenname), Kurzfilm, 26 Min
1990   Avoir 2000 ans dans les Aurès (2000 Jahre im Aures-Gebirge), 26 Min
1991   Prénom Marianne (Vorname Marianne), 26 Min
1996   La moitié du ciel d'Allah (Die Hälfte des Himmels), Video, 52 Min
        Der Film erhielt mehrere Preis bei internationalen Festivals
1999   Algérie, la vie quand même (Algerien, Leben trotz allem), 52 Min
        Der Film wurde bei internationalen Festivals mehrfach ausgezeichnet.
2000   Operation Télé Cities (Aktion Fernsehstädte), 26 Mn

◼ Die Hälfte des Himmels

La moitié du ciel d'Allah

Algerien 1995
R: Djamila Sahraoui
K: Mokrane Sebti, Stéphane Lebon
S: Anita Perez

Trotz großer Risiken sprechen in diesem Dokumentarfilm einige algerische Frauen über ihren Kampf für Freiheit, Gleichberechtigung und einen Arbeitsplatz. Dazwischen montiert sind Archivbilder von Frauen, die im Befreiungskampf gegen die französische Kolonialmacht ihr Leben riskierten.

◼ Algerien, Leben trotz allem

Algérie, la vie quand même

Algerien 1998
R: Djamila Sahraoui
K: Bachir Sellami
M: Malika Dom-Ran u.a.
D: Abdenour Berkane,
    Sadek Oumounjand,
    Hassan Metmati
P: Les Films d'Ici, Paris; ARTE

Ein Dokumentarfilm über zwei junge Männer: Abdenour und Sadek, beide 27, leben in einer kleinen Stadt und sind „Hittistes" („Wandsteher"): Sie haben keinen Beruf, keine Arbeit, tun nichts. Der Film begleitet die beiden, wie sie zwischen Tagträumen und der schnöden Realität hin- und herirren, und zeigt die vielen kleinen Tricks, mit deren Hilfe sie sich mit dem Nötigsten versorgen. Ihr Humor und ihre Freundschaft erweisen sich als die einzigen Waffen zum Überleben.

TAOUSS-MATON Sarah

Sarah Taouss-Maton ist am 10. Juli 1948 in Algier geboren als Tochter jüdisch-berberischer Eltern. Bis 1970 studierte sie Kunst in Montpellier und Paris. Seit 1972 arbeitet sie als Cutterin bei Film- und Videoproduktionen. Sie hat auch bei mehreren Dokumentarfilmen Regie geführt. Ihre Filme sind auch eine Suche nach ihren multikulturellen Wurzeln. Sarah Taouss-Maton pendelt zwischen Paris und Algier.

Filmographie:

1981   La journée continue (Die Reise geht weiter), 16 mm, 52 Min
1994   L'age mur (Das reifere Alter), Video, 52 Min
1996   D'un désert, l'autre (Von einer Wüste zur nächsten), Video, 52 Min

◼ Das reifere Alter

L'age mur
Frankreich 1994

R/B:	Sarah Taouss
K:	Gilles Clabaut
T:	Bruno Lecoeur
M:	Olivier Bloch Laine
S:	Isabelle Rathery, Edith Paquet
P:	Les Films Grain de Sable, France 3
V:	La Huit Production (Paris)

Die Regisseurin folgt in diesem Dokumentarfilm den Spuren ihrer zwei besten Freundinnen in Kindertagen: Die eine blieb in Algier und verstarb als Zwanzigjährige; die andere emigrierte nach Israel, wo sie eine zweite Heimat gefunden hat.

ZINAI-KOUDIL Hafsa

Hafsa Zinai-Koudil ist 1951 in Algerien geboren. Sie hat als Regieassistentin gearbeitet und mehrere Drehbücher sowie drei Romane[135] geschrieben. Hauptsächlich ist sie jedoch als Journalistin tätig. In ihrem Erstlingsfilm DIE TEUFELIN greift sie den authentischen Fall einer „Teufelsaustreibung" durch islamische Fundamentalisten auf. Da sie während der Dreharbeiten Morddrohungen erhielt, lebte sie in Algerien eine Zeitlang im Untergrund. Schließlich floh sie ins Exil nach Tunesien.

Aus einem Gespräch mit Hafsa Zinai-Koudil

Von Beruf Schriftstellerin haben Sie sich dem Filmemachen zugewandt. Wie ist es zu dem Übergang von einem Metier zum anderen gekommen?
Über das Drehbuchschreiben. Ich wurde von den Leuten vom Film angesprochen, ein Drehbuch zu schreiben. Ich habe Gefallen daran gefunden, weil es eine andere Art des Schreibens ist: szenisch, visuell, man setzt Bilder schriftlich um.

Regieführen ist eine Domäne, die praktisch den Männern vorbehalten bleibt.

Hatten Sie keine Probleme dabei, sich zu integrieren beziehungsweise wurden Sie ausgeschlossen?
Und ob ich welche hatte… um mich hat man geradezu eine Mauer errichtet. Wissen Sie, es gibt viele Möglichkeiten, jemanden daran zu hindern, seine Ziele zu erreichen. Besonders wenn es sich dabei um eine Frau handelt, die die Dinge beim Namen nennt. Man hat als Vorwand gebracht, ich hätte keine entsprechende Ausbildung, sondern wäre protegiert worden. (…) Die Feindseligkeit war nicht direkt, sondern hinterhältig, sozusagen „hinter den Kulissen". Dabei muss man wissen, dass das algerische Kino eine Spielwiese ist, reserviert für bestimmte Leute. Frauen und Nachwuchstalente haben es schwer, zugelassen zu werden.

Warum ist Ihrer Meinung nach Regieführen, mit wenigen Ausnahmen, eine Domäne der Männer geblieben?
Es ist ein Bereich, in dem Frauen marginalisiert werden. Gewisse Leute rechtfertigen das, indem sie auf die Anforderungen und Härten beim Regieführen verweisen. Völlig grundlos, meine ich. Regieführen heißt, ein Team von 40 Leuten zu beaufsichtigen, keine Kleinigkeit also. Der Regisseur ist der Organisator, das Gehirn der Maschine. Er muss alles im Griff haben und auf mehreren Hochzeiten gleichzeitig tanzen. Genau das können Frauen aber besonders gut. Andere behaupten, es sei gewagt für eine Frau, eine solche Herausforderung anzunehmen. Ich dagegen bin überzeugt, dass man nur wollen muss, unabhängig vom Geschlecht.

Weshalb haben Sie sich entschlossen, Ihre Karriere als Regisseurin mit einem solch schwierigen Thema zu beginnen?
Meine Herangehensweise lässt sich folgendermaßen charakterisieren: Ich nehme Herausforderungen an, und dies ist eine davon. Es ist ein schwieriger Stoff, der gleichzeitig die Frauenfrage berührt und das Phänomen, das wir heute erleben und beim Namen nennen müssen: den Fundamentalismus. Exorzismus ist kein Produkt des Fundamentalismus allein. Es wäre ungerecht zu behaupten, Teufelsaustreibung hätte zuvor in Algerien nicht existiert. Sie hat es seit Menschengedenken gegeben, auch in anderen Teilen der Welt. Traditionell wurde ein Exorzismus von den „Taleb"[136], extra dafür bestimmten Personen, vollzogen. (…) Das Ziel des Films ist, solche mittelalterlichen, obskurantistischen Praktiken anzuprangern.
(Samia Ziouane, in: Mediasud, Nr.8)

Filmographie:

1992   Le Démon au Féminin (Die Teufelin), 35 mm, 90 Min

■   **Die Teufelin**

Le Démon au Féminin

Algerien 1992

R/B:	Hafsa Zinai-Koudil
K:	Ahmed Messaad
T:	Ali Moulahcène
S:	A. Cherigui
D:	Djamila Haddadi,
	Ahmed Benaissa u.a.
P:	Algerisches Kulturministerium
V:	Entreprise Nationale de
	Production Audiovisuelle (Algier)

Der Spielfilm basiert auf einer wahren Begebenheit: Latifa, eine selbstbewusste, berufstäti-
ge Algerierin, wurde 1991 auf Wunsch ihres
Ehemannes sechs Stunden lang von seinen islamischen Glaubensbrüdern gefoltert. Er glaubte, sie sei vom Teufel besessen. Denn sie hatte
sich geweigert, ein Kopftuch zu tragen. Latifa
wurde schwer verletzt und blieb an den Rollstuhl gefesselt. Der Prozess gegen die Fanatiker
hat wochenlang ganz Algerien in Atem gehalten.

Über den Film

Als Hafsa Zinai-Koudil konstatierte, dass keiner ihrer Kollegen das Szenario
zu verfilmen wagte, beschloss sie, es selbst zu tun. Und sie schaffte es. „Während der Dreharbeiten sind wir bedroht worden. Angesichts der Angst haben
wir durchgehalten. Nun, wo der Film abgedreht ist, ist die Bedrohung heim-
tückischer, verlogener. Es ist das System, das sich wehrt. Überall blockierten
Bürokraten." Der Film landete in einem Depot, darf bislang nicht in den
Vertrieb. Hat die Zensur erkannt, dass Hafsa Zinai-Koudil in der Tat mit dem
Vater (gemeint ist der Ehemann, Anm. d. Autorin) das abgewirtschaftete FLN-
System symbolisieren wollte, das schon lange den Kompromiss mit dem Isla-
mismus sucht, und mit der Mutter (die Lehrerin Latifa, Anm. d. Autorin) das
verwundete, aber aufrecht bleibende Land Algerien?
(Sabine Kebir, in: Feminale, Oktober 1994)

Hafsa Zinai-Koudil ist ganz wie Latifa eine Intellektuelle der ersten algerischen Frauengeneration, die lesen und schreiben kann: Hafsas und Latifas
Mütter sind noch Analphabetinnen. Auch die 43-jährige Hafsa Koudil ist verheiratet und hat vier Kinder. Ihr Vater ist Imam, also islamischer Geistlicher,

und sie selbst gläubige Muslimin. Von Beruf ist Hafsa erfolgreiche Schriftstellerin und Drehbuchautorin. Aber das Drehbuch über Latifas Schicksal wollte kein Regisseur verfilmen. Grund: die Angst.

Aber Hafsa Zinai-Koudil ließ nicht locker. Sie hatte schon dreimal bei den letzten Verfilmungen ihrer Drehbücher assistiert und wagte es nun notgedrungen selbst. Auch die Vorgeschichte des Films ist dramatisch. Koudil hatte größte Schwierigkeiten, überhaupt SchauspielerInnen für den Film zu finden, verständlicherweise. Unerwartete Hilfe aber erhielt sie plötzlich aus dem algerischen Kultusministerium, das die nötigen Mittel bereitgestellt hat. Doch schon während der Dreharbeiten von September 1992 bis Januar 1993 in Algerien erhielt die Autorin Morddrohungen: bis hin zu einem Foto von ihr, auf dem ihr die Kehle durchgeschnitten war.

Ein paar Wochen später war es soweit: Vor Hafsas Tür stand ein verdunkelter Lieferwagen mit laufendem Motor, die Häscher warteten... Ein Verwandter warnte Hafsa, die seit Monaten jede Nacht woanders Schlafende kam gar nicht mehr erst nach Hause. Sie flüchtete noch in der selben Nacht nach Tunis. Ihre Familie folgte ihr. Ihr Mann, ein Bankangestellter, kündigte seine Stellung, und die Kinder gehen jetzt in der tunesischen Hauptstadt in die Schule.

Hafsa Koudils Film ist hart – aber nicht so hart wie die Wirklichkeit. Sie milderte die Geschichte, indem sie den (Film)Ehemann an Verfolgungswahn leiden lässt. Der Ehemann im Leben aber war keineswegs psychisch krank, er war ein Mann wie alle anderen. Warum Hafsa die Geschichte geschrieben und verfilmt hat? „Ganz einfach: Ich dachte, das könnte mir auch eines Tages passieren! Was sie wollen ist, dass wir selbstbewussten Frauen wieder zu Schatten unserer Männer werden."

(In: EMMA, November/Dezember 1994)

MAROKKO

Casablanca, die weiße Stadt am Atlantik, ist nicht nur geistiges und industrielles Zentrum Marokkos, sondern auch Filmmetropole des Landes. Hier hat das 1944 gegründete Nationale Filmzentrum, „Centre Cinématographique Marocaine" (CCM) seinen Sitz, das hauptsächlich Kurzfilme und Wochenschauen produziert. Im nahe gelegenen Rabat wurde 1995 als Teil des CCM die Nationale Kinemathek eröffnet. In den knapp 200 Kinos des Landes war lange Zeit nur kommerzielle Importware aus Hongkong, Ägypten, Indien und B-Western aus Hollywood zu sehen. Seit einigen Jahren hat ein Trend hin zum marokkanischen Film eingesetzt. Mehrere Produktionen einheimischer Regisseure schafften es, sich wochenlang in den Programmkinos der großen Städte zu halten. (Siehe dazu Martina Sabras Artikel in diesem Buch auf Seite 251).

Auch politisch tut sich einiges in Marokko. 35 Jahre lang hatte König Hassan II mit eiserner Hand regiert, bis er 1999 verstarb. Die Machtübernahme durch seinen Sohn Mohammed VI. weckte Hoffnungen auf eine Demokratisierung im Land. Die Lockerungen, die tatsächlich einsetzten, ließen aber auch fundamentalistische Strömungen an die Oberfläche kommen. Der Schleier, seit der nationalen Unabhängigkeit aus der Mode gekommen, ist nun wieder auf dem Vormarsch. Wie ein Märchen mutet es daher an, dass 1947 der marokkanische König Mohamed V. seine Proklamation, die Unabhängigkeitsbewegung leiten zu wollen, von seiner Tochter verlesen ließ. Sie war entgegen den Gepflogenheiten demonstrativ unverschleiert.[137]

Während der französischen Kolonialzeit entstanden in Marokko lediglich sechs Spielfilme unter einheimischer Regie.[138] Derweil schmiedeten die Franzosen Pläne für ein nordafrikanisches Hollywood. 1946 errichteten sie in einem Vorort Rabats die Studios Souissi, die wie die Studios Afrika in Tunesien Basis dieser Filmindustrie sein sollten. Aus den hochtrabenden Plänen wurde nicht viel. Im Gegensatz zu anderen arabischen Ländern ist die Filmindustrie in Marokko nach der nationalen Unabhängigkeit im Jahr 1956 nie verstaatlicht worden. Die „freie" marokkanische Filmwirtschaft wies allerdings lange Zeit die niedrigste Eigenproduktion unter den arabischen Filmländern auf.

Seit 1980 ist die Anzahl der marokkanischen Spielfilmproduktionen erheblich gestiegen. Grund dafür war die Einrichtung eines staatlichen Fonds (Fonds de Soutien à l'Expansion de l'Industrie Cinématographique), der eine Prämie vergibt, die bis zu 50 Prozent des Filmbudgets ausmacht. Wie die Filmwissenschaftlerin Viola Shafik anmerkt, wird die Filmförderprämie aber auch als Mittel der indirekten Zensur missbraucht. Da es bis heute keine kohärente nationale Politik für Filmförderung und -verleih gibt, sind die meisten einheimischen Filme internationale Koproduktionen.

Als dagegen die Regisseurin Farida Ben Lyazid vor fünfundzwanzig Jahren anfing, Filme zu machen, gab es noch überhaupt keine staatliche Filmförderung. Ben Lyazid ist auch heute noch die einzige Kinofilmemacherin des Landes. Außer ihr gelang es lediglich noch einer einzigen Frau – der Fernsehregisseurin Fatma Skandarani – einen Spielfilm zu drehen. Ben Lyazid verweist jedoch auf die junge Generation von Filmemacherinnen, die in Paris, Brüssel und London studieren und mit ersten Kurzfilmen reüssiert haben. Sie selbst stellte bei den Internationalen Berliner Filmfestspielen 1999 ihren zweiten Spielfilm vor, in dem sie DIE LIST DER FRAUEN als Waffe gegen das überkommene Patriarchat propagiert.

Im selben Jahr 1999 wurde die marokkanische Koproduktion *Mektoub* (Schicksal), Erstlingsfilm des 29-jährigen Nabil Ayouch, als erster arabischer Film für den Oscar, Kategorie „Ausländischer Film", nominiert. Bei den Internationalen Berliner Filmfestspielen 2001 stellte er seinen zweiten Spielfilm *Ali Zaoua* (= Eigenname) vor, über Straßenjungen in Marokko.

Welche Richtung Film und Gesellschaft in Marokko nehmen, hängt von dem Kurs ab, den der neue König Mohammed VI. einschlagen wird und kann. Zunächst schien er die auf ihn gesetzten Hoffnungen zu erfüllen. Er wandelte alle königlichen Residenzen in den verschiedenen Regionen Marokkos in öffentliche Parks um und erließ eine allgemeine Amnestie für politische Häftlinge. Doch allein im Jahr 2000 wurden unter dem jungen König und der Regierung des Sozialisten Abderrahmene Youssoufi acht Zeitungen vorübergehend geschlossen.[140] Die Regierung bereitet nun ein neues Pressegesetz vor, das dem Informationsministerium künftig das Recht gibt, ein unliebsames Blatt nicht nur zu suspendieren, sondern einzustellen.[141]

Am Internationalen Tag der Frau 2000 gingen in Rabat und Casablanca fast eine Million Menschen auf die Straße. Doch, merkt der taz-Korrespondent Reiner Wandler an,[142] „was wie zwei Demonstrationen mit vergleichbaren Zielen aussah, zeugt von einer tiefen Spaltung der marokkanischen Ge-

sellschaft": In Rabat versammelten sich über 200.000 AnhängerInnen der sozialistischen Partei, von Gewerkschaften und Frauenverbänden, um ein Reformvorhaben des Sozialministeriums zu unterstützen. In Casablanca demons-
trierten 600.000 Sympathisanten der beiden großen islamistischen Parteien
unter dem Motto „Bessere Bedingungen für die Frauen unter absolutem Respekt vor dem Islam".

Die beiden Aufmärsche, so Wandler, seien der Höhepunkt einer Auseinandersetzung zwischen „Modernisten" und „konservativen Religiösen", die
1999 begann. Sie kreist um ein Reformvorhaben von Said Saadi, dem Staats-
sekretär für Familie und Kinder. Gründe dafür gibt es genug: Zwei Drittel der
weiblichen Bevölkerung Marokkos sind Analphabetinnen, alle sechs Stunden stirbt eine Marokkanerin bei der Geburt eines Kindes. Saadi will das
Heiratsalter von Frauen auf 18 Jahre heraufsetzen, Polygamie verbieten und
Frauen das Scheidungsrecht zugestehen. Ob sein Plan in Form von Gesetzen
durchs Parlament geht, hängt allerdings fast ausschließlich von Männern ab.
Denn unter den 650 Abgeordneten sind nur vier Frauen.

„Niemals wird das Volk zu Wohlstand gelangen, das seine Geschäfte einer
Frau anvertraut!" (lam yaflah qaumun wallaw amrahun imra'a). Auf diesen
Ausspruch des Propheten Mohammed berufen sich all diejenigen, die gegen
eine Gleichberechtigung der Frauen sind. Die marokkanische Soziologin
Fatima Mernissi, die als geistige Führerin der Frauenbewegungen des Maghreb gilt, hat nachgeforscht.[143] In ihrem Buch „Der politische Harem" (Freiburg 1992) weist sie nach, dass die frauenfeindlichen Traditionen nicht in
erster Linie im Islam begründet sind. Sie fand im Koran und in den Hadith[144]
zahlreiche Hinweise auf die Gleichberechtigung der Geschlechter. Diese Ko-
ranstellen wurden jedoch in der Geschichte von islamischen Geistlichen frau-
enfeindlich ausgelegt.

Paradoxerweise ist ausgerechnet eine Frau Sprecherin der islamischen
Fundamentalisten in Marokko: Nadia Yassine, die 38-jährige Tochter von
Scheich Abdel Salam Yassin, dem Führer der islamistischen Organisation Al-
Adl wa al-Ihsan (Gerechtigkeit und Wohlverhalten). Ein Gegengewicht zu
den fundamentalistischen Tendenzen bilden die vielerorts noch lebendigen
volkstümlichen Bräuche und mystische Riten des islamischen Sufismus. Ihnen hat Farida Ben Lyazid ihren ersten Spielfilm DAS HIMMELSTOR IST OFFEN
(1988) gewidmet, in dem sie statt an die Tradition des Heiligen Krieges an
eben diese Bräuche, an Toleranz und Gerechtigkeit als Erbe des Islam erinnert.

Marokko entdeckt seine Kinokultur

Von Martina Sabra[145]

Das gab es bisher nicht in Marokko: Die Kinobesucher wollen in großer Zahl marokkanische Filme sehen. Mehrere Produktionen einheimischer Regisseure schafften es in den letzten Jahren, sich wochenlang in den kommerziellen Kinos der großen Städte Casablanca, Rabat, Fès und Meknes zu halten. Die Filme spielten sogar Gewinne ein – völlig ungewöhnlich für marokkanische Verhältnisse. Das Phänomen ist um so bemerkenswerter, als die Zahl der kommerziellen Kinosäle auch in Marokko in den letzten zehn Jahren erheblich geschrumpft ist (um knapp ein Drittel, auf unter 200), während die Zahl der Videoclubs auf über 2.500 stieg und Satellitenschüsseln landesweit Einzug gehalten haben. Von den ehemals rund 100 existierenden Bürgerfilmclubs (Ciné-Clubs), jahrelang die einzigen Abnehmer marokkanischer Filme, existieren derzeit noch ganze 25. Wenn Marokkanerinnen und Marokkaner in den letzten Jahren überhaupt noch ins Kino gingen, dann meist, um US-amerikanische, europäische, indische oder asiatische Filme zu sehen.

Doch nun scheinen die Marokkaner ihr eigenes cineastisches Potenzial zu entdecken. Das hat mehrere Gründe – etwa die „Entdeckung des Publikums" durch die marokkanischen Filmemacher, deren Filme zwar nach wie vor sozialkritisch, politisch oder intellektuell engagiert sind, aber unterhaltsamer und besser gemacht als früher, auch dank wachsender Unterstützung aus dem Ausland und der Zunahme von Koproduktionen mit Europa. Überdies gibt es eine neue Generation professionell ausgebildeter marokkanischer Filmschauspieler, die dem Publikum eine Identifikationsmöglichkeit bieten und „starfähig" sind. Die Bereitschaft marokkanischer Verleiher wächst, auch einheimische Filme in ihre Programme aufzunehmen. Vorreiter dabei ist der Verleiher Najiib Benkirane in Casablanca.

Es existiert eine zwar bescheidene, aber seit 1988 systematisierte Förderung marokkanischer Filme („Fonds de l'Aide à la Production Cinématographique"), die auch von der zunehmenden Besteuerung ausländischer Filmimporte profitiert. Schließlich hat sich auch die Zusammenarbeit zwischen Fernseh- und Filmschaffenden, vor allem seit der Gründung des halboffiziellen Fernsehkanals „2M", in den Bereichen Produktion, Vermarktung und Filmkritik verbessert.

Seit den sechziger Jahren sind in Marokko mehr als 100 Spielfilme und mehrere hundert Kurzfilme entstanden. Eine umfassende, filmwissenschaftlich fundierte Geschichte und Bewertung des marokkanischen Filmschaffens seit der Unabhängigkeit steht aber noch aus.

Bestimmte Inhalte kehren in den marokkanischen Filmen immer wieder: die Unterdrückung der Frau, soziale Ungerechtigkeit, Generationskonflikte (Moderne gegen Tradition), Individuum und Gesellschaft, Landflucht und Verstädterung, die Suche nach kultureller Identität, die Allmacht der Bürokratie. Die meisten Filme sind Autorenfilme. Formal lassen viele Filme zu wünschen übrig. Manche sind durch die Zensur regelrecht kaputtgeschnitten worden. Darüber hinaus sind viele Filme ausgesprochen ernst und schwermütig. Dies dürfte eine Ursache dafür sein, dass sie beim einheimischen Kinopublikum jahrelang auf wenig Interesse stießen. Menschen, die täglich politische Unterdrückung und extreme soziale Ungerechtigkeit erleben, wollen im Kino zumindest ein Stück weit unterhalten werden.

Private oder öffentliche Produktionsfirmen, die den einheimischen Regisseuren die Vermarktung ihrer Spielfilme abnehmen, gibt es in Marokko praktisch nicht. Wer in Marokko Spielfilme macht, muss immer noch weitgehend selbst sehen, wie er Finanzierung, Vermarktung und Abrechnung organisiert – angesichts moderner Marktmechanismen eine Aufgabe, die kaum zu bewältigen ist.

Diese strukturelle Schwäche der Filmszene hat in Marokko auch historische Ursachen. Im Gegensatz zu anderen arabischen Ländern (Ägypten, Tunesien, Algerien) wurde das Medium Film in Marokko nur eingeschränkt als Mittel zur nationalen Entwicklung und zur Erziehung des Volkes eingesetzt. Während zum Beispiel in Ägypten das nationalistisch gesonnene Großbürgertum und vor allem die Banken schon in den dreißiger Jahren bewusst den Aufbau einer nationalen Filmindustrie vorantrieben und Ägypten sich damit auf Jahrzehnte die Vorherrschaft auf dem arabischen Film- und Fernsehmarkt sicherte, wurden Kinofilme in Marokko auch nach der Unabhängigkeit 1956 in erster Linie aus dem Ausland importiert. Die großen Verleihfirmen waren an marokkanischen Produktionen nicht interessiert.

Der Staat ließ zwar Spielfilme und Wochenschauen mit den sogenannten „Caravanes Cinématographiques" in die ländlichen Gebiete Marokkos transportieren, doch die Produktion einheimischer Spielfilme wurde höchstens sporadisch und in verschwindend geringem Umfang gefördert. Das nationale Filminstitut (CCM) übte die Zensur aus, kümmerte sich um die Herstellung wöchentlicher Nachrichtenschauen und um den Import ausländischer Filme. Außerdem kontrollierte das CCM die zahlreichen in Marokko gedrehten internationalen

Produktionen. Seit jeher waren Marokkos monumentale Naturlandschaften als Kulisse für internationale Western- und Abenteuerfilme sehr gefragt.

Da es in Marokko keine Filmhochschule gab, absolvierten die marokkanischen Filmemacher ihre Ausbildung im Ausland, die meisten in Frankreich, einige in Italien und in der UdSSR. Kontakte im Ausland und damit verbundene Jobs waren für viele Regisseure die einzige Möglichkeit, mit ihrem Metier Geld zu verdienen, das sie dann in einheimische Produktionen stecken konnten. Hier und da taten sich Filmemacher zu kleinen Produktionsgesellschaften zusammen, die inhaltlich durchaus funktionierten, letztlich aber an organisatorischen Problemen scheiterten.

Die hier beschriebene Situation hatte aber trotz allem nicht nur negative Effekte. Die Abwesenheit einer nationalen Filmpolitik und das weitgehende Fehlen von Infrastruktur hieß auch, dass die Filmemacher teilweise sehr individuelle Wege beschritten und einige wunderschöne oder zumindest ungewöhnliche Filme produzierten. Zur Zeit werden vier bis fünf neue Filme pro Jahr in Marokko produziert.

Ist also Land in Sicht? Ja und Nein. Die Filme sind zweifellos interessanter geworden, aber noch immer gibt es in Marokko (30 Millionen Einwohner, 50 % Analphabeten) weder eine Filmhochschule noch adäquate Ausbildungsstätten für Filmschnitt oder Tontechnik. Für Produktionen, die internationalen Standards genügen sollen, müssen Cutter und Tontechniker aus Tunesien oder Europa geholt werden. Die technische Ausstattung der CCM-Studios in Rabat ist unzureichend, das CCM selbst hoch verschuldet und ständig in Finanznöten. Und auch die Essenz guten Filmemachens, das Drehbuchschreiben, wird immer noch improvisiert.

(Martina Sabra, in: epd-Film 9/98, S. 20–27; überarbeitet im August 2000)

BEN LYAZID Farida

Farida Ben Lyazid ist am 10. März 1948 in Tanger, Marokko, geboren. Sie studierte moderne Literatur und Film in Paris und produzierte unter anderem den Film *Poupées de roseaux* (Schilfpuppen, 1978) von Jellali Ferhati, zu dem sie auch das Drehbuch verfasste. Sie schrieb auch die Drehbücher für *Badis* von Mohamed A. Tazi (1986) und *À la recherche d'un mari de ma femme* (Auf der Suche nach einem Ehemann für meine Frau, 1992).

Außerdem schrieb sie zwei Kurzgeschichten und für die marokkanische Zeitschrift „Le Liberal" eine monatliche Kolumne.

Mit ihrem ersten Spielfilm DAS HIMMELSTOR IST OFFEN sorgte Farida Ben Lyazid bei arabischen und europäischen Kritikern für Gesprächsstoff. Der Film erzählt, mitunter pathetisch, die Geschichte einer modernen jungen Marokkanerin, die durch die Religion und Spiritualität zu ihren traditionellen Wurzeln zurückfindet.

Filmographie:

1988 **Bab al-sama' maftuh/Une porte sur le ciel** (Das Himmelstor ist offen), 35 mm, 100 min
1993 **Aminata Traoré, une femme du Sahel** (Aminata Traoré, eine Frau aus der Sahelwüste), Video, 26 Min
1995 **Sur la terrasse** (Auf der Terrasse), 35 mm, 15 Min
1999 **Keid Ensa** (Die List der Frauen), 35 mm, 90 Min

⬛ Das Himmelstor ist offen

Bab al-sama' maftuh / Une porte sur le ciel

Marokko 1988/89

R/B:	Farida Ben Lyazid
K:	George Barsky
M:	Anwar Abraham
S:	Moufida Tlatli
D:	Zakia Tahri (Nadia), Bashir Skirej
P:	France Media, Satpec (Tun.), CCM (Mar.)
V:	Sicomor, Paris

Die junge Nadia, die in Frankreich lebt, kehrt zurück nach Marokko an das Sterbebett ihres Vaters. Sie begegnet volkstümlichen religiösen Traditionen, welche ihr anfangs fremd erscheinen, durch die sie jedoch einen neuen Lebensweg für sich selbst entdeckt. Damit öffnet sich ihr eine Tür, die vor dem Hintergrund der aktuellen islamistischen Entwicklung wie eine Mischung aus Wunsch und Wirklichkeit erscheint – vielleicht aber auch als Provokation wirkt. Die Bräuche, von denen Nadia sich inspirieren lässt, sind eine lebendige Mischung aus Hochislam, mystischen Riten des Sufismus und volkstümlichen Überlieferungen, deren Rolle im Alltagsleben der Bevölkerung ungebrochen geblieben ist.

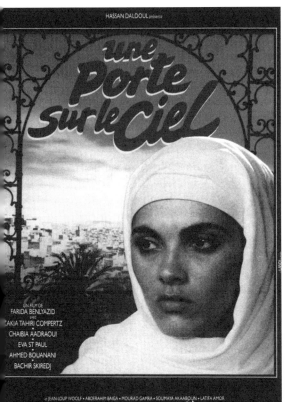

Aus Gesprächen mit Farida Ben Lyazid

Der Film DAS HIMMELSTOR IST OFFEN *wurde 1988 gedreht, als sich die islamistische Entwicklung bereits abzeichnete. Ist Ihr Film als eine Reaktion darauf zu verstehen?*

Ich habe mich drei Jahre lang mit dem Drehbuch und der Filmentwicklung beschäftigt. Der Film ist also kein bewusster Reflex auf den erstarkenden Fundamentalismus der letzten Zeit. Er war eher eine persönliche Inspiration.

Welches Verständnis von Religion haben Sie in Ihrem Film vermitteln wollen?
Ich zeige die volkstümliche Seite des Islam, greife Traditionen auf, die es zum Teil tatsächlich noch gibt, oder ich erinnere an solche, die vergangen sind. Ich halte es für wichtig, Alternativen aufzuzeigen, wie sich vor allem junge Leute mit und durch die Religion identifizieren können. Mit Religion meine ich dabei nicht den staatlich verordneten offiziellen Islam, also als Staatsreligion, auch nicht den Islam der Fundamentalisten. Es geht vor allem darum, Spiritualität zu leben und praktische Menschlichkeit aus dem Glauben herzuleiten. Wie Nadia im Film, die durch die Religion zu sich selbst wie auch einen neuen Sinn und Weg in ihrem Leben findet.

Die Frauen im Film sind sehr klischeehaft dargestellt: Tradition und Moderne werden miteinander konfrontiert. Eine Vermischung und somit eine differenziertere Sichtweise wird dadurch unmöglich.
Die Botschaft meines Filmes ist nicht „Kehrt zurück zu den Traditionen!" Nadia sucht und geht ihren eigenen Weg. Sie wird zum Beispiel von ihrer Schwester, die sich für ein Leben in Marokko entschieden hat, für verrückt erklärt. Ich wollte die Welt der Frauen aufdecken, die so lange verborgen war, beladen von stereotypen Vorstellungen und Ignoranz. In meinen Filmen spreche ich von der Welt und Kultur der Frauen. Ich lebe in Marokko in einer stark kodifizierten Gesellschaft: Es gibt eine Welt der Frauen und eine der Männer. Meine Welt und kulturelle Identität ist die der Frauen, deshalb spreche ich über sie. Ich will keine Stereotype aufbauen. Frauen spielen auch im Islam eine wichtige Rolle, vor allem im Bereich der Spiritualität.

Welche Schwierigkeiten stellen sich Ihnen heute als filmemachende Frau?
Wir haben keinen Markt für Filme bei uns. Es ist schwierig, die Filme finanziert zu bekommen. Jedes Mal, wenn ich ein Projekt beantrage, bekomme ich weniger bezahlt als Männer. Es gibt also eine ökonomische Zensur. Bei der Zusammenarbeit mit männlichen Kollegen habe ich keine Probleme. Ich habe auch mehrere Drehbücher für Regisseure geschrieben, darunter die Komödie *Auf der Suche nach einem Mann für meine Frau*, die einen außerordentlichen Erfolg in Marokko hatte.
(Diskussion mit dem Publikum bei der Feminale, Köln 1994)

Frage: Was ist der geschichtliche Hintergrund der „Zaouia" in Ihrem Film?
Die Zaouia ist ein Ort, an den Frauen sich zurückziehen können, um dem
Geist Gottes zu begegnen. Einem Kloster nicht unähnlich, doch muss weder
ein Gelübde zum Zölibat abgelegt noch eine zeitliche Verpflichtung eingegangen werden. Die Frauen gehen aus freien Stücken dorthin, für eine kurze
Zeit oder ihr ganzes Leben lang. Es gibt Bücher, in denen die Rolle von
Zaouias als teilweise politisch beschrieben ist. Aber was mich persönlich interessiert hat, ist ausschließlich die spirituelle Dimension, aus der Frauen Sicherheit und Geborgenheit schöpfen. Es gab auch einige Zaouias, die von
Frauen gegründet wurden. Isabelle Eberhardt[147] hielt sich regelmäßig in einer Zaouia im Süden Marokkos auf, die von einer Frau, der Sheikha Lalla
Zeinab, geleitet wurde. Oft dienten die Zaouias den Frauen auch als Zufluchtstätte.

Gibt es auch heute noch Zaouias?
Vieles hat sich verändert, aber es gibt bisweilen noch kleine Zaouias, die –
sehr unauffällig – diese Tradition weiterführen. Sie berufen sich dabei auf
eine Abstammung vom Propheten Mohammad.

*Welche Ursprünge und Rolle hat der Trancetanz, durch den Nadia inspiriert
wird?*
Die Riten des Trancetanzes, wie der „Aissaouia", die ich im Film zeige, werden vom orthodoxen Islam als heidnische Abweichungen gebrandmarkt. Sie
haben Ähnlichkeit mit dem Kult um den griechischen Gott Dionysos. Die
Menschen, die Aissaouia praktizieren, betrachten sich als Muslime, die in
ihrer ganz eigenen Art und Weise zu Gott beten. Der Trancetanz in meinem
Film ermöglicht es Nadia, sich ganz und gar einer Dimension zu öffnen, die
ihr bis dahin nicht bewusst gewesen ist. Dies erlaubt ihr, sich über die menschliche Ratio hinwegzusetzen und jene kosmischen Gesetzmäßigkeiten zu verstehen, die das menschliche Begriffsvermögen übersteigen.

Welches Anliegen haben Sie in Ihrem Film verfolgt?
In meinem Film galt mein Interesse dem Imaginären in der islamischen Welt.
So zum Beispiel, wenn Nadia den vergrabenen Schatz findet. Das passiert
auch im realen Leben in der Nacht zwischen dem 26. und dem 27. Tag im
Fastenmonat Ramadan. Eine Neumondnacht. Das ist die heilige Nacht, in
der einst der Koran verkündet wurde. Man sagt, dass sich in dieser Nacht die

Himmelstür öffnet, und dass denen, die die Tür sehen, ein Wunsch erfüllt wird. Alle muslimischen Kinder haben in einer solchen Nacht schon einmal den Himmel beobachtet.
(Schriftliches Interview mit der Autorin; Berlin/Tanger, August 1995)

Pressestimmen

Als Mittel zur weiblichen Selbstverwirklichung schlägt die marokkanische Autorin Farida Ben Lyazid weder die gewaltsame Zerstörung des Althergebrachten noch die Flucht ins Ausland vor. Sie hat den Film Fatima Al Fihriya, der Begründerin der ältesten Universität in Fes aus dem 10. Jahrhundert, gewidmet. Damit enthüllt sie ihre unterschwellige politische Botschaft: Der Film will einerseits die Position der Feministinnen zu Hause stärken, indem er zeigt, dass die Frauen im klassischen Zeitalter des Islam wichtige gesellschaftliche Funktionen erfüllt haben. Andererseits bezieht die Autorin gegenüber dem westlichen Feminismus Stellung, indem sie vorführt, dass so „progressive" Einrichtungen wie Frauenhäuser in der islamischen Kultur über eine lange Tradition verfügen und dass weibliche Selbstverwirklichung auch in einem traditionellen Rahmen stattfinden kann. Farida Ben Lyazid beläßt darum in ihrem Film das Frauenhaus in seiner althergebrachten Umgebung, das heißt bettet es in eine religiöse Stiftung bzw. Zaouia ein.

Trotz der rasanten Wandlung, die die Heldin im Verlauf des Films durchläuft, erreicht sie ihr anfänglich formuliertes Ziel nicht. Nadia findet zwar ihr seelisches Gleichgewicht, doch das Problem ihrer nationalen Zugehörigkeit löst sie anders als angekündigt. Von einer Synthese mit der Moderne bzw. mit ihrem französischen Erbe kann keine Rede sein. Die Protagonistin kappt ihre Wurzeln zu Frankreich ebenso abrupt wie vollständig und wendet sich den traditionellen religiösen Praktiken zu. Ihre Identitätsfindung verläuft einzig und allein auf metaphysischem Wege, die praktische Seite dagegen wird vernachlässigt.
(Viola Shafik, in: Der arabische Film. Geschichte und kulturelle Identität, Bielefeld 1995)

In Farida Ben Lyazids DAS HIMMELSTOR IST OFFEN wird der individuelle Aufbruchs- und Bildungsweg vom Land in die Stadt (und von dort ins Ausland) verkehrt in die Reise aus dem Exil zurück. Der eigene Raum erfüllt sich als religiöses Projekt einer islamischen Gemeinschaft, der Wiedererweckung der

Zaouia, einer traditionellen Institution irgendwo zwischen Kloster und Frauenhaus. Frauenglück verknüpft mit spiritueller Erweckung: Erweiterung der Wunschmöglichkeiten oder Regression? Utopie oder ganz einfach Propaganda?
(Silvia Hallensleben, in: Der Tagesspiegel, 25. September 1995)

■ Die List der Frauen

Keid Ensa

Marokko/Schweiz/Tunesien 1999

R/B: Farida Ben Lyazid
K: Serge Platsi
T: Faouzi Thabet
M: Mohamed Charraf
S: Kathéna Attia
D: Samira Akariou,
 Rachid El Quali,
 Fatma Bensaodane u.a.
P: Tingitania Films, Touza
 Productions (Marokko),
 Waka Films (CH),
 Cephéide Productions
 (Frankreich)
V: Neue Visionen, Berlin

Lalla Aicha ist die Tochter eines reichen Kaufmanns. Sie ist ohne Mutter aufgewachsen, und ihre Amme Dada Mbarka hat ihr jede Laune durchgehen lassen. Jeder Wunsch wurde ihr erfüllt. Eines Tages trifft sie den Sohn des Königs. Diese Begegnung bringt ihr Leben völlig durcheinander. Ist es Liebe? Natürlich. Doch sie kann es nicht ertragen, dass man sich über sie lustig macht und sie von oben herab behandelt, wie der Prinz es tut. Von Rededuellen bis hin zu wahnwitzigen Streichen setzt sie erfolgreich alle Mittel der Verführung ein, um seine Wertschätzung und endlich auch seine Liebe zu erlangen. „Wie in den Märchen gibt es auch hier einen Märchenprinzen, doch in dieser Erzählung wird nicht mit der Frau gespielt. Vielmehr setzt sich ihre Intelligenz durch und entwickelt sich während des gesamten Films wie eine Waffe weiter. Sie hält die Fäden in der Hand." (Farida Ben Lyazid)

© Neue Visionen

Aus einem Gespräch mit Farida Ben Lyazid

Wie hat das Publikum in Berlin Ihre Filme aufgenommen?
Die Menschen haben viel gelacht. Da DIE LIST DER FRAUEN eine Welturaufführung war, ich den Film also zum ersten Mal vor Zuschauern zeigte, war ich sehr froh, dass sie den Film mochten. Die Fragen, die sie nach den Vorführungen stellten, verrieten mir allerdings, dass unsere Art zu denken und unsere Kultur ihnen sehr fremd sind. Das Bild, das die Menschen in Europa vom Orient und insbesondere von der arabischen Frau haben, ist völlig eindimensional und falsch. Schuld daran sind die Medien. Sie zeigen arabische Frauen immer als Opfer, passiv, eingeschlossen, ohne eigenen Willen und Verstand.

Sie haben das Angebot eines Produzenten abgelehnt, einen Film über die Gewalt gegen Frauen in arabischen Ländern zu machen. Warum?
Ich glaube nicht daran, dass die Darstellung von Gewalt eine Lösung ist. Ich habe stattdessen ein Märchen adaptiert, das mir meine Stiefmutter erzählte, als ich klein war. Schon damals beeindruckte mich tief, wie die Heldin sich gegen den arroganten und mächtigen Prinzen durchsetzte. Ich selbst bin ja noch in einer Zeit aufgewachsen, als die Welt der Frauen strikt getrennt war von dem Bereich der Männer. „Der Mann besitzt Körperkraft, die Frau List", heißt es im Koran. Von dem sufischen Lehrmeister Jallal Al Din Rumi stammt der Ausspruch „Die Frau ist nicht das Objekt der Begierde, sondern das Geschenk Gottes." Ich verwende diese Zitate im Film, als einen Fingerzeig an die Jugendlichen heute, dass wir eine lange Tradition haben, in der Frauen wertgeschätzt wurden.

Lalla Aicha, die Heldin des Films setzt sich mit List und einer fast unmenschlichen Ausdauer durch. Sind dies die „Waffen", die Sie jungen Frauen heute empfehlen?
List ist für mich eine Form der Intelligenz. In einer patriarchalen Gesellschaft wie der arabischen ist sie oft die einzige Möglichkeit für Frauen, ihre Wünsche und Ziele zu erreichen. Über die Jahrhunderte hinweg entwickelten und bewahrten die Frauen so eine eigene Kultur, die mündlich weitergegeben wurde: Erzählungen, Lieder, Tänze. Diese Kultur der Frauen zeige ich in meinen Filmen.
Der Film *Schilfrohrpuppen*, für den ich das Drehbuch geschrieben habe, ist

eine deutsche Koproduktion und lief im ZDF. Mein erster eigener Film DAS
HIMMELSTOR IST OFFEN wurde jedoch abgelehnt, weil er „zu schön", das Dekor
zu opulent war. Von arabischen Filmemachern wird erwartet, dass sie Pro-
blemfilme machen, Armut zeigen – Dritte Welt eben.

Zwischen den beiden Filmen liegt eine Zeitspanne von zehn Jahren.
Ich musste zuerst Geldgeber finden. In dieser Zeit schrieb ich Drehbücher
für andere Regisseure. Einer dieser Filme ist die Komödie „Auf der Suche
nach dem Mann meiner Frau", in der ich die Polygamie auf die Schippe
nehme. Der Film war ein großer Erfolg in Marokko.

*Zum ersten Mal ist mit Mektoub (Schicksal) ein arabischer Film für den Aus-
lands-Oskar nominiert worden. Hat der marokkanische Film sich in den letzten Jahren so rasant verändert?*
In Marokko findet eine ganz normale Entwicklung statt. Als ich vor fünfundzwanzig Jahren anfing, Filme zu machen, gab es überhaupt keine staatliche
Filmförderung. Damals hielten mich alle für verrückt. Ich habe mich mit
anderen Filmemachern zu einem Förderverein zusammengeschlossen. Jetzt,
nach zehn Jahren, sehen wir erste Erfolge: Das Nationale Filmzentrum hat
einige kleine Filme produziert, und die marokkanischen Verleiher greifen
vermehrt zu einheimischen Produktionen. „Mektoub" ist eine Mischung aus
Thriller und Roadmovie – das ist neu.
*(Das Gespräch führte Rebecca Hillauer anlässlich einer FESPACO-Retrospek-
tive, Berlin, Februar 1999)*

Pressestimmen

Mit ihrer stimmungsvollen Verfilmung des Märchens von der pfiffigen Händ-
lerstochter Lalla Aicha, das schon den spanischen Dichter Federico Garcia
Lorca begeisterte, entführt Farida Ben Lyazid uns ins mittelalterliche Anda-
lusien unter maurischer Herrschaft. Dabei gelingt ihr eine schwierige Grat-
wanderung. Zum einen befriedigt DIE LIST DER FRAUEN die Schaulust und
die Sehnsucht nach einer orientalischen Märchenwelt wie aus Tausendund-
einer Nacht, voller schöner Menschen und beeindruckender Landschaften,
reich an erlesenen Kostümen, sinnlichen Tänzen und anmutigen Gesängen.
Zum anderen steht diese Ebene nicht der erzählten Emanzipations- und Selbst-
behauptungsgeschichte im Wege, sondern entpuppt sich sogar als kluge Ver-

packung, die den Filmgenuss verdoppelt. Denn am Parabelcharakter von DIE LIST DER FRAUEN lässt die Regisseurin keinen Zweifel. Mittels einer hinzugefügten Rahmenhandlung schlägt sie den Bogen in die Gegenwart und lässt eine im heutigen Marokko lebende Mutter ihrer pubertierenden Tochter die Geschichte von Lalla Aicha erzählen, die Ben Lyazid selbst als Kind von ihrer Stiefmutter hörte.
(Ursula Vossen, in: film-dienst, Nr. ?/1999)

Farida Ben Lyazid erzählt, was überall auf der Welt mit solch mathematisch begabten Frauen passiert. Irgendwann sitzen sie im Kerker des Prinzen, und der kommt jeden Tag vorbei und fragt: „Tochter des Tuchhändlers, Demütige, die im Keller lebt, sage mir, sind Frauen klüger als Männer?" Leute, die sich für diese Frage nicht interessieren, brauchen sich diesen Film nicht anzusehen. Und wer die unentwegte Auskunft der Tochter des Tuchhändlers „Die Frauen sind klüger" der Situation unangemessen findet, der auch nicht. Die Kritikerin gibt zu, sich über diese Antwort sehr geärgert zu haben. Muss denn die Wahrheit sagen, wer im Kerker sitzt? Hätte die Tochter des Tuchhändlers nicht einfach ein bisschen lügen können: „Mein Prinz, Männer sind klüger!" Dann hätte er sie geheiratet und sie wäre immer noch klüger als er, müsste aber nicht mehr im Keller leben. So bringen sich Frauen immerzu um die Hälfte ihres Daseins, nur weil sie die Männer bessern wollen.

DIE LIST DER FRAUEN ist ein recht liebenswerter Film, ein kleines Märchenspiel für Erwachsene, aber er ist hochmoralisch, keine Spur dekadent. Die Frage ist, ob man das aushält. Natürlich siegt am Ende auch hier die überlegene Seite – aber unter welch sagenhaften Opfern! Schön jedoch die Verunsicherung des Prinzen, der in höchster intellektueller Panik einen alten Schriftgelehrten fragt: „Können Frauen denken?" Und der Alte, es muss ein Sufi sein, antwortet das Unglaubliche: Ja. Und er erklärt dem Prinzen, was die Regisseurin Farida Ben Lyazid wohl den Männern ihres Landes sagen wollte. Dass die Frau kein bloßes Objekt der Begierde, sondern nichts Geringeres als ein Geschenk Gottes sei.
(Kerstin Decker, in: Der Tagesspiegel, 23. September 1999)

BOURQIA Farida

Farida Bourqia ist 1948 in Casablanca geboren. Sie studierte bis 1973 Darstellende Kunst in Moskau und arbeitet als Dokumentarfilm-Regisseurin für das marokkanische Fernsehen. DIE HOLZKOHLE war ihr erster Langfilm.

Filmographie (Auswahl):

1982   **Al-Jamra/La Braise** (Die Holzkohle), 35 mm, 104 Min
1984   **Amber**

■ Die Holzkohle

Al-Jamra
Marokko 1982
R: Farida Bourquiya
B: Mahmoud Migri
S: Mustapha Zaari,
      Hamid Zoughi, Souad Saber

Der Film spürt der Unterdrückung nach, der Frauen in der geschlossenen arabischen Gesellschaft ausgesetzt sind.

GENINI Izza

Izza Genini ist am 27. März 1942 in Casablanca geboren, als jüngste Tochter jüdischer Eltern. Seit 1960 lebt sie in Paris, wo sie an der Sorbonne und der INALCO, einer Schule für orientalische Sprachen, studierte. Sie war Leiterin des Kinos „Club 70". 1973 gründete sie zusammen mit Louis Malle und C. Nedjar die Produktionsfirma SOGEAV.

Seit 1976 vertreibt Izza Genini mit ihrer eigenen Firma „OHRA" Filme im frankophonen Afrika sowie afrikanische Filme in Europa. Sie produzierte die 11-teilige Dokumentarfilmserie „Marokko, Körper und Seele" (Maroc, corps et ame, 1987-92). Izza Genini ist auch Autorin des Buches „Maroc" (Marokko, Paris 1988).

Aus einem Gespräch mit Izza Genini

Wie sind Sie zum Vertrieb gekommen noch vor der Produktion?
Es war eher zufällig, dass ich im Filmbereich zu arbeiten begann. Das war bei einem privaten Filmklub, dem Club 70. Als mich mein Lebensweg zurück nach Marokko führte, folgte meine berufliche Karriere dem selben Pfad. Ich traf marokkanische Filmemacher und wollte ihre Filme zeigen. Auf dem Filmfestival in Ouagadougou[148] entdeckte ich das afrikanische Kino. Es drängte

sich mir förmlich auf, in den Vertrieb einzusteigen. 1973 gründete ich die Firma SOGEAV. Ich kaufte Filme, um sie ins frankophone Afrika zu exportieren, und vertrieb afrikanische Filme im Ausland. Darunter waren schon damals viele Filme über Musik. Während ich noch im Vertrieb tätig war, begann ich 1981, über marokkanische Musik zu arbeiten, indem ich einen Langfilm produzierte: *In Trance (Transes)* von Ahmed El Maanouni.

Danach fingen Sie mit dem Filmemachen an…
Nach „*In Trance*" wollte ich einen Spielfilm produzieren über die Musik der Sheikhat, der weiblichen Troubadoure. Aber daraus wurde erst einmal nichts. Ich konnte einfach keinen Drehbuchautor oder Filmemacher finden, der sich auf ein solches Abenteuer einlassen wollte. Eines Tages überkam mich jedoch das Verlangen, selbst einen Film zu realisieren. Da ich noch eine Anfängerin in Sachen Filmemachen war, dachte ich, dass es leichter wäre, einen Dokumentarfilm zu machen als einen abendfüllenden Spielfilm.
Bei den Dreharbeiten entdeckte ich allerdings, welche Schwierigkeiten in einem Dokumentarfilm stecken. Man muss mit unvorhergesehenen Situationen umzugehen wissen. Schnelle Entscheidungen treffen, wie die Kamera und der Ton zu handhaben sind. Zusammenfügen, was spontan geschieht. Dafür findet man sich in einer für die Phantasie förderlicheren Situation als

beim Spielfilm. Das Gelingen eines Dokumentarfilms hängt viel mehr von Kreativität als von Vorbereitung ab. Das ist sehr anregend. Etwas Außergewöhnliches kann geschehen, besser als man es sich je hätte träumen lassen. In AÏTA, dem Film über die weiblichen Troubadoure, hatten wir beschlossen, Fatna Bent El Hocine und ihre Gruppe auf ihren Reisen zu begleiten. Eines Nachmittags, während einer kleinen Pause zwischen zwei Filmepisoden, war ich mit einigen Frauen der Gruppe in Fatnas Hotelzimmer. Und plötzlich begann Fatna, die bis dahin sehr scheu und reserviert gewesen war, zu singen und ausführlich von sich zu erzählen. Das war ein sehr bewegender Moment, einer der besten im Film und der ganzen Filmserie.

Ihre Filme spiegeln eine tiefe Liebe zu der Musik und den Musikern. Welche Bedeutung haben beide für Ihr persönliches und berufliches Leben?
Frankreich war während des Protektorats in Marokko nicht nur eine politische, sondern auch eine kulturelle Instanz. In der Schule wurde mir frankophone Kultur regelrecht aufgezwungen. Französisch zu sprechen bedeutete, nicht rückständig zu sein. Ich wuchs auf mit dem Rücken gegen die Kultur, aus der ich stamme. Meine Eltern sprachen nur Arabisch. Als wir in Frankreich ankamen, konnten sie Französisch weder schreiben noch sprechen. Ich machte das Abitur und heiratete einen Franzosen. Das nennt man Assimilation…
Als ich begann zurückzublicken, fand ich die Musik. Sie war so wunderschön, facettenreich und mir unbekannt. Es waren Musiker, die mich begleiteten, als ich mir auf sehr persönliche Weise meine Kultur wieder aneignete. Ich wählte die Musik als Gegenstand meiner Filme. Da sie für mich zuallererst Vergnügen bedeutet, zeige ich sie in ihrer natürlichen Umgebung, ohne eine soziale oder ethnologische Studie daraus zu machen. Ich wollte mich der Musik über das Gefühl nähern, nicht über den Verstand.
Nachdem ich so die marokkanisch-islamische Musik wiederentdeckt hatte, konnte ich auch die jüdische Musik meiner Kindheit schätzen. Musik hält tatsächlich die Bande zwischen den Generationen aufrecht. Ich kenne Enkel andalusischer oder berberischer Musiker, die heute Opernsänger in New York oder Country- und Bluesgitarristen in Chicago sind.
(Thérèse-Marie Deffontaines, in: Ecrans d'Afrique, Nr. 5-6, 1993)

Izza Genini erzählt

Als ich durch Zufall nach Marokko zurückkehrte, erkannte ich, dass ich ein Teil dieser aus Marokkanern, Juden und Franzosen zusammengewürfelten Welt bin. Von da an musste ich Ordnung in dieses Magma bringen, um zu einer inneren Harmonie zu finden. Es hieß, all diese Anteile in mir anzunehmen, ohne sie im Widerspruch zueinander zu leben. Das hatte ich lange genug getan, als ich jung war. Damals, als ich die französische Lebensart annahm, glaubte ich, alles andere über Bord werfen zu müssen: mein arabisches wie auch mein jüdisches Erbe. Filme zu machen erfüllte für mich den Zweck, Gefühle und Erlebnisse zu teilen. Ich suchte wohl unbewusst einen Weg, um mich auszudrücken.

Ich wurde geboren noch bevor Marokko seine Unabhängigkeit erlangte. Das Land war noch sehr französisch. Wir lebten in einer Mischkultur von Juden und Arabern. Meine Eltern respektierten die jüdischen Traditionen sehr. Mein Vater arbeitete mit Muslimen zusammen. Ich selbst besuchte eine französische Schule. Wie andere meiner Generation verdrängte ich das Marokkanische, weil ich es im Vergleich zum Französischen für minderwertig hielt. Unsere Zukunftsträume waren gen Westen gerichtet, wir hörten Jazz und Rockmusik. Zuhause musste ich allerdings die jüdischen Bräuche und meine Eltern respektieren und mit ihnen Jom Kippur[149] feiern.

Inzwischen kann ich guten Gewissens sagen, dass ich mich als Marokkanerin und Jüdin fühle. Meine französische Erziehung ist eine Dreingabe. Heute fühle ich mich jeder dieser drei Kulturen zugehörig, liebe marokkanische wie jüdische Musik. Leider habe ich nie Musik studiert und kann auch nicht singen. Ich habe lediglich eine Vorliebe dafür, nicht nur für arabische Musik, auch für Opern und Reggae. Deshalb habe ich Filme über Reggae-Musik vertrieben.

Zum Glück ist das Zusammenleben von Muslimen und Juden in Marokko immer friedlicher gewesen als etwa in Palästina oder Algerien. Während des Zweiten Weltkriegs, als Marokko noch unter französischer Herrschaft stand, erließ der französische Präsident Pétain einige restriktive Vorschriften gegen Juden. Sofort nahm der König von Marokko, Mohamed V., die Juden unter seinen Schutz, indem er sie als marokkanische Staatsbürger seiner Gesetzgebung unterstellte. So behielten die Juden, die nach Kanada oder Frankreich auswanderten, Marokko stets in ihren Herzen. Viele Juden aus Israel und anderen Ländern wandern nach Marokko aus, weil das Land als so offen gilt. Als ich selbst dorthin zurückkehrte, hatte der Nahostkonflikt gerade einen Höhepunkt erreicht. Doch ich musste nie verbergen, dass ich Jüdin bin. Die Zusammenarbeit mit Muslimen verlief ganz natürlich. Meine Filmreihe „Marokko – Körper und Seele" beschäftigt sich sowohl mit islamischer als auch jüdischer Musik.

Zu meinem Film AÏTA *haben mich Kindheitserinnerungen inspiriert. Mein Vater nahm mich als Kind immer mit aufs Land, wo er als Händler Getreide verkaufte. In dieser ländlichen Region wurden Feste veranstaltet, auf denen die Scheichat sangen. Ich war ganz fasziniert von diesen Sängerinnen. Diese Frauen haben ein angeborenes Talent zum Singen und Tanzen, ohne je eine Ausbildung absolviert zu haben. Sie sind für ein unabhängiges Leben geschaffen. In der marokkanischen Gesellschaft gelten sie deshalb als Au-*

Szene aus *AÏTA*
© OHRA

ßenseiterinnen. Die meisten von ihnen sind von zuhause geflüchtet und suchen nach einer ihnen angemessenen Lebensform. Vielleicht tun sich mit einem Mann, einem Scheich in einer Musikgruppe zusammen oder singen in einem der Klubs in den Städten. Sie reisen herum, sie leben wie Männer, sie rauchen und trinken. Als sogenannte „freie" Frauen besitzen sie keinen sonderlich guten Ruf. Ihr Ansehen ist vergleichbar mit dem vieler Künstler oder den Zigeunern beim Flamenco. Meinen Erfahrungen bei den Dreharbeiten nach sind die Sheikhat keine Huren, sondern Künstlerinnen. Das ist die Botschaft, die ich in meinem Film vermitteln wollte.
(Das Gespräch führte Rebecca Hillauer; Paris, Dezember 1994)

Filmographie:

1987   **Aïta**, 16 mm, 26 Min
1994   **Retrouvez Ouled Moumen** (Zurück in Ouled Moumen),
        Video, 49 Min
1997   **Pour le plaisir des yeux** (Zur Augenweide), 50 Min,
        für den Fernsehsender Canal+
1999   **Tambours battant** (Trommler), Beta, 52 Min

▓ Aïta

Frankreich 1987
R/B: Izza Genini
K: Jean-Jacques Flori, Mustafa Stitou
M: Fatna Bent el Hocine und
die Gruppe Oulad Aguida
T: Antoine Rodet
S: Marie-Catherine Miqueau,
Ahmed Bouanani
P: OHRA (SOGEAV),
La Sept und l'IMA
V: OHRA, Paris

Die Ssheichat sind weibliche Troubadoure, die durch Marokko ziehen. Sie singen die „Aïta“: ein Lied, das die Vergangenheit beschwört. Der Moussem of Moulay Abdallah ist als religiöser Pilgerort und Volksfest der ideale Platz für die Aïta. Die Ssheicha Fatna Bent El Hocine singt mit ihrer Gruppe Oulad Aguida für die Reiter, die in der Phantasie die ruhmreichen Zeiten des marokkanischen Heldengedichtes feiern.

„AïTA ist der erste Film einer 11-teiligen Reihe mit dem Titel ‚Marokko – Körper und Seele'. Seine Menschen und ihre Geschichte, seine Natur mit ihrem spezifischen Licht machen Marokko zu einem Land der Bilder und der Musik: Die Kulturen der Berberstämme, Schwarzafrikas, Andalusiens, des Islam, des Judentums und des Westens existieren nebeneinander, ohne sich gegenseitig ihrer Identität zu berauben. Es ist das seltene Beispiel einer Synthese von Zivilisationen. Marokkaner drücken ihre Lebensfreude und Traditionsverbundenheit über sehr verschiedene Arten von Musik aus. Die Vitalität dieser Musik verbindet die Menschen miteinander ebenso wie mit dem Himmel und den Körper mit der Seele." (Produktion)

▓ Zurück in Ouled Moumen

Retrouvez Ouled Moumen

Frankreich/Marokko 1994
Auf einem ausgedehnten Olivenhain im Süden von Marrakesch erbaut, liegt das Dorf Oulad Moumen, in dem die Familie Edery seit Jahrzehnten sesshaft war. Die etappenweise Emigration, erst innerhalb Marokkos, dann in alle Kontinente, hat die Mitglieder der Familie voneinander getrennt, sie verändert und an andere Kulturen angepasst. Die Regisseurin hat die Familie in Oulad Moumen, am Ort ihres Ursprungs, wieder zusammengebracht. Mit Hilfe von persönlichem und historischem Archivmaterial sowie aktuellen Aufnahmen stellt der Dokumentarfilm die Geschichte dieser beispielhaften Emigration dar.

▓ Zur Augenweide

Pour le plaisir des yeux

Frankreich/Marokko 1997
Der Film führt in die geheime Welt weiblicher Schönheit und Sinnlichkeit. In den Kenntnissen einer marokkanischen Schönheitspflegerin bei Hochzeits- und Schwangerschaftsritualen offenbaren sich die Reichtümer der natürlichen Körperpflege, die in Generationen erlernt, noch heute als Strategie der Verführung eingesetzt wird.

JEBLI OUAZZANI Fatima

Fatima Jebli Ouazzani ist am 11. Dezember 1959 in Meknes, Marokko, geboren. 1970 kam sie mit ihrer Familie in die Niederlande. Sie studierte zunächst Psychologie, wechselte dann an die Dutch Film School in Amsterdam, an der sie 1992 als Regisseurin und Drehbuchautorin graduierte. Sie lebt in Amsterdam und arbeitet seit 1983 als freie Autorin für den Niederländischen Hörfunk und das Fernsehen. Sie hat zahlreiche Kurz- und Dokumentarfilme gedreht. Ihr Drehbuch zu ihrem neuen Filmprojekt wurde beim Sundance Film Festival 2001 in Uta, USA, ausgezeichnet.

Filmographie (Auswahl):

1987 **Het maagdenvlies** (Das Jungfernhäutchen), Dokudrama
1988 **Schape-ogen** (Schafsaugen), Drama, 15 Min
1988 **Forbidden Love** (Verbotene Liebe), Drama, 15 Min
1990 **Het dode vlees** (Totenfleisch), 10 Min
1991 **Labyrinth of Lust** (Labyrinth der Lust),
1991 **Tears of Maria Machita** (Tränen der Maria Machita
1992 **The little Hélène** (Die kleine Helene), 16 mm, 29 Min
1993 **Voorbij de jaren van onschuld** (Unschuld), 16 mm, 17 Min
1997 **In My Father's House** (Im Haus meines Vaters), 67 Min
2000 **Sinned Again** (Wieder gesündigt), 16 mm, 50 Min

„Der Film IM HAUS MEINES VATERS erzählt eine Geschichte, die für mich sehr persönlich ist, und die mir sehr viel abverlangt hat. Zuerst wollte ich meine Geschichte durch andere Frauen – jung und alt – erzählen lassen. Als die Sache konkret wurde, zogen sich die Frauen plötzlich zurück, also beschloss ich, den Film auf mich zu beziehen. Dabei kam eine Selbstentblößung heraus, und ich musste meinen Großeltern schmerzhafte Fragen stellen.“

(Fatima Jebli Ouzzani, in: Freiburger Film Forum, Mai 1999)

■ Im Haus meines Vaters
In My Father's House

Niederlande 1997
R/D: Fatima Jebli Ouazzani
K: Maarten Kramer
S: Jan Henriks
P: MM Produkkties
in Kooperation mit NPS TV

„In unserer islamischen Gesellschaft zahlt immer die Frau den Preis – warum?" Mit diesen Worten bringt eine junge Marokkanerin in einer Debatte über Sexualität die ungebrochenen patriarchalischen Geschlechterverhältnisse in ihrer Heimat auf den Punkt. Dies ist auch Thema dieser persönlichen, nachdenklich-engagierten Recherche über die Familiengeschichte der Regisseurin. Im Gespräch mit ihr bekennt ihr Großvater ebenso aufgebracht wie freimütig: „Eine entjungferte Frau ist wie ein Cous-Cous[150] von gestern." Wie er, der seine Tochter mit 14 verheiratete, denken auch heute noch viele Marokkaner, die selbstverständlich davon ausgehen, dass eine Frau nur jungfräulich in die Ehe gehen darf.

Der Film spürt den Gründen nach, warum diese Tradition der Jungfräulichkeit nach wie vor so bedeutend ist, und warum jede Frau, die dieser Tradition die Stirn bietet, unweigerlich aus der Familie ausgestoßen wird. Die Regisseurin hat selbst fast 16 Jahre weder mit ihrem Vater gesprochen, noch ihn gesehen.

■ Wieder gesündigt
Sinned Again

Niederlande 2000
R: Fatima Jebli-Ouazzani
K: Adri Schrover
T: Christine van Roon
S: Boris Gerrets
P: Pieter van Huystee
   Film & TV (Amsterdam)

Das Siebte Gebot – „Du sollst nicht ehebrechen" – ist wahrscheinlich das Gebot, gegen das am häufigsten verstoßen wird. Es hat sich herausgestellt, dass ewige Treue zu schwören leichter ist als sie zu halten. Der Film erzählt die Geschichte von Carla, die als Kind die ehebrecherische Affaire ihrer Mutter entdeckt. Ohne genau zu verstehen, was vor sich geht, weiß das Mädchen instinktiv, dass es nicht darüber reden darf. Jahrelang trägt Carla das Geheimnis mit sich, es hat ihr Leben bestimmt.

© van Huystee Film & TV

KASSARI Yasmine

Yasmine Kassari ist 1968 in Ouida, Marokko, geboren. Seit 1991 lebt sie in Brüssel, wo sie am INSAS
Film studierte und einige Jahre als Produktionsassistentin arbeitete. Sie hat zwei Kurzfilme sowie einen langen Dokumentarfilm gedreht und bereitet
ihren ersten Spielfilm vor: L'Enfant endormi (Das
schlafende Kind). Das Drehbuch dazu wurde
bereits mehrfach auf Festivals ausgezeichnet.

Filmographie:

1995   **Chiens errants** (Streunende Hunde), 35 mm, 7 Min
       (Preise beim Internationalen Festival in Namur und 1996 in Turin)
2000   **Quand les hommes pleurent** (Wenn die Männer weinen), 35 mm, 57 Min
       (Besondere Erwähnung der Jury beim Festival in Amiens, Preis bei „Filmer
       à tout prix" in Brüssel)
2001   **Lynda et Nadia** (= Eigennamen), 35 mm, 15 Min

▦ Wenn die Männer weinen
Quand les hommes pleurent
Marokko/Belgien 2000

R: Yasmine Kassari
K: Dominiquie Henri
T: Fawzi Thabet
S: Kahéna Attia
P/V: Les Films de la Drève, Paris

Die „Männer, die weinen" sind marokkanische
Arbeiter, die ihr Glück in Spanien suchen und
entdecken, dass das Eldorado schnell ausge-
träumt ist. Jedes Jahr überqueren 30.000 Marokkaner die Meerenge von Gibraltar, um
illegal in Spanien an Land zu gehen.
Die Hälfte von ihnen wird abgefangen
und zurückgeschickt. 1000 sterben, er-
trunken, zusammengepfercht auf Mo-
torbooten...

© Les Films de la Drève

TUNESIEN

Auf einer verhältnismäßig kleinen Fläche hat Tunesien eine beachtliche landschaftliche Vielfalt zu bieten: vom mediterranen Badestrand über die Ausläufer des Atlasgebirges bis zur Steppe oder Sandwüste. Neben den guten tunesischen Filmtechnikern ist dies ein wichtiger Grund, warum ausländische RegisseurInnen Tunesien immer wieder als Filmkulisse wählen. Für den Hollywood-Film *Star Wars* zum Beispiel. Jedes zweite Jahr locken außerdem die Internationalen Filmtage von Karthago (Journées Cinématographiques de Carthage) Filmleute und Cineasten ins Land. Die Journées sind mit dem FESPACO[151], dem Panafrikanischen Kino- und Fernsehfestspielen in Ougadougou, Burkino Faso, das bedeutendste Filmfest auf dem afrikanischen Kontinent.

Seiner geringen Größe und seinen atemberaubenden Landschaften verdankt Tunesien auch den Beinamen „Schweiz Nordafrikas". Tunesien genießt auch nach wie vor den Ruf, das fortschrittlichste unter den arabischen Ländern zu sein. Frauen haben hier mehr gesetzlich verbriefte Rechte als in den meisten anderen Ländern der arabischen Welt. Tunesierinnen dürfen abtreiben, während die Schwangerschaftsunterbrechung überall sonst in der Region unter schwere Strafe gestellt ist. De facto unterscheidet sich die Lage der tunesischen Frauen aber nur wenig von der ihrer arabischen Schwestern im Mittelmeerraum, wie die Filmkritikerin Magda Wassef in diesem Buch ausführt (siehe Seite 278).

Als Präsident Zine El Abidine Ben Ali vor 14 Jahren Habib Bourguiba absetzte, den Vater der Unabhängigkeit, war Ben Ali die Hoffnung aller, die sich nach Liberalisierung sehnten. Aber daraus wurde nichts. „Nach einer kurzen Periode der Öffnung wurde das schon vorher autoritäre Regime zur immer rigoroseren, mit moderner Technik perfektionierten Ein-Mann-Herrschaft", konstatiert der Journalist Rudolph Chimelli (Süddeutsche Zeitung, 8. Mai 2001). Auf ihren Kennkarten tragen Tunesier einen Strichcode mit sich. Durch ihn lässt sich bei der zentralen Datenbank des Innenministeriums alles Wichtige abfragen: Strafen, berufliche Laufbahn, politische Überzeugung oder Kompromittierendes aus dem Privatleben. Der neue Minister für Kommunikation und Menschenrechte, Slaheddine Maaouni, schaffte, so Chimelli, eine kleine Sensation, als er in einem Interview erklärte, „dass es in Tunesien Probleme in Sachen Menschenrechte gibt" und forderte, die Medien müssten von ihrer „Zwangsjacke" befreit werden.

Bewegte Bilder hielten in Tunesien bereits 1896 Einzug, noch einige Monate vor der eigentlichen Geburtsstunde des Films: die Kameraleute der Brüder Lumière machten in Tunis Aufnahmen und führten sie dort auch vor. Während der Kolonialzeit entstanden aber nicht mehr als fünf Langspielfilme unter tunesischer Regie.[152] Die weibliche Hauptrolle im ersten Langfilm *Ain El Ghazal (Das Auge der Gazelle*, 1924) spielte Haydée Tamzali, die sich auch als Drehbuchautorin einen Namen machte. Ähnlich wie in Marokko versuchten die Franzosen auch in Tunesien eine Basis für ein nordafrikanisches Hollywood zu installieren und gründeten 1946 die Studios Africa. Kurz vor Ende der Kolonialherrschaft verlegten sie die Studios jedoch nach Algerien, so dass die neue tunesische Regierung praktisch von vorn anfangen musste.[153]

1959 wurde die SATPEC (Societé Anonyme Tunisienne de Production d'Expansion Cinématographique) als nationale Filmproduktions- und Vertriebsgesellschaft gegründet. Die SATPEC konnte ihr Vertriebsmonopol jedoch erst Jahre später gegen die europäische Konkurrenz durchsetzen. Als nächsten Baustein der nationalen Filmpolitik wurden 1968 die Filmstudios Gammarth eingeweiht. Das herausragende Ereignis jener Zeit war jedoch die Gründung der Filmfestspiele von Karthago im Jahr 1966.

Tahar Chéria, der das Festival ins Leben rief, hatte schon 1949, noch vor der nationalen Unabhängigkeit, den ersten Tunesischen Filmklubverband gegründet. Zusammen mit dem Tunesischen Amateurfilmverband und den Amateurfilmfestspiele in Kélibia (Festival de Kélibia du cinéma amateur) waren dies die Keimzellen, aus denen die tunesischen FilmemacherInnen erwuchsen. Die meisten FilmemacherInnen der jüngeren Generation lebten allerdings in Paris oder Brüssel, einige wenige auch in osteuropäischen Ländern, wo sie Film studierten. Als sie eine Chance sahen, im eigenen Land wieder Filme zu machen, kehrten viele von ihnen zurück. Diese Chance kam, als das politische Klima sich zu verändern begann.

„Die siebziger Jahre in Tunesien standen ganz im Zeichen einer Kritik am Bourguiba[154]-Regime", erinnert sich Néjia Ben Mabrouk,[155] eine der heimkehrenden FilmemacherInnen. Sie kamen mit der Idee, sich in ihren Filmen mit den aktuellen sozialen und politischen Problemen des Landes zu beschäftigen. „Das war weniger eine Referenz auf eine arabische Filmgeschichte, vielmehr hatten wir das so in den europäischen Filmschulen gelernt", gesteht Néjia Ben Mabrouk. „Bei vielen von uns basierte unsere filmische ‚Erziehung‘ auf dem kritischen dokumentarischen Film. Wir wollten mit unseren Filmen ein tunesisches Publikum erreichen, ihm quasi seine eigenen Probleme zeigen, um es so verändern zu können."

Mit diesem hehren Anspruch erlitten sie jedoch Schiffbruch. Zum einen lag dies am schlechten Ruf des Dokumentarfilms bei Publikum und Fachleuten. Schuld daran hatte, so Ben Mabrouk, „das schlechte Fernsehen mit seinen Reportagen und Kulturfilmen". Ein anderes Hindernis war, dass die Menschen nicht gewohnt waren, über ihre Probleme offen zu sprechen: sie wurden höchstens innerhalb der Familie ausgetragen, hatten sonst aber im Innern zu bleiben. Ben Mabrouk: „Es fehlt das Bewusstsein einer Öffentlichkeit, einer Funktion von Gesellschaft wie wir sie in Europa kennen gelernt hatten . Es war unmöglich, die Leute zum Reden zu bringen. Das mag auch darauf zurückzuführen sein, dass unser Land keine demokratische Tradition besitzt. So wurden meine Ideen, die ich aus Brüssel mitbrachte, bald zunichte gemacht."

Hinzu kam, dass die SATPEC, anfangs noch Geburtshelfer des tunesischen Films, mehr und mehr zu einem Hemmschuh für die Filmproduktion wurde. Grund dafür waren politische und finanzielle Probleme. Das Kulturministerium und die Banken zogen sich als Geldgeber zurück. Auch die Kinosäle der SATPEC wurden geschlossen. Ihr blieb lediglich ein einziges funktionierendes Labor, auf das alle in Tunesien produzierten Filme angewiesen waren, um weiter verarbeitet zu werden. Schließlich wurden auch die Filmstudios Gammarath verkauft. Wegen der veralteten technischen Ausrüstung ist es jedoch auch für die private Nachfolgefirma „Carthage Images" schwierig, effektiv zu arbeiten.

Um so erstaunlicher ist es, dass es tunesischen RegisseurInnen trotzdem gelungen ist, eine Vielfalt von anspruchsvollen und originellen Filmen zu machen, die international große Anerkennung gefunden haben. „Themenwahl und Ästhetik erwecken den Eindruck, dass jede/r Filmschaffende eine eigene Schule bildet, und die meisten tunesischen Filme zeugen von Originalität und Freiheit des Ausdrucks", lobte der Filmclub Xenix in Zürich anlässlicher einer Filmreihe.[156] Tunesien selbst ist allerdings kaum ein lukrativer Markt für diese Filme. In einem Land mit weniger als 50 Kinosälen können einheimische Produktionen sich nicht amortisieren, und Koproduktionen mit dem Ausland sind die Regel. Wie die Filmemacherin und Produzentin Nadia El Fani bestätigt, haben sich in den letzten Jahren verschiedene private Produktionsfirmen etabliert, die sehr professionell arbeiten und mit neuester Technik ausgerüstet sind (schriftliches Interview mit der Autorin; Berlin/Tunis, Februar 2000). Trotzdem sind die FilmemacherInnen auf Fördermittel des Kulturministeriums angewiesen, die rund 30 Prozent des Filmbudgets ausmachen. Von einer wirklichen Filmindustrie könne man in Tunesien bis heute kaum sprechen, ist das Fazit des Filmkritikers Mahmoud Jemni.[157]

Von den rund 130 Spielfilmen, die in Tunesien seit der nationalen Unabhängigkeit entstanden sind[158], sind bislang fünf Filme von Frauen gemacht worden. Vier von ihnen allein in den neunziger Jahren. Der erste Spielfilm, bei dem eine Frau Regie führte, war Selma Baccars semi-dokumentarischer Film FATMA 75. Ein Potpourri berühmter Frauengestalten in der tunesischen Geschichte, produziert anlässlich des Internationalen Jahrs der Frau 1975. Fast zehn Jahre zuvor hatte freilich Sofie Ferchiou mit ihrem Ethno-Dokumentarfilm CHECHIA den Reigen der tunesischen Filmemacherinnen eröffnet.

Die Filme der Regisseurinnen sind fast ausnahmslos im urbanen Milieu des Nordens, genauer gesagt in der Hauptstadt Tunis angesiedelt. Nur wenige spielen im armen Süden. Sabra, die junge Heldin in Néjia Ben Mabrouks DIE SPUR, zieht im Verlauf ihrer Emanzipation wie ein Zugvogel immer weiter nach Norden: von ihrem Heimatdorf im Süden geht sie zum Studium in die Hauptstadt und schließlich nach Frankreich ins Exil. Fast alle Filme der Regisseurinnen spielen in der Vergangenheit. Sie bieten so, bewusst oder unbewusst, der staatlichen Zensur weniger Angriffsfläche.

1994 gewann beim Karthago Filmfestival eine Frau – die Tunesierin Moufida Tlatli – den Tanit d'Or[159], den Goldenen Preis. Das war ein Novum in der Geschichte des Festivals. Tlatlis Debütfilm PALAST DES SCHWEIGENS, vom Kulturministerium koproduziert, hat die sexuelle Versklavung von Frauen zum Thema. Er bildet in gewisser Weise das weibliche Pendant zum Preisträger von 1986, dem Film *Der Mann aus Asche (L'homme du cendre)* des Tunesiers Nouri Bouzid. Er zeigt, wie sich familiäre Gewalt und sexueller Missbrauch auf den Lebensweg eines jungen Mannes auswirken.[160]

Tunesische Frauen

von Magda Wassef[161]

Am 13. August 1956, einige Monate nach der Unabhängigkeit des Landes, trat in Tunesien ein neues Familiengesetz in Kraft. Die Vorgaben des islamischen Gesetzes waren darin zwar berücksichtigt. Trotzdem führte diese vom Geist des islamischen Rechts inspirierte Gesetzgebung zwei bedeutende Änderungen ein: Das einseitige Verstoßen einer Ehefrau – bislang das Privileg der Männer – wurde abgeschafft und durch die gerichtliche Scheidung ersetzt, die sowohl Männer wie Frauen beantragen konnten. Polygamie wurde verboten. Polygamisten konnten zu einem Jahr Gefängnis und einer Geldstrafe verurteilt werden. Die zweite Frau eines Bigamisten galt als Mittäterin und wurde mit den selben Strafen belegt.

Das neue Familiengesetz führte noch einige weitere, aber weniger bedeutungsvolle Neuerungen ein. Zum Beispiel gab es jetzt die zivile Trauung neben der religiösen Heirat. Das Heiratsalter wurde für Mädchen auf 18 und für Jungen auf 20 heraufgesetzt. Im Erbrecht wurde festgelegt, dass wenn ein Ehepartner starb und nur weibliche Nachkommen hinterließ, diese – im Gegensatz zum islamischen Recht – voll erbberechtigt waren. Sogar bei Ehebruch wurden Männer und Frauen gleichgestellt und das Wahlrecht für Tunesierinnen eingeführt.

Tunesien, das als Führer bei sozialen Veränderungen in der arabischen Welt gilt, symbolisiert eine gewisse Fortschrittlichkeit, um die es die anderen arabischen Ländern beneiden. Dort ringt man heute noch um vergleichbare Änderungen. In Marokko und Ägypten werden jegliche Reformen des Familiengesetzes, die die Regierung vorschlägt, von religiösen Institutionen und der Öffentlichkeit abgelehnt, die treu am islamischen Konservatismus festhalten. Die mehr oder weniger liberalen Gesetze, die das Leben von Frauen in der arabischen Welt bestimmen, sind der öffentlichen Meinung meist weit voraus. Sie entspringen dem politischen Willen von Regierungen und spiegeln die Erwartungen der herrschenden Klasse wieder. Der Widerstand gegen Gesetzesreformen und das Fortdauern gewisser schädlicher Praktiken beleuchtet den tiefen Spalt zwischen der Minderheit gebildeter Städter, die den Fortschritt will, und der Mehrheit auf dem Land, die an ihren Bräuchen festhält und sich einer Veränderung verschließt – sogar wenn sie zu ihrem eigenen Nutzen ist.

Das ist wohl das wirkliche Problem, mit dem viele Frauen in der arabischen Welt im Alltag konfrontiert sind. Es ist noch größer geworden durch das Erstarken des Islam und den andauernden Kampf zwischen den Befürwortern des

Fortschritts und den Verteidigern des Konservatismus. Frauen sind zu Geiseln dieser beiden rivalisierenden Kräfte geworden.

Das vehemente Wiederauferstehen des Schleiers in vielen arabischen Ländern spiegelt ein gewisses Unwohlsein. Als Symbol islamischer Kultur ist der Schleier pervertiert worden und missbraucht in Konflikten, in denen Frauen wieder einmal Opfer von Kämpfen sind, die sie nicht direkt betreffen. (…)

Mögen die mediterranen, arabischen Gesellschaften auch als liberaler gelten: Dort gibt es ebenso Traditionen, die den Platz von Frauen innerhalb der Familie und der Gemeinschaft bestimmen. Diese Traditionen entspringen einer rigiden und starren moralischen und sozialen Ordnung. Weitergegeben von der Mutter, werden säkulare Bräuche von Generation zu Generation verfälscht.

Die Mütter, verehrt als die Hüterinnen der Tradition, haben eine privilegierte Rolle in der Familie. Bewusst oder unbewusst perpetuieren sie alle Tabus und Verbote, die sie selbst geerbt haben. Sie lehren ihre Töchter die Prinzipien, die sie selbst von ihrer Mutter gelernt haben. Da Jungfräulichkeit der bestimmende Faktor für eine Eheschließung ist, hat ein Überschreiten der üblichen sozialen Gebote und moralischen Verbote automatisch Sanktionen zur Folge. Frauen sind die absoluten Herrscherinnen ihres Heims. Ihr Heim ist ihr Universum, während die Außenwelt den Männern gehört. In seinem Werk „Die Sexualität im Islam" widmet Abdelwahab Bouhdiba dem mütterlichen Königreich ein ganzes Kapitel. Er schreibt: „Alle Mütter warten nur darauf, hoch geachtete ‚Beschützerinnen' (hamah) zu werden. Durch die Herrschaft über die Schwiegertochter erreichen sie den Gipfel ihres Ruhms und wenn sie sterben, sind sie geachtet und umgeben von ihren Kindern. Kinder zu haben ist in einer arabischen und islamischen Gesellschaft die beste Lebensversicherung für eine Frau. Wehe den sterilen Frauen!"

In ländlichen Gesellschaften widerstehen diese Traditionen den langsam vordringenden modernen Ideen. Auf Djerba, einer Insel im Süden Tunesiens, heute ein Symbol des Tourismus und süßen Lebens, war die Natur nicht immer so wohlwollend: Die Männer, die auf der Suche nach Arbeit entweder in die Hauptstadt Tunis oder ins Ausland gingen, verließen ihre Frauen und Kinder oft für elf Monate im Jahr. Sie gaben sie in die Obhut ihrer Mütter, die absolute Verfügungsgewalt über sie hatten. In diesen großen mediterranen Familienverbänden entstand auf geradezu natürliche Weise eine strenge Hierarchie. Schwiegertöchter wurden nach ihrer Bedeutung klassifiziert: Zuerst kamen die Mütter von Söhnen, die die Linie fortsetzten. Dann Mütter, die nur Töchter geboren hatten. Ganz unten standen kinderlose Frauen – sie wurden nur geduldet. Die Bewachung durch die Mütter während der Abwesenheit der Männer war obsessiv.

Jegliches Aufbegehren wurde im Keim erstickt. Die Verantwortlichkeit der Mütter und Schwiegermütter war absolut und sie wurden in dieser Rolle ermutigt durch den Respekt, den sie dafür von ihren Söhnen erfuhren.

Dieses System, das viele Jahrzehnte lang überdauerte, kann nicht mehr Schritt halten mit den sozialen und ökonomischen Realitäten, die viele arabische und tunesische Frauen heute erfahren. Sie mögen Hochschulabsolventinnen oder Analphabetinnen sein: Die meisten kämpfen um das nackte Überleben. Sie müssen arbeiten gehen. Die ökonomische Umbildung verändert den Status arabischer Frauen unwiederbringlich. Finanzielle Unabhängigkeit wird zu ihrer wahren Emanzipation führen, trotz der hartnäckigen Traditionen, die sie von allen Seiten umfängt.

(Magda Wassef, im Presseheft zu dem Film „Die Jahreszeit der Männer" von Moufida Tlatli)

AMARI Raja

Raja Amari ist am 4. April 1971 in Tunis geboren. 1992 gewann sie den Ersten Preis für Tanz am Nationalen Konservatorium für Musik und Tanz in Tunis. Sie studierte französische Literatur in Tunis und Film an der FEMIS (L'Institut de Formation et d'Enseignement pur les l'Image et du Son) in Paris, wo sie heute lebt. Raja Amari schrieb Filmkritiken für das Magazin „Cinécrits", ein Hörfunkfeature und einige Drehbücher. Sie machte mehrere Kurzfilme und arbeitet an dem Drehbuch für ihren ersten Spielfilm: SATIN ROUGE (Roter Satin) – die Geschichte von Lilia, einer Hausfrau, die sich auf der Suche nach ihrer Tochter selbst entdeckt.

Filmographie:

1995 **Le Bouquet** (Der Blumenstrauß), 16 mm und Video
1998 **Avril** (April), 35 mm, 20 Min
2000 **Un soir de Juillet** (Ein Juli-Abend)

◼ April

Avril

Tunesien 1998

R/B: Raja Amari
K: Aurélien Devaux
T: Ludovic Escalier
S: Isabelle petrich
D: Sabrine Solttani, Raja Ben Ammar, Samia Rahaim
P/V: Nomadis Images (Tunis)

Amina, ein 10-jähriges Mädchen im heutigen Tunis, wird von zwei älteren, alleinstehenden Frauen als Dienstmädchen angestellt. Eine der beiden scheint krank zu sein. Akute Anfälle und Besuche des Arztes wechseln einander ab. Doch ist die Krankheit nur ein Vorwand, um den Mann ins Haus zu locken…

BACCAR Selma

Selma Baccar alias Bedjaoui ist am 15. Dezember 1945 in Tunis geboren. Von 1966 bis 1968 studierte sie Psychologie in Lausanne, danach bis 1970 am Film-institut in Paris. Sie war Mitglied des Tunesischen Amateurfilmverbands, arbeitete als Regieassistentin beim tunesischen Fernsehen. 1980 wandte sie sich der Produktion zu. Inzwischen besitzt sie eine eigene Firma, „Intermedia Productions" (IMP), mit der sie unter anderem Filme von Kalthoum Bornaz und Najwa Tlili, aber auch Werbefilme produziert hat.

Filmographie:

1968 **Le crépuscule** (Die Abenddämmerung)
1968 **L'éveil** (Das Erwachen)
      (prämiert bei den Filmfestivals in Kélibia und Sfax)
1976 **Fatma 75**, 35 mm, 60 Min
      (Goldmedaille beim Filmfestival Mannheim 1979)
1976 **Le mannequin**
1985 **De la toison au fil d'or** (Das Goldene Vlies), 35 mm, 16 Min
1985 **Au pays de Tarayoun** (Im Land von Tarayoun) , 35 mm, 51 Min
1994 **Habiba Msika/La danse du feu** (Feuertanz), 35 mm, 124 Min

◼ Fatma 75

Tunesien 1975

R: Selma Baccar
B: Saida Ben Mahmoud
K: Ahmed Zaaf
T: Fouzi Thabet
S: Moufida Tlatli
D: Jalila Baccar,
    Fatma Ben Ali,
    Mouna Noureddine
P: SATPEC, Tunesisches
    Informationsministerium
V: Touza Films, Tunis

Der semidokumentarische Film entstand 1975 anlässlich des Internationalen Jahres der Frau. Fatma ist Studentin und soll eine Arbeit über die Geschichte der Emanzipation der Frauen in Tunesien schreiben. Im Verlauf der Recherche lässt sie berühmte Frauen wieder auferstehen und entdeckt die moderne Frauenbewegung. Béchira Ben Mourad, eine der bedeutendsten tunesischen Frauenrechtlerinnen, führt sie durch drei Frauengenerationen.

Filmplakat © Touza Films

Über den Film

20 Jahre nach der Unabhängigkeit des Landes und 10 Jahre nach dem ersten tunesischen Spielfilm, war FATMA 75 der erste Langfilm, bei dem eine Frau Regie führte. Der Film hatte jahrelang Aufführungsverbot, denn das Informationsministerium, der Hauptgeldgeber, zensierte einige Szenen, besonders diejenigen, die Sexualunterricht in den Schulen zeigen. Der Film ist nie in kommerziellen Kinos gelaufen.

Drei Frauengenerationen und drei Arten der Bewusstseinsbildung werden in diesem Film geschildert. 1. die Periode 1930 bis 1938, die ihren Abschluss mit der Gründung der Tunesischen Frauenunion findet. 2. die Peri-

TUNESIEN **283**

ode 1938 bis 1952, in der sich eine enge Beziehung zwischen dem Kampf der
Frauen und dem nationalen Unabhängigkeitskampf herausbildet. 3. die Periode nach 1956 bis heute, in der die tunesischen Frauen Fortschritte im Fami-
lienrecht erringen.
Der Film setzt ein im Karthago zur Zeit der Punischen Kriege: Nachdem der
Phönizier Hasdrubal von den Römern besiegt worden ist, zieht seine Frau es
vor, sich zusammen mit ihren beiden Kindern zu töten, um nicht als Sklavin
in die Hände der Feinde zu fallen. Sophonisbe, Prinzessin von Karthago, sagt
sich von ihrem Verlobten Massinissa los, als er sich mit den Römern verbün-
det. Später tritt Khana auf, die große Gestalt der unabhängigen Berber, und
Jelajil, die Frau des Fürsten Ibrahim Ibn Aghlab, die in ihrem Palast in Kai-
rouan die erste Mädchenschule ins Leben ruft.
Die moderne Frauenbewegung beginnt in Tunesien in den 30er Jahren, als
der Essay „Unsere Frau in der Gesellschaft und der Religion" von Tahar El
Haddad erschien und 1938 die Tunesische Frauenunion gegründet wurde.
(Produktion)

■ **Feuertanz**
Habiba Msika/La danse du feu
Tunesien/Algerien/Frankreich 1994

R: Selma Baccar
B: Saida Ben Mahmoud
K: Allel Yahiaoui
M: Hamadi Ben Othman
T: Faouzi Thabet
S: Tahar Riahi
D: Souad Amidou,
    Nejib Belkadhi,
    Feodor Atkine
P: Phenicea Films/Intermedia
    Productions/ Canal Horizons/
    ERTT. (Tun.), CAAIC (Alg),
    Auramax/Eurofilms/
    Euroma Films (F)
V: Touza Films, Tunis

Die Lebensgeschichte der Marguerite Habiba
Msika – eine der größten Unterhaltungskünst-
lerinnen der „verrückten" 20er und 30er Jahren in Tunesien. Sie wurde nicht nur wegen
ihrer künstlerischen Talente verehrt, sondern
auch wegen ihrer sprichwörtlichen Großzügig-
keit, ihrer eigenwilligen Lebensweise und zahlreichen Liebschaften. Einer ihrer Geliebten ist
Mimouni, ein tunesischer Jude und reicher
Großgrundbesitzer. Krank vor Eifersucht verbrennt er sie am 20. Februar 1930 bei lebendi-
gem Leib.

Filmplakat © Touza Films

Über den Film

1927–30: Die Welt ist in Bewegung, während am Horizont ein weiterer Weltkrieg seine Schatten voraus wirft. Vielerorts sind die Menschen erfasst von einer frenetischen Begeisterung für das Leben. In der Türkei fordern Frauen das Wahlrecht. In Tunesien, wo Frankreich sich auf pompöse Feierlichkeiten zum 50. Jahrestag des Protektorats vorbereitet, sind die späten 1920er verrückte Jahre. Sie sind eine kulturelle Blütezeit: Literatur, Theater, Musik, die Entdeckung des Tonfilms. Sie sind auch der Beginn einer sozialen Revolution.

Seit einigen Jahren schon trauen sich Familien sich, ihre Töchter zur Schule zu schicken, damit sie Französisch lernen. Es gibt die ersten Debatten über arabisch-muslimische Authentizität. Diskutiert wird aber auch über die Rechte, die der Islam in seinen Anfängen Frauen zubilligte, und welche Rechte eine sich verändernde tunesische Gesellschaft ihnen noch zugestehen müsse. Heftig wogen die Leidenschaften für oder gegen das Buch des Reformers Tahar El Haddad „Unsere Frau in der Gesellschaft und Religion", in dem er einschneidende Reformen bezüglich der Rolle von Frauen in der tunesischen Gesellschaft fordert. Dafür wird er von einigen reaktionären Journalisten heftig kritisiert. In dieser Atmosphäre geistiger und künstlerischer Blüte wirft eine Frau ihren Glanz auf das Theater und den tunesischen Gesang: Habiba Msika.
(Produktion)

Als Figur ist sie ein Vorwand, die Situation von Frauen aus verschiedenen Blickwinkeln darzustellen: Tunesierin und Jüdin, Frau und Künstlerin zu

einer Zeit, in der dies für die Menschen noch undenkbar war… Eine Suche
nach dem Absoluten, in Bezug auf die Freiheit, die sich diese Frau nahm,
und ihre Kreativität als Künstlerin. Sie war eine Künstlerin, die ihre eigenen
Grenzen und die der Gesellschaft überschreitet. (…) Ich bin fasziniert vom
Alltag einer Epoche, in der Unterhaltung ein Thema für die Titelseiten der
Zeitungen war. Eine Woche nach dem Tod von Habiba Msika wurde ein
Film über ihre Beerdigung in den Kinos gezeigt. Die Leute lebten wie im
Fieber. Habiba Msika wählte ihr Leben. Sie hat es voll ausgeschöpft. Es ist
diese Einstellung zum Leben, die wichtig ist…
(Selma Baccar, in: Ecrans d'Afrique, Nr. 8, 1994)

BEN MABROUK Néjia

Néjia Ben Mabrouk ist am 1.Juli 1949 in Al-
Oudiane im Süden Tunesiens geboren.
Nach dem Internat in Sfax studierte sie
zunächst Literaturwissenschaften in Tunis.
Danach beendete sie ein Studium an der
Hochschule für Film und Fernsehen
(ITHEC) in Brüssel, wo sie seither lebt. Es
folgte eine Assistenz bei der RTBF-Produk-
tion. 1979/80 begann sie das Drehbuch und
1982 die Dreharbeiten zu ihrem Spielfilmdebüt DIE SPUR. Aufgrund von Rechtsstrei-
tigkeiten wurde der Film jedoch erst 1988
fertiggestellt. Néjia Ben Mabrouk hat außer-
dem zwei Dokumentarfilme gedreht und bereitet ihren zweiten Spielfilm vor:
NUIT À TUNIS (Nacht in Tunis).

Néjia Ben Mabrouk erzählt

Ich bin in einem Dorf aufgewachsen, das hauptsächlich von Fran-
zosen und Italienern bewohnt war. Da wir als Araber nur wenige
waren, durften wir auch den örtlichen Kinosaal besuchen. So
wurde ich schon früh mit einem europäischen Kino konfrontiert.
Als ich zwölfjährig ins Gymnasium kam, wurde ich beim örtli-

Szene aus
DIE SPUR
© Freunde der
Deutschen Kinemathek

chen Ciné-Club natürlich sofort Mitglied. So sah ich jeden Freitag in unserem Gymnasium die großen Filme der Filmgeschichte: Eisenstein, Griffith, natürlich die französischen Klassiker. Zu diesem Zeitpunkt wollte ich keine eigenen Filme machen – vielleicht weil mir die Beispiele von filmemachenden Frauen fehlten. Alle Regisseure waren Männer; für mich als junge Frau lag es darum näher, Geschichten schreibend zu erzählen. In mir regte sich der Wunsch, Romane zu schreiben. Zu diesem Zeitpunkt Ende der sechziger Jahre gab es in Tunesien keine Filmschule, keine Schauspielschule, nichts was einer jungen Frau das Filmemachen hätte ermöglichen können. Auch von einem funktionierenden Fernsehen konnte keine Rede sein. Was blieb, waren das Radio und die Geschichten meiner Mutter, die sie uns abends erzählte. So begann ich einige Semester Literatur zu studieren, musste das Studium allerdings aus finanziellen Gründen abbrechen. Allein auf mich gestellt, kam ich in Belgien an. Warum nicht an einer Filmhochschule studieren? Ich war mit neun Männern die einzige Frau in unserer Abteilung. Nach fünf Jahren harter Arbeit schloss ich die Schule ab. Zurück in Tunesien auf der Suche nach dem Geld für die Produktion (für den Film DIE SPUR), wurde mir mitgeteilt, dass darüber erst befunden werden kann, wenn mindestens die Hälfte der Produktionskosten von ausländischen Produzenten getragen würde. DIE SPUR ist ein spezifisch tunesischer Film – der besondere Dialekt des Südens, eine spezifisch tunesische Geschichte –, ich konnte mir nicht vorstellen, wer mir im Ausland für eine derartige Geschichte Geld zur Verfügung stellen könnte. Ich begann damit, Geld beim benachbarten algerischen Fernsehen zu suchen, in der Hoffnung, dass mich die arabische Welt nicht im Stich lassen würde. Das Ergebnis: Ablehnung; auch in Belgien wurde das Drehbuch abgelehnt (es fehle die Liebesgeschichte), das französische Fernsehen ebenso. Das „Kleine Fern-

sehspiel" im ZDF hat dann akzeptiert. Eine kleine Produktions-
firma eines Freundes übernahm die Produktion – so begann das
Abenteuer meines ersten Spielfilms.
(Das Gespräch führte Werner Kobe, Nantes im Dezember 1988)

Filmographie:

1976   **Pour vous servir** (Um Euch zu dienen; Dokumentation
        über Krankenschwestern) Preis der UNESCO
1982-88 **Sama/La trace** (Die Spur), 90 Min, 16mm
        (Caligari-Filmpreis beim Internationalen Forum des Jungen Films,
        Berliner Filmfestspiele 1989)
1991   **In Search of Shaima** (Auf der Suche nach Shaima), Video, 13 Min

■ Die Spur

Sama/La trace
Tunesien/Belgien 1982-88
R/B: Néjia Ben Mabrouk
K: Marc-André Batigne
M: Francois Gaudard
T: Faouzi Tabet
S: Moufida Tlatli
D: Fatma Khemiri,
      Mouna Noureddine,
      Basma Tajine
P: SATPEC (Tunis),
      No Money Co. (Brüssel), ZDF
V: Freunde der Deutschen
      Kinemathek (Berlin)

Entgegen der strengen, traditionellen Rollen-
verteilung zwischen Mann und Frau bevorzugt
Sabra bereits als zehnjähriges Mädchen typische
Jungenspiele. Ihre Mutter führt sie zwar in die
zukünftige Rolle als Frau ein, erzählt ihr aber
zugleich von den vielen Entbehrungen, die ihr
eigenes Leben gekennzeichnet haben. Sabra
geht in die Stadt, um zu studieren. Doch Tunis
ist kein Ort für junge alleinstehende Frauen.
Nachdem ihr Antrag vom Studentenwohnheim
abgelehnt wird, findet die Mutter für sie einen
stickigen, lichtlosen Raum in der herunterge-
kommenen Medina. Es ist immer noch kein
Zimmer für Sabra allein, sie muss es sich mit
einer alten Frau teilen. Sie bekommt noch andere Diskriminierungen als Frau zu spüren. Als
ein Professor sie schließlich durch die Prüfung
fallen lässt, verbrennt sie alle ihre Bücher und
entscheidet sich für einen ganz neuen Anfang
– das Exil.

DIE SPUR ist einer der wenigen Filme, die im Süden Tunesiens angesiedelt
sind – der Heimatregion der Regisseurin. Es ist eine arme Gegend, deren
Einwohner den Ruf haben, traditionell aufsässig zu sein. Mit einem – im
Norden viel belächelten – Dialekt, den auch die Regisseurin als Intellektuel-

le bewusst spricht. Bei seiner Premiere bei den Karthago Filmtagen 1988 sorgte er für viel Aufregung beim Publikum. Viele Frauen fühlten sich von der Regisseurin verraten, weil sie Rituale zeigt – in einer Szene auch Menstruationsblut -, die der geheimen Welt der Frauen vorbehalten und somit den Männern verborgen gewesen waren.

In meinem Film widersetzt die Mutter Sabras sich dem Entschluss der eigenen Tochter, das Land zu verlassen. Gleichzeitig spornt sie Sabra aber an fortzugehen, damit sie nicht so leben muss wie sie selbst. Dieser Zwiespalt zwischen Tradition und Moderne interessiert mich sehr.
(Néjia Ben Mabrouk)

Über den Film

(...) Weggehen um anzukommen, ist zugleich die paradoxe Bewegung des Films, der über das Spiel der Differenzen, für das die Handlung nur einen Rahmen stellt, die Spur des patriarchats auf dem weiblichen Körper nachzeichnet, um ihn auf diskrete Weise freizulegen. (...)

Sabra bleibt eine Fremde in der Welt der Frauen von Tunis. Sie spricht nicht nur einen anderen Dialekt, im Panorama der weiblichen Lebensformen außerhalb der Universität dreht sich alles um Familie, Männer und ihre Bedürfnisse. (...) Unterhalb ihres modernen Aussehens prägt die traditionelle Codierung des Raums entlang der sexuellen Differenz das Leben der Stadt – Binnenräume für die Frauen, Außenwelt, Straße und Cafés für die Männer.

Sabra ist weder Opfer, noch sind die Schranken der Tradition unüberwindbar. Sie ist in einem Wüstendorf in der Nähe von Gafsa zu Hause, in dem ein Phosphatbergwerk Leben und Sterben der Männer bestimmt. Die Brüder sind Sabras Komplizen, keine Poliizisten und Profiteure des Patriarchats, und der Abschluss des Studiums ist ebenso das Projekt der Mutter wie ihr eigenes. Die Mutter setzt sich auch gegen den Vater durch, der zunächst darauf beharrt, dass Sabra ihr Studium abbricht, um mit einer „ehrlichen" Arbeit als Lehrerin in der Nähe Geld zu verdienen. Vor der Abreise drückt er ihr dann doch schweigend ein paar Scheine in die Hand. Grundlage des Bündnisses von Mutter und Tochter ist es zu verhindern, dass sich die Geschichte der Mutter, die nicht lesen und schreiben kann und die nur das tägliche Brot an der Seite des Vaters ihrer Kinder hält, wiederholt. Für die Garantie, die Tochter gehen zu lassen, wohin sie will, hat die Mutter ein magisches Unter-

pfand, durch das ausgeschlossen bleibt, was für die Vermieterin der einzig vorstellbare Zweck von Sabras Unternehmungen ist: Sexualtitä, im traditionellen Denken der einzige Zweck der reglementierten Begegenung der Geschlechter. Die Sicherheit der Mutter ist der Albtraum der Studentin. Der Schlüssel zu beiden liegt in ihrer gemeinsamen Vorgeschichte, in den Szenen vom Ende der Kindheit. Das Schwanken der Mutter bei der Domestizierung ihrere eigenen Tochter zwischen Fügen in das sozial Hergebrachte und Auflehnung gegen das eigenen Schicksal schafft Freiräume, die das helle Kind genaus auszuloten und zu nutzen weiß. Nicht unterlaufen kann die Mutter allerdings ihre Aufgabe als Hüterin des Hymens ihrer Tochter.
(Internationales Forum des Jungen Films, Berlin 1989)

Aus einem Gespräch mit Néjia Ben Mabrouk

Ihr Film beginnt mit einer symbolhaften Szene...
Der Stein, den die Mutter in eine kleine Schachtel und später im Film in ihren Büstenhalter steckt, ist tatsächlich der Stein vom Anfang des Films, den sie in ein Schatzkästchen einschließt. Es ist auch der selbe Stein, den man am Ende des Films sieht, wenn das Mädchen in der Küche badet. Ihre Mutter hat diesen ovalen Stein für sie zurückgelegt, den sie selbst einmal von einer alten Frau erhalten hat. Diese alte Frau hat zu seiner Bedeutung gesagt: „Du musst Pipi auf den Stein machen, damit er dich bis zur Hochzeitsnacht beschützt." Die Mutter bewacht diesen Stein in Sabras kleiner Schachtel bis zu dem Augenblick, an dem sie ihr Bad nimmt und die Mutter auffordert, ihr dieses Ritual zum Schutz der Jungfräulichkeit zu erklären.

Ist dies ein in Tunesien übliches Ritual?
In Tunesien gibt es noch andere, nur weniger spektakuläre Rituale, um die Mädchen dazu zu bringen, sich vor den Männern in Acht zu nehmen. Um die Mädchen sozusagen psychologisch gegen Männer zu immunisieren. Zum Beispiel: sich das Knie mit sieben Rasierklingen ritzen, dazu 14 Rosinen essen und ein und den selben Satz über Männer wiederholen... Aber die Mutter im Film verlangt von der alten Frau eine Form, die zwar effektiv ist, aber keine sichtbaren Spuren auf dem Körper des Mädchens hinterlässt. Deshalb hat sie diesen Stein gewählt, der mehr symbolischen Wert hat. Aber die Spur ist da, moralisch und psychologisch, trotz dieser Vorsichtsmaßnahme. Denn Sabras

FREIRÄUME – LEBENSTRÄUME

Verhalten ändert sich; es gibt einen Unterschied in ihrem Charakter zwischen dem 10-jährigen Mädchen und der jungen Frau von 20.

Welche weitere Bedeutung hat der Stein für den Film?
Ich beginne mit diesem Stein, der in einem Schmuckkästchen eingeschlossen ist, weil das Mädchen sein eigenes Eingeschlossensein nicht akzeptiert, sondern sein Selbstbestimmungsrecht reklamiert. doch während des gesamten Films bekommt sie dieses Recht nie, obwohl sie die Universität besucht. Das ist der Grund, warum sie sich entschließt wegzugehen.
(Schriftliches Interview mit der Autorin, Berlin/Brüssel, März 2001)

Pressestimmen

Das Sujet ist ein für tunesische Maßstäbe einziger Tabubruch, hineingeführt wird das männliche wie weibliche Auge in die abgeschirmte Innenwelt nordafrikanischer Frauen, in die Sphäre, die sich im Dunkeln abspielt, in Gedanken, über die man nicht spricht. Der Hauptfigur Sabra, einer jungen Studentin, sind als alleinstehender Frau in Tunis zahllose Schwierigkeiten in den Weg gelegt. Bei der Suche eines Zimmers, eines ungestörten Orts zum Lernen – all dies vor allem durch die ungeschriebenen Gesetze einer Jahrtausende alten Tradition, in der selbst die Liebe unter dem Einfluss einer Todfeindschaft der Geschlechter zu stehen scheint.
    Rückblenden aus Sabras Kindheit führen diese Konditionierung von Mädchen und Frau sprechend vor Augen, eine Erziehung mit „Lebensentzug", mit magischen Ritualen zum Schutz der Jungfernschaft, mit Sätzen und Bildern, die sich tief senken in das Gemüt einer Zehnjährigen. „Wenn du bei einem Mann schwach wirst, trinke ich dein entehrtes Blut und gehe dafür ins Gefängnis – schlimmer als hier kann es auch nicht sein", so die Mutter. Sie ist später Sabras zähe Komplizin im Kampf gegen den Vater und für eine Ausbildung – selbst Analphabetin, die ihren Mann nur erträgt, weil sie ohne ihn nicht den Hauch einer Chance hat.
(Simone Mahrenholz in: Der Tagesspiegel, Berlin, 19.4.1989)

So abwesend das Bild des Vaters ist (man sieht ihn kaum), so allgegenwärtig ist die Mutter. Als Hüterin der Werte ist sie es, die über den Körper wacht. Entgegen besseren Wissens macht sie sich zur Mittlerin der Unterdrückung. (…) Néija Ben Mabrouk spricht von der ersten Generation, geboren am Vor-

abend der Revolution. Von den gebildeten jungen Mädchen, deren Mütter noch Analphabetinnen waren.
Eine Parallele zwischen dem Leben der Mädchen und dem der Mütter zeichnet sich ab, aber die Bewegung verläuft in umgekehrter Richtung: Es ist die analphabetische Mutter, die sich in die gebildete Tochter projiziert. Die beiden sind einander zugetan, teilen aber auch ein Los, das sie nicht gewählt haben. Die Mutter leidet, weil ihr die finanziellen Mittel fehlen, aber die Tochter bricht aus dem Teufelskreis aus… Niemals zuvor ist der Diskurs über die Lage der Frau im tunesischen Film so wahrhaftig gewesen.
(Hayet Gribaa in: Realités Nr. 171, Tunis, November 1988)

BORNAZ Kalthoum

Kalthoum Bornaz ist am 24. August 1945 in Tunis geboren. Sie studierte zunächst Anglistik und schloss 1968 ihr Filmstudium an der IDHEC in Paris ab. Danach arbeitete sie als Cutterin und Regieassistentin bei zahlreichen tunesischen und internationalen Produktionen, unter anderem mit Claude Chabrol, Roman Polanski und Randa Chahal. Schließlich begann sie, selbst Regie zu führen. Nach einer Reihe von Kurz- und Dokumentarfilmen hat sie ihren ersten Spielfilm gedreht. Mit ihrer Firma „Les Films de la Mouette" koproduziert sie auch ihre eigenen Filme. Kalthoum Bornaz lebt in Tunis.

Kalthoum Bornaz erzählt

Alles hat mit einem großen Kindheitsärgernis begonnen. Meine Eltern, leidenschaftliche Kinogänger, nahmen uns oft mit ins Kino nach Tunis, und von ihrem Sitz aus konnte das kleine Mädchen, das ich war, die „Leute" auf der Leinwand mit Zwischenrufen stören. Sie schimpfte die Bösewichte aus, warnte die Helden vor der Gefahr… aber die Figuren sahen nie zu ihr und antworteten nie… Warum?

Mein Vater sagte mir mit einem Lächeln: „Diese Figuren auf der Leinwand sind aus Licht. Sie können dich weder hören noch dir antworten. Sie sind in einem Film und ein Film ist nichts als Licht..." Mein Ärger machte der Neugier Platz... Wie? Die Leinwand zu durchdringen, das Geheimnis des Kinos zu lüften wurde für mich zu einer Obsession, zu einem Selbstzweck. Mit den Jahren wurde meine Neugier immer größer. Die Entdeckung der Kunst und von Kunst als Ausdrucksmittel verwandelte diese einfache Suche nach der Technik des „wie" in eine echte Leidenschaft.

In der IDHEC, meiner Filmschule in Paris, infizierten meine Lehrmeister Georges Sadoul und Jean Mitry uns zuerst mit dem Virus der Liebe zum Film. Sie vergaßen auch später nie, uns die beiden Wesenskerne jeder künstlerischen Arbeit ins Gedächtnis zu rufen: handwerkliche Meisterschaft und aufrichtige Gesinnung.

Durch meine Filmheldin Nozha und ihre Familie wollte ich das Leben im heutigen Tunis porträtieren, mit seinem Irrgarten widersprüchlicher und zusammenhängender Elemente, Freiheiten und Grenzen.

Um unsere traditionellen Archetypen wieder in Beschlag zu nehmen, die oft durch dekadenten Orientalismus und billigen Exotismus verfälscht wurden;

um den Schleier von der verborgenen Macht des Matriarchats zu lüften;

um die monolithischen Stereotypen von der ewig passiven Opferattitüde der arabisch-muslimischen Frau hinweg zu fegen;

um das Gewicht der Traditionen zu verringern;

um Lebensfreude, Humor und Sinnlichkeit zu feiern;

um den Faden des Vergessens zu zerreißen;

um Licht auf die schattigen Bereiche des Andersseins zu werfen.

(Kalthoum Bornaz, im Presseheft zu ihrem Film KESWA, Tunis 1997)

Filmographie:

1984 **Couleurs fertiles** (Lebhafte Farben), 35 mm
1988 **Trois personnages en quete d"un théâtre** (Drei Personen auf der Suche nach einem Theater), 35 mm
1991 **Regard de mouette** (Blick der Möwe), 35 mm, 18 Min
1994 **The Golden Man** (Der goldene Mann), Video

1995　**Hochzeitsnächte in Tunis**, Video, für den französisch-deutschen
　　　　Fernsehkanal ARTE
1997　**Keswa le fil perdue** (Keswa und der verlorene Faden), 35 mm, 100 Min
　　　　(Bester französischsprachiger Film in Namur, Belgien; Bestes Originaldreh-
　　　　buch beim Bari Filmfest; Beste Filmmusik beim Valencia Filmfestival)
1998　**Forest of El Medfoun** (Wald von El Medfoun), 35mm

■ Keswa, der verlorene Faden

Keswa le fil perdu

Tunesien/Frankreich/Marokko
1997
R/B/S: Kalthoum Bornaz
K:　　Ahmed Bennys
M:　　Anouar Brahem
D:　　Rim Turki,
　　　 Mouna Noureddine,
　　　 Lotfi Dziri
P:　　Morgane Production (F),
　　　 Les Films de la Mouette
(Tun.)

Die junge Nozha kehrt nach
ihrer Scheidung gerade recht-
zeitig zurück nach Tunis, um
an der Hochzeit ihres Bruders
teilzunehmen. Um ihrer Familie eine Freude zu machen,
zieht sie die Keswa an, das mit
Silberfaden durchwirkte traditionelle Hochzeitskleid. Als
die Hochzeitsgesellschaft sich
überstürzt auf den Weg
macht, wird sie von der Familie im Haus vergessen. Sie fin-

Filmplakat © Les Films de la Mouette

det sich auf der Straße wieder, ohne Geld, in ihrer schweren Keswa
und weiß nicht, wo die Hochzeitsfeier stattfindet. Der Taxifahrer Salih
nimmt sie schließlich mit und sie fahren in einer turbulenten Irrfahrt durch das nächtliche Tunis und die Vororte von einer Hochzeit zur anderen.

Aus einem Gespräch mit Kalthoum Bornaz

Ihr Film KESWA *läuft nicht zum ersten Mal in Europa…*
Nein, er lief schon auf zahlreichen internationalen Festivals, unter anderem in Mannheim und Tübingen. Das Publikum teilte sich in zwei Gruppen: Es gab diejenigen, die meinen Film auf Anhieb mochten, seinen Inhalt aber nicht verstanden. Und es gab die Zuschauer, die den Film zwar verstanden, ihn aber ablehnten. Nozha, die Protagonistin, entsprach einfach nicht ihrem Klischeebild: Sie ist eine junge Frau, die gegen den Willen ihrer Familie geheiratet hat und nach Frankreich geht, wo sie sich ebenso selbstbestimmt wieder scheiden lässt: Solche Frauen gibt es heute viele in Tunis.

Szene aus KESWA... © Les Films de la Mouette

In vielen neueren arabischen Filmen ist eine Rückbesinnung auf die eigenen Wurzeln erkennbar…
Seit dem Golfkrieg haben die arabischen Filmemacher sich in ihren kulturellen Leitbildern vom Westen abgewandt. Die verfälschte Berichterstattung während des Golfkrieges hat uns enttäuscht, auch wenn wir Saddam Hussein nicht unterstützen. Wir konnten verstehen, was die Leute im Irak berichteten. Seither brauchen wir selbst für Frankreich ein Visum, wenn wir zu einem Filmfestival fahren wollen. Gleichzeitig haben wir einen gewissen „Exotismus" abgelegt, der als Zutat in unseren Filmen erwartet wurde und den arabische Filmemacher häufig selbst pflegten. In KESWA habe ich ganz bewusst alle Ingredienzien dieses Exotismus angewandt, sie aber gleichsam gegen den Strich gebürstet. Das hat viele Zuschauer und Kritiker verstört.

Vergangenes spielt in Ihrem Film nur eine Nebenrolle…
Mir geht es um das Hier und Jetzt. Ich bin allerdings überzeugt, dass nur der, der sich seiner Wurzeln bewusst ist, seinen Platz und seine Identität in der

Gegenwart findet. Unabhängig davon, ob er sich letztendlich für oder gegen diese Wurzeln entscheidet. In meinem Film symbolisiert die Keswa, die Nozha anlässlich der Hochzeit ihres Bruders trägt, unsere Tradition. Die Keswa ist mit einem Silberfaden durchwirkt und sehr schwer. Dieser Faden löst sich während der nächtlichen Irrfahrt immer weiter auf. Derweil versucht Nozha, das Puzzle ihrer Identität zu lösen: eine freie, moderne, muslimische Araberin zu sein.

Inwieweit zwingt Sie die Abhängigkeit von europäischen Produzenten und Verleihern zu inhaltlichen Kompromissen?
Ich habe vier Jahre gebraucht, bis ich das Geld für KESWA zusammenhatte. Viele Produzenten in Europa, wie später auch die Zuschauer, wollten nur eine weitere Geschichte über eine arme, unterdrückte arabische Frau sehen. Ich habe den Film schließlich mit tunesisch-marokkanischen Geldern selbst produziert. KESWA lief vier Wochen in den Kinos, das ist für Tunis wirklich sehr gut. Die Produktionsbedingungen sind es allerdings nicht. Bis vor zehn Jahren gab es noch ein gutes Labor, wenigstens eine (!) 35mm-Filmkamera und zwei Schnittplätze. Heute ist das alles kaputt. Wir leihen die Kameras aus Paris, wo wir unsere Filme auch schneiden. Das ist sehr umständlich und teuer, ein zusätzlicher Drehtag deshalb oft nicht möglich.
(Das Gespräch führte Rebecca Hillauer anlässlich einer FESPACO-Retrospektive, Berlin 1999)

Pressestimmen

Durchdrungen von Tradition und verziert mit einer ansteckend komischen, Hepburnesken darstellerischen Leistung Rim Turkis als unerschrockene und willensstarke Nozha, folgt das Spielfilmdebüt der gebürtigen Tunesierin Kalthoum Bornaz dem gleichen genialen Wohlwollen und greifbaren Ortssinn, der schon Ferid Boughedirs *Un été à La Goulette* zum Liebling des Publikums beim Filmfest DC 1997 gemacht hat.
(Eddie Cockrell, Filmfest DC, Brüssel 1998)

(…) Die Regisseurin hat erklärt, dass die Idee zu dem Film aus ihrer „Irritation über das folkloristische Bild" geboren worden sei, das vom Okzident und gewiss auch durch unsere eigenen Filme kolportiert werde: Couscous, Kamele, Palmen usw.

Aber was macht Kalthoum Bornaz unter dem Vorwand, eben diesem folkloristischen Bild zu entfliehen? Unter dem Vorwand, all die Klischees hinweg zu fegen, setzt sie sie wieder ein. Denn gerade die Tatsache, das Gewicht der Tradition durch ein traditionelles Gewand zu symbolisieren, ist eine folkloristische Art des Sich-Annäherns. Die Tatsache, alle Hochzeitsbräuche und -rituale einzumontieren: Henna, Couscous, Triller, Hochzeitszug, Wachskerzen, magische Fernrohre. All das ist genauso folkloristisch und exotisch.

Keswa ist auf dem Ton der Komödie, jedoch ohne all die Ingredienzien des Genres, falls man von den wenigen Tiraden schwarzen Humors absieht, die von dem für die Dialoge zuständigen Tawfik Jebali stammen. Ein weiteres Mal ist man vom tunesischen Kino enttäuscht, auch wenn gewisse französische Zuschauer den Film sehr schätzten, sie sahen darin wohl vor allem ein exotisches Märchen. Schade, denn man hätte eindeutig mehr erwartet von einer Regisseurin, die in ihren früheren kleinen Filmen ihr Talent bewiesen hat.

(S.D. in: La Presse, Tunis, vom 24. Juli 1998)

Eher enttäuschend war KESWA der Tuneseierin Kalthoum Bornaz. Zwar ist nicht das Thema der Emanzipation der Frau, aber die Art und Weise der inhaltlichen Verarbeitung nun endgültig, wie es scheint, ausgereizt. Der Film wurde denn auch von der Kritik mehrheitlich abgelehnt. Gewiss, so drigend die Frage ist, so dringend wäre es, diese gesamtgesellschaftlich zu kontextualisieren. Das aber rührte an ein Tabu. Kundige vermuten mit Recht, dass die vom tunesischen Film aufgenommene und auf schlecht abstrahierende Weise behandelte Problematik der Emanzipation weit mehr soziale Probleme verdeckt als aufdeckt. So wird man den Verdacht nicht los, dass das Liebkind des tunesischen Films, die Fage der Emanzipation, nur außen- und innenpolitisch der Elite dienlich ist.

(Roland Merk in: Neue Zürcher Zeitung, 25. September 1998)

EL FANI Nadia

Nadia El Fani ist am 1. Januar 1960 in Paris geboren. Ihre Mutter ist Französin, ihr Vater Tunesier. Sie verbrachte ihre frühe Kindheit in Tunis und die Teenagerjahre mit der Mutter in Paris. Nach dem Abitur 1978 kehrte sie nach Tunis zurück. Dort arbeitete sie in diversen Jobs, bevor sie Regieassistentin wurde, unter anderem bei Roman Polanski und Franco Zeffirelli. Mit ihrer Firma „Z"yeux Noirs Movies" produziert sie sowohl ihre eigenen Kurzfilme wie auch Werbefilme. Der Firmenname ist ein Wortspiel. Nadia El Fani benutzt dieses spielerische Element auch häufig für ihre Filmtitel. Nachdem sie jahrelang zwischen Paris und Tunis pendelte, lebt sie heute wieder in Tunis.

Aus einem Gespräch mit Nadia El Fani

Z"yeux Noirs Movies, FIFTY-FIFTY MON AMOUR, TANITEZ-MOI *– augenscheinlich liebst du es oder verspürst die Notwendigkeit, mit Sprachen zu spielen. Ist das auch ein Ausdruck einer gewissen kosmopolitischen tunesischen Gesellschaft? In deinem Film wird sowohl französisch als auch arabisch gesprochen.*
Es gibt Dinge, an die ich mich halte. Vielleicht bin ich manchmal etwas heftig, aber wenn man an etwas glaubt, muss man auch versuchen, danach zu leben und zu handeln. Vor allem in der arabischen Gesellschaft wird ständig versucht, dich in eine Schublade zu stecken. Es gibt Regeln, die du nicht übertreten darfst. Oder du machst, was du willst – Hauptsache, es sieht dich niemand. So ist die arabische Gesellschaft!
In Tunis lebt man wirklich wie in der Provinz, jeder kennt jeden im intellektuellen und künstlerischen Milieu. Und das in einer Hauptstadt. Es gibt Dinge, die ich nicht vertrage, und ich versuche, so zu bleiben, wie ich bin. Eines Tages habe ich mir gesagt: „Also in Frankreich bin ich für die Franzosen keine Französin, in Tunesien bin ich für die Tunesier keine Tunesierin." Denn

298 FREIRÄUME – LEBENSTRÄUME

bei dem kleinsten Unterschied heißt es: „Bei dir ist das doch nicht dasselbe, du kommst ja von dort!" Was ich auch immer tue, für die Leute gehöre ich immer zum anderen Ufer des Mittelmeers. Da kommt ein Moment, wo du dir sagst: „Ich bin, wie ich bin. Ich habe eben die Identität und die Persönlichkeit, die ich habe, und ich bringe das ein, was ich bin."

Wenn ich im tunesischen Kino den Inbegriff des Frankotunesischen repräsentieren soll, werde ich diese Rolle gerne übernehmen. Ich fühle mich vollkommen als Tunesierin – eben eine Tunesierin besonderer Art. Aber wenn die Leute Lust haben zu denken, ich sei eine Frankotunesierin, einverstanden; es ist wahr, ich bin beides. Schließlich sprechen wir in Tunis alle Arabisch und Französisch. Ich kann zwar nicht für die einfache Bevölkerung sprechen, aber in meiner Generation und in meinem sozialen Umfeld sind alle frankophon. Selbst wenn sie nicht halbe Franzosen sind, haben sie alle dieses Problem: Sie leben zwischen Tunis und Paris.

Ich habe viele Freunde in Paris, ihre Seele ist verwundet, weil sie nicht den Mut haben, nach Tunis zurückzukehren. Und alle, die nach Tunis zurückgegangen sind, sagen sich, dass sie nicht den Mut hatten, in Paris zu bleiben. Es kommt ihnen vor, als ob sie Tunesien erleiden. Sie empfinden das Ganze als Verletzungen. Dazu habe ich keine Lust. Denn es gibt so viele spezielle Dinge dort, und es kann uns dort ebenso gut gehen wie hier: Wenn ich tunesische Musik höre, werde ich verrückt vor Freude, ich klatsche in die Hände, ich tanze und ich amüsiere mich. In Paris, bei einem Rockkonzert, geht es mir ähnlich. Dass wir beide Welten assimiliert haben, erscheint mir als großer Reichtum.

Meriem (die Protagonistin in dem Film FIFTY-FIFTY MON AMOUR, *Anm. d. Autorin) scheint mehr auf der tunesischen Seite verwurzelt.*

Das ist absichtlich so. Ich bin sicher, dass der Film einigen Leuten mitunter gerade deshalb nicht gefällt. Bei den Filmfestspielen in Oberhausen war die erste Frage, die mir ein Journalist stellte, warum ich den Film konformistisch enden ließ. Damit spielte er auf die Tatsache an, dass Meriem nach Tunis zurückkehrt. Ich fragte ihn zurück, ob es denn etwa avantgardistisch gewesen wäre, wenn Meriem sich für Paris entschieden hätte?

Vielleicht, weil Tunis die Rückkehr zu den Traditionen, zur Familie, zu den Wurzeln symbolisiert. In deinem Film gehört das ganze System aus Beziehungen, Rechenschaft ablegen, Standortbestimmung und Einschränkung (Wohin gehst du? Wann kommst du zurück?) auf die tunesische Seite. Man kann also den Eindruck haben, dass die Freiheit mehr auf der Pariser Seite zu finden ist. Sicherlich. Das ist der Preis für die menschliche Wärme und Solidarität. Gestern sagte mir jemand, es sei gut, eine geschützte Privatsphäre zu haben, und ich antwortete: „Ja, aber es gibt Momente, in denen man dafür mit Einsamkeit bezahlt, in der man in der Tat seine Ruhe hat." In Tunis lebe ich zusammen mit meiner Tochter und Großmutter. Ich lebe nicht mit dem Vater meiner Tochter, ich bin alleinerziehend.

Meine Großmutter gehört zu einer Generation von Frauen, die nicht zur Schule gegangen sind: Damals, zu Beginn des Jahrhunderts, wollte ihr Vater das auf keinen Fall zulassen. Jedes Mal wenn sie mir erzählt, wie sehr sie ihren Vater anflehte, sie wie ihren älteren Bruder zur Schule zu schicken, dann weint sie heute noch genau wie damals. Mit 55 Jahren entschied sie sich, Abendkurse zu besuchen, lernte lesen, schreiben und rechnen und setzte alles daran, ein gutes Zeugnis zu erhalten. Sie hat sich als Schneiderin immer ihren Lebensunterhalt verdient und ihre Reisen selbst gezahlt. Sie war immer sehr unabhängig in ihrer Beziehung mit meinem Großvater. Der gehörte zur ersten Generation tunesischer Emigranten vor dem Ersten Weltkrieg. Er war Parfümhändler in Paris, dann ging er zurück und heiratete seine Cousine, wie es so oft war. Sie hat ihn nie geliebt.

Also lag schon den früheren Generationen dieses Hin und Her im Blut…
Gewiss. Doch diese Situation trifft auf alle nordafrikanischen Länder zu, eine Folge der Kolonialzeit. Sie ist unabänderlich. Es ist besser, sich darauf einzustellen und als Bereicherung zu nehmen anstatt sie zu bekämpfen, wie es die Fundamentalisten tun. Bourguiba sagte einmal: „Lasst uns das Gute von ihnen nehmen, unser eigenes Gutes bewahren und beides miteinander vermischen." Wie vermittelt man das einer ganzen Bevölkerung?!

Warum sind die Verkehrsszenen, die Reise von einem Ufer zum anderen, durch farblich abgesetzte Bilder bearbeitet, ein wenig sepiabraun, fast blutrot? Ist das die Farbe der Verwundung?
Es ist einerseits die Farbe der Verwundung, andererseits mit der Geschichte des Mädchens verbunden. Es handelt sich aber nicht nur um eine Erinnerung Meriems. Man sollte verstehen, dass es um eine Schicksalsfügung, eine unausweichliche Angelegenheit geht. Etwas, was in den Genen mitgegeben ist. Ich habe ein etwas synthetisches Bild gesucht, um zu übersetzen, was im

Gehirn vorgeht. Es ist ein Versuch, jene Art von Bildern nachzustellen, wie man sie unter dem Mikroskop sehen kann.

Die Schicksalsfügung in der Lesart des „mektub"[166]?
Ja. Ich glaube trotz allem daran, dass wir vom „mektub" beeinflusst werden. Ich bin Atheistin wie meine Eltern. Folglich bin ich überhaupt nicht gläubig, trotzdem aber überzeugt, dass unter den Arabern eine tiefe Bereitschaft herrscht, sich in das Schicksal zu fügen. Die Leute akzeptieren ungeheuer viele Dinge, und wenn sie sich nicht auflehnen, so ist es wegen des „mektub".

Nouri Bouzid und Férid Boughedir sind die Namen, die man hierzulande mit dem tunesischen Kino verbindet. Wie schätzt du dich als Filmemacherin im Verhältnis zu ihnen ein?
Ohne eitel zu sein, bin ich überzeugt, dass nach meinen drei Kurzfilmen hier in Tunis ein Verständnis einsetzt, dass ich eine andere „Tonart" habe. Der Unterschied liegt darin, dass ich einer Generation angehöre, die Rockmusik gehört und die siebziger Jahre gelebt hat. Außerdem besteht ein kleiner Bruch zwischen den Filmemachern ihrer und meiner Generation; einen Übergang dazwischen gibt es nicht. Mir liegt ihre Art des Kinos nicht: Handlungen, die in die Medina[167] verlegt sind.

Meinst Du eine bestimmte Art von Exotik?
Das springt doch ins Auge. Das heutige Tunis lebt in der modernen Zeit. In Tunis siehst du nur große Supermärkte; so gut wie alle Leute haben kleinbürgerliche Träume, wie in Frankreich auch. Sie möchten einen Fernseher, ein Auto und einen Kühlschrank haben, sich Ferienreisen leisten können. Die Frauen sind wie in Frankreich nach der neuesten Mode gekleidet. Nicht nur Mädchen aus der Mittel- und Oberschicht, sondern auch aus einfachen Kreisen tragen Jeans und Miniröcke. In meinen Filmen will ich deshalb auch eine moderne arabische Gesellschaft zeigen.

(Das Gespräch führte Michèle Driguez: 14. Internationalen Filmfestival in Montpellier, Oktober 1992)

Filmographie:

1990 **Pour le plaisir** (Zum Vergnügen), 35mm, 6 Min
1992 **Qahwa ashtar/Fifty-Fifty mon amour**, 35 mm, 20 Min
1993 **Tanitez-moi** (= ein Wortspiel; Tanit war eine punische Göttin),
35 mm, 25 Min
1993 **Du coté des femmes leaders** (Über die Frauenbewegung), Video, 30 Min
1998 **Tant qu'il aura de la pelloche** (Bis das Zelluloid reicht), 3 Min
In Vorbereitung:
Bedwin Hacker (= Spielfilm über eine tunesische Computerhackerin)
Mémoire noire (Schwarze Erinnerung), über afrikanische Kultur im
Maghreb

■ Zum Vergnügen
Pour le plaisir
Frankreich 1990

R/B: Nadia El Fani
K: Yves Agostini
S: Chantal Piquet
M: Martin St. Pierre
D: Catherine Le Prince, Michket Krifa
P/V: Z"Yeux Noirs Movies, Tunis

Ein 6-Minüter voller Witz und Ironie: Zwei Frauen modellieren sich einen Traummann aus Ton. Eines Nachts wird der Traumtyp lebendig…

■ Fifty-fifty mon amour
Qahwa ishtar
Tunesien/Frankreich 1992

R/B: Nadia El Fani
K: Belgalem Jelliti
T: Fawzi Thabet
M: Anwar Brahem
S: Kalthoum Bornaz
D: Sondos Bel Hassen,
Khaled Ksouri,
Raya Ben Amar
P: Cinétéléfilms, Transmediterranée
V: Z"Yeux Noirs Movies, Tunis

Ein zärtlich-schnodderiger Kurzfilm über das Gefühl, in zwei Welten zugleich zu leben: Meriem, Kind tunesisch-französischer Eltern, pendelt zwischen Paris und Tunis hin und her. Ebenso zwischen zwei Männern. Lange kann sie sich nicht entscheiden, wohin sie gehört.

FERCHIOU Sophie

Sophie Ferchiou studierte Anthropologie an der Sorbonne in Paris und in Aix-en-Provence. Dieser akademische Hintergrund fließt auch in ihre Film-arbeit ein: Filmästhetisch geprägt an der Filmschule von Jean Rouch, verbin-det sie in ihren Filmen ethnologisches Beobachten mit künstlerischem Ge-stalten. Einmalig in Tunesien ist auch ihr Doktortitel der Kultur- und Sozial-anthropologie. Sophie Ferchiou ist Forschungsleiterin des CNRF (Center National du la Recherche Scientifique Francaise) in Paris. Sie lebt in Tunis und Paris und produziert ihre Filme selbst.

Filmographie:

1966   **Chechia**, 16mm, 35 Min
1972   **Zarda** (Zarda-Fest), 16 mm, 40 min
1974   **Mariage à Sabria** (Hochzeit in Sabria), 16 mm, 50 min.
1975   **Gallala** (Das Dorf Gallala), 16 mm, 35 min
1977   **La peche traditionelle en Tunisie** (Traditioneller Fischfang in Tunesien), 16 mm, 40 min.
1978   **Les ménagères de l'agriculture** (Die Herrinnen des Ackerbaus), 16 mm, 35 min
1980   **L'imnarja** (Imnarja-Fest), 16 mm, 40 min
1994   **Stambali**, Video, 35 min
In Vorbereitung:
    Facon de faire, facon de créer dans l'artisant féminin (Praxis und Kreativität in der Handwerkskunst von Frauen)
    Les élites féminines en Tunisie (Die weiblichen Eliten Tunesiens)

■ Chechia

Tunesien 1966

Bei Chechia handelt es sich um eine Kopfbedeckung aus rotem Filz, die in mehre-ren islamischen Ländern üblich ist.[168] Die Hestellung von Chechias ist ein Hand-werk, das in Tunesien seit mehr als drei Jahrhunderten existiert. Die gefilmte Mono-grafie des Handwerks untersucht die technische, wirtschaftliche, soziale Organisati-on genauso wie die Geschichte der Zunft seit dem Exodus der andalusischen Flücht-linge im 17. Jahrhundert.

▓ Hochzeit in Sabria

Mariage à Sabria
Tunesien 1974
Sabria ist ein Oasen-Dorf in der tunesischen Sahara, 140 Kilometer Sanddünen von der nächsten Stadt entfernt. Zweimal im Jahr erwacht das Dorf zum Leben: einmal im Frühling, einmal im Herbst, wenn alle Hirten kommen, um hier ihren saisonalen Halt einzulegen. Der Film erzählt von einer der wichtigsten Phasen im Lebenszyklus dieser Halbnomaden, die Phase des Frühlingsbeginns, in der sie die Hochzeiten feiern.

▓ Die Herrinnen des Ackerbaus

Les ménagères de l'agriculture
Tunesien 1978
Der Film zeigt den Kontrast zwischen der großen Bedeutung der Arbeit von Frauen in der Landwirtschaft und ihrer geringen Wertschätzung durch die Gesellschaft.

▓ Stambali

Tunesien 1994
Einblick in einen Besessenheitskult bei den Wasfan, der schwarzen Gemeinde in Tunesien. Der Film zeigt die soziokulturelle Entwicklung, durch die diese Bruderschaft afrikanischen Ursprungs heute wiederbelebt wird. Denn das magisch-religiöse Ritual wird in einer urbanen Subkultur (egal welcher Hautfarbe) immer beliebter.

SKANDARANI Fatma

Fatma Skandarani ist Fernsehregisseurin und Autorin eines Kurzfilms.

Filmographie (ohne Fernsehen)

▓ Medina, meine Erinnerung

Médina… ma mémoire
Tunesien 1988, 35mm, 28 Min
R: Fatma Skandarani
K: Youssef Ben Youssef
M: Anouar Braham
D: Laila Dakhli
P: SATPEC Tunis, DTF München

Die Altstadt, die Medina von Tunis, gesehen mit den Augen eines modernen tunesischen Mädchens. Angeregt von den Erzählungen ihrer verstorbenen Großmutter, die nie in dem modernen Wohnviertel heimisch wurde, taucht die 16-jährige Nour in die geheimnisvolle Welt der engen Gassen, alten Wohnhäuser und Moscheen, der bunten Bazare und türkischen Bäder. Bald verschwimmen Gegenwart und Vergangenheit, Nour sieht sich in der Rolle der Großmutter und entdeckt dadurch ein Stück ihrer eigenen Identität.

TLATLI Moufida

Moufida Tlatli ist in Sid' Bou-Said, im Norden Tunesiens, geboren. 1968 schloss sie ihr Studium an der Filmhochschule IDHEC in Paris ab. Danach war sie als Drehbuchlektorin und Produktionsleiterin beim französischen Fernsehsender ORTF tätig. 1972 kehrte sie nach Tunis zurück und machte sich einen Namen als Cutterin. Sie arbeitete mit namhaften arabischen Regisseuren und Regisseurinnen zusammen, unter anderem mit Néjia Ben Mabrouk und Selma Baccar. Schließlich begann Moufida Tlatlim selbst Filme zu machen. Ihr Regiedebüt, der Spielfilm PALAST DES SCHWEIGENS, der die Leibeigenschaft von Frauen zu kolonialen Zeiten thematisiert, wurde mit mehreren internationalen Preisen ausgezeichnet, darunter die Goldene Palme in Cannes. Dort wurde 2000 auch ihr zweiter Spielfilm gezeigt.

Filmographie:

1994   Shamat al-qusuhr (Palast des Schweigens), 35 mm, 124 Min
        (Goldene Kamera in Cannes; Bester Film in Karthago;
        Bester Debütfilm in Chicago; Satyajit Ray Award in San Francisco;
        Großer Preis der internationalen Filmkritik in Toronto)
2000   La saison des hommes (Die Jahreszeit der Männer), 35 mm, 124 Min

„Dieser Film ist aus einer unbedingten Notwendigkeit, ja sogar Dramatik heraus geboren. Meine Mutter erkrankte plötzlich und ernsthaft und ich begriff, wie wenig ich über ihr Leben wusste. Wie andere Frauen ihrer Generation sprach sie nicht von ihrer Vergangenheit, auch nicht von ihren seelischen Nöten oder welche Einschränkungen sie als Frau erlebt hatte. Ich wollte mehr davon erfahren, über den Kreis meiner Familie hinaus. Im Film spreche ich also zu meiner Mutter, aber auch zu meiner Tochter: Sie soll die ihr angebotene Freiheit annehmen trotz aller Gefahren und Widersprüche, die das in unserer Gesellschaft impliziert. Frauen sind bereit dazu, aber sind es die Männer auch?" (Moufida Tlatli über PALAST DES SCHWEIGENS)

◼ Palast des Schweigens

Shamat al-qusuhr
Tunesien/Frankreich 1994
R/B/S: Moufida Ttlatli
K: Youssef Ben Youssef
T: Faouzi Thabet
M: Anouar Brahem
D: Amel Hedhili,
    Hend Sabri,
    Ghalia Lacroix
P. Cinétéléfilm (Tunis),
    Magfilm, Mat Films (Paris)
V: Pegasos Filmverleih, Frankfurt

„Die einzige Regel, die wir hier lernen, ist das Schweigen." Dieser Satz hat dem Film seinen Namen verliehen. Er stammt von den Frauen, die in diesen letzten Tagen vor der nationalen Unabhängigkeit im Palast in Tunis als Dienerinnen arbeiten. Dort wächst das Mädchen Alia auf, Prinz Sid' Ali ist vielleicht ihr Vater. Denn Alias Mutter ist Dienerin am Hof – und die Mätresse des Prinzen, der über die Dienerinnen das Beischlafrecht besitzt. Alia droht das gleiche Schicksal wie ihrer Mutter, doch sie kann sich dank ihrer schönen Stimme aus der Leibeigenschaft befreien. Sie flieht und verdient fortan ihren Lebensunterhalt als Sängerin. Als sie anlässlich der Beerdigung des Prinzen an den Hof zurückkehrt, durchlebt sie in der Erinnerung jene Tage in ihrer Jugend noch einmal. Der Film wurde von der internationalen Kritik hoch gelobt, von einigen Stimmen aber auch verrissen als „Gegenklischee zum Klischee, das keinem wehtut".

Aus Gesprächen mit Moufida Tlatli

Sie haben PALAST DES SCHWEIGENS *in Erinnerung an ihre Mutter geschrieben.* Ja. Als ich ein Kind war, nannte man die Frauen „die Kolonisierten der Kolonisierten". Sie waren von Geburt an unterlegen. (…) Seit meiner Jugend hat mich das Schweigen der arabischen Frauen erschüttert. Es war ein schmerzhaftes Schweigen, das ich nicht verstand. Wenn ein junges Mädchen das Alter der Pubertät erreicht, wird sie von ihrer Familie und ihrer Umgebung mit Sorge beobachtet. Sie wird ein Gegenstand, den es so schnell wie möglich unterzubringen gilt. Sollte sie ihre Jungfräulichkeit vor der Ehe verlieren, würde sie ihre eigene Ehre verlieren und die ihrer Familie aufs Spiel setzen. Das Schlimmste ist, dass all diese Androhungen nicht ausgesprochen werden.

Dennoch sagt man, dass die tunesische Frau die emanzipierteste in der arabischen Welt sei.
Die tunesische Frau ist die einzige der arabischen Welt, die durch eine progressive Rechtsprechung geschützt ist. Als die Unabhängigkeit 1956 ausgerufen wurde, hat der damalige Präsident Bourguiba einen Kodex des individuellen Status der Frau, einen Gesetzeskatalog verfasst, der die Polygamie verbietet und das Recht zur Abtreibung sowie das Recht einräumt, den Gatten frei zu wählen. (…) Das Problem jedoch ist, dass viele Frauen die Vorteile dieser Rechte nicht als solche erkannten und gebrauchten. In der tunesischen Familie wiegen Tradition, Bräuche und Tabus mehr als die Rechtsprechung. Theoretisch ist die Frau emanzipiert, praktisch ist sie es aber nicht.

Selbst heute?
Ja. Die Entwicklung in diesem Bereich ist sehr langsam. Dies ist Thema meines Films. Ich erzähle von vier Generationen: die alten Dienerinnen, Khedija (die Mutter), Alia (die Tochter) und das Kind, das sie erwartet (die ungeborene Enkelin). Zum Schluss des Films findet sich Alia in der gleichen Situation wie ihre Mutter. Aber in ihr birgt sich der Zündstoff des Aufbegehrens: Sie weigert sich abzutreiben und wird alleinerziehende Mutter – was 1965 unglaublich mutig ist.

Lofti, der progressive Lehrer, hatte Alia allerdings eine bessere Zukunft versprochen. Warum lehnt er es ab, sie zu heiraten?
Lofti verkörpert die Generation der Unabhängigkeit. (…) Sie glaubte an die politischen Reden und an den Marxismus-Leninismus. Häufig studierte sie im Ausland, manchmal in Begleitung emanzipierter Tunesierinnen. Einmal zurückgekehrt, präsentierten ihnen die Mütter eine jungfräuliche Verlobte, die sie für sie ausgesucht hatten. Immer wieder dieses Gewicht der Tradition! Lofti ist schwach, lebt in privilegierten Umständen. Alia ist ein Bastard, obendrein eine Sängerin. Noch heute ist so etwas schlecht angesehen.

Die Illusionslosigkeit Alias im Jahre 1965 könnte also die einer heute lebenden jungen Frau sein?
Der Film konnte bis jetzt nur ein einziges Mal in Tunis gezeigt werden. Einige in Tränen aufgelöste Mädchen kamen nach der Vorführung zu mir und erzählten, wie sehr sie sich mit Alia identifizierten. Dabei schienen sich all diese Mädchen in ihren Kleidern, ihren modernen Frisuren und mit ihrer

Schminke völlig wohl zu fühlen und in die Gesellschaft integriert zu sein. Als ich jedoch mit ihnen sprach, wurde rasch klar, dass die wichtigsten Fragen über die Stellung der Frau in der Gesellschaft, über Sexualität, über das Tabu der Jungfräulichkeit und die Beziehungen zwischen Männern und Frauen für sie geheimnisvoll geblieben sind. Über solche Themen sprechen die Mütter heute ebenso wenig mit ihren Kindern wie vor dreißig oder vierzig Jahren. Natürlich hat die Unabhängigkeit die gemeinsame Erziehung von Mädchen und Jungen eingeführt und das Beischlafrecht abgeschafft. Doch ist dies nichts anderes als die Wahrung des Scheins. Das Bild, das Tunis in bestimmten Milieus bietet, scheint ganz europäisch. Doch hinter dieser Fassade warten etliche Probleme auf ihre Lösung.

So das Problem des Fundamentalismus?
Ja. Daran führt keine Weg vorbei. Wie soll man über Tunesien sprechen und dabei ignorieren, dass in unmittelbarer Nachbarschaft, in Algerien, der Fundamentalismus wächst? Alle arabo-muslimischen Länder sind in Gefahr. Bei uns hat der Fundamentalismus nicht die Gewaltform erreicht wie in Algerien. Aber mehr und mehr Tunesier berufen sich wie früher auf das Recht des Korans mit der Begründung, damit die Rechte der Frauen schützen zu wollen. Die tunesischen Frauen halten dagegen, dass das von ihnen Erreichte unwiderruflich sei. Dafür ist auch der Präsident. Er weiß, dass die Frau nur das erste Opfer einer Regression wäre, die uns in das 19. Jahrhundert zurückwerfen würde. Dies war die Beklemmung, die mich das Wort ergreifen ließ, den Müttern zu sagen: „Hört auf, dieses System fortzuführen, es ist Zeit, das Schweigen zu brechen."
(Das Gespräch führte Bernard Génin in: Télérama, Ebdo National, 9/94, übersetzt von Pegasos Filmverleih)

Welche Rolle spielt im arabischen Kino das Thema der Frauenbefreiung?
Ich habe mich oft gefragt, was wohl der Grund dafür ist, dass männliche Regisseure sich mit der Frauenfrage beschäftigen sollten. Schließlich kam ich auf den Gedanken, dass die Frau ihnen als Symbol für die Meinungs- und Redefreiheit galt, für den Befreiungskampf überhaupt. Ein Lackmustest für die Befindlichkeit der arabischen Gesellschaft: Wenn es gelingt, offen über die Frage der Frauenbefreiung zu diskutieren, dann kann man auch jede andere Form von Freiheit zum Thema machen. Meistens kam man nicht sehr

weit damit, die politischen Probleme blieben unangetastet, aber die Frauenfrage durfte immer diskutiert werden.

*Wie wichtig sind die Beziehungen zwischen dem arabischen Kino und anderen
Aspekten der arabischen Kultur?*
Ich glaube, dass Dichtung und mündliche Überlieferung besonders bedeutend für die arabische Kultur sind. Die Dichtung hatte immer ihren Platz in
der Welt der gesprochenen Sprache. Gleichzeitig unterlag sie der Zensur, so
dass man sich Symbolen und Metaphern bedienen musste, um Verbotenes
auszudrücken. Vielleicht ist es mit dem Kino genauso. Es muss den allgegenwärtigen Tabus und Maskierungen in der islamischen Gesellschaft mit Symbolen und Metaphern begegnen.

*Ein Publikum, das an zeitgenössische Produktionen à la Hollywood gewöhnt
ist, könnte mit einem Film Schwierigkeiten haben, der wie* PALAST DES SCHWEI-
GENS *mit so langen Einstellungen gedreht ist.*
MT: Ich war tatsächlich sehr besorgt, ob ein westliches Publikum meine Art
zu filmen akzeptieren würde. Westliche Sehgewohnheiten sind völlig auf einen bestimmten Rhythmus eingestellt, der wesentlich schneller und ganz
anders als unserer ist. Im westlichen Kino dominieren kurze Einstellungen
und schnelle Schnittfolgen. Zwischen den Einstellungen spielt sich eine
Unmenge im Unsichtbaren ab. Die Topographie fällt völlig auseinander, alles wird willkürlich zusammengepresst. Meine Interesse aber galt den Körpern der Frauen in ihren Bewegungen, während sie arbeiteten. Die Dienerinnen des Palastes müssen Tag für Tag Essen zubereiten, die Wäsche waschen, bügeln… Die Zeit dehnt sich hier ins Unendliche. Eine Montage
nach „effizienten" Kriterien wäre hier absolut am Gegenstand vorbeigegan-
gen. Ich musste sie in ihrem eigenen Rhythmus zeigen. Die Langsamkeit
ihres Lebens sollte sich in meinem Gebrauch der Kamera abbilden.

Bitte sagen Sie etwas zur Verwendung der Musik in ihrem Film.
Die Musik ist in der arabischen Kultur von immenser Bedeutung. Jeder hört
Musik, und es wird eine Menge gesungen. Im Film repräsentiert die Musik
zum einen diesen Alltagsgehalt, und zum anderen hat sie eine symbolische
Funktion. Unten singen die Frauen in der Küche, oben hören die Beys[169]
Musik und spielen Laute. Alia wächst zwischen diesen beiden Welten auf,
und als sie dem beengten Unten entkommen will, wünscht sie sich eine Lau-

te, die sie schon als kleines Mädchen fasziniert hat. Die Laute wird zu ihrem Fetisch, ihrem Verbündeten. Sie wird zum Gegenstand des Streits zwischen ihr und ihrer Mutter, die ihr deutlich sagt: „Du gehörst nicht zu den Prinzessinnen. Du hast in der Küche zu bleiben und kochen zu lernen." Daher ist es ein entscheidender Moment, als ihr die Mutter dann doch eine Laute schenkt. Sie hat begriffen, dass die Laute, Musik und Gesang, das einzige sind, was Alia retten kann.

(Das Gespräch führte Laura Mulvey in: Sight and Sound, Vol. 5 Nr. 3, 1995; übersetzt von Pegasos Filmverleih)

Pressestimmen

Dieser außergewöhnliche Film über arabische Frauen erscheint wie ein großes Glas kaltes Wasser inmitten der Wüste pseudo-emanzipatorischer Hollywood-Produktionen. Er übt eine mutige Kritik am Patriarchat, doch ist er mindestens ebenso poetisch wie politisch. Sanfte, behutsame Gesten und lange Blicke entfalten unter Tlatlis Regie einen hypnotischen Zauber. Noch nie war eine Revolution in aller Stille so beredsam.
(Brian D. Johnson, Toronto Star)

Moufida Tlatli spielt virtuos mit den verschiedenen Ebenen der Zeit, der sozialen Hierarchie, der Innen- und Außenwelt. Sie fügt Gegenwart und Vergangenheit zu einem kunstvollen Mosaik zusammen. die einfühlsame Kamera bringt dieses Mosaik zum leuchten. In behutsam montierten Rückblenden begegnet die erwachsene Alia ihrem kindlichen Spiegelbild. Aus der Distanz erst sieht sie die Zusammenhänge und versteht, was sich wirklich abspielte.
(Ines Anselmi, Neue Zürcher Zeitung)

Die Aufmerksamkeit, mit der Tlatli das Alltagsleben der Frauen, die Momente der Spannung und des Verlangens beleuchtet, mit der sie Verwirrung, Angst oder Liebe in den Blicken einfängt, macht die Größe dieses Films voller Licht und Schatten aus.
(Pascal Mérigeau, Le Monde)

Zeit der Männer, Zeit der Frauen

La saison des hommes
Marokko/Frankreich 2000

F/B: Moufida Tlatli
K: Youssef Ben Voussef
T: Faouzi Thabet
M: Anouar Brahem
S: Isabelle Devenick
D: Rabiaa Ben Abdallah,
     Sabah Bouzouita,
     Ghalia Ben Ali u.a.
P: Les Films du Losange (F),
     Maghreb Films Carthage (Mar.)
V: Kairos Films (Göttingen)

Aicha ist eine junge Frau von der Insel Djerba. Mit 18 Jahren heiratet sie Said, der elf Monate im Jahr in Tunis arbeitet. Wie die Frauen von Saids Brüdern lebt Aicha im Haus seiner Mutter unter deren strenger Aufsicht. Sie möchte mit ihm nach Tunis gehen, doch Said verlangt, dass sie ihm zuerst einen Sohn gebiert. Nach zwei Töchtern kommt Aziz, der ersehnte Sohn zur Welt. Sie ziehen nach Tunis, doch das Leben in der Hauptstadt wird zum Albtraum. Aicha erkennt, dass sie selber für ein eigenbestimmtes Leben kämpfen muss. Mit ihren beiden halberwachsenen Töchtern sucht sie nach einem Weg, den starren Fesseln der Tradition zu entkommen. Nach der „Zeit der Männer" ist jetzt die Zeit der Frauen gekommen…

…UND ANDERE LÄNDER?

Im Gegensatz zu den bislang genannten Ländern des Mashreq und Maghreb ist das Filmschaffen in der übrigen arabischen Region nur rudimentär entwickelt. Ein Massenpublikum wird im Kino und Fernsehen mit ausländischen Kommerzfilmen gefüttert, die zuvor eine strenge Zensur passieren müssen.

Im **Sudan** sowie in **Libyen, Oman, Mauretanien, Saudi-Arabien** und **den Vereinigten Emiraten** ist die einheimische Produktion mit wenigen Ausnahmen auf Kurz- und Fernsehfilme beschränkt geblieben. In **Bahrain** wurde 1989 der bisher einzige Spielfilm gedreht, in **Kuwait** entstanden Ende der siebziger Jahre die zwei einzigen Langspielfilme. In **Jordanien** sind etwa sechs Spielfilme produziert worden[170]. Viele Filmemacher wie der Mauretanier Med Hondo leben und arbeiten außerhalb ihrer Heimat.

Die Spielfilme, die bis dato gedreht wurden, lassen sich an den Fingern einer Hand abzählen. Die Gründe sind vielfältig: Es fehlt sowohl eine Produktionsstrategie als auch eine staatliche Filmförderung. Zwar gibt es eine Reihe privater Produktionsfirmen, die jedoch keine Kinofilme, sondern für das Fernsehen produzieren. Das kuwaitische Erziehungsministerium hat 1950 eine Filmabteilung gegründet, vier Jahre später die Kuwaitische Filmgesellschaft, die Kinosäle und den Vertrieb aufbauen sollte. Doch obwohl auch die Produktion in ihren Statuten steht, hat sie sie völlig vernachlässigt.[171]

Westsahara: Bisher ist eine ganze Reihe von Filmen über den nationalen Befreiungskampf der Polisarischen Front (Front Polisario) entstanden. Sie alle wurden von FilmemacherInnen aus dem arabischen oder westlichen Ausland realisiert. Zu nennen sind hier LES ENFANTS DU POLISARIO (Die Kinder der Polisario) von Jamila Olivesi sowie LE SAHARA N'EST PAS A VENDRE (Die Sahara ist nicht verkäuflich) der Libanesin Jocelyne Saab.

Aus all diesen Ländern sind nur wenige Filmemacherinnen bekannt.

Jordanien: Die einzige bekannte Filmemacherin des Landes ist **Saba GHA-DA**. Sie drehte den Dokumentarfilm INSAN (Ein Mensch), 19 Min, 2000.

312 FREIRÄUME – LEBENSTRÄUME

Kuwait: Frauen dürfen in Kuwait nach wie vor nicht wählen oder für politische Ämter kandidieren. Emir Al Sabah hatte sich in einem Dekret zwar für das Frauenwahlrecht ausgesprochen, das Parlament stimmte aber dagegen. Im Januar 2001 wies auch das Verfassungsgericht eine entsprechende Klage zurück. Die Entscheidung kann nicht angefochten werden. Frauenrechtlerinnen kündigten an, den Kampf um mehr Rechte fortzusetzen.

Das kuwaitische Parlament ist bislang die einzige gewählte Volksvertretung in den Golfstaaten. Die Einführung des Frauenwahlrechts hätte womöglich eine unliebsame Signalwirkung für seine monarchistischen, konservativen Nachbarn. Schon 1999 hatte Scheicha Fatima, die Gattin des Präsidentin der Vereinigten Arabischen Emirate, gefordert, Frauen für Ministerposten zuzulassen.[172] Die einzige bislang bekannte Filmemacherin des Landes ist **Nadra AL SULTAN**. Sie graduierte 1980 von der London Film School. Sie drehte eine Dokumentarfilm: AL SADWA (= Eigenname) (1982).

Saudi-Arabien: In Saudi-Arabien gibt es bis heute keine öffentlichen Kinos. Mit dieser Regelung sollen die strengen religiösen und sittlichen Wertvorstellungen gewahrt bleiben. Den orthodoxen Theologen zufolge verbietet der Koran die Darstellung von Menschen auf Bildern, seien es bewegte oder feststehende. Stattdessen boomt das „Heimkino", wo Filme in allen Formaten, vom Video bis 35 mm, vorgeführt werden. Satellitenfernsehen wird für den Hausgebrauch geduldet, solange es nicht „die öffentliche Moral" untergräbt. Unter der Hand werden allerdings sogar pornographische Filme gehandelt.

Frauen sind in Saudi-Arabien weitgehend aus dem öffentlichen Leben verbannt, sie dürfen bis heute nicht am Steuer eines Autos sitzen. Im Jahr 2000 wurde eine Prinzessin stellvertretende Unterstaatssekretärin im Erziehungsministerium. Der höchste Posten, den eine saudische Frau jemals erhalten hat[173].

Die einzige bislang bekannte Filmemacherin des Landes ist **Hiyam AL KILANI**. Sie graduierte 1990 von der Filmhochschule Kairo und machte für das saudische Fernsehen einen Dokumentarfilm: AL DEREYA (=Eigenname) (1991)

Vereinigte Emirate: Hier haben einige junge Regisseurinnen Dokumentar- und Kurzfilme gedreht.
Nujoom AL GHANEEM: Sie studierte audiovisuelle Medien in den USA und Film in Australien. Danach arbeitete sie zunächst als Journalistin. Sie

hat zwei Kurzfilme – ICE CREAM und THE PARK (Der Park) – und einen Dokumentarfilm gemacht: MA BEYN DAFTYN (Zwischen zwei Ufern), 1999, Beta, 20
Min, das Porträt eines alten Mannes, der mit seinem kleinen Ruderboot den
aussterbenden Beruf des Fährmanns ausübt.

2000 graduierte eine Handvoll Regisseurinnen am Abu Dhabi Women's Col-
lege:
AL HAMED Salma (Hair Today, Gone tomorrow, 5 Min)
HASSAN AL SUWAIDI Salwa (Still We Struggle, 12 Min)
MOHAMMAD AL MARZOUQ Hind (Al-Liwa Dance, 11 Min)
OMAR ATEEQ Rahab (The Car or the Wife, 8 Min)
AL ZAROIUNI Azza (Blue, 3 Min)

ANMERKUNGEN

1. Franz.: Femmes d'Alger dans leur appartement (deutsche Ausgabe: München, 1994).

2 Sie lautete: „Es geht um ein Projekt zu Lebensgeschichten arabischer Regisseurinnen. Bitte erzählen Sie mir alles, was für Sie und Ihre Arbeit wichtig war und ist. Ich interessiere mich dabei auch für Ihre persönlichen Erlebnisse und Erfahrungen. Vom Anfang ihrer Lebensgeschichte bis heute."

3 Die oft kunstvoll verzierten Mashrabeyas waren in den Fensterrahmen eingearbeitet, sodass die ins Innere des Hauses verbannten Frauen auf die Straße hinaus blicken konnten, sie zugleich aber vor den Blicken Fremder geschützt waren.

4 Vgl. Sabine Kebir, Feminale 1994.

5 Vgl. die Islamwissenschaftlerin Erdmute Heller, in: Emma Nov/Dez 1994.

6 In ihrem Essay „Zwischen drei Stühlen", S. 160 ff.

7 Vgl. Viola Shafik, Al-Raida, Vol. XVI, No. 86-87, Sommer/Herbst 1999.

8 Werner Kobe, Journal film, Nr. 22, Herbst 1990

9 Der Begriff „Drittes Kino" wurde in Anlehnung an den Begriff „Dritte Welt" gebildet und bezeichnet somit in erster Linie ein politisches Konzept für den Film. Als Programm formuliert wurde es von den argentinischen Regisseuren Fernando Solanas und Octavio Getino in ihrem Manifest „Towards a Third Cinema", zuerst veröffentlicht in: *Tricontinent* 1969. Der Begriff war bereits 1957 von dem Kubaner Fernando Birri benutzt worden.

10 Der Begriff wurde von der „Vereinigung des Jungen Films" in Kairo geprägt.

11 Viola Shafik, Der arabische Film, S. 61, 1996.

12 Die Ägypterin Magda soll bereits 1968 bei dem Spielfilm „Wer liebt mich?" Regie geführt haben. Dies ist nach Ansicht des Filmkritikers Samir Farid jedoch zweifelhaft (siehe S. 90).

13 Interview mit Edward Mortimer, in: Financial Times, 11. Mai 1987.

14 Viola Shafik. In: Al-Raida, Vol. XVI, No. 86-87, Summer/Fall 1999.

15 Interview mit der Autorin, Paris, Dezember 1994.

16 In ihrem Buch „Der arabisches Film".

17 beur (französisch: junger Franzose maghrebinischer Abstammung).

18 Interview mit der Autorin in Kairo, April 1995. Samir Farid, seit 1965 Filmkritiker für die Tageszeitung „Al Gomhureya" (Die Republik), war in den sechziger Jahren Mitbegründer der Vereinigung des Jungen Films in Ägypten und Mitorganisator des 1. Festivals des Jungen Arabischen Films 1972 in Damaskus. Er begründete auch in Ägypten mehrerer Festivals mit und hat zahlreiche Bücher über den arabischen Film veröffentlicht.

19 Interview mit der Autorin in Kairo, September 1994

20 Einige Monate zuvor war der Film „Qubla fi l-sahara" (Ein Kuss in der Wüste) uraufgeführt worden. Er wird von ägyptischen Chronisten jedoch nicht als erster Langspielfilm anerkannt, weil er nicht ausschließlich mit ägyptischen Schauspielern besetzt war und die Regisseure, die Gebrüder Lama, keine Ägypter waren (vgl. Michael Lüders: Gesellschaftliche Realität im ägyptischen Kinofilm, S. 56, 1989).

21 Unter der Führung von Saad Zaghloul kämpfte eine nationale Befreiungsbewegung gegen das Britische Protektorat. Zaghlul wurde deportiert. 1922 wurde Ägypten formal unabhängig, die briti-

sche Okkupation endete faktisch aber erst 1952 mit dem Umsturz der Offiziere.

22 Viola Shafik schreibt, dass alle Stummfilmpionierinnen der Oberschicht angehörten. In: Al-Raida, Vol. XVI, Frühjahr/Sommer 1999

23 Zutreffender wäre die Bezeichnung „der Neuen arabische Kinos" nach dem Begriff „Les nouveaus cinémas arabes", den in Frankreich unter anderem die Filmkritiker Claude Michel Cluny und Guy Hennebelle in Umlauf brachten. Der Plural sollte die Vielfalt der Strömungen andeuten, die sich in den verschiedenen arabischen Ländern entwickelt haben.

24 In: epd-Film, 12/87.

25 Werner Kobe, ebenda, 1990.

26 Vgl. Shafik, Der arabische Film, S. 44.

27 In ihrer Frankfurter Rede anlässlich der Verleihung des Friedenspreises durch den Börsenverein des Deutschen Buchhandels im Oktober 2000.

28 Faruq war zu dieser Zeit König Ägyptens.

29 Vgl. Shafik, ebenda, S. 175.

30 In: Die Siebten Tage des Unabhängigen Films, Augsburg, 1991.

31 Vgl. Andrea Wenzek, in: Journal film Nr. 29, Sommer 95.

32 Interview mit der Autorin, Kairo, April 1995.

33 In: Werner Kobe, Youssef Chahine, das Kino und die Zensur, epd-Film 5/95.

34 Vgl. Shafik, Der arabische Film, S. 65.

35 Vgl. Shafik, in: Die Siebten Tage des Unabhängigen Films, Augsburg, 1991.

36 Abnoud ist das Heimatdorf von El Abnoudys geschiedenem Ehemann, dem Dichter Abdel Rahman El Abnoudy. Er gab sich den Namen des Ortes als Nachnamen. Ateyyat nahm wiederum den Namen ihres Mannes an, als er aus politischen Gründen inhaftiert war. Üblicherweise behält eine arabische Frau nach der Heirat ihren Geburtsnamen.

37 Nach der Geburt des ersten Kindes wird eine arabische Frau nicht mehr mit ihrem Vornamen gerufen, sondern als „Mutter von…". Männer werden analog zum „Vater von…".

38 „Pascha" ist ursprünglich ein Titel hoher orientalischer Offiziere oder Beamter.

39 Von Gilles Kepel sind auf deutsch drei Bücher erschienen: Die Rache Gottes (1994), Der Prophet und der Pharao (1995), Allah im Westen (1996).

40 Ein berühmter Orientalist. Siehe MAXIME RODINSON LATHEE DE DIEU von Safaa Fathy, S. 73.

41 Name der Dachorganisation, der die Filmhochschule angeschlossen ist.

42 Nach islamischem Gesetz ist es einer Muslimin verboten, einen Angehörigen einer anderen Konfession zu heiraten. Arab Lotfis Mann trat später zum Islam über, woraufhin sie im Libanon heiraten und auch in Ägypten als Paar zusammenleben konnten.

43 „Zar" ist das arabische Wort für die rituelle Teufelsaustreibung. Siehe ZAR von Nadia Salim auf S. 97.

44 Shadi Abdel Salam war Architekt, Filmregisseur und Requisiteur. Sein Spielfilm Die Mumie (1969) gilt heute als arabischer Kultfilm.

45 Ein palästinensisches Flüchtlingslager in Libanon, in dem bei einem Überfall von israelischen Milizen mehrere Tausend Menschen, meist Frauen, Kinder und Alte ums Leben kamen.

46 Die Proteste richteten sich gegen den pro-amerikanischen, anti-sowjetischen „Bagdad-Pakt" von 1955.

47 Die Falangisten, eine der libanesischen Bürgerkriegsparteien, paktierten mit der israelischen Besatzungsarmee.

48 Siehe dazu die Erläuterungen zu JAMILA'S MIRROR von Arab Lotfi auf Seite 83.

49 Die Filmkritikerin Magda Maurice meint sich zu erinnern, dass der Regisseur krank geworden sei und Magda den Film an seiner Stelle zu Ende brachte.

50 Der Titel eines populären arabischen Liedes.

51 Seit einem neuen Personenstandsgesetz im Jahr 2000 haben auch Frauen das Recht, von sich aus die Scheidung zu erwirken. Allerdings sieht das „khul"-Scheidungsverfahren vor, dass sie dann die Brautgabe zurückgeben müssen, die ursprünglich zur Absicherung der Frau konzipiert war, und auf alle weiteren finanziellen Ansprüche für sich und ihre Kinder verzichten.

52 In: Im Schatten der Kulturindustrie: Der ägyptische Kurzfilm, 1990.

53 Das reguläre Programm des Studios Bagdad begann aber erst im Mai 1956. Rolf Richter, in: Der irakische Film, S. 89. Andere Quellen geben 1955 als Start des irakischen Fernsehens an.

54 Shakir Nouri, A la recherche du cinéma irakien 1945-85, S. 53 f., 1986.

55 Shafik, Der arabische Film, S. 39.

56 Shafik, Arab Cinema, S. 9, 1998.

57 In London ist eine gebürtige Irakerin, Kutaiba Al Janabi, für den Sender MBC als Regisseurin tätig (siehe Eintrag im Anhang).

58 In der Wochenzeitung „Yemen Times", 2./8.3.1998.

59 Ein Rauschmittel, das aus den zart-grünen Blättern des Baumes *catha edulis* gewonnen wird. Abgezupft, sorgfältig zerkaut und in dick aufgeblähter Backe durchspeichelt, gewährt es ein Wohlgefühl, das eher als ruhige Gedankenschärfe denn als dumpfe Klatsche über die Kauenden kommt (vgl. Claus-Peter Lieckfeld, in: Süddeutsche Zeitung vom 4. Januar 2000).

60 In einem Artikel von Claus-Peter Lieckfeld, ebenda.

61 Georges Sadoul, Cinema in the Arab Countries, S. 190, 1966.

62 Vgl. Dieter Ferchl: Jemen und Oman, Beck'sche Reihe Länder, 1990.

63 Samir Farid: Arab Cinema Guide 1978, S. 55.

64 Vgl. Ferchl, ebenda.

65 „Panorama des libanesischen Films" (siehe S. 122).

66 Anhänger der Schia, der zweiten Hauptrichtung des Islam, die auf Mohammeds Schwiegersohn Ali zurückgeführt wird; die Staatsreligion in Iran. Im Gegensatz zu den Suniten lehnen die Schiiten die Scheidung des Mannes von seiner Ehefrau durch dreifaches Aussprechen der Trennungsformel ab, akzeptieren dagegen zeitlich befristete Eheverträge und die Erbberechtigung weiblicher Nachkommen.

67 Angehörige der mit Rom unierten syrisch-christlichen Kirche im Libanon; benannt nach dem Heiligen Maro, vor 423 n. Chr.

68 Angehörige einer kleinasiatisch-syrischen Sekte des Islam; benannt nach dem Gründer Ad-Darasi, 1017 n. Chr.

69 Xenix-Filmklub, 1989.

70 Vgl. Shafik, Arab Cinema, S. 9, 1998.

71 In: Al-Raida, Vol. 86-87, Summer/Fall 1999.

72 In einem Interview mit der Autorin, Paris 1995.

73 In: Libanon, Dumont Reisetaschenbuch, S. 42, Köln 1999.

74 Das Magazin „Al-Raida" wird seit 25 Jahren vom „Institute for Women's Studies in the Arab World", angesiedelt an der Lebanese American University in Beirut, herausgegeben.

75 Der Begriff schließt die Türkei, Afghanistan, Iran und Pakistan ein.

76 Ebenso an vielen Orten im Iran

77 Der Film erschien zunächst unter dem Titel Ghazal al-banat/L'adolesente sucre d'amour (Jungmädchenflirt).

78 Siehe Maxime Rodinson l'Athée des dieux von Safaa Fathy (S. 73).

79 Im Guerilla-Krieg von Dhofar.

80 Hier: eine respektvolle Anrede für einen religiösen Gelehrten.

81 Wörtlich übersetzt: O Nacht, o Auge!

82 Heiko Flottau, in: Süddeutsche Zeitung vom 7.9.2000.

83 „Buntstift" ging später in die Heinrich-Böll-Stiftung über.

84 In: Der schwierige Weg zum Frieden, Hildegard Becker u.a., Gütersloh 1994.

85 In: Facts 18/2000.

86 Angela Grünert, Vielleicht werden wir uns nie umarmen. In: Freitag vom 20.03.1998.

87 Felicia Langer ist auch Autorin mehrerer Bücher, unter anderem „Die Zeit der Steine", „Lasst und wie Menschen leben" und „Zorn und Hoffnung (Lamuv, 1990). Sie lebt seit 1990 in der Bundesrepublik.

88 Hanan Ashrawi saß bei den Washingtoner Friedensgesprächen in der palästinensischen Delegation und war Erziehungsministerin in der Selbstverwaltungsregierung Yassir Arafat.

89 Sympathieerklärung des britischen Außenministers Lord Balfour und seiner Regierung im Jahre 1917 zugunsten einer „nationalen Heimstätte für das jüdische Volk in Palästina".

90 Siehe Eintrag über Viola Shafik auf Seite 98.

91 Die jordanische Armee zerschlug die militärischen Einheiten der PLO, die in den palästinensischen Flüchtlingslagern in Jordanien einen „Staat im Staate" gebildet hatte, inklusive Gesundheitssystem, Schulen und einer Verwaltung. Palästinensische Guerillakämpfer patroullierten auf den Straßen Ammans und von hier aus starteten sie ihre Angriffe auf Israel.

92 Am 21. März 1948 kam es in Karameh, Jordanien, zu einem Gefecht zwischen palästinensischen und israelischen Streitkräften, die die Palästinenser als Erfolg für sich verbuchten. Ihre Untergrundbewegung breitete sich darauf rasch in Jordanien aus.

93 Popular Front for the Liberation of Palestine.

94 Popular Democratic Front for the Liberation of Palestine.

95 Dort hatte die palästinensische Exilregierung ihren neuen Sitz.

96 Projekt mit vielen kulturellen Veranstaltungen zur Feier des Jahrtausendwechsels und der Geburt Christi vor 2000 Jahren.

97 Deutsch: Belagert.

98 Palästinensische Politikerin (siehe auch das Filmporträt Hanan Ashrawi, Frau ihrer Zeit von Mai Masri auf Seite 201).

99 Gemeint ist das Washingtoner Friedensabkommen von 1993.

100 Eine christliche Minderheit; manche unter ihnen betrachten sich als Abkömmlinge der Phönizier und als „Wahrer der einzigen christlichen Nation des Orients".

101 Der PLO-Führer Abu Jihad, alias Khalil Al Wazir wurde 1988 in Tunis von einem israelischen Geheimkommando ermordet.

102 Nachdem 1982 erneut israelische Truppen in den Libanon einmarschiert waren, richteten maronitische Freischärler im palästinensischen Flüchtlingslager Sabra und Shatila unter den Augen der Israelis ein Massaker unter den Einwohnern an. Die weltweite Reaktion auf das Massaker zwang die Israelis zum Rückzug aus dem Libanon.

103 „Viel Wüste und wenig Oasen" (siehe S. 204).

104 Hans-Joachim Schlegel, S. 154.

105 Viola Shafik, Der arabische Film, S. 28.

106 Viola Shafik, Zensierte Träume, S. 4.

107 Die Einheit zerfiel bereits wieder im September 1961, in Syrien wurde die Arabische Republik ausgerufen.

108 Viola Shafik, Zensierte Träume, S. 6.

109 Ebenda, S. 6.

110 Thoraval 1993.

111 Shafik, Arab Cinema, S. 9, 1998.

112 Der Tagesspiegel, 24. September 2000.

113 Gespräch mit der Autorin im Februar 2001.

114 Gespräch mit der Autorin im Februar 2001.

115 Jacques Mandelbaum, in: Le Monde, 17. Oktober 2000.

116 Ebenda.

117 Claude-Michel Cluny, Dictionnaire des nouveaux cinémas arabes, S. 239, 1978.

118 In: Feminale 1994.

119 Rudolph Chimelli, in: Süddeutsche Zeitung, 14. Februar 2001.

120 Interview mit Beate Thill; Hessischer Rundfunk, Frankfurt am Main, Januar 1999.

121 Mandelbaum, in: Le Monde, 2000.

122 Ebenda.

123 Shafik, Arab Cinema, S. 9, 1998.

124 „Aid El Kebir" (auch Aid al-Adha) ist das alljährliche Opferfest am Ende der Wallfahrt nach Mekka. Die Muslime feiern das Fest im Andenken an Abraham, der vor rund 4000 Jahren bereit war, auf Geheiß Gottes seinen Sohn zu opfern, dem Gott dann aber aufgab, statt seines Sohnes ein Tier zu opfern. Dementsprechend schlachtet jede muslimische Familie an diesem Fest je nach finanzieller Lage mindestens ein Tier, Reiche spenden zudem Fleisch an Arme.

125 Franz.: Barackenviertel, Elendsquartier.

126 Festival International de Programmes Audiovisuels .

127 Festival Panafrican Cinema and Television Ouagadougou, Burkino Faso. Es findet als Biennale statt, im zweijährigen Rhythmus abwechselnd mit den Filmfestspielen Karthago.

128 Centre Algérien pour l'Art et l'Industrie Cinématographique.

129 Djebar: einer der Namen Allahs. Das Pseudonym legte sie sich anlässlich der Veröffentlichung ihres ersten Romans zu, weil sie sich Sorgen machte, wie wohl ihre Familie auf ihren ersten Roman reagieren würde – in dem von Erotik die Rede war.

130 Sogar in wissenschaftlichen Artikeln wird meist fälschlicherweise der 4. August als Geburtsdatum angegeben. Fatima-Zohra Imalayène wählte dieses Geburtsdatum für ihr alter ego Assia Djebar, weil es der Hochzeitstag ihrer Eltern war.

131 In Wahrheit hieß sie Dihya und war ethnisch eine Berberin und Jüdin, die die arabischen Invasoren Ende des siebten Jahrhunderts bis zur libyschen Grenze zurückwarf und fünf Jahre aufhielt, bis sie im Kampf getötet wurde (nach Clarisse Zimra, ebenda).

132 München, 1994 (französischer Originaltitel: „Femmes d'Alger dans leur appartement", Paris 1980).

133 Fantasia, Zürich, 1990 (französischer Originaltitel: „L'amour la fantasia", Paris, 1985).

134 Hamburg, 1995. Wegen dieses Buchs musste Taslima Nasrin aus ihrer Heimat Bangladesh fliehen und wurde später mit einer Fatwa belegt.

135 „La fin d'un rêve" (Das Ende eines Traums, 1984), „Le pari perdu" (Die verlorene Wette, 1988) und „Le papillon ne volera plus" (Der Schmetterling fliegt nicht mehr, 1990).

136 Deutsch: Schüler, Gelehrte.

137 Sabine Kebir, Feminale 1994, S. 26.

138 Viola Shafik, Der arabische Film, S. 28., 1996

139 Shafik, Der arabische Film, S. 52, 1996.

140 In: journalist 12/2000, Bonn.

141 In: M, Nr. 1-2 /Jan-Feb. 2001, Stuttgart.

142 In: die tageszeitung vom 14.03.2000.

143 Sie ist auch als Darstellerin in der Komödie „Auf der Suche nach einem Mann für meine Ehefrau", 1993; Drehbuch: Farida Ben Lyazid) zu sehen.

144 Arabisch: Rede, Bericht. Überlieferung angeblicher Aussprüche Mohammeds,

Hauptquelle der islamischen Religion neben dem Koran.

145 Martina Sabra ist Islamwissenschaftlerin und freie Journalistin in Köln.

146 Centre Cinématographique Marocaines (Marokkanisches Filmzentrum).

147 Isabelle Eberhardt, 1877 als Tochter russischer Emigranten geboren, reiste sieben Jahre lang als Mann gekleidet durch Algerien, Tunesien und Marokko. Sie trat zum Islam über und wurde 1900 in eine nur Männern vorbehaltene Bruderschaft des Sufismus aufgenommen.

148 Ouagadougou ist die Hauptstadt von Burkino Faso. Dort findet alljährlich das größte afrikanische Filmfestspiele FESPACO statt.

149 Jom Kippur, der Versöhnungstag, ist der höchste jüdische Feiertag.

150 Gericht aus Hirse oder grobem, in Wasserdampf gegartem Weizengrieß.

151 FESPACO = Festival Panafricain du Cinéma et de la Télévision. Die beiden Festivals zeigen arabische und afrikanische Produktionen, sie finden abwechselnd in zweijährigem Rhythmus statt.

152 Shafik, Der arabische Film, S. 28, 1996.

153 Hans-Joachim Schlegel, S. 152.

154 Habib Bourguiba, Staatsgründer Tunesiens, war von 1957 bis 1987 Präsident und autokratischer Herrscher.

155 Interview mit Werner Kobe. In: Journal film, Nr. 22, Herbst 1990.

156 „Der neue arabische Film und das arabische Kino" (Teil 1), April 1989.

157 In seinem Artikel „Le cinéma de la femme en Tunisie" (Das Frauenkino in Tunesien), 2001.

158 Shafik, Arab Cinema, S. 9, 1998.

159 Der Preis „Tanit" ist benannt nach einer Göttin der Punier, die Karthago erbauten.

160 Viola Shafik, Kopf in den Wolken, Füße im Müll. In: Frankfurter Rundschau vom 30.11.1994.

161 Magda Wassef ist Leiterin der Filmabteilung des „L'Institut du Monde Arabe" in Paris.

162 Association Cinematographique Tunesien. Der Interessensverband der tunesischen Filmschaffenden.

163 Societé Anonyme Tunisienne de Production et d'Expansiion Cinématographique.

164 Ein magische Ritual: die Mutter lässt Sabra auf einen kleinen, ovalen Stein urinieren, den sie anschließend in ihr Schatzkästlein einschließt – als Pfand dafür, das Sabra in Tunis ihre Jungfräulichkeit bewahrt.

165 Gemeint ist der Regisseur Nouri Bouzid und sein Film Der Mann aus Asche, der die Auswirkungs sexuellen Missbrauchs auf das Leben eines jungen Mannes erzählt.

166 Umgangssprachliche Floskel: „Es steht geschrieben, es ist vom Schicksal so bestimmt."

167 Die zentral gelegene Altstadt Tunis.

168 In anderen Ländern wird die Kappe „Fes" genannt.

169 Türk.: Herr; höherer türkischer Titel. Hier: der Prinz und seine Gäste.

170 Vgl. Shafik, Der arabische Film, S. 21, 1996.

171 Vgl. Abdel Sattar Naji, in: 5. Biennale des arabischen Films im L'IMA in Paris, 2000.

172 Im ebenfalls konservativen Libyen wurde 1989 erstmals eine Frau Ministerin.

173 DPA-Meldung in: Süddeutsche Zeitung vom 13.07.2000.

BIBLIOGRAPHIE

a) Arabischer Film
Bücher:

(deutsch)
Bergmann, Kristina: Filmkultur und Filmindustrie in Ägypten, Darmstadt 1993
Felix, Jürgen/Giesenfeld, Günter (Hg.): Das Dritte Kino in Arabien und Afrika, Marburger Hefte zur Medienwissenschaft, Augenblick Nr. 16, Marburg 1993
Freunde der Deutschen Kinemathek e.V. (Hg.): Der algerische Film nach 1970, Heft 57, Dezember 1978, Berlin 1978
Katalog anlässlich der Siebten Unabhängigen Tage des Films in Augsburg, vom 13. bis 17. März 1991
Katalog zum 3° Festival Cinema Africano Milano, 26 marzo-1 aprile 1993
Katalog zum Israelischen und Palästinensischen Filmfest Münster, 17. September-10. Oktober 1995
Kataloge zu den Biennalen des Arabischen Films am Institut du Monde Arabe, Paris 1992 – 2000
Lüders, Michael: Gesellschaftliche Realität im ägyptischen Kinofilm. Von Nasser zu Sadat (1952-1989), Frankfurt 1989
Lüders, Michael: Film und Kino in Ägypten. Eine historische Bestandsanalyse, Berlin 1986
Richter, Erika: Realistischer Film in Ägypten, Berlin 1974
Shafik, Viola: Der arabische Film. Geschichte und kulturelle Identität. Aisthesis Verlag, Bielefeld 1996

(englisch)
Al Amin, Mahmoud/Ghonnim, Sami (Hrsg.): Panorama of the Egyptian cinema. Directory of Egyptian Films: 1927-1982 (English, French,Arabic), Kairo 1983
Arab Film and Television Centre (Hrsg.): Arab Culture and Cinema, 1962
Aziza, Mohamed: L'image et l'islam. L'image dans la societé arabe contemporaire, Paris 1978
Baghli,, Sid-Ahmed: Aspects of Algerian Cultural Policy, Paris 1978
El Basri, Abdel Gawad Daoui: Aspects of Iraqi Cultural Policy, Paris 1980
Boyd, Douglas A.: Broadcasting in the Arab World, Philadelphia 1982
Dajani, Karen Finlon: Egypt's Role as a Major Producer, Supplier and Distributor to the Arab World. A Historical-descriptive Study, London 1980

Downing, Taylor: Palestine on Film, 1979
Eichenberger, Ambros: Dritte Welt kontra Hollywood
Farid, Samir: Arab Cinema Guide, Kairo 1978
Hamilton, Marsh: The Middle East and North Africa on Film. An Annotated
    Filmography, New York 1982
Khan, Mohamed: An Introduction to Egyptian Cinema, Kairo 1969
Landau Jacob M.: Studies in the Arab Theater & Cinema, Philadelphia 1958,
    S. 155-203
Lotfi, Essid (Hrsg.): Der arabische Film. Eine aktuelle Übersicht, Sonder-
    heft, Wien
Malkmus, Lizbeth/Armes, Roy: Arab & African Film Making, London 1991
Sadoul, Georges (Hrsg.): The cinema in the Arab Countries, Beirut 1966
Salah, Ezzeldin: Report: Arab Documentary Film Production and Use of
    Music in Arab Films, Paris 1962
Salmane, Hala (Hrsg.): Algerian Cinema, British Film Institute, London 1976
Shafik, Viola: Arab Cinema. History and Cultural Identity, The American
    University in Cairo Press, 1998
Shakir, Nouri: Aspects of the Irakian Cinema, Paris 1981

(französisch)
Bachy, Victor: Le cinéma de Tunisie, Tunis 1978
Boudgedra, Rachid: Naissance du cinéma algérien, Paris 1971
Boulanger, Pierre: Le cinéma colonial. De l'atlantide à Lawrance d'Arabie,
    Paris 1975
Brossard, Jean-Pierre (Hrsg.): L'algérie vue par son cinéma, Locarno 1981
CinémAction, Nr. 14: Sonderheft: Cinémas du Maghreb, Frühling 1981
CinémAction, Nr. 24, tricontinental spécial: Le tiers monde en film,
Cinématographe, Sonderheft: Cinéma Beur, 1985
Centre film catholique (Hrsg.): Index des films egyptiennes, Kairo 1953/55
Cluny, Claude Michel: Dicitonnaire des nouveau cinémas arabes, Paris 1978
Dadci, Jounis: Première histoire du cinéma algérien. 1896-1979, Paris 1980
Dar al-Hilal (Hrsg.): Le film egyptien 1927-1951, Kairo 1951
Dérives, Nr. 3-4 Jan-Apr. 1976, Sonderheft: Cinéma arabe, cinéma dans le
    tiers monde, cinéma militant..., Quebec/Paris
Driss Jaidi, Moulay: Le cinéma au maroc, Rabat 1991
General Egyptian Cinema Organization (Hrsg.): Egyptian film-week in Lon-
    don, Kairo 1971
Hadj-Moussa, Ratiba: Le Corps, l'histoire, le territoire: les rapports de genre
    dans le cinéma algerien, Paris 1994
Khayati, Khémais: A propos du cinéma egyptien, Montréal 1984
Klifi, Omar: Histoire du cinéma en Tunisie, Tunis 1970
La Révue du Cinéma, Nr. 283, April 1974
Maherzi, Lotfi: Le cinéma algérien. Institutions - Imaginaire - Ideologie, Al-
    ger

Megherbi, Abdel Ghani: Le miroir aux alouettes, Alger 1980
Les algériens au miroir du cinéma colonial. Contribution à une sociologie de
    la décolonisation, Alger 1982
Le miroir apprivoisé, Alger/Brüssel 1985
Shakir, Nouri: A la recherche du cinéma irakien. Histoire, infrastructure, fil-
    mographie. 1945-1985, Paris 1986
Tamzali, Wassyla: En attendant Omar Gatlato. Regards sur le cinéma algéri-
    en, Alger 1979
Thoraval, Yves: Regards sur le cinéma egyptien.1895-1975, Paris 1988

(arabisch)
Al Bindari, Mona/Qaasim, Mahmuud/Wahbi, Yaeqoob: Musuae al-aflam al-
    aerabeya/Enzyklopadie der arabischen Filme, Kairo 1994
Egyptian Film Fund/Ministry of Culture (Hg.): Banurama al-sinema al-mas-
    reya/Panorama of Egyptian Cinema (arabisch-englisch-französisch), Kai-
    ro 1986
High Cultural Commission/National Cinema Center: al-Sinema al-tasqileya
    fi masr heta achr sana 1980/Das Dokumentarkino in Ägypten bis Ende
    1980, Kairo 1981
High Cultural Commission/National Cinema Center: Daliil al-sinema al-
    tasqileya fi-l ashra sanawaat 1981-1990/Tagebuch des Dokumentarkinos in
    den zehn Jahren 1981-1990, Kairo 1991
Saad, Abdel Moneim: Tarikh al-sinema al-masreya/A Brief History of the Egyp-
    tian Cinema (arabisch-englisch-französisch), Kairo 1976

(andere)
Al-Zubaidi, Kais (Hrsg.): Cine Palestino, Els quaderns de la mostra, Nr. 8/
    1986, Valencia 1986

Artikel:

Brown, Penelope: The Riddle of the Sands. In: Stills, Vol. 1, Nr. 2, Frühling
    1981, S. 32-34
Chériaa, Tahar: Pour une co-production interarabe. In: Adhoua, Nr. 4/5 Apr./
    Sept. 1981,S. 11-12
Chériaa, Tahar/Hennebelle, Guy/Le Peron, Serge: Toward a Revolutionary
    Arab Cinema. An Interview with the Palestinian Cinema Association. In:
    Cinéaste, Vol. 6, Nr. 2, 1974, S. 32-35
Chmait, Walid: Le cinéma arabe d'alternative. In: Deux Ecrans, Nr. 39, No-
    vember 1981, S. 7-13
Diawara, Manthia: Whose African Cinema Is It Anyway? In: Sight and Sound,
    Vol. 3, Nr. 2, Februar 1993, S. 24-25
Feinstein, Howard: Arab Films at Pesaro Festival. In: Cineaste, Vol. 20, Nr. 2,
    1993

Egyptian Film Fund (Hrsg.): Panoramo of Egyptian Cinema, Kairo 1983/85, S. 42-43

Filmclub Xenix (Hg.): Der neue arabische Film und das arabische Kino, Teil 1 und 2, Zürich 1989

Harris, E.: Film Production Problems and Activities in Palestine. In: The Penguin Film Review, Nr. 5, 1948

Girod, Martin: Viel Wüste und wenig Oasen. Arabisches Kino im Nahen Osten. In: epd-Film 3/2000

Hennebelle, Guy/Khayati, Khemais (Hrsg.): Les cinémas africains en 1972. In: Afrique littéraire, Nr. 20, spécial, Paris 1972

Horville, Gilles: Farida Belghoul. La rélisatrice du Départ du père dresse la carte du cinéma beur. A négocier, Cinématographe, Cinéma Beur, 1985, S. 18-19

Institut du Monde Arabe (Hrsg.): Cinélma Nr. 4 Jan.-März 1995

Kobe, Werner: Hollywood am Nil – Zuu einer Retrospektive ägyptischer Filme. In: epd-Film 12/87

Youssef Chahine, das Kino und die Zensur. In: epd-Film 5/95

Naous, Nadine: Panorama cinéma Libanais. In: Al Hayat, 14. Januar 2000

Richter, Rolf: Der irakische Film, Probleme und Entwicklung

Sabra, Martina: Marokko entdeckt seine Kinokultur. In: epd-Film 9/98

Shafik, Viola: Film in Palästina, Palästina im Film. In: Die Siebenten Tage des Unabhängigen Films, Augsburg 1991

Im Schatten der Kulturindustrie: Der ägyptische Kurzfilm. In: Retrospektive Ägyptischer Kurzfilm, 1990

Zensierte Träume. Notizen zur Entwicklung des syrischen Films

Kopf in den Wolken, Füße im Müll. In: Frankfurter Rundschau, 30.11. 1994

Zwischen Stagnation und Improvisation: Von den Leiden der ägyptischen Filmindustrie. In: Journal film, Nr. 29, Sommer 1995

Thoraval, Yves: Syrian Cinema. A Difficult Self-Assertion. In: Cinemaya, Nr. 22, Winter 1993, S. 48-50

Wenzek, Andrea: Die Mischung macht's. Zur Ästhetik neuerer gesellschaftskritischer ägyptischer Filme. In: Journal film, Nr. 29, Sommer 1995

b) Arabische Filmemacherinnen
Bücher:

Lent, John A.: Women and Mass Communication. An International Annotated Bibliography, New York 1991, S. 55-60

Kebir, Sabine: Frauen im Maghreb. In: Programmheft zur Feminale 1994

Kuhn, Annette/Redstone, Suzanne (Hrsg.): The Women's Companion to International Film, London 1990

Katalog zum 7. Internationalen Frauenfilmfestival Köln (Feminale), 29.09.- 03.10.94

Katalog zur Reihe Frauen(t)räume. Filme arabischer Regisseurinnen, Berlin 1995
Katalog zur Reihe Unsterbliche Scheherazade. Frauenkino aus Tunesien, Ägypten, Algerien, Marokko, Libanon, Palästina und Irak, Wien, 8. bis 16. September 1999
Lexikon der ägyptischen Filmregisseurinnen, Kairo 1996
Léon, Maryse: La femme dans le cinéma algerien, Vol. 1 + 2, Paris 1980
al-Raida, Sonderheft: Arab Women and Cinema, Volume XVI, No. 86-87, Summer Fall 1999, Beirut
Toubia, Nahid (Hrsg.). Women of the Arab World, London 1988
Wassef, Magda: L'image de la femme à la campagne dans le cinéma egyptien des annees soixantes, Paris 1982

Artikel:

Behi, Ridha. La femme et le cinéma dans les sociétés islamiques. In: Film exchange, Nr. 3, Sommer 1978, S. 50-54
Buhrfeind, Anne: Leidenschaftliche Stimme aus Algerien. Assia Djebar auf der Suche nach den Wurzeln. In: Buchjournal 4/97
Chikhaoui, Tahar: Selma, Nejia, Moufida et les autres/Selma, Nejia, Moufida and the others. In: Ecrans d'Afrique, Nr. 8, 1994, S. 9-10
Deffontaines, Thérèse-Marie: De la musique avant toute chose/Music above all. In: Ecrans d'Afrique, Nr. 5-6, 1993, S. 8-15
Dessouqi. Ägyptische Frauen im ägyptischen Kino. In: Papyrus Nr. 11-12/94, S. 76-77
Ecrans d'Afrique, Nr. 8, 1994, S. 8-13
Gaye, Amadou: Femmes cinéastes au Maroc/Women filmmakers in Morocco. In: Ecrans d'Afrique, Nr. 5-6, 1993, S. 10-12
Gottschligg-Ogidan, Anna: Schreiben ist kein Beruf. Portrait Assia Djebar. In: Südwind-Magazin Nr. 6, Juni 1998
Institut du Monde Arabe (Hrsg.): La femme et le cinéma arabe. Esquisse de filmographie suivie du petit dictionnaire des femmes cinéaste, Paris 1985
Léon, Maryse/Wassef, Magda.L'image de la femme dans le cinéma arabe. In: CinémArabe No. 10/11, Aug./Sept. 1978, S.55-61
Merdaci, Djamel Eddine: Algérie: cinéma au féminin. In: Deux Écrans, Nr. 25 Juni 1981, S. 6-10
Mulvey, Laura: Moving Bodies. In:Sight and Sound, Vol.5 Nr.3, März 1995,S.18-20
Ragab, Rashda. Women in Motion. In: Al Ahram (engl.), 18-24 Mai 1995, S. 17-18
Rieck, Barbara-Ann: Zwischen den Fronten. Ein Porträt der algerischen Autorin Assia Djebar, Unionsverlag, Zürich, 1996
Srour, Heiny: L'image de la femme dans le cinéma arabe de fiction. In: Image et Son, No. 318, Juni/Juli 1977, S. 59-68

Srour, Heiny: Zwischen drei Stühlen, Essay, London 1998
Ziouane, Samia: De l'exorcisme à l'integrisme. In: Mediasud, Nr.8, 1994, S. 17-21

c) Arabische Frauen
Bücher:

Ahmed, Laila: Women and Gender in Islam. Historical Roots of a Modern Debate, New Haven and London, 1992
Atiya, Nayra: Khul-Khaal. Five Egyptian Women Tell Their Stories, Cairo 1984
Béohara, Souha: Résistante, Paris 2000
Becker, Hildegard u.a.: Der schwierige Weg zum Frieden, Gütersloh 1994
Grünert, Angela: Der längste Weg heißt Frieden. Die Frauen im ersten palästinensischen Parlament, München 1998
Mernissi, Fatima: Der Harem in uns, Freiburg im Breisgau, 5. Auflage 2000
Mernissi, Fatima: Der politische Harem, Freiburg im Breisgau, 3. Auflage 1998
Mosbahi, Hassouna: Die rebellischen Töchter der Scheherezade. Arabische Schriftstellerinnen der Gegenwart, Müchen 1997
Prinzessin Djavidan Hanum: Harem. Erzählungen, Berlin 1988 (Neuauflage von 1930)
Rühl, Bettina: Wir haben nur die Wahl zwischen Wahnsinn oder Widerstand. Frauen in Algerien, Unkel/Rhein und Bad Honnef 1998

Artikel:

Chimelli, Rudoph: Der Islam hat ein weibliches Gesicht. In: Süddeutsche Zeitung vom 4.8.2000
Emma: Die Teufelin, November/Dezember 1994
Gothe, Karin: Frauenfreundliche Fatwa. Ägyptischer Mufti setzt sich für vergewaltigte Frauen ein. In: Süddeutsche Zeitung vom 16.6.1999
Grünert, Angela: Vielleicht werden wir einander nie umarmen. In: Freitag, 20.3.1998
Grünert, Angela: Für den Frieden ausgeliehen, Porträt von Hanan Ashrawi. In: Freitag, 20.3. 1998
Grünert, Angela: Zweifelhafter Fortschritt. Zum neuen Scheidungsrecht in Ägypten. In: Freitag vom 16.6.2000
Grünert, Angela: Töten aus verletzter Ehre. Jordanien. In: Freitag vom 16.6.2000
Grünert, Angela: Tradition versus Religion. Interview mit Prinzessin Basma von Jordanien. In: Freitag vom 16.6.2000

Heller, Erdmute: Teuflische Verführung. Die Rolle der Sexualität bei der Unterwerfung der Frauen. In: Emma, November/Dezember 1994
Heumann, Pierre: Nur eine tote Frau ist eine ehrenwerte Frau. Ehrenmorde in Jordanien. In: Die Weltwoche vom 27.4.2000
Kebir, Sabine: Zwischen gescheiterter Moderne und militantem Islam. In: Feminale 1994
Livingstone, David: Crimes of Honor. In: The Middle East, July 1992
Touma, Marlyn: Treffpunkt im Kulturzentrum. Die autonome Frauenbewegung in Tunesien. In: Frankfurter Rundschau vom 24.10.1998
Wassef, Magda: Tunesische Frauen. Im Presseheft zum Film „Die Saison der Männer" von Moufida Tlatli

d) Arabische Länder – allgemein

Baedeker: Syrien 1998
Ferchl, Dieter: Jemen und Oman, Beck'sche Reihe Länder, München 1995
Höllhuber, Dietrich: Libanon, Dumont Reise-Taschenbücher, Köln 1999
Marco Polo Libanon 1999
Nelles Guide Syrien, 1998

FILMREGISSEURINNEN,
DIE IM TEXT KEINE ERWÄHNUNG FANDEN

Ägypten

Soweit nicht anders angegeben, sind die hier aufgeführten Regisseurinnen Absolventinnen der Filmhochschule Kairo in den 1960er bis 1990er Jahren. Sie haben Dokumentar- oder Kurzfilme realisiert.

ABBAS Ferial
Ferial Abbas schloss 1968 ihr Kunststudium ab und hat mehrere Dokumentarfilme gedreht.
1990   **Al-oqda** (Der Knoten)
1991   **Salata** (Salat)
1992   **Sawa sawa** (Zusammen)

ABDEL GHAFAR ABUL ATA Salwa
1979   **Ila-zaugati al-aziza** (An meine geliebte Frau)

AL ABHAR Nadia
1967 Studienabschluss, Fachrichtung Produktion.
1983   **Qaher al-ya's** (Den Pessimismus besiegt), 17 Min

ABU SAOUD Safaa
Safaa Abu Saoud ist Schauspielerin bei Film, Fernsehen und Theater
1970   **Al-helm** (Der Traum)

ABU ZEKRI Kamela
1991   **Qatr al-sa'a seta** (6 Uhr Zug), 35 mm, 19 Min
Ein nachdenklich stimmender Kurzfilm über einen alten Mann, der eine ganze Nacht lang auf einem Bahnhof die Ankunft seines Sohnes erwartet.

ADEL KHAIRY Attiya
1979 Studienabschluss der Ingenieurwissenschaften.
1990   **Al-qalam wal-asstika** (Kugelschreiber und Radiergummi)

AHMED HASSAN Omaima
1981   **Wekalet kharnub** (= ein Kairener Stadtviertel)

AHMED AL SHAZLI Mona
1979   **Mughamra** (Abenteuer)

ALAM Nadia
1967   Helm leilat seif (Sommernachtstraum)
1983   Fannan al-khorda Salah Abd el-Karim (Der Recycling-Künstler Salah Abdel Karim), 35 mm, 13 Min

ARAM ANA Hed
1970   Sura (Foto)

FARAG Fatima
Fatima Farag schloss 1969 ihr Studium der Kunst und Theaterwissenschaften ab und arbeitete im Erziehungs- und Bildungsministerium, Fachbereich Theater.

GABER Nahed
Sie ist Schauspielerin bei Film, Fernsehen und Theater.
1968   Liqa' (Begegnung)

GABER Samah
Samah Gaber graduierte 1994 als Beste ihres Jahrgangs an der Filmhochschule Kairo. Sie hat einen Kurz- und einen Animationsfilm gemacht.
1994   Tahawala leyakum (Wandel zum Leben) Preis der Jury beim
        Internationalen Kurz- und Dokumentarfilm-Festival in Ismaileya, Ägypten)
1995   Maynfaash etnin (Zwei gehen nicht), Animation

AL HAFNAWI Maya
1981   Kedbet Ebril (Aprilscherz)

HAMDI Iman
Iman Hamdi arbeitet als Schauspielerin.
1977   Darse biano (Klavierstunde)

HELAL Magda
1970   Emra'atun ma (Irgendeine Frau)

HUSSEIN Faiza
Faiza Hussein schloss 1965 ihr Kunststudium ab, Fachrichtung Bühnenbild. Sie hat mehrere Filme und seit 1983 Cartoons gemacht.
1982   Al-raqessa Simsima (Die Tänzerin Simsima)
1982   Lahsa min fadlik (Einen Moment bitte)
1992   Qism we arzaq (Schicksal undGeschenk)

HUSSEIN MOHAMED Satira
Satira Hussein arbeitete nach ihrem Studium als Regieassistentin.
1982   Al-bint ili betehlam (Das verträumte Mädchen)

KAMEL Iman

Iman Kamel studierte Germanistik an der Universität Kairo und lebt seit 1987 in Berlin. Dort schloss sie ein interdisziplinäres Studium in den Bereichen Bildende Kunst, Schauspiel und Film ab. Sie hat mehrere Essays geschrieben und zwei Kurzfilme gedreht:

1995 **Noara**, Beta, 8 Min
1996 **Khadija**, 16 mm, 6 Min
Die junge Ägypterin Khadija hält sich in Deutschland mit Gelegenheitsjobs über Wasser. Ihrer Mutter in Kairo gaukelt sie ihre Wunschträume als Tatsachen vor.

EL KORDY Rasha

1997 **Lonn al-bahr** (Farbe des Meeres), 35 mm, 8 Min

MAHMOUD Vivian

1983 **Alam khas gidden** (Eine ganz besondere Welt)

MOHAMED AHMED Hind

1984 **Artikaryet al-agrass** (Glockenallergie)

MOHAMED EID Samira

1982 **Al-qadda' al-mathlum** (Das ungerechte Schicksal)

MOHAMED HASSAN Karima

1984 **Tagassadat amami** (Manifestation)

AL MESHRI Maha

Maha Al Meshri arbeitete nach ihrem Studium als Regieassistentin. Sie schrieb ihre Dissertation 1991 über den ägyptischen Regisseur Kamal Al Sheikh.

1971 **Mirham** (=Eigenname)

Al MESHRI Rahma

Rahma Al Meshri, die Tochter des Filmpioniers Anwar Al Meshri, graduierte 1985 an der Filmhochschule Kairo und arbeitete als Regieassistentin für das Fernsehen.

1985 **Al-ahd** (Der Schwur)
1987 **Baba fi mish mish** (Papa, den gibt's nicht), eine Fernsehserie

MUSTAFA IBRAHIM Saideya

1983 **Assif** (Entschuldigung)

NAGIB Tamader

Tamader Nagib graduierte 1969 an der Filmhochschule Kairo, Fachrichtung Schnitt. 1990 Dissertation. Sie machte mehrere Filme über die Golfstaaten und den Golfkrieg und war als Dozentin an der Filmhochschule Kairo tätig, Fachrichtung Schnitt.

NASSIF Mona
1971   Endama tashhab al-aluan (Wenn die Farben leuchten)

AL NUMRUS Mona
1970   Mikro gib (Minirock)

OTHMAN Karima
Karima Othman schloss 1965 ihr Literaturstudium ab. Sie machte zahlreiche
Dokumentarfilme für Film und Fernsehen.

RIAD Mona
Mona Riad graduierte 1967 an der Fachhochschule Kairo. Danach arbeitete
sie als Regieassistentin.
1987   Sukar maaqud (Würfelzucker), 35 mm, 20 Min

RUSHDI Shafifa
1972   Rihlat al-leil (Nachtfahrt)

SALAH ARAM Maha
Maha Salah Aram graduierte 1982 an der Fachhochschule Kairo, Fachrichtung Schnitt. Sie hat mehrere Dokumentarfilme gedreht:

AL SAWI Hana
Hana Al Sawi graduierte 1971 an der Fachhochschule Kairo, Fachrichtung
Drehbuch. Sie war Regieassistentin und schrieb zahlreiche Drehbücher für
Film und Fernsehen.
1977   Al-aoud (Die Laute)
1978   Al-masbaha (Der Rosenkranz)
1979   Al-omlah wal-noqud (Münzen und Geld)

SHAH Hosne
Hosne Shah hat Rechtswissenschaften und Filmregie studiert. Sie arbeitete
als Journalistin und Drehbuchautorin.
1973   Mauqif (Standpunkt)

SHEHAB Ruhiya
Ruhiya Shehab schloss 1955 ihr Studium der Sozialpädagogik ab. Sie arbeitete beim arabischen Fernsehen.
1981   Masgid al-aqmar (Die Aqmar-Moschee)
1981   Masgid qalauun (Die Qalauun-Moschee)

RUSHDI Namat

Namat Rushdi graduierte Ende der 80er Jahre an der Filmhochschule Kairo und arbeitete als Regieassistentin bei Fernsehserien. Sie hat mehrere Spielfilme gedreht, die allerdings nur auf Video vertrieben wurden.

1990   **Seraa al-zaugat** (Kampf der Ehefrauen), 35 mm

Algerien

AL ABACHI Laila

Exil à domicile (Exil am Wohnort), Video, 52 Min
Eine Dokumentation über Algerien, produziert vom Fernsehsender „France 2".

BACHI (BEN SAAD) Faiza

1978   **Taqrir al-masir** (Selbstbestimmung)
Filmmontage aus Archivmaterial über die nationalen Befreiungskämpfe in Afrika und Arabien. (Preis beim Palästinensischen Filmfestival in Bagdad 1978).

BELGHOUL Farida

Farida Belghoul studierte Betriebswirtschaft in Paris und hat zwei Video-Kurzfilme gedreht.

1980   **C'est Madame la France que tu préfères?** (Dieses Frankreich bevorzugen
        Sie, Madame?), 40 Min
Samira will der Aufsicht ihrer Familie entfliehen. Sie täuscht vor, in Grenoble zu studieren, zieht in Wirklichkeit aber in einen anderen Stadtteil von Paris...

1984   **Le départ du pere** (Die Abreise des Vaters), 41 Min
Ein Algerier, Emigrant in Paris, kehrt zurück in sein Heimatdorf. Seine Tochter begleitet ihn und versucht, ihn zur Rückkehr nach Frankreich zu bewegen.

DELIBA Fejria

Fejria Deliba hat Darstellende Künste studiert und als Schauspielerin gearbeitet.

1993   **Le petit chat est mort** (Die kleine Katze ist tot), 35 mm, 11 Min
Eine kleine poetische Komödie über eine junge Schauspielerin, die eine neue Rolle einstudiert.

GUERRA Mila

1992   **Merci Monsieur Monnet** (Danke Herr Monnet), 35 mm, 13 Min
Ein Kurzfilm über das verbindende Element der Musik: Ein Gärtner und die Tochter seines Chefs finden über die Musik zusammen

KADRI Dalila

1978   **Nous avons parlé avec** (Wir haben gesprochen mit)
Dokumentation einer sozialen Umfrage im Auftrag des Nationale Algerische Büro
für Handel und Filmindustrie

SI RAMDANE Babeth

Babeth Si Ramdane lebt als Cutterin in Paris. Sie hat mehrere Kurz- und Dokumentarfilme gedreht, u.a.:

1995   **Anita Conti, la femme océan** (Anita Conti, die Meeresfrau), Video 26 Min
1997   **Ventura dit Lino** (Porträt von Lino Ventura), für ARTE, 90 Min
2001   **Dernières Nouvelles des Etoiles** (Porträt von Serge Gainsbourg), 90 Min

ZAHMOUM Fatma Zohra

1995   **Photos de voyage** (Fotos einer Reise), Beta, 6 Min

Irak

AQOBIAN Sita

Ursprünglich Sängerin, wurde Sita Aqobian Regisseurin bei Bghdad Television und arbeitet heute beim Satelliten-Fernsehsender „Al Jazzera" in Quatar.

BACHACHI Maisoon

Maisoon Bachachi lebt als Dokumentarfilmemacherin in London.
1999   **Iranian Journey** (Iranische Reise), Video, 83 Min

MANDIL Khadija

Khadija Mandil war Regieassistentin bei irakischen und jordanischen Produktionen. Sie lebt heute in Amsterdam.

SHAWKI Rohak

Die Theaterregisseurin arbeitet für den Fernsehsender MBC in London.

AL TIMIMI Radhia

Radhia Al Timimi hat einen Zeochentrickfilm realisiert.

AL JANABI Kutaiba

Kutaiba Al Janabi, geboren in Bagdad, hat Film und Fotografie in Budapest studiert. Sie lebt als Fotografin sowie Regisseurin beim Fernsehsender MBC in London.
1997   **Nature morte** (Tote Natur), 16 mm, 12 Min
1999   **Le Train** (Der Zug), Beta, 9 Min

Libanon

ABU HAIDAR Lamia
Lamia Abu Haidar drehte mit Maria Ousseimi einen Kurzfilm:
Enfance perdue (Verlorene Kindheit), 16 mm, 40 Min

ALAMUDDIN Rana
Rana Alamuddin schloss ihr Studium der audiovisuellen Medien mit Auszeichnung ab. Sie arbeitete als Journalistin für The Beirut Times und hat zwei Kurzfilme gedreht.
1998   **Boys first... Ladies after** (Männer zuerst...)
1999   **Mourour El Kiram** (= Eigenname)
Eine junge Frau schlendert auf der Straße und stellt sich das Leben der Menschen um sich herum vor...

BARAKAT Sheila
1995   **Rissalat Nabil** (Nabils Brief), 35 mm, 21 Min

EID Rana
Rana Eid hat audiovisuelle Medien in Beirut studiert und zwei Kurzfilme gedreht.
1998   **Kamal Joumblatt** (= Eigenname, Führer der Drusen)
1999   **Lettre a un ami Palestinien** (Brief an einen palästinensischen Freund)
Während eine Studentin einen Brief an einen palästinensischen Freund schreibt, erinnert sie sich an einen Besuch im Flüchtlingslager Schatila.

HADDAD Maha
Maha Haddad hat bis audiovisuelle Medien in Beirut studiert. Sie ist Leiterin der audiovisuellen Abteilung einer Schule und hat einen Kurzfilm gedreht.
1998   **thouryeB**
Eine junge Frau schreibt mit Hilfe einer Videokamera ein Tagebuch der besonderen Art... (Preis beim International Beirut Film Festival)

HALABI Moutiaa
Moutiaa Halabi arbeitet als Regieassistentin für libanesische Fernsehsender.

EL KHOURY Tania
Tania El Khoury schloss 1999 ihr Studium der audiovisuellen Medien in Beirut ab. Sie hat einen Kurzfilm gemacht.
1999   **Yasmina**, 8 min
Die 18-jährige Jasmina will von Zuhause weglaufen, weil sie ständig ihren Bruder, den „Herrn im Haus", bedienen muss...

LABAKI Nadine

Nadine Labaki hat 1997 ihr Filmstudium in Beirut abgeschlossen und drei Kurzfilme gedreht, u.a.:

1996   **11, Rue Pasteur** (Pasteurstraße 11), Video, 12 Min

CHAKHTOURA Maria

Maria Chakhtoura ist Journalistin. Sie hat einen Kurzfilm gemacht und lebt in Beirut.

GHORRA Nadine

Nadine Ghorra, Jahrgang 1972, hat einen kurzen Dokumentarfilm (ZAHLÉ) und einen Kurzfilm gedreht.

1999   **La Sirène** (Die Sirene), Beta SP, 18 Min

Die 17-jährige Nadia träumt davon, einmal das Meer zu sehen. Sie will ihrem Vater entkommen, der sie gegen ihren Willen verheiraten will.

NAOUS Nadine

Nadine Naous lebt in Paris und macht experimentelle Video-Kurzfilm. Sie war Regieassistentin und Schauspielerin, schreibt Drehbücher sowie Film-kritiken und macht Kunstinstallationen.

OUSSEIMI Maria

Maria Ousseimi drehte mit Lamia Abu Haidar einen Kurzfilm:

Enfance perdue (Verlorene Kindheit), 16 mm, 40 Min

RAGHEB Roula

1995   **À travers elles**, 35 mm, 10 Min (Koregie: Laurence Diaz)

SAMMAN Rima

Rima Samman, Jahrgang 1966, hat eine Orthopädieausbildung und Soziolin-guistik in Marseille studiert. Sie war Produktions- und Regieassistentin und hat einen Kurzfilm gedreht.

2000   **Crème et crémaillère** (Sahne und Einstand), 35 mm, 11 Min

Nora ist ein ausgelassenes Mädchen. Sie ist niemals da, wo man sie erwartet...

TOUMA Nadine

Nadine Touma hat in den USA studiert und einen Video-Kurzfilm gemacht.

Marokko

BOUANANI Touda
Touda Bouanani hat in Bordeaux Kunst studiert und einen Kurzfilm gedreht:
Une histoire de pureté (Eine Geschichte voll Reinheit), Video
(Erster Preis beim Videofestival Mohammedia 1993)

EL BOUHATI Souad
Souad El Bouhati, Jahrgang 1962, hat in Paris Film studiert und als Cutter-
und Regieassistentin gearbeitet. Sie ist Koautorin eines Spielfilm-Drehbuchs
und hat einen Kurzfilm gedreht.
1999   Salam, 35, 30 Min
Der alte Ali fühlt Beklemmung davor, in Frankreich zu sterben, aber auch davor,
nach Marokko zurückzukehren, das ihm in der Emigration fremd geworden ist.

BOUZIANE Yasmina
1999   Talking to Satan (Gespräch mit dem Satan), 35 mm, Spielfilm

HOUARI Laila
Laila Houari, Jahrgang 1958, lebt als Schriftstellerin, Übersetzerin, Journalistin, Regisseurin und Schauspielerin in Paris. Sie schrieb unter anderem den
preisgekrönten Roman „Zeida" (Berlin, 1985; franz.: „Zeida de nulle part",
L'Harmattan, Paris). Sie hat bei einem Dokumentarfilm Koregie geführt:
1992   Je n'ai jamais vu de marocaines à vélo (Ich habe noch nie Marokkaner auf
        dem Fahrrad gesehen), Video, 26 Min
Über die Hoffnungen und die Kämpfe im Alltag einer Gruppe junger Marokkanerinnen, Mitglieder der Theatergruppe „Cactus" in Brüssel.

MESBAHI Iman
Die junge Filmemacherin Iman Mesbahi hat mehrere Video-Kurzfilme ge-
dreht, u.a.:
Trace sur l'eau (Spur auf dem Wasser)
Une femme dans le tourbillon de la vie (Eine Frau im Strudel des Lebens)
Une femme mal à l'aise (Eine Frau fühlt sich unbehaglich)

TAZDAIT Houria
1986   Signe particulier: Arabe (Besonderes Kennzeichen: Arabisch), Video, 13
Min

ANHANG 337

Palästina

ISMAIL Soheir
Soheir Ismail ist Kamerafrau und hat bei zwei Video-Gemeinschaftsprojekten Regie geführt:
1992 **Palestinian Diaries** (Palästinensische Tagebücher), Video, 52 Min
(2. Preis beim Filmfestival des L'Institut du Monde Arab in Paris, 1993)
Drei palästinensische Regie-Kameraleute filmen ihre Heimatstädte Gaza, Bethlehem und Nablus.
1993 **Peace Chronicles/On the Edge of Peace** (Chronik des Friedens/Am Rand des Friedens), Video, 105 Min

MUSLEH Hana
Hana Musleh hat einen Dokumentarfilm gedreht:
1995 **History Makes Men** (Geschichte macht Männer),
Betacam SP, s/w, 30 min
Der Film reflektiert die Arbeit von Frauen innerhalb und außerhalb des Hauses in der Gesellschaft Palästinas.

NAJJAR Najwa
Najwa Najjar, Jahrgang 1965, studierte Film in Washigton DC. Sie lebt als freie Filmemacherin in Jerusalem und bereitet ihren ersten Spielfilm POMEGRANATES AND MYRRH vor.
1994 **Women in Development**, zwei Dokumentarfilme à 12 Min
1995 **Jerusalem: Dealmaker or Dealbreaker**, 30 Min
1997 **Sesame Street**, Videoclips
1999 **Naim & Wadee'a**, Video, 20 min
Ein Dokumentarfilm mit montierten Archivbildern über die Geschichte eines palästinensischen Paares, das 1948 sein Haus in Jaffa verlassen musste; bester Film „Konflikt und Lösung" beim Hamptons International Film Festival 2000).
2001 **Qintessence of Oblivion**, 45 Min

KHOURY Butheina (Kamerafrau)
Butheina Khoury arbeitete als Kamerafrau unter anderem mit Norma Marcos und Mai Masri sowie mit der israelischen Filmemacherin Michal Aviad (Women Next Door, Israel/USA 1990-92).

Tunesien

B'HAR Mounira
Mounira B'Har hat mehrere Kurzfilme gedreht.
1991   **Itinéraires** (Routen)
1994   **Trésor** (Der Schatz), 35 mm, 14 Min
Ein Kurzfilm über zwei junge Taugenichtse, die auf der Suche nach einem Schatz in einem verlassenen Haus in Tunis die „Seele" dieses Ortes entdecken.
1999   **COUPlouetes** (= ein Wortspiel), Video

MAHDAOUI Molka
Molka Mahdaoui, Jahrgang 1975, studierte Film in Paris und New York. Sie lebt in Paris, war als Cutterin tätig und hat einen Kurzfilm gedreht:
2000   **Khmissa** (= Eigenname), s/w, 14 Min
Eine luxuriöse Villa in einer feinen Gegend im heutigen Tunis: Eine Frau in ihren Dreißigern will Selbstmord begehen, doch dann klingelt es an der Haustür...

MODIANO Zina
Zina Modiano, Jahrgang 1974, hat an der Akademie der Schönen Künste in Paris studiert. Sie hat zwei Theaterstücke inszeniert und bei einem Kurzfilm Koregie geführt:
1999   **En face** (Gegenüber), 35 mm, 27 Min (Koregie)
Tunis in unseren Tagen: Mémia ist 20 und leicht geistesbehindert. Sie verliebt sich in ihren Nachbarn, ist aber gezwungen, einen anderen zu heiraten.

TLILI Najwa
Najwa Tlili war Regieassistentin bei mehreren tunesischen und internationalen Produktionen. Sie lebt in Montréal, Kanada, und hat einen Kurzfilm gemacht.
1994   **Héritage/Al-shigara** (Das Erbe), 35 mm, 26 Min (Preis „Image de femme" bei Vue d'Afrique, Montréal)
Als die junge Selma in ihr Heimatdorf im Südwesten Tunesiens zurückkehrt, sind die Gesänge ihrer Großmutter das einzige kulturelle Vermächtnis.
1997   **Rupture / Enfesal** (Trennung), Video, 82 Min

TITELREGISTER
DER IM TEXT BESPROCHENEN FILME

DEUTSCHE TITEL
DER IM TEXT BESPROCHENEN FILME

NAMENSREGISTER

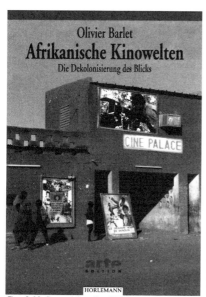

Olivier Barlet

Afrikanische Kinowelten

Die Dekolonisierung des Blicks

Ca. 360 S., zahlr. s/w-Bilder, Broschur
ISBN 3-89502-133-4
Erscheint im August 2001

Filme afrikanischer Regisseure und Regisseur-innen haben auch in Deutschland in den letzten Jahren ein immer größeres Publikum gefunden, und in vielen Städten gibt es regelmäßig „Afrika-Film-Festivals" und Retrospektiven. Doch populäre Literatur zu und über afrikanische Filme, die Filmemacher/innen und ihre Schaffensbedingungen ist nach wie vor spärlich. Mit diesem Buch eines französischen Experten für das afrikanische Kino ist dem deutschen Publikum die Möglichkeit gegeben, sich einen umfassenden Einblick in die afrikanischen Kinowelten zu verschaffen. Olivier Barlet konzentriert sich auf eine „Dekolonisierung des Blicks" in seiner Vorstellung der Kinokulturen Afrikas. Das Buch beschreibt die Bestrebungen und Ansätze „kultureller Überlebenskämpfe" und bietet zugleich einen umfassenden Überblick über die afrikanische Kino- und Fernsehfilmproduktion.
Der erste Teil verfolgt die Entwicklung des afrikanischen Kinos von der kolonialen Vereinnahmung hin zum Afrozentrismus. Der Autor untersucht diese Entwicklung im Lichte verschiedener grundlegender Themen (Dekolonisierung des Blicks; die Suche nach den zur Legende gewordenen afrikanischen Ursprüngen; die Einbeziehung spezifisch afrikanischer kultureller Werte). Im zweiten Teil des Buches werden einzelne Filme vorgestellt und analysiert, wobei besonders auf typisch afrikanische Stilmittel wie der Gebrauch von Stille, der mündlichen Überlieferung und des Humors eingegangen wird. Im letzten Teil des Buches untersucht der Autor den sozialen und ökonomischen Kontext der afrikanischen Film- und Fernsehindustrie; er berücksichtigt dabei auch die oftmals Verdruß bereitenden Beziehungen zum „Norden" und die Probleme, denen sich afrikanische Filmemacher/innen bei Produktion und Verleih gegenübergestellt sehen.
Mit Personen-, Schlagwort- und Filmtitelindex sowie einem ausführlichen Serviceteil.

Bitte fordern Sie kostenlos
unser aktuelles Gesamtverzeichnis an:

Horlemann Verlag
Postfach 1307
53583 Bad Honnef
Telefax 0 22 24 / 54 29
e-mail: info@horlemann-verlag.de
www.horlemann-verlag.de

Marie-Hélène Gutberlet / Hans-Peter Metzler

Afrikanische Kino

Arte Edition
264 S., Broschur. ISBN 3-89502-059-1

Eindringlich und vielseitig bieten die hier versammelten Stimmen afrikanischer Filmemacher-/innen, Kritiker-/innen und Essayisten Einblicke in ihr
Filmschaffen, in ihre Definition von Afrikanischem Kino. Die Anthologie
folgt den Spuren jenes Filmschaffens, das seinen Anfang unmittelbar nach
den Unabhängigkeitsbewegungen in den sechziger Jahren nahm und sich
eines wachsenden Interesses auch in Deutschland erfreut. Dazu kommen
Beiträge von Autorinnen und Autoren der amerikanisch-europäischen Diaspora, die uns eine Brücke des Verständnisses bauen.

Bettina Rühl

Wir haben nur die Wahl zwischen Wahnsinn oder Widerstand

Frauen in Algerien
184 S., Broschur. ISBN 3-89502-069-9

Die blutigen Konflikte zwischen bewaffneten Gruppen und staatlichen
Sicherheitskräften haben in Algerien in vergangen Jahren zwischen
50.000 und 120.000 Tote gefordert – die Zahlen schwanken je nach
Quelle. In diesem Buch kommen algerische Frauen aus allen sozialen
Schichten zu Wort. Sie erzählen vom Alltag im Land, über den in den
westlichen Medien kaum berichtet wird: vom Widerstand gegen den
Wahnsinn und vom Leben mit der Todesangst, von ihren Traumata und
von ihrem politischen Engagement.

Bitte fordern Sie kostenlos
unser aktuelles Gesamtverzeichnis an:

Horlemann Verlag
Postfach 1307
53583 Bad Honnef
Telefax 0 22 24 / 54 29
e-mail: info@horlemann-verlag.de
www.horlemann-verlag.de